Olfert · Kostenrechnung

Kompendium der praktischen Betriebswirtschaft

Herausgeber Prof. Dipl.-Kfm. Klaus Olfert

Kostenrechnung

von

Prof. Dipl.-Kfm. Klaus Olfert

8., überarbeitete und erweiterte Auflage

Die Deutsche Bibliothek - CIP-Einheitsaufnahme

Olfert, Klaus:
Kostenrechnung / von Klaus Olfert. - 8., überarbeitete
und erweiterte Aufl. - Ludwigshafen (Rhein) : Kiehl, 1991
  (Kompendium der praktischen Betriebswirtschaft)
  ISBN 3-470-70408-2

ISBN 3 470 **70408** 2 · 1991 · 8. Auflage [2]
© Friedrich Kiehl Verlag GmbH, Ludwigshafen (Rhein), 1974
Herstellung: Druckhaus Beltz, Hemsbach

Kompendium der praktischen Betriebswirtschaft

Das Kompendium der praktischen Betriebswirtschaft soll dazu dienen, das allgemein anerkannte und praktisch verwertbare Grundlagenwissen der modernen Betriebswirtschaftslehre praxisgerecht, übersichtlich und einprägsam zu vermitteln.

Dieser Zielsetzung gerecht zu werden, ist gemeinsames Anliegen des Herausgebers und der Autoren, die durch ihr Wirken an Fachhochschulen, in der betriebswirtschaftlichen Unternehmensberatung, bei der Schulung von Führungskräften bzw. als leitende Mitarbeiter von Unternehmen vielfältige Kenntnisse und Erfahrungen sammeln konnten.

Das Kompendium der praktischen Betriebswirtschaft umfaßt mehrere Bände, die einheitlich gestaltet sind und jeweils aus zwei Teilen bestehen:

- Dem **Textteil**, der systematisch gegliedert sowie mit vielen Beispielen und Abbildungen versehen ist, welche die Wissensvermittlung erleichtern. Zahlreiche Kontrollfragen mit Lösungshinweisen dienen der Wissensüberprüfung. Umfassende Literaturverzeichnisse zu jedem Kapitel verweisen auf die verwendete und weiterführende Literatur.

- Dem **Übungsteil**, der eine Vielzahl von Aufgaben und Fällen enthält, denen sich ausführliche Lösungen anschließen, die schrittweise und in verständlicher Form in die betriebswirtschaftlichen Fragestellungen einführen.

Als praxisorientierte Fachbuchreihe wendet sich das Kompendium der praktischen Betriebswirtschaft vor allem an:

- **Studierende** der Fachhochschulen und Universitäten, Akademien und sonstigen Institutionen, denen eine systematische Einführung in die betriebswirtschaftlichen Teilgebiete vermittelt werden soll, die eine praktische Umsetzbarkeit gewährleistet.

- **Praktiker** in den Unternehmen, die sich innerhalb ihres Tätigkeitsfeldes weiterbilden, sich einen fundierten Einblick in benachbarte Bereiche verschaffen oder sich eines umfassenden betrieblichen Handbuches bedienen wollen.

Für Anregungen, die der weiteren Verbesserung der Fachbuchreihe dienen, bin ich dankbar.

Klaus Olfert
Herausgeber

Vorwort zur achten Auflage

Nachdem die Vorauflage wiederum rasch vergriffen war, ist es erforderlich geworden, das Buch neu aufzulegen. Die von der Leserschaft positiv aufgenommene Konzeption bleibt unverändert.

Die Neuauflage wurde in allen Kapiteln überarbeitet und verbessert. Insgesamt wurde der Industriekontenrahmen stärker berücksichtigt als bisher. Eine besondere Ausweitung erfuhr das Kapitel »Kostenrechnungssysteme auf Teilkostenbasis«. Dort werden die Anwendungsmöglichkeiten der Deckungsbeitragsrechnung ausführlich dargestellt:

- Gewinnschwellen-Analyse
- Preisuntergrenzen
- Zusatzaufträge
- Optimale Produktionsverfahren
- Optimale Produktionsprogramme
- Eigenfertigung/Fremdbezug

Der Übungsteil wurde erheblich erweitert, ebenso die Zahl der Kontrollfragen.

Für die freundliche Unterstützung bei der Schlußdurchsicht danke ich Herrn Dipl.-Betriebswirt Jochen Langenbeck.

Anregungen zur Neuauflage sind mir willkommen.

Neckargemünd, im August 1991

Klaus Olfert

Benutzungshinweis

Kontrollfragen

Die Kontrollfragen dienen der Wissenskontrolle. Sie finden sich am Ende eines jeden Kapitels. Zur Wissenskontrolle wird folgende Vorgehensweise vorgeschlagen:

- Beantwortung der Kontrollfragen und Vermerk in der Spalte »bearbeitet«.

- Vergleich der beantworteten Kontrollfragen mit den in der Spalte »Lösungshinweis« gegebenen Textstellen.

- Vermerk in der Spalte »Lösung«, ob die beantworteten Kontrollfragen befriedigend (+) oder unbefriedigend (-) gelöst wurden.

Aufgaben/Fälle

Die Aufgaben/Fälle im Übungsteil dienen der Wissens- und Verständniskontrolle. Auf sie wird jeweils im Textteil hingewiesen:

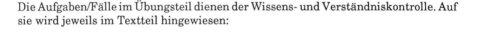

1
2
3
4
5
.
.
.

Der Übungsteil befindet sich als »blauer Teil« am Ende des Buches. Es wird empfohlen, die Aufgaben/Fälle unmittelbar nach Bearbeitung der entsprechenden Textstellen zu lösen.

Inhaltsverzeichnis

Abkürzungsverzeichnis

Symbolverzeichnis

a	Abschreibungsbetrag (DM)	K_{Vt}	Vertriebskosten (DM/Periode)
B	Basiswert (DM)	k_{Vt}	Vertriebskosten (DM/Stück)
b	Beschäftigungsgrad (%)	k_{Vw}	Verwaltungskosten (DM/Stück)
b_{eff}	Effektiver Beschäftigungsgrad (%)	K_{Vw}	Verwaltungskosten (DM/Periode)
b_{plan}	Geplanter Beschäftigungsgrad (%)	L	Gesamtleistung (Stück bzw. Einheiten/Lebensdauer)
BEP	Break-even-Point	L_p	Leistung (Stück bzw. Einheiten/Periode)
D	Degressionsbetrag (DM)	m	Anzahl unterschiedlicher Kostenstellen
d	Deckungsfaktor		
DB	Deckungsbeitrag (DM/Periode)	m	Leistungseinheiten (Stück)
db	Deckungsbeitrag (DM/Stück)	N	Summe der arithmetischen Reihe von 1 + ... + n Nutzungsjahre
$\dfrac{dk}{dx}$	Differentialquotient		
E	Erlös (DM/Periode)	n	Nutzungsdauer (Jahre)
e	Erlös (DM/Stück)	p	Abschreibungssatz (DM)
G_B	Betriebserfolg (DM/Periode)	P	Preis, Verkaufspreis, Angebotspreis (DM/Stück)
K	Gesamtkosten (DM/Periode)		
k	Durchschnittskosten, Stückkosten, Kosten pro Einheit (DM/Stück)	q	Kostensatz
		R	Restwert (DM)
		T	Rest-Nutzungsdauer (Jahre)
k_{AN}	Weiterverarbeitungskosten pro Nebenerzeugnis-Einheit (DM/Stück)	T_{IH}	Instandhaltungszeit (Stunden)
		T_L	Maschinenlaufzeit (Stunden)
		T_G	Gesamte Maschinenzeit (Stunden)
K_f	Fixe Kosten (DM/Periode)		
K_H	Herstellkosten (DM/Periode)	T_{ST}	Stillstandzeit (Stunden)
k_H	Herstellkosten (DM/Stück)	U	Umsatz (DM)
k'	Grenzkosten (DM/Stück)	u	Beschäftigungsabweichung
K_L	Leerkosten (DM/Periode)	v	Kostenabweichung
K_N	Nutzkosten (DM/Periode)	x	Leistungsmenge (Stück/Periode)
K_P	Plankosten (DM/Periode)		
K_p	Primärkosten (DM/Periode)	x_A	Abgesetzte Menge (Stück/Periode)
k_s	Selbstkosten (DM/Stück)		
K_S	Selbstkosten (DM/Periode)	x_H	Menge des Haupterzeugnisses (Stück/Periode)
k_v	Variable Kosten (DM/Stück)		
K_v	Variable Kosten (DM/Periode)	x_N	Menge der Nebenerzeugnisse (Stück/Periode)
k_{ve}	Variable Einzelkosten (DM/Stück)		
		x_p	Produzierte Menge (Stück/Periode)
k_{vg}	Variable Gemeinkosten (DM/Stück)	ZS	Brutto-Deckungszuschlag (%)

A. Grundlagen

Unternehmen werden zu dem Zwecke betrieben, Leistungen zu erstellen. Dies geschieht durch die Kombination der elementaren Produktionsfaktoren

- Arbeit
- Betriebsmittel
- Werkstoffe

im Rahmen eines **güterwirtschaftlichen Prozesses**, der es notwendig macht, die Produktionsfaktoren zu beschaffen und planvoll einzusetzen. Die Zeitdauer dieses Prozesses kann erheblich sein.

Der güterwirtschaftliche Prozeß des Unternehmens erfolgt beispielsweise in den Abteilungen:

- Materialwirtschaft
- Fertigungswirtschaft
- Absatzwirtschaft.

Die Beschaffung der Produktionsfaktoren und der Absatz der betrieblichen Leistungen sind aber nicht nur Elemente eines güterwirtschaftlichen Prozesses, sondern erfordern ebenso einen **finanzwirtschaftlichen Prozeß**. Denn für die zu beschaffenden Produktionsfaktoren fallen Ausgaben an, die betrieblichen Leistungen führen zu Einnahmen.

Der finanzwirtschaftliche Prozeß des Unternehmens wird in der Finanzwirtschaft gestaltet, einer Abteilung, die drei Funktionen hat:

- **Finanzierung**
- **Investition**
- **Zahlungsverkehr**.

Um den güterwirtschaftlichen und finanzwirtschaftlichen Prozeß in geeigneter Weise abwickeln zu können, bedarf es eines weiteren Prozesses, des **informationellen Prozesses**, mit dessen Hilfe die für das Unternehmen erforderlichen Daten gewonnen, gespeichert, verknüpft und verarbeitet werden.

Diese Aufgabe fällt dem Rechnungswesen des Unternehmens zu, in das auch die **Kostenrechnung** eingegliedert ist.

Grundlagen der Kostenrechnung sind:

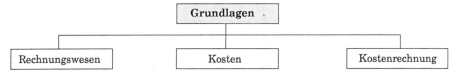

1. Rechnungswesen

Das Rechnungswesen ist die Gesamtheit der Einrichtungen und Verrichtungen, die bezwecken, alle wirtschaftlich wesentlichen Gegebenheiten und Vorgänge, im einzelnen und gesamten, zahlenmäßig nach Geld und - soweit möglich - nach Mengeneinheiten zu erfassen.

Die **Notwendigkeit** eines betrieblichen Rechnungswesens ergibt sich aus zwei Gründen:

- **Betriebswirtschaftlich** erfordert die Vielzahl der betrieblichen Vorgänge als Folge der Leistungserstellung und Leistungsverwertung entsprechende Maßnahmen der mengen- und wertmäßigen Erfassung, Steuerung und Kontrolle.

- **Rechtlich** werden - wie unten beschrieben - bestimmte Anforderungen an das Unternehmen gestellt, die nur mit Hilfe eines ordnungsmäßigen Rechnungswesens erfüllt werden können.

Seiner Bedeutung entsprechend ist das Rechnungswesen - häufig zusammen mit der Finanzwirtschaft - eine Abteilung, die gleichrangig neben den funktionsorientierten Abteilungen des Unternehmens steht:

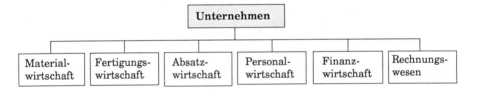

Das Rechnungswesen übernimmt die Erfassung, Verrechnung und Kontrolle der Kosten und Leistungen, Aufwendungen und Erträge, Ausgaben und Einnahmen, Auszahlungen und Einzahlungen, die in den verschiedenen Abteilungen des Unternehmens entstehen.

Um das Rechnungswesen näher beschreiben zu können, sind zu betrachten:

- **Aufgaben**
- **Gebiete**
- **Begriffe**
- **Kennzahlen.**

1.1 Aufgaben

Allgemeine Aufgaben des Rechnungswesens sind die mengen- und wertmäßige Planung, die rechnerische Erfassung und die Kontrolle aller betrieblichen Vorgänge.

Im einzelnen lassen sich folgende **Aufgaben** des Rechnungswesens nennen:

- Erfassung der mengen- und wertmäßigen Vorgänge in lückenloser, chronologischer, sachlicher und systematischer Form
- Feststellung des Status durch Ermittlung der Bestände des Unternehmens
- Feststellung des Status durch Ermittlung des Erfolges des Unternehmens
- Feststellung der entstandenen Kosten
- Bildung der Preise
- Aufzeichnung von Entwicklungen der Vergangenheit
- Erstellung von Vergleichsrechnungen
- Prognosen künftiger Entwicklungen unter Einschluß außerbetrieblicher Daten.

Um die genannten Aufgaben erfüllen zu können, wird das Rechnungswesen in mehrere Gebiete aufgeteilt.

1.2 Gebiete

In der betrieblichen Praxis gibt es eine Vielzahl von Ansätzen, das Rechnungswesen in einzelne Gebiete aufzuteilen. Die nachstehende **Gliederung** des Rechnungswesens hat sich vielfach als zweckmäßig erwiesen:

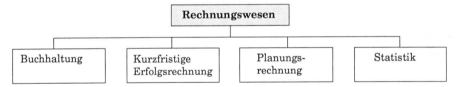

1.2.1 Buchhaltung

Die Buchhaltung ist eine **Zeitrechnung**. Sie dient der Erfassung aller Vorgänge, die zu einer Veränderung von Vermögen und Kapital führen, sowie der periodischen Zusammenstellung und sachlichen Gliederung der Zahlen.

Zu berücksichtigen sind bei der Buchhaltung:

- **Buchführungspflichtige**
- **Grundsätze ordnungsmäßiger Buchführung**
- **Aufbau**
- **Bereiche**
- **Organisation.**

1.2.1.1 Buchführungspflichtige

Nach **Handelsrecht** unterliegen alle im Handelsregister eingetragenen Unternehmen der Buchführungspflicht, also alle

- Mußkaufleute   (§ 1 Abs. 2 HGB)
- Sollkaufleute   (§ 2 HGB)
- Kannkaufleute   (§ 3 HGB)
- Formkaufleute   (§ 6 HGB)
- Eingetragene Genossenschaften   (§ 18 Abs. 2 GenG)
- Versicherungsunternehmen   (§ 53 Abs. 2 Satz 1 VAG).

Nach **Steuerrecht** wird der Kreis der Buchführungspflichtigen erweitert. Die Abschnitte 28 Abs. 1 EStR und 29 Abs. 1 EStR nennen als gesetzliche Vorschriften im Sinne des § 5 EStG die Vorschriften des § 140 AO, wonach buchführungspflichtig ist, wer bereits nach Handelsrecht zur Buchführung verpflichtet ist gemäß

- §§ 238 - 339 HGB
- §§ 150, 152, 158, 160 AktG
- §§ 41 - 42a GmbHG
- § 33 GenG.

Außerdem ist nach § 141 AO buchführungspflichtig, wer

- einen **Gesamtumsatz** von mehr als 500.000 DM
  oder

- ein **Betriebsvermögen** von mehr als 125.000 DM
  oder

- selbstbewirtschaftete land- und forstwirtschaftliche Flächen mit einem **Wirtschaftswert** gemäß § 46 BewG von mehr als 40.000 DM
  oder

- einen **Gewinn** aus Gewerbebetrieb von mehr als 36.000 DM im Kalenderjahr
  oder

- einen **Gewinn** aus Land- und Forstwirtschaft von mehr als 36.000 DM im Kalenderjahr hat.

1.2.1.2 Grundsätze ordnungsmäßiger Buchführung

Eine Buchführung ist ordnungsmäßig, wenn sie den Grundsätzen des Handelsrechts entspricht. Das ist der Fall, wenn die für eine kaufmännische Buchführung erforderlichen Bücher geführt werden, die Bücher förmlich in Ordnung sind, und der Inhalt sachlich richtig ist.

Daraus ergeben sich die **Grundsätze ordnungsmäßiger Buchführung**:

- Die **materielle Ordnungsmäßigkeit**, welche die Forderung nach **Richtigkeit** und **Vollständigkeit** der Aufzeichnungen beinhaltet. Das bedeutet, daß

- Geschäftsvorfälle, die stattgefunden haben, aufzuzeichnen sind,
- Geschäftsvorfälle richtig aufzuzeichnen sind,
- Geschäftsvorfälle nicht aufgezeichnet werden, die nicht stattgefunden haben.

• Die **formelle Ordnungsmäßigkeit**, die ermöglichen soll, daß ein sachverständiger Dritter sich innerhalb angemessener Zeit einen Überblick über die Geschäftsvorfälle und die Vermögenslage des Unternehmens verschaffen kann.

Die Forderungen der formellen Ordnungsmäßigkeit sind die **Klarheit** und **Übersichtlichkeit**. Sie können erreicht werden durch:

- **Die Organisation der Buchführung.**

§ 146 Abs. 1 AO	Die Buchungen und die sonst erforderlichen Aufzeichnungen sind vollständig, richtig, zeitgerecht und geordnet vorzunehmen.
§ 146 Abs. 1 AO	Keine Buchung darf ohne Beleg erfolgen.
§ 146 Abs. 2 AO	Die Bücher und die sonst erforderlichen Aufzeichnungen sind im Geltungsbereich des Grundgesetzes zu führen.
§ 146 Abs. 3 AO	Die Buchungen und sonst erforderlichen Aufzeichnungen sind in einer lebenden Sprache vorzunehmen; bei Abkürzungen, Ziffern, Buchstaben oder Symbolen muß im Einzelfall deren Bedeutung festliegen.
§ 146 Abs. 4 AO	Die Buchungen oder sonst erforderlichen Aufzeichnungen dürfen nicht in einer Weise verändert werden, daß der ursprüngliche Inhalt nicht mehr feststellbar ist.
§ 146 Abs. 5 AO	Die Bücher und sonst erforderlichen Aufzeichnungen können auch in der geordneten Ablage von Belegen bestehen oder auf Datenträgern geführt werden.
§ 147 Abs. 3 AO	Bücher, Aufzeichungen, Inventare, Bilanzen sowie die zu ihrem Verständnis erforderlichen Arbeitsanweisungen und sonstigen Organisationsunterlagen sind 10 Jahre aufzubewahren.
§ 147 Abs. 3 AO	Handels- oder Geschäftsbriefe, Unterlagen, die für die Besteuerung von Bedeutung sind, sind 6 Jahre aufzubewahren.

- **Das Buchungssystem und die Arten der geführten Bücher.**

Jeder Buchführung muß eine Systematik zugrundeliegen. Das Unternehmen kann grundsätzlich zwischen einfacher und doppelter Buchführung wählen.

Kapitalgesellschaften und Genossenschaften wird durch Gesetz vorgeschrieben, die doppelte Buchführung zu verwenden, da nur durch sie die Gewinn- oder Verlustermittlung mittels Erfolgsrechnung vorgenommen werden kann.

Die Ordnungsmäßigkeit der Buchführung ist nicht abhängig von dem Buchführungssystem, das gewählt wurde, sondern von den Büchern, die unter Beachtung der Art und Größe des Unternehmens zu führen sind.

1

1.2.1.3 Aufbau

Seit langem beschäftigen sich Staat und Verbände mit einheitlichen Regelungen, welche den Aufbau der Buchhaltung betreffen. Wichtige **Entwicklungspunkte** waren hierbei:

1921	Grundplan der Kostenrechnung vom RKW
1927	Kontenrahmen von Schmalenbach
1938	Leitsätze für die Preisermittlung aufgrund der Selbstkosten bei Leistungen für öffentliche Auftraggeber (LSÖ)
1939	Erlaß über die allgemeinen Grundsätze der Kostenrechnung (KRG)
1940	Leitsätze für die Preisermittlung aufgrund der Selbstkosten bei Bauleistungen für öffentliche Auftraggeber (LSBÖ)
1951	Leitsätze für die Preisermittlung aufgrund der Selbstkosten (LSP)
1953	Verordnung über die Preisbildung bei öffentlichen Aufträgen (VPÖA)

Besonders hervorzuheben sind drei **Kontenrahmen**:

1.2.1.3.1 Gemeinschaftskontenrahmen

Der seit 1951 vorgeschlagene **Gemeinschaftskontenrahmen Industrieller Verbände (GKR)** war der in der betrieblichen Praxis über viele Jahre anzutreffende Kontenrahmen, der zwischenzeitlich jedoch zunehmend von dem Industriekontenrahmen (IKR) und dem DATEV-Kontenrahmen* abgelöst worden ist. Der Gemeinschaftskontenrahmen umfaßt zehn Kontenklassen:

Klasse 0	Anlagevermögen und langfristiges Kapital
Klasse 1	Finanz-Umlaufvermögen und kurzfristige Verbindlichkeiten
Klasse 2	Neutrale Aufwendungen und Erträge
Klasse 3	Stoffe - Bestände
Klasse 4	Kostenarten
Klasse 5	Kostenstellen
Klasse 6	Kostenstellen
Klasse 7	Bestände an halbfertigen und fertigen Erzeugnissen
Klasse 8	Erträge
Klasse 9	Abschluß

* DATEV = Datenverarbeitungsorganisation des steuerberatenden Berufes in der Bundesrepublik Deutschland eG

Die Kontenklassen sind nach dem **Prozeßgliederungsprinzip** aneinandergereiht, d.h. sie spiegeln den Prozeß der Leistungserstellung und Leistungsverwertung wider:

Klasse 0	Gründung des Unternehmens und Bereitstellung langfristigen Kapitals zum Kauf von Grundstücken, Gebäuden, Maschinen, Anlagen, Fahrzeugen, Werkzeugen, Betriebs- und Geschäftsausstattung.
Klasse 1	Bereitstellung von Zahlungsmitteln und Inanspruchnahme kurzfristiger Kredite.
Klasse 2	Abgrenzung der neutralen Aufwendungen und Erträge.
Klasse 3	Beschaffung und Lagerung der für die Produktion notwendigen Materialvorräte.
Klasse 4	Be- und Verarbeitung des Materials sowie Nutzung von Anlagen und Arbeitskräften.
Klasse 5	Verteilung der Kosten auf die Kostenstellen (Hilfskostenstellen).
Klasse 6	Verteilung der Kosten auf die Kostenstellen (Hauptkostenstellen).
Klasse 7	Erfassung der durch den Produktionsprozeß fertigen und noch nicht fertigen Erzeugnisse.
Klasse 8	Verkauf der Erzeugnisse.
Klasse 9	Darstellung des Ergebnisses aus dem Leistungserstellungs- und Leistungsverwertungsprozeß nach Abschluß der Buchhaltung.

Das Prozeßgliederungsprinzip bringt für den Arbeitsablauf im Rechnungswesen **keine Vorteile** mit sich. Es ist auch nicht den Gliederungsvorschriften für den Jahresabschluß angepaßt. Es ist national mit Einführung des Industriekontenrahmens sowie der DATEV-Kontenrahmen ebenso wie international durch den Europäischen Kontenrahmen, der dem IKR entspricht, zwischenzeitlich durch das Abschlußgliederungsprinzip abgelöst worden.

1.2.1.3.2 Industriekontenrahmen

Bereits im Jahre 1970 hat der Bundesverband der Deutschen Industrie e.V. (BDI) einen Industriekontenrahmen (IKR) empfohlen, der den GKR ablösen sollte. Im Jahre 1986 hat der BDI eine Neufassung des IKR veröffentlicht, die nun immer mehr von den Unternehmen angenommen wird. Der Neufassung liegen das Bilanzrichtlinien-Gesetz und die sich daraus ergebenden ergänzenden Vorschriften für den Abschluß der Kapitalgesellschaften (§§ 264 ff. HGB) zugrunde.

Wie der GKR umfaßt der IKR zehn Kontenklassen*:

Klasse 0	Immaterielle Vermögensgegenstände und Sachanlagen
Klasse 1	Finanzanlagen
Klasse 2	Umlaufvermögen und aktive Rechnungsabgrenzung
Klasse 3	Eigenkapital und Rückstellungen
Klasse 4	Verbindlichkeiten und passive Rechnungsabgrenzung
Klasse 5	Erträge
Klasse 6	Betriebliche Aufwendungen
Klasse 7	Weitere Aufwendungen
Klasse 8	Ergebnisrechnungen
Klasse 9	Kosten- und Leistungsrechnung

Der IKR weist gegenüber dem in der Vergangenheit im wesentlichen verwendeten GKR vier **Unterschiede** auf:

• Der **GKR** geht von einer einheitlichen Buchhaltung aus; seine Kontenklassen 2, 4, 7, 8 und 9 lassen sich eindeutig weder der Finanzbuchhaltung noch der Betriebsbuchhaltung zurechnen.

Beim **IKR** hingegen erfolgt eine klare Trennung der Finanzbuchhaltung (Klassen 0 - 8) und der Betriebsbuchhaltung (Klasse 9).

• Der **GKR** ist, wie bereits dargestellt, nach dem **Prozeßgliederungsprinzip** aufgebaut und spiegelt damit den Prozeß der Leistungserstellung und Leistungsverwertung wider.

Beim **IKR** ist lediglich die Betriebsbuchhaltung (Klasse 9), in der Kosten und Leistungen verrechnet werden, nach dem Prozeßgliederungsprinzip geordnet. Die Finanzbuchhaltung (Klassen 0 - 8) dagegen ist nach dem **Abschlußgliederungsprinzip** aufgebaut.

• Da die Gliederung des **GKR** nach dem betrieblichen Wertefluß geordnet ist, kann sie nicht gleichzeitig die Stellung der Konten zum Abschluß berücksichtigen. Bilanz und GuV-Rechnung lassen sich nur nach aufwendigen Umgruppierungen aus dem Zahlenwerk der Buchführung ableiten.

Beim **IKR** ist die Gliederung der Kontenklassen und Kontengruppen sowie deren Bezeichnungen an die in den § 266 HGB und § 275 HGB vorgegebene Gliederung der Bilanz sowie der Gewinn- und Verlustrechnung der Kapitalgesellschaften angepaßt. Damit lassen sich alle Abschluß-, Revisions- und Prüfungsarbeiten rationeller und nicht zuletzt kostengünstiger durchführen.

---

* Ausführliche Darstellung der Kontenklassen und Kontengruppen im Anhang, Seite 367 ff.

- Der **GKR** stellt sowohl die Vorgänge mit der Außenwelt (Finanzbuchführung) als auch die innerbetriebliche Abrechnung (Betriebsbuchführung) in **einem Kontenkreis** dar (Einkreissystem). Dadurch werden die Belange der Kosten- und Leistungsrechnung bereits weitreichend im Rahmen der Buchführung berücksichtigt.

Andererseits läßt das System des GKR keinen Raum für eine betriebsindividuelle Gliederung der Betriebsbuchführung. Die Kontenklassen 5 und 6 des GKR haben in der Praxis keine Bedeutung, da die Kosten- und Leistungsrechnung einfacher und übersichtlicher in Tabellen durchgeführt wird.

Der **IKR** ist nach dem Zweikreissystem gegliedert. Der Rechnungskreis I enthält in den Kontenklassen 0 bis 8 die Konten der Geschäfts- oder Finanzbuchführung. In der Kontenklasse 9 des selbständigen Rechnungskreises II kann die Betriebsbuchführung erfolgen. Die Kontenklasse 9 sieht nur eine grobe Kontengliederung vor, die entsprechend den betriebsindividuellen Bedürfnissen ausgestaltet werden kann.

Die Kontengruppen für die Kosten- und Leistungsrechnung beim IKR sind:

Kontengruppe 90	Unternehmensbezogene Abgrenzungen
Kontengruppe 91	Kostenrechnerische Korrekturen
Kontengruppe 92	Kostenarten und Leistungsarten
Kontengruppe 93	Kostenstellen
Kontengruppe 94	Kostenträger
Kontengruppe 95	Fertige Erzeugnisse
Kontengruppe 96	Interne Lieferungen und Leistungen sowie deren Kosten
Kontengruppe 97	Umsatzkosten
Kontengruppe 98	Umsatzleistungen
Kontengruppe 99	Ergebnisausweise

Die Kontenklasse 9 des IKR ist - wie bereits die Klassen 5 und 6 des GKR - für die Praxis ohne Bedeutung. So werden die Kontengruppen 90 bis 92 durch die Ergebnistabelle, die Kontengruppe 93 durch den Betriebsabrechnungsbogen, die Kontengruppen 94 bis 96 durch die Kostenträgerrechnung und die Kontengruppen 97 bis 99 durch die Kostenträgerzeit- und Kostenträgerergebnisrechnung berücksichtigt.

1.2.1.2.3 DATEV-Kontenrahmen

Wie der GKR und der IKR umfaßt auch der DATEV-Kontenrahmen SKR 03 zehn Kontenklassen:

Klasse 0	Anlage- und Kapitalkonten
Klasse 1	Finanz- und Privatkonten
Klasse 2	Abgrenzungskonten
Klasse 3	Wareneingangs- und Bestandskonten
Klasse 4	Betriebliche Aufwendungen
Klasse 5	–
Klasse 6	–
Klasse 7	Bestände an Erzeugnissen
Klasse 8	Erlöskonten
Klasse 9	Vortragskonten - Statistische Konten

Auf den DATEV-Kontenrahmen soll im folgenden nur punktuell weiter eingegangen werden.

1.2.1.4 Bereiche

Die Buchhaltung wird entsprechend ihren Hauptaufgaben, die Zahlen aus innerbetrieblichen Vorgängen und aus den Beziehungen zur Umwelt des Unternehmens zu erfassen, unterteilt in:

1.2.1.4.1 Finanzbuchhaltung

Die Finanzbuchhaltung wird auch als **Geschäftsbuchhaltung** bezeichnet. Sie erfaßt die Beziehungen des Unternehmens zur Außenwelt. Ihre wesentliche Aufgabe ist es, die Geschäftsvorfälle belegmäßig zu erfassen und kontenmäßig zu verrechnen.

Die Geschäftsvorfälle werden zunächst chronologisch im **Grundbuch** und danach systematisch im **Hauptbuch** festgehalten, wobei eine Aufteilung in Bestandskonten und Erfolgskonten erfolgt.

Die Finanzbuchhaltung ist die Grundlage für den Jahresabschluß, der aus Bilanz, Gewinn- und Verlustrechnung und bei Kapitalgesellschaften zusätzlich dem Anhang besteht. Sie ermöglicht die Ermittlung des Erfolges des Unternehmens, liefert die

Bemessungsgrundlagen für die Steuern und dient der Liquiditäts- und Finanz-
kontrolle.

Im **GKR** umfaßt die Finanzbuchhaltung grundsätzlich die Kontenklassen 0 - 3 und 8
- 9:

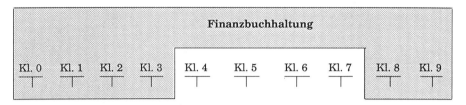

Beim **IKR** sind die Klassen 0 - 8 für die Finanzbuchhaltung vorgesehen:

Finanzbuchhaltung									
Kl. 0	Kl. 1	Kl. 2	Kl. 3	Kl. 4	Kl. 5	Kl. 6	Kl. 7	Kl. 8	Kl. 9

1.2.1.4.2 Betriebsbuchhaltung

Die Betriebsbuchhaltung stellt die **Kostenrechnung** einschließlich der ihr eingegliederten Leistungsrechnung dar. Sie erfaßt die **innerbetrieblichen Vorgänge**
rechnerisch.

Beim **GKR** besteht die Betriebsbuchhaltung grundsätzlich aus den Kontenklassen 4
- 7:

				Betriebsbuchhaltung					
Kl. 0	Kl. 1	Kl. 2	Kl. 3	Kl. 4	Kl. 5	Kl. 6	Kl. 7	Kl. 8	Kl. 9

Zu der Betriebsbuchhaltung werden aber oft auch gerechnet:

• Die **Klasse 3**, welche die Bestände an Stoffen führt und in der Finanzbuchhaltung
  oder in der Betriebsbuchhaltung bzw. in beiden Buchhaltungen enthalten sein kann.
  Im letzten Falle befinden sich die Bestandskonten in der Finanzbuchhaltung und die
  Bewegungskonten in der Betriebsbuchhaltung.

• Die **Klasse 8,** welche die betrieblichen Erträge enthält und grundsätzlich der
  Finanzbuchhaltung zuzurechnen ist, aber zusätzlich auch noch in der Betriebsbuchhaltung erscheinen kann.

Im **IKR** ist für die Betriebsbuchhaltung die Kontenklasse 9 vorgesehen:

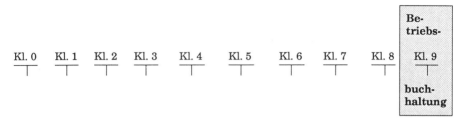

Die Gestaltung der Betriebsbuchhaltung unterliegt keinen rechtlichen Vorschriften.

1.2.1.5 Organisation

Die Buchhaltung läßt sich grundsätzlich in unterschiedlicher Weise organisieren. Finanzbuchhaltung und Betriebsbuchhaltung können - wie bereits angesprochen - eine Einheit oder zwei in sich geschlossene Kreise bilden:

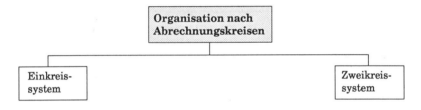

1.2.1.5.1 Einkreissystem

Beim Einkreissystem bilden die Finanzbuchhaltung und die Betriebsbuchhaltung eine **organisatorische Einheit**. Die Verrechnung der Kosten erfolgt von Kontenklasse zu Kontenklasse in einem in sich geschlossenen Abrechnungskreis.

Beim **GKR** kann das Einkreissystem eingesetzt werden. Die Kostenverrechnung läuft dabei grundsätzlich in folgender Weise ab:

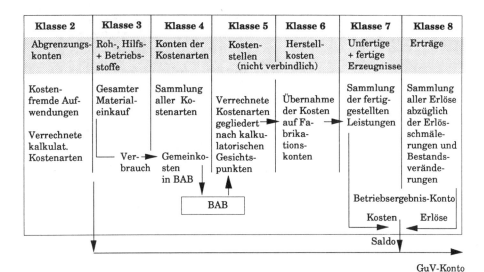

Klasse 2	Klasse 3	Klasse 4	Klasse 5	Klasse 6	Klasse 7	Klasse 8
Abgrenzungs-konten	Roh-, Hilfs- + Betriebs-stoffe	Konten der Kostenarten	Kosten-stellen	Herstell-kosten (nicht verbindlich)		Unfertige + fertige Erzeugnisse	Erträge

Im **IKR** ist ein Einkreissystem nicht vorgesehen. Soll es dennoch praktiziert werden, sind doppelte Buchungen von der Finanzbuchhaltung in die Betriebsbuchhaltung vorzunehmen, zum Ende der Rechnungsperiode ist das Ergebnis der Klasse 9 dann in die Finanzbuchhaltung zurückzubuchen.

Das Einkreissystem hat den **Nachteil,** daß der Abschluß der Finanzbuchhaltung den Abschluß der Betriebsbuchhaltung erfordert.

1.2.1.5.2 Zweikreissystem

Beim Zweikreissystem sind die Finanzbuchhaltung und die Betriebsbuchhaltung organisatorisch voneinander getrennt. Sie bilden **zwei Kreise,** die völlig in sich geschlossen sind. Die Verbindung zwischen beiden Kreisen erfolgt mit Hilfe von Spiegelbild- oder Übergangskonten:

- **Spiegelbildkonten** werden geführt, wenn keine formalen Zusammenhänge zwischen der Finanzbuchhaltung und Betriebsbuchhaltung bestehen und die Konten beider Buchhaltungen getrennt voneinander zu dem GuV-Konto bzw. Schlußbilanzkonto abgeschlossen werden. Dazu benötigt die Betriebsbuchhaltung ihr eigenes Abschlußkonto.

- **Übergangskonten** schaffen den Zusammenhang zwischen Finanzbuchhaltung und Betriebsbuchhaltung, indem die Finanzbuchhaltung über ein Übergangskonto »Betriebsbuchhaltung« und die Betriebsbuchhaltung über ein Übergangskonto »Finanzbuchhaltung« verfügt. Jede der Buchhaltungen verfügt somit über ein Abschlußkonto.

Dem Zweikreissystem wird beim **GKR** in der betrieblichen Praxis meist der Vorzug vor dem Einkreissystem gegeben. Die Kostenverrechnung erfolgt dabei grundsätzlich wie folgt:

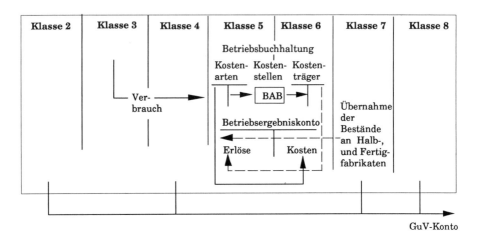

Im **IKR** ist das Zweikreissystem durch die Gestaltung des Kontenrahmens vorgegeben. Die Kostenverrechnung wird in folgender Weise durchgeführt:

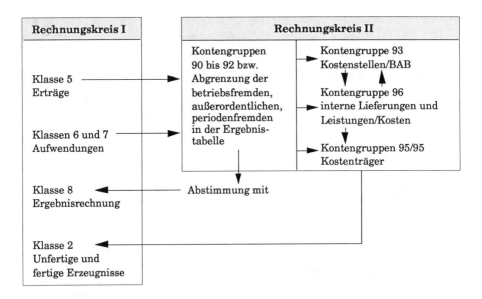

1.2.2 Kurzfristige Erfolgsrechnung

Die kurzfristige Erfolgsrechnung dient dazu, den leistungsbezogenen Erfolg des Unternehmens für einen Zeitraum zu ermitteln, der kleiner als die Rechnungsperiode ist. Sie wird auch als

- kurzfristige Betriebsergebnisrechnung
- Kostenträgerzeitrechnung

bezeichnet und umfaßt vielfach einen Monat, teilweise einen kürzeren Zeitraum.

Die Betriebsergebnis-Rechnung in der Buchhaltung des Einkreissystems oder in der Ergebnistabelle bei Anwendung des Zweikreissystems gliedert die Gesamtkosten nach produktionsfaktorbezogenen Kosten, nicht nach Kosten, die von den einzelnen Erzeugnissen oder Erzeugnisgruppen verursacht worden sind.

Die kurzfristige Erfolgsrechnung ermöglicht es nicht nur, die Kosten und Erlöse den einzelnen Erzeugnissen oder Erzeugnisgruppen zuzurechnen, sie kann beispielsweise auch Aufschluß geben über leistungsbezogene Erfolge nach:

- Fertigungsbereichen
- Absatzwegen
- Kundengruppen
- Absatzgebieten.

Die kurzfristige Erfolgsrechnung ist heute bei EDV-mäßiger Durchführung ohne weiteres möglich, wenn beispielsweise die Auftragsnummern (Kostenträgernummern) entsprechende Klassifizierungsmerkmale enthalten.

1.2.3 Planungsrechnung

Die Planungsrechnung versucht, das betriebliche Geschehen den Einwirkungen des Zufalls und der Ungewißheit zu entziehen. Sie berücksichtigt Tatbestände der Vergangenheit, Gegenwart und Zukunft, die sich aufgrund innerbetrieblicher und außerbetrieblicher Faktoren einstellen. Dabei kann sie nicht auf die Daten des Rechnungswesens verzichten.

Das zentrale Problem der Planungsrechnung ist das **Interdependenzproblem**. Darunter ist die wechselseitige Vernetzung der einzelnen Unternehmensbereiche zu verstehen. Im Rahmen der Gesamtplanung müssen die einzelnen Teilplanungen so aufeinander abgestimmt werden, daß für das Unternehmen als Ganzes ein Optimum erzielt wird.

Man versucht heute mitunter, das Interdependenzproblem durch einen **simultanen** Planungsvorgang zu lösen, wozu der gesamte Unternehmensprozeß in einem Gleichungssystem erfaßt wird. Bisher ist es aber nicht gelungen, ein operationales Gesamtplanungsmodell zu erstellen, so daß die Planung üblicherweise **sukzessiv** erfolgt. Dabei wird meist vom Absatzplan ausgegangen, und alle weiteren Teilpläne werden Schritt um Schritt entwickelt:

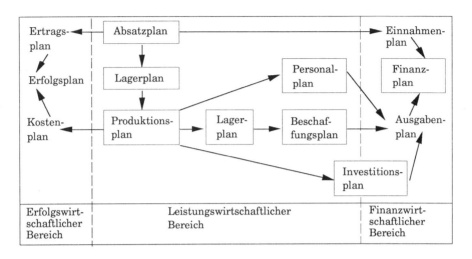

Die Planungsrechnung dient der Vorbereitung von Entscheidungen, die sich auf alle Bereiche des Unternehmens beziehen können. **Problemstellungen** sind beispielsweise:

• Ermittlung optimaler Beschaffungsmengen
• Ermittlung optimaler Fertigungsprogramme
• Ermittlung optimaler Fertigungsverfahren
• Ermittlung optimaler Sortimente
• Ermittlung optimaler Absatzwege
• Ermittlung optimaler Kapitalstrukturen.

1.2.4 Statistik

Die Statistik ist ein weiteres Gebiet des Rechnungswesens. Sie sammelt eine Vielzahl von Einzelerscheinungen, gruppiert sie nach bestimmten Merkmalen, analysiert die Daten und stellt sie in tabellarischer oder graphischer Form dar.

Die Statistik hat vor allem die Funktion einer **Vergleichsrechnung.** Der Vergleich kann vorgenommen werden als:

• **Zeitvergleich,** bei dem ausgewählte Zahlen zweier oder mehrerer Rechnungsperioden miteinander verglichen werden.

• **Verfahrensvergleich**, bei dem alternative Verfahren - beispielsweise in der Fertigung - hinsichtlich ihrer Vorteilhaftigkeit miteinander verglichen werden.

• **Soll-Ist-Vergleich,** bei dem vorgegebene Werte nach Ablauf eines bestimmten Zeitraumes mit den tatsächlichen Werten verglichen und die Abweichungen von Soll- und Ist-Werten einer Ursachenanalyse unterzogen werden.

• **Zwischenbetrieblicher Vergleich** oder **Betriebsvergleich**, bei dem gleich oder ähnlich strukturierte Unternehmen anhand geeigneter Kennzahlen miteinander verglichen werden, was aber nicht unproblematisch ist, da selten vollkommen gleiche Ausgangssituationen gegeben sind.

Alle **Bereiche** des Unternehmens lassen sich statistisch erfassen. Von besonderer Bedeutung sind beispielsweise:

• Einkaufsstatistiken
• Lagerstatistiken
• Verkaufsstatistiken
• Personalstatistiken
• Kostenstatistiken
• Erfolgsstatistiken.

Die Statistiken vermitteln in konzentrierter Form einen Einblick in wesentliche Entwicklungen eines Unternehmens.

1.3 Begriffe

Grundlegende Begriffe des Rechnungswesens sind vor allem:

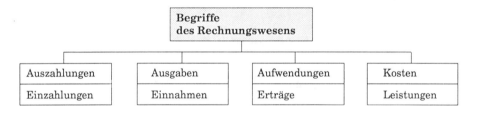

1.3.1 Auszahlungen - Einzahlungen

Die **Auszahlungen** sind der tatsächliche Zahlungsmittelabfluß aus dem Unternehmen, der in Form von Bargeld oder von Bank- bzw. Postgiroüberweisungen erfolgen kann.

Beispiele: Barentnahmen, geleistete Vorauszahlungen, Barkäufe, gewährte Barkredite.

Unter **Einzahlungen** sind dementsprechend sämtliche Zuflüsse an Zahlungsmitteln zu verstehen.

Beispiele: Bareinlagen, erhaltene Barkredite, erhaltene Vorauszahlungen, Barverkäufe.

Auszahlungen und Einzahlungen werden in der **Finanzbuchhaltung** erfaßt.

1.3.2 Ausgaben - Einnahmen

Die Ausgaben und Einnahmen finden ebenfalls in der **Finanzbuchhaltung** ihren Niederschlag. Sie unterscheiden sich von den Auszahlungen und Einzahlungen jedoch dadurch, daß die tatsächlichen Abflüsse oder Zuflüsse von Zahlungsmitteln um Forderungen bzw. Schulden berichtigt sind.

Ausgaben und Einnahmen entstehen durch **schuldrechtliche Verpflichtungen**, beispielsweise Kaufverträge, ohne daß im Zeitpunkt eines Vertragsschlusses entsprechende Auszahlungen oder Einzahlungen erfolgen müssen.

* **Ausgaben** vermindern das Geldvermögen eines Unternehmens. Sie werden ermittelt:

	Auszahlungen
+	Forderungsabgänge
+	Schuldenzugänge
=	Ausgaben

[handschriftlich:] Rechng. werden bezahlt vom kunden Vb werden eingegangen

Beispiel: Die Electronic AG kauft am 1. März 1991 Waren im Werte von 50.000 DM. Das Zahlungsziel beträgt 3 Wochen und wird voll ausgeschöpft. Damit hat die Electronic AG am 1. März 1991 folgende Ausgaben:

Auszahlungen	0 DM
+ Forderungsabgänge	0 DM
+ Schuldenzugänge	50.000 DM
= Ausgaben	50.000 DM

Erst nach 3 Wochen werden Auszahlungen von 50.000 DM geleistet. Die Schulden der Electronic AG vermindern sich entsprechend.

* **Einnahmen** sind Zugänge des Geldvermögens. Sie ergeben sich aus:

Einzahlungen
+ Forderungszugänge
+ Schuldenabgänge
= Einnahmen

[handschriftlich:] Vertrag, Kunde hat noch nicht gezahlt man bezahlt Vb.

Beispiel: Der Lieferant der Electronic AG hat am 1. März 1991 Waren für 50.000 DM mit einem Zahlungsziel von 3 Wochen verkauft:

Einzahlungen	0 DM
+ Forderungszugänge	50.000 DM
+ Schuldenabgänge	0 DM
= Einnahmen	50.000 DM

Die Einnahmen führen erst 3 Wochen später zu Einzahlungen.

2

1.3.3 Aufwendungen - Erträge

Ausgaben und Einnahmen für erhaltene oder abgegebene Leistungen sind Aufwendungen oder Erträge, wenn sie bestimmten Rechnungsperioden zugerechnet werden.

Aufwendungen und Erträge werden - wie die zuvor genannten Begriffe - in der **Finanzbuchhaltung** erfaßt. Sie sind der Erfolgsrechnung zuzurechnen und damit in der GuV-Rechnung des Jahresabschlusses zu finden:

GuV-Rechnung	
Aufwendungen	Erträge

• **Aufwendungen** sind der Wertverzehr für Güter und Dienstleistungen innerhalb einer bestimmten Rechnungsperiode, der nicht nur der Erfüllung des Betriebszwekkes, also der Leistungserstellung und Leistungsverwertung, dient.

Aufwendungen und Ausgaben müssen wertmäßig nicht übereinstimmen.

Aufwendungen können verschiedene **Ursachen** haben. Dementsprechend unterscheidet man:

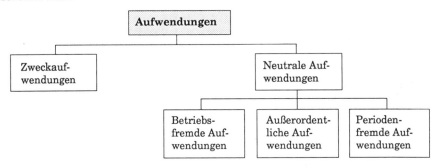

Zweckaufwendungen, die auch **Betriebsaufwendungen** genannt werden, entstehen bei der Leistungserstellung und Leistungsverwertung. Sie beziehen sich also ausschließlich auf die Erfüllung des Betriebszweckes und sind deckungsgleich mit den Kosten in der Kostenrechnung.

Beispiele: Verbrauch von Roh-, Hilfs- und Betriebsstoffen, Löhne, Gehälter, Aufwendungen für bezogene Leistungen (§ 275 Abs. 2 HGB).

Neutrale Aufwendungen dienen grundsätzlich nicht der Realisierung des Betriebszweckes. Sie werden deshalb in der Kostenrechnung nicht angesetzt.

- Bei **betriebsfremden Aufwendungen** besteht kein Zusammenhang mit der Leistungserstellung und Leistungsverwertung, der eigentlichen betrieblichen Tätigkeit.

Beispiele: Spenden, Aufwendungen für Sanierungen, Aufwendungen für Umwandlungen, Abschreibungen auf Finanzanlagen, Verluste aus dem Abgang von Wertpapieren.

- **Außerordentliche Aufwendungen** werden zwar durch die Leistungserstellung und Leistungsverwertung verursacht, sie fallen aber unregelmäßig oder nur vereinzelt an, so daß sie in der Kostenrechnung aus Gründen der Vergleichbarkeit der Rechnungsperioden nicht angesetzt werden.

   Beispiele: Verkauf einer Maschine unter Buchwert, konkursbedingte Forderungsverluste.

- Bei **periodenfremden Aufwendungen** handelt es sich um Aufwendungen, die durch die Leistungserstellung und Leistungsverwertung entstehen, jedoch erst in einer späteren Rechnungsperiode anfallen.

   Beispiele: Steuernachzahlung, Prozeßkosten für einen im Vorjahr abgeschlossenen Prozeß.

• **Erträge** sind der Wertzuwachs durch erstellte Güter und Dienstleistungen innerhalb einer bestimmten Rechnungsperiode, der nicht nur auf der Erfüllung des Betriebszweckes, also auf der Leistungserstellung und Leistungsverwertung, beruht.

Erträge und Einnahmen müssen wertmäßig nicht übereinstimmen.

Folgende **Arten** von Erträgen lassen sich unterscheiden:

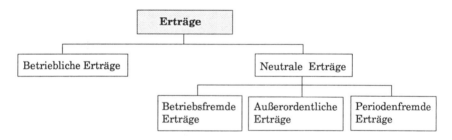

Die **betrieblichen Erträge** werden durch die Leistungserstellung und Leistungsverwertung erzielt und beziehen sich ausschließlich auf die Erfüllung des Betriebszweckes. Sie werden als Leistungen den Kosten gegenübergestellt und können sein:

- **Umsatzerlöse** durch den Verkauf der Güter oder Dienstleistungen, wobei Einzahlungen in der betreffenden Periode nicht erfolgen müssen (Umsatzleistungen).

- **Innerbetriebliche Erträge** durch selbsterstellte Güter oder werterhöhende Reparaturen, die zu aktivieren sind, d.h. auf der Aktiv-Seite der Bilanz aufgenommen werden müssen, wenn sie nicht in der gleichen Rechnungsperiode verbraucht werden.

   Beispiele: Aktivierte Eigenleistungen, Bestandsmehrungen als Lagerleistung.

- **Nebenerlöse** durch den Verkauf von Abfallprodukten, beispielsweise Schrott (sonstige betriebliche Erträge)..

Neutrale Erträge resultieren grundsätzlich nicht aus der Erstellung und Verwertung der Güter und Dienstleistungen. Sie dienen nicht dem Betriebszweck:

- Bei **betriebsfremden Erträgen** besteht keinerlei Zusammenhang mit der Leistungserstellung und Leistungsverwertung.

Beispiele: Gewinne aus Wertpapieren, erhaltene Spenden, Schenkungen, Gewinne aus Beteiligungen.

- **Außerordentliche Erträge** stehen in Zusammenhang mit der Leistungserstellung und Leistungsverwertung. Sie fallen aber unregelmäßig und nur vereinzelt an.

Beispiel: Verkauf einer Maschine über Buchwert.

- Bei **periodenfremden Erträgen** handelt es sich um Erträge, welche durch die Leistungserstellung und Leistungsverwertung entstehen, jedoch erst in einer späteren Periode erfolgen.

Beispiel: Rückerstattung von Steuern.

1.3.4 Kosten - Leistungen

Kosten und Leistungen sind Begriffe der **Betriebsbuchhaltung**. Sie werden in der Kostenrechnung einschließlich der ihr eingegliederten Leistungsrechnung verwendet.

• **Kosten** sind allgemein der wertmäßige Verzehr von Produktionsfaktoren zur Leistungserstellung und Leistungsverwertung sowie zur Sicherung der dafür notwendigen betrieblichen Kapazitäten.

Die Kosten werden unterschiedlich definiert. Zwei **Begriffe** lassen sich vor allem unterscheiden:

- Beim **pagatorischen Kostenbegriff** ist der Verbrauch von Produktionsfaktoren so zu bewerten, daß die Kostensumme mit den Auszahlungen für die Produktionsfaktoren insgesamt übereinstimmt. Das bedeutet, daß nur die tatsächlich gezahlten Marktpreise in die Bewertung eingehen dürfen und damit Kostenarten, für die keine Auszahlungen erfolgen, unberücksichtigt bleiben müssen.

- Der **wertmäßige Kostenbegriff** - wie er im vorliegenden Buch zugrundegelegt wird - enthält drei Wesensmerkmale:

1	Es muß ein mengenmäßiger Güter- oder Leistungsverbrauch vorliegen.
2	Der Güter- oder Leistungsverbrauch muß leistungsbezogen sein.
3	Es muß eine Bewertung der leistungsbezogenen Verbrauchsmengen erfolgen.

Im Gegensatz zum pagatorischen Kostenbegriff können beim wertmäßigen Kostenbegriff die Wertansätze des Güterverbrauches entsprechend dem Zweck der Kostenrechnung bestimmt werden. Sie müssen nicht mit den tatsächlichen Auszahlungen übereinstimmen.

Damit ist nicht zwangsweise der Anschaffungswert anzusetzen, sondern es ist ebenso möglich, einen Tageswert, Ersatzwert, Verrechnungswert oder Standardwert zu verwenden.

Der wertmäßige Kostenbegriff enthält aufgrund der Freiheit im Wertansatz auch Kostenteile, denen keine Aufwendungen gegenüberstehen. Er umfaßt:

Kosten	
Grundkosten	Zusatzkosten

Grundkosten sind der betriebsbedingte Wertverzehr für Güter und Dienstleistungen innerhalb einer bestimmten Rechnungsperiode, dem Aufwendungen gegenüberstehen.

Zusatzkosten sind der betriebsbedingte Werteverzehr innerhalb einer bestimmten Rechnungsperiode, dem keine Aufwendungen gegenüberstehen.

• **Leistungen** sind das Ergebnis der betrieblichen Faktorkombination, also die in Erfüllung des Betriebszweckes erstellten Güter und Dienstleistungen. Sie sind der Korrelat-Begriff zu den Kosten:

Kosten	Leistungen
Verbrauch von Gütern und Dienstleistungen	Erstellung von Gütern und Dienstleistungen
betriebsbedingt	betriebsbedingt
bewertet	bewertet

In der Kostenrechnung werden die Leistungen als **Kostenträger** bezeichnet. Sie lassen sich nach mehreren Kriterien unterscheiden, beispielsweise in:

- **Absatzleistungen**, die für den Markt bestimmt sind.

  Beispiele: Erzeugte Produkte, Beratung durch einen Unternehmensberater.

- **Lagerleistungen**, die sich aus der Erhöhung des Bestandes an unfertigen und fertigen Erzeugnissen ergeben.

- **Eigenleistungen**, die für die Eigenverwendung bestimmt sind.

  Beispiele: Selbsterstellte Maschinen, Reparaturen.

1.3.5 Abgrenzungen

Die Begriffe des Rechnungswesens sollen abschließend gegeneinander abgegrenzt werden:

- **Ausgaben - Aufwendungen - Kosten**
- **Einnahmen - Erträge - Leistungen.**

1.3.5.1 Ausgaben - Aufwendungen - Kosten

Die Beziehungen zwischen Ausgaben, Aufwendungen und Kosten lassen sich schematisch darstellen:

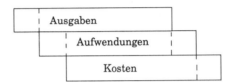

- **Ausgaben - Kosten**

Aus dem Schema ergeben sich folgende **Abgrenzungen**:

Ausgaben, die keine Kosten sind.	Beispiele:
Nichtkosten	Gewinnausschüttungen, Privatentnahmen, Ausgaben für nicht betriebsbedingten Verbrauch (neutraler Aufwand).
Nochnichtkosten	Kauf von Material, das in der nächsten Rechnungsperiode verbraucht wird. Kauf von Maschinen, die über mehrere Jahre abgeschrieben werden.
Ausgaben, die Kosten sind.	Periodengerecht gezahlte Löhne, Gehälter. Kauf von Rohstoffen und Verbrauch in der gleichen Periode.
Kosten, die keine Ausgaben sind.	
Nichtausgaben	Verbrauch unentgeltlich erworbener Güter für die Leistungserstellung, Zusatzkosten.
Nochnichtausgaben	Noch nicht in Rechnung gestellte Güter werden bereits zur Leistungserstellung verbraucht. Löhne und Gehälter werden erst am Monatsende gezahlt.

• **Ausgaben - Aufwendungen**

```
┌─────────────────────────────┐
│  Ausgaben                   │
├─────────────────────────────┤─┐
   Aufwendungen              │
   └──────────────────────────────┘
```

Aus dem Schema ergeben sich folgende **Abgrenzungen**:

Ausgaben, die keine Aufwendungen sind.	Beispiele:
Nochnicht-aufwendungen	Kauf von Rohstoffen und Verbrauch in einer späteren Periode.
Nichtmehr-aufwendungen	Verbrauchte Rohstoffe werden in nächster Periode bezahlt (durch Schuldenzugang).
Nichtaufwendungen	Privatentnahme in Geld (kein Güterverbrauch, erfolgsneutral).
Ausgaben, die Aufwendungen sind.	Kauf von Rohstoffen und Verbrauch in der gleichen Periode.
Aufwendungen, die keine Ausgaben sind.	
Nichtmehrausgaben	Abschreibung einer früher angeschafften Maschine. Verzehr vom Lager.
Nichtausgaben	Abschreibung einer geschenkten Maschine.

• **Aufwendungen - Kosten**

```
┌──────────────────┬──────────────────┐
│  Neutrale        │  Zweckauf-       │
│  Aufwendungen    │  wendungen       │
└──────────────────┼──────────────────┼──────────────────┐
                      Grundkosten        Zusatzkosten
                   └──────────────────┴──────────────────┘
```

Aus dem Schema ergeben sich folgende **Abgrenzungen:**

Aufwendungen, die keine Kosten sind.	**Beispiele:**
Betriebsfremde Aufwendungen	Spenden, Aufwendungen für Sanierungen.
Außerordentliche Aufwendungen	Verkauf einer Maschine unter Buchwert, Konkursverluste.
Periodenfremde Aufwendungen	Steuernachzahlung, Prozeßkosten für einen im Vorjahr abgeschlossenen Prozeß.
Aufwendungen, die Kosten sind.	Verarbeitete Roh-, Hilfs-, Betriebsstoffe. Löhne, Gehälter, Dienstleistungen von außen.
Kosten, die keine Aufwendungen sind.	Zusatzkosten als der Teil der kalkulatorischen Abschreibungen, der über die bilanziellen Abschreibungen hinausgeht.

1.3.5.2 Einnahmen - Erträge - Leistungen

Auch die Beziehungen zwischen Einnahmen, Erträgen und Leistungen lassen sich schematisch verdeutlichen:

Im einzelnen gilt:

• **Einnahmen - Leistungen**

Aus dem Schema ergeben sich folgende **Abgrenzungen**:

Einnahmen, die keine Leistungen sind.	Beispiele:
Nichtleistungen	Einnahmen aus Wertpapierspekulationen, Mieten für ein Wohnhaus.
Nochnichtleistungen	Vorauszahlungen von Kunden.
Einnahmen, die Leistungen sind.	Verkaufte Fertigfabrikate.
Leistungen, die keine Einnahmen sind.	
Nichteinnahmen	Verschenkte Fertigfabrikate.
Nochnichteinnahmen	Gelieferte Fertigfabrikate, Rechnung folgt.

• **Einnahmen - Erträge**

Aus dem Schema ergeben sich folgende **Abgrenzungen**:

Einnahmen, die keine Erträge sind.	Beispiele:
Nochnichterträge	Erhaltene Anzahlungen (= Einzahlungen).
Nichtmehrerträge	Barzahlungen einer Warenforderung (= Einzahlungen).
Nichterträge	Rückzahlung eines gewährten Darlehens durch den Schuldner (= Einzahlung).
Einnahmen, die Erträge sind.	Verkauf von Fertigerzeugnissen, die in der Periode erstellt wurden.
Erträge, die keine Einnahmen sind.	
Nochnichteinnahmen	Produktion von Fabrikaten auf Lager.
Nichtmehreinnahmen	Lieferung von früher durch Vorauszahlung bezahlten Produkten.
Nichteinnahmen	Innerbetriebliche Leistungen wie selbsterstellte Maschinen.

• **Erträge - Leistungen**

Neutrale Erträge	Zweckerträge
	Grundleistungen	Zusatzleistungen

Aus dem Schema ergeben sich folgende **Abgrenzungen**:

Erträge, die keine Leistungen sind.	**Beispiele:**
Betriebsfremde Erträge	Zins- und Mieterträge aus nicht betriebsnotwendigem Vermögen.
Außerordentliche Erträge	Verkauf einer Maschine über Buchwert.
Periodenfremde Erträge	Steuerrückzahlung.
Erträge, die Leistungen sind.	Erträge aus betriebsbedingter Tätigkeit (Verkauf der Fertigerzeugnisse oder Dienstleistungen).
Leistungen, die keine Erträge sind.	Unentgeltlich abgegebene Fertigerzeugnisse oder Dienstleistungen.

3

1.4 Kennzahlen

Die Erreichung der Ziele des Unternehmens wird im Rechnungswesen vielfach mit Hilfe von Kennzahlen überprüft. Das sind Zahlen, die sich auf betriebswirtschaftlich wichtige Tatbestände beziehen und diese in konzentrierter Form darstellen.

Entsprechend ihrem Aufbau unterscheidet man zwei **Arten** von Kennzahlen:

• **Absolute Kennzahlen,** das sind Einzelzahlen, Summen und Differenzen, beispielsweise der Gewinn. Sie haben nur eine **begrenzte Aussagekraft.**

• **Relative Kennzahlen,** bei denen mindestens zwei Werte zueinander in Beziehung gesetzt werden, beispielsweise bei der Wirtschaftlichkeit, Rentabilität, Produktivität. Die Aussagekraft der relativen Kennzahlen ist größer als bei den absoluten Kennzahlen.

Aus der Vielzahl möglicher Kennzahlen sollen einige besonders häufig verwendete Kennzahlen erläutert werden:

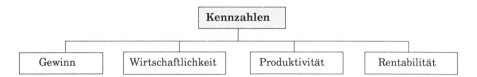

1.4.1 Gewinn

Der Gewinn kann sich auf den gesamten unternehmerischen Erfolg oder auf kosten-
rechnungsbezogenen Erfolg beziehen. Dementsprechend wird er auf unterschiedliche
Weise ermittelt:

* In der **Kostenrechnung** zeigt er den internen Erfolg oder Betriebserfolg:

> Betriebserfolg = Leistungen - Kosten

* In **gesamtunternehmerischer Betrachtung** orientiert er sich an den handels-
rechtlichen Vorschriften und zeigt das Gesamtergebnis und damit den Unter-
nehmenserfolg:

> Unternehmenserfolg = Erträge - Aufwendungen

Außerdem kann der Gewinn wie folgt interpretiert werden:

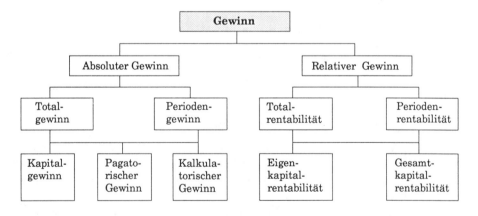

Totalgewinn und **Total**rentabilität beziehen sich auf die gesamte Lebensdauer des
Unternehmens. **Perioden**gewinn und **Perioden**rentabilität umfassen nur einen
Teilabschnitt der Lebensdauer des Unternehmens, eine Periode, beispielsweise ein
Geschäftsjahr.

Die Begriffe Kapitalgewinn, pagatorischer Gewinn und kalkulatorischer Gewinn lassen sich abgrenzen:

Kapitalgewinn		
Pagatorischer Gewinn		Fremd-kapitalzinsen
Kalkulatorischer Gewinn	Eigen-kapitalzinsen	Fremd-kapitalzinsen

1.4.2 Wirtschaftlichkeit

Die Wirtschaftlichkeit ist als das Maß für die Einhaltung des ökonomischen Prinzips anzusehen.

Das **ökonomische Prinzip** kann unterschiedlich formuliert werden:

• Als **Maximalprinzip** fordert es, mit gegebenen Mitteln einen größtmöglichen (= maximalen) Erfolg zu erzielen.

• Als **Minimalprinzip** fordert es, einen bestimmten Erfolg mit geringstmöglichen (= minimalen) Mitteln zu erreichen.

Die rechnerische Ermittlung der Wirtschaftlichkeit ist auf verschiedene Weise möglich. In der betrieblichen Praxis bedient man sich vor allem folgender Formeln:

$$(\text{Ertrags-})\text{Wirtschaftlichkeit} = \frac{\text{Erträge}}{\text{Aufwendungen}}$$

$$(\text{Kosten-})\text{Wirtschaftlichkeit} = \frac{\text{Leistungen}}{\text{Kosten}}$$

Die Wirtschaftlichkeit ist bei beiden Formeln um so höher, je größer der Wert des sich ergebenden Quotienten ist.

Beispiele:
Bei zwei Unternehmen A und B ist die **Kosten-Wirtschaftlichkeit** für die Rechnungsperiode 1991 zu ermitteln:

	A	B
$\dfrac{\text{Leistungen 1991}}{\text{Kosten 1991}}$	$\dfrac{10.380.000}{9.110.000} = 1{,}139$	$\dfrac{5.105.000}{3.980.000} = 1{,}283$

Die **Ertrags-Wirtschaftlichkeit** zweier Produkte des Unternehmens C ist zu untersuchen:

	I	II
$\dfrac{\text{Erträge des Produktes X in DM/Stück}}{\text{Aufwendungen für das Produkt X in DM/Stück}}$	$\dfrac{549}{398} = 1{,}38$	$\dfrac{298}{233} = 1{,}28$

Nachteilig bei dieser Berechnung ist, daß es sich um bewertete Größen handelt, die zueinander in Beziehung gesetzt werden. Bei Veränderungen der Beschaffungspreise von Produktionsfaktoren und/oder der Absatzpreise verändert sich die Wirtschaftlichkeit.

Dieser Mangel kann durch Verwendung konstanter Preise ausgeschaltet werden. Problematisch ist dann immer noch, daß alle Werte in den Gleichungen - entgegen dem Wirtschaftlichkeitsprinzip - variabel sind. Damit gibt es keine feste Bezugsbasis, die für eine aussagekräftige Beurteilung notwendig wäre.

Zweckmäßiger erscheint die folgende Berechnung der Wirtschaftlichkeit:

$$\text{Wirtschaftlichkeit} = \frac{\text{Sollkosten}}{\text{Istkosten}}$$

Die Wirtschaftlichkeit ist um so höher, je größer der Wert des Quotienten wird.

Beispiel: In Einzelfertigung werden zwei Produkte erstellt. Die vorgegebenen Kosten betragen für Produkt I 990 DM und für Produkt II 430 DM. Tatsächlich entstehen Kosten von 894 DM für Produkt I und 477 DM für Produkt II.

	I	II
$\dfrac{\text{Sollkosten}}{\text{Istkosten}}$	$\dfrac{990}{894} = 1{,}11$	$\dfrac{430}{477} = 0{,}90$

Auch bei dieser Berechnung der Wirtschaftlichkeit muß auf mögliche Preisschwankungen geachtet werden. Die Aussagekraft einer so ermittelten Wirtschaftlichkeit ist aber wesentlich größer als bei den zuvor besprochenen Gleichungen, sofern die Sollkosten in geeigneter Weise ermittelt werden.

5

1.4.3 Produktivität

Die Produktivität ist ein Maß für die mengenmäßige Ergiebigkeit der Faktorkombination:

$$\text{Produktivität} = \frac{\text{Mengenergebnis der Faktorkombination}}{\text{Faktoreinsatzmengen}}$$

Die Produktivität als einzelne Maßzahl ermöglicht keine Aussagen. Erst durch den Vergleich mit anderen Produktivitäten, beispielsweise ähnlich strukturierter Unternehmen oder früherer Perioden, erlangt diese Kennzahl entsprechende Bedeutung.

Nachteilig an der oben dargestellten Ermittlung der Produktivität ist, daß dem Produktionsprozeß viele Leistungsarten zugrundeliegen. Damit können die Leistungen nicht in einer Einzelgröße zusammengefaßt werden.

Deshalb ermittelt man **Teilproduktivitäten**, beispielsweise:

$$\text{Materialproduktivität} = \frac{\text{Erzeugte Menge}}{\text{Materialeinsatz}}$$

$$\text{Arbeitsproduktivität} = \frac{\text{Erzeugte Menge}}{\text{Arbeitsstunden}}$$

Anstelle der Arbeitsstunden können bei der Arbeitsproduktivität auch

- **Arbeiterzahl**
- **Fertigungsstunden**

in die Gleichung eingesetzt werden:

$$\text{Betriebsmittelproduktivität} = \frac{\text{Erzeugte Menge}}{\text{Maschinenstunden}}$$

Anstelle der Maschinenstunden können bei der Betriebsmittelproduktivität auch

- **Maschinenzahl**
- **Nutzfläche**

in die Gleichung eingesetzt werden:

Beispiel: Bei der Maschinen GmbH liegen für einen Produkttyp folgende Daten vor:

	1990	1991
Erzeugte Menge	25.340	24.200
Materialeinsatz in kg	50.400	51.280
Arbeitsstunden	10.000	9.400
Maschinenstunden	3.600	3.570
Material- produktivität	$\dfrac{25.340}{50.400} = 0,503$	$\dfrac{24.200}{51.280} = 0,472$
Arbeits- produktivität	$\dfrac{25.340}{10.000} = 2,534$	$\dfrac{24.200}{9.400} = 2,574$
Betriebsmittel- produktivität	$\dfrac{25.340}{3.600} = 7,039$	$\dfrac{24.200}{3.570} = 6,779$

6

1.4.4 Rentabilität

Die Rentabilität ist das Verhältnis des Periodenerfolges zu anderen Größen. Als einzelne Maßzahl führt sie zu keiner Aussage. Erst durch den Vergleich mit anderen Rentabilitätszahlen, beispielsweise der Rentablität ähnlich strukturierter Unternehmen oder früherer Perioden, erlangt diese Kennzahl entsprechende Bedeutung.

Eine gute Wirtschaftlichkeit oder Produktivität läßt nicht darauf schließen, daß auch die Rentabilität positiv zu beurteilen ist. Man denke an den Fall, daß unter günstigen Bedingungen produzierte Erzeugnisse am Markt nicht absetzbar sind.

Die Rentabilität tritt in mehreren **Arten** in Erscheinung:

$$\text{Umsatzrentabilität} = \frac{\text{Erfolg}}{\text{Umsatz}} \cdot 100$$

$$\text{Eigenkapitalrentabilität} = \frac{\text{Erfolg}}{\text{Eigenkapital}} \cdot 100$$

$$\text{Gesamtkapital-} \atop \text{rentabilität} = \frac{\text{Erfolg + Verrechnete Fremdkapitalzinsen}}{\text{Gesamtkapital}} \cdot 100$$

$$\begin{array}{l}\text{Rentabilität des}\\\text{betriebsnotwendigen}\\\text{Kapitals}\end{array} = \dfrac{\begin{array}{l}\text{Betriebserfolg + Verrechnete Zinsen}\\\text{für betriebsnotwendiges Fremdkapital}\end{array}}{\text{Betriebsnotwendiges Gesamtkapital}} \cdot 100$$

Beispiel: Die Maschinen GmbH hat ein gezeichnetes Kapital von 100.000 DM und Fremdkapital in Höhe von 60.000 DM, das mit 6 % verzinst wird. Das Fremdkapital dient zu 75 % betriebsnotwendigen Zwecken. Der Gewinn der Maschinen GmbH beträgt für die Rechnungsperiode 8.000 DM bei einem Umsatz von 330.000 DM.

Umsatz-
rentabilität
$$= \frac{8.000}{330.000} \cdot 100 = 2,42\,\%$$

Eigenkapital-
rentabilität
$$= \frac{8.000}{100.000} \cdot 100 = 8,00\,\%$$

Gesamtkapital-
rentabilität
$$= \frac{8.000 + 60.000 \cdot 0,06}{160.000} \cdot 100 = 7,25\,\%$$

Rentabilität des
betriebsnotwendigen
Kapitals
$$= \frac{8.000 + 60.000 \cdot 0,75 \cdot 0,06}{100.000 + 60.000 \cdot 0,75} \cdot 100 = 7,38\,\%$$

7

2. Kosten

Kosten sind allgemein der wertmäßige Verzehr von Produktionsfaktoren zur Erstellung und Verwertung betrieblicher Leistungen und zur Sicherung der dafür notwendigen Kapazitäten.

Die **Merkmale** des - wertmäßigen - Kostenbegriffes sind wie bereits dargestellt:

• Mengenmäßiger Güter- oder Leistungsverbrauch
• Leistungsbezogenheit des Güter- oder Leistungsverbrauches
• Bewertung des leistungsbezogenen Güter- oder Leistungsverbrauches

Kosten lassen sich nach einer Vielzahl von Kriterien unterteilen. Folgende **Arten** sollen dargestellt werden:

• **Verrechnungsbezogene Kosten**

• **Beschäftigungsbezogene Kosten**

• **Sonstige Kosten.**

2.1 Verrechnungsbezogene Kosten

Nach der unterschiedlichen Verrechnung der Kosten auf die Kostenträger - das sind
Erzeugnisse oder Aufträge - lassen sich folgende Kosten unterscheiden:

2.1.1 Einzelkosten

Die Einzelkosten sind Kosten, welche den Kostenträgern **unmittelbar zugerechnet**
werden. Deshalb bezeichnet man sie auch als:

• Direkte Kosten
• Kostenträgereinzelkosten.

In der betrieblichen Praxis werden als Einzelkosten unterschieden:

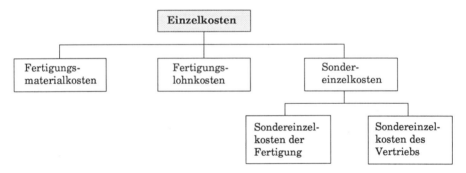

Die **Fertigungsmaterialkosten** fallen für Rohstoffe an. Das sind Stoffe, die unmittelbar in die zu fertigenden Erzeugnisse eingehen und deren Hauptbestandteile bilden.
Sie werden durch Materialentnahmescheine erfaßt.

Beispiele: Bleche in der Automobilindustrie, Stoffe in der Textilindustrie, Gußteile in der
Maschinenbauindustrie, Furniere in der Möbelindustrie.

Die **Fertigungslohnkosten** fallen bei der Be- und Verarbeitung des Einzelmaterials
in der Fertigung an und dienen dem unmittelbaren Arbeitsfortschritt. Sie werden mit
Hilfe von Lohnzetteln erfaßt.

Beispiel: Akkordlohn.

Die **Sondereinzelkosten** werden ebenfalls belegmäßig unter Angabe der Kostenträger erfaßt, aber nicht - wie die Fertigungsmaterialkosten und Fertigungslohnkosten - den einzelnen Erzeugnissen zugerechnet, sondern den jeweiligen Aufträgen, die aus einer Vielzahl gleichartiger Erzeugnisse bestehen können, beispielsweise als Serien. Sondereinzelkosten können fertigungs- oder vertriebsbezogen sein:

* Die **Sondereinzelkosten der Fertigung** entstehen als besondere Kosten bei der Fertigung und können sein:

  - Sonderbetriebskosten, beispielsweise für Modelle und besondere Werkzeuge, die einzelne Aufträge erforderlich machen.

  - Konstruktionskosten.

  - Patent- und Lizenzkosten, die für einzelne Aufträge anfallen.

* Die **Sondereinzelkosten des Vertriebs** entstehen als besondere Kosten beim Vertrieb und können beispielsweise sein:

  - Kosten der Verpackungen
  - Ausgangsfrachten
  - Transportversicherungen
  - Verkaufsprovisionen.

2.1.2 Gemeinkosten

Die Gemeinkosten sind Kosten, welche den Kostenträgern **nicht unmittelbar zugerechnet** werden. Sie fallen für verschiedene Erzeugnisse gemeinsam an. Die Gemeinkosten werden auch bezeichnet als:

* Indirekte Kosten
* Kostenträgergemeinkosten.

Einzelkosten und Gemeinkosten unterscheiden sich damit in folgender Weise:

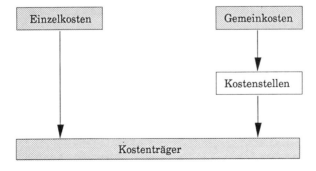

Einzelkosten werden direkt auf die Kostenträger verrechnet, Gemeinkosten hingegen zunächst in den Kostenstellen erfaßt, um dann erst den Kostenträgern zugerechnet zu werden.

Wenn dargelegt wurde, daß die Gemeinkosten den Kostenträgern nicht unmittelbar zugerechnet werden, ist damit nicht immer gesagt, daß sie nicht zugerechnet werden können. Deshalb unterscheidet man:

• **Echte Gemeinkosten**, welche den Kostenträgern nicht direkt, sondern nur über die Kostenstellen zugerechnet werden können.

  Beispiele: Hilfslöhne, Urlaubslöhne, Feiertagslöhne, Gehälter, Sozialkosten, Strom, Fremdreparaturen, Steuern, Gebühren, Beiträge.

• **Unechte Gemeinkosten**, welche den Kostenträgern zwar direkt zugerechnet werden können, worauf aber verzichtet wird, meist aus Gründen einer rationellen Abrechnung der Kosten.

  Beispiele: Geringwertige Materialien, Hilfsstoffe.

2.2 Beschäftigungsbezogene Kosten

Die Kosten können sich in ihrer Höhe sehr unterschiedlich entwickeln, wenn die Ausbringung oder Beschäftigung verändert wird.

Unter **Beschäftigung** versteht man die tatsächliche Nutzung des Leistungsvermögens eines Unternehmens. Sie stellt nicht - wie das mißverstanden werden könnte - die Zahl der im Unternehmen beschäftigten Mitarbeiter dar, sondern wird in Leistungseinheiten gemessen, beispielsweise in:

• Ausbringungsmengen
• Arbeitsstunden
• Maschinenstunden.

Die Beschäftigung steht also in engem Zusammenhang mit dem Leistungsvermögen, das auch als **Kapazität** bezeichnet wird und angibt, was ein Unternehmen bei Vollbeschäftigung in einem bestimmten Zeitabschnitt zu leisten vermag.

Der Maßstab für die Beschäftigung ist der **Beschäftigungsgrad:**

$$\text{Beschäftigungsgrad} = \frac{\text{Eingesetzte Kapazität}}{\text{Vorhandene Kapazität}} \cdot 100$$

oder

$$\text{Beschäftigungsgrad} = \frac{\text{Ist-Leistung}}{\text{Kapazität}} \cdot 100$$

Beispiele:
Produzierte Menge   30.000 Stück
Maximal produzierbare Menge   40.000 Stück

$$\text{Beschäftigungsgrad} = \frac{30.000}{40.000} \cdot 100 = \underline{\underline{75\ \%}}$$

Tatsächlich geleistete Maschinenstunden   12.000 Std.
Maximal mögliche Maschinenstunden   18.000 Std.

$$\text{Beschäftigungsgrad} = \frac{12.000}{18.000} \cdot 100 = \underline{\underline{66{,}7\ \%}}$$

In Abhängigkeit von der Beschäftigung * lassen sich unterscheiden:

• **Fixe Kosten** als zeitabhängige Kosten
• **Variable Kosten** als mengenabhängige Kosten.

Wichtig ist, die jeweilige Bezugsgrundlage für die genannten Kosten zu dokumentieren. Außerdem ist festzulegen, welche Kosten zu betrachten sind:

• **Gesamtkosten** als Kosten , die in einem Unternehmen für die Erstellung der betrieblichen Leistung in einer Periode anfallen.

$$\boxed{K = K_f + K_v}$$

K = Gesamtkosten (DM/**Periode**)
K_f = Fixe Kosten (DM/**Periode**)
K_v = Variable Kosten (DM/**Periode**)

• **Durchschnittskosten** als Kosten pro Leistungseinheit, die auch **Stückkosten** genannt werden.

$$\boxed{k = \frac{K}{x}}$$

k = Durchschnittskosten (DM/**Stück**)
K = Gesamtkosten (DM/**Periode**)
x = Leistungsmenge (Stück/**Periode**)

---

* Neben der Beschäftigung können weitere Kostenbestimmungsfaktoren genannt werden. *Gutenberg* unterscheidet:

• Beschäftigung
• Preis der Produktionsfaktoren
• Qualität der Produktionsfaktoren
• Unternehmensgröße
• Fertigungsprogramm

• **Grenzkosten** als der Zuwachs der Gesamtkosten, der durch die Fertigung einer weiteren Leistungseinheit verursacht wird.

$$K' = \frac{dK}{dx}$$

K'   = Grenzkosten (DM/**Stück**)

$\frac{dK}{dx}$ = Differentialquotient

Bei linearem Verlauf der Kostenkurve ergeben sich die Grenzkosten:

$$\text{Grenzkosten} = \frac{\text{Kostenzuwachs}}{\text{Mengenzuwachs}}$$

Im Rahmen der beschäftigungsbezogenen Kosten sollen im folgenden behandelt werden:

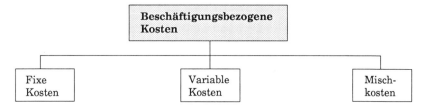

8

2.2.1 Fixe Kosten

Fixe Kosten zeigen innerhalb bestimmter Beschäftigungsgrenzen und innerhalb eines bestimmten Zeitraumes keine Veränderungen auf. Sie werden auch genannt:

• Beschäftigungsfixe Kosten
• Beschäftigungsintervallfixe Kosten
• Zeitabhängige Kosten
• Periodenkosten
• Bereitschaftskosten.

Es gibt ohne Einschränkung des Betrachtungszeitraumes und der Beschäftigung keine fixen Kosten, zumindest langfristig sind praktisch alle Kosten variabel. Fixe Kosten sind stets **Gemeinkosten**, Gemeinkosten aber nicht immer fixe Kosten. Gemeinkosten können auch anfallen, ohne daß Leistungen erstellt werden.

Beispiele: Mieten, Beratungskosten, Versicherungsprämien, Zinsen auf das Anlagevermögen, Vorauszahlungen von Kostensteuern, Raumkosten, zeitabhängige Abschreibungen, Gemeinkostenarten, die für eine Rechnungsperiode oder eine entsprechende Vertragsdauer unverändert bleiben.

Nach ihrem Verlauf sind zwei **Arten** von fixen Kosten zu unterscheiden:

• **Absolut fixe Kosten**

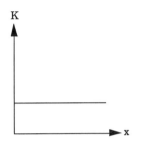
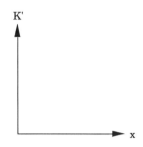

| Die **Gesamtkosten** bleiben bei Beschäftigungsschwankungen konstant. | Die **Durchschnittskosten** (Stückkosten) verhalten sich bei Beschäftigungsschwankungen degressiv. | **Grenzkosten** fallen bei Beschäftigungsschwankungen nicht an. |

Beispiel:

Ausbringungsmenge	Gesamtkosten	Durchschnittskosten	Grenzkosten
x	K	k	K'
50	3.000	60	3.000
100	3.000	30	0
150	3.000	20	0
200	3.000	15	0

Es soll angenommen werden, daß die Kosten als Heizkosten für die Fertigungshalle anfallen. Liegt der Beschäftigungsgrad über 0 % und die Ausbringungsmenge damit bei wenigen Einheiten, fallen grundsätzlich die gleichen Heizkosten an, als wenn der Beschäftigungsgrad bei 100 % liegen würde.

Nur wenn der Beschäftigungsgrad auf 0 % sinkt, können die Heizkosten eingespart werden, sofern nicht eine bestimmte Mindesttemperatur in der Fertigungshalle gewährleistet sein muß, beispielsweise um ein Einfrieren der Versorgungsleitungen zu verhindern oder weil Präzisionsmaschinen dies erfordern.

• **Sprungfixe Kosten**

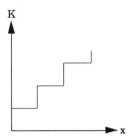

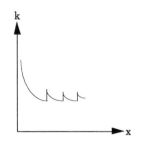

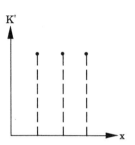

Die **Gesamtkosten** bleiben innerhalb eines Beschäftigungsintervalls konstant.

Die **Durchschnittskosten** (Stückkosten) sinken degressiv, steigen aber jeweils nach Anstieg der Gesamtkosten sprungweise.

Grenzkosten fallen nur an, wenn die Gesamtkosten ansteigen.

Beispiel:

Ausbringungs- menge	Gesamt- kosten	Durchschnitts- kosten	Grenz- kosten
x	K	k	K'
50	1.800	36	1.800
100	1.800	18	0
150	3.000	20	1.200
200	3.000	15	0
250	4.200	16,8	1.200
300	4.200	14	0

In diesem Falle könnte angenommen werden, daß die Kosten als Heizkosten für drei zur Verfügung stehende Fertigungshallen anfallen. Bei einer Erhöhung des Beschäftigungsgrades - beispielsweise durch eine Steigerung der Ausbringungsmenge von 180 auf 230 Stück - werden anstelle von zwei Fertigungshallen nunmehr drei Fertigungshallen benötigt. Entsprechend steigen die Heizkosten an.

Bei einem Beschäftigungsgrad von 100 % erfolgt eine vollständige Nutzung der Kapazität. Liegt der Beschäftigungsgrad unter 100 %, bleibt ein Teil der Kapazität ungenutzt.

Beispiel: Mit einer Maschine können täglich 50 Erzeugnisse gefertigt werden, aus Gründen des Absatzes werden aber nur 30 Erzeugnisse hergestellt.

Da die fixen Kosten für die Betriebsbereitschaft dennoch in vollem Umfang anfallen, steht deren Deckung bei 20 Erzeugnissen pro Tag aus, da sie nicht gefertigt und verkauft werden. Es entstehen damit bei den fixen Kosten:

• **Nutzkosten**, die Kosten der genutzten Kapazität darstellen
• **Leerkosten**, die Kosten der nicht genutzten Kapazität sind.

Das Verhältnis von Nutzkosten und Leerkosten läßt sich in folgender Weise zeigen:

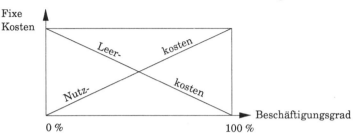

Die **Nutzkosten** können rechnerisch ermittelt werden:

$$K_N = K_f \cdot b$$

Entsprechend ergeben sich **Leerkosten**:

$$K_L = K_f - K_N$$

K_N = Nutzkosten (DM/Periode)
K_L = Leerkosten (DM/Periode)
b   = Beschäftigungsgrad

Beispiel: Eine Maschine hat eine Kapazität von 5.000 Stunden, wird aber nur 3.000 Stunden in Anspruch genommen. Die Abschreibungen betragen 8.000 DM im betrachteten Zeitraum.

$$\text{Nutzkosten} = 8.000 \cdot \frac{3.000}{5.000} = 4.800 \text{ DM}$$

$$\text{Leerkosten} = 8.000 - 4.800 = 3.200 \text{ DM}$$

⑨

2.2.2 Variable Kosten

Variable Kosten sind Kosten, die sich bei Beschäftigungsschwankungen unmittelbar ändern. Sie werden auch bezeichnet als:

• Beschäftigungsvariable Kosten
• Mengenabhängige Kosten
• Leistungskosten.

Variable Kosten können **Einzelkosten** oder **Gemeinkosten** sein. Sie fallen nur an, wenn Leistungen erstellt werden. Als Einzelkosten werden sie den Erzeugnissen direkt zugerechnet, als Gemeinkosten indirekt über die Kostenstellen.

Beispiele: Beschäftigungsabhängige Material- und Arbeitskosten, Eingangsverpackungen, Eingangsfrachten, Sondereinzelkosten der Fertigung, Sondereinzelkosten des Vertriebs, Transportversicherungen, Zölle, Energiekostenteile, Zinsen auf das Umlaufvermögen, verbrauchsabhängige Abschreibungen.

Variable Kosten können verschiedene Verläufe aufweisen, die sich durch ihren **Reagibilitätsgrad** charakterisieren lassen:

$$R = \frac{\text{Prozentuale Kostenänderung}}{\text{Prozentuale Beschäftigungsänderung}}$$

Folgende **Verläufe** der variablen Gesamtkosten sind zu unterscheiden:

• **Proportionaler Verlauf**

Die **Gesamtkosten** reagieren im gleichen Maße wie die Beschäftigung.	Die **Durchschnittskosten** (Stückkosten) sind konstant.	Die **Grenzkosten** sind ebenfalls konstant.

R = 1

Beispiel: Ein proportionaler Verlauf der variablen Gesamtkostenkurve kann sich bei Akkordlöhnen, bei konstanten Einstandspreisen von Materialien, Verbrauchsteuern, Gebühren für Stücklizenzen ergeben.

Ausbringungs-menge x	Gesamt-kosten K	Durchschnitts-kosten k	Grenz-kosten K'
1	40	40	40
2	80	40	40
3	120	40	40
4	160	40	40
5	200	40	40

Wenn von variablen Kosten gesprochen wird, erfolgt meist die Annahme eines proportionalen Verlaufes.

• **Degressiver Verlauf**

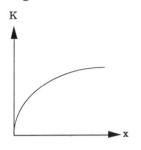 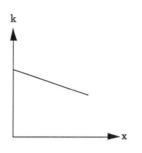 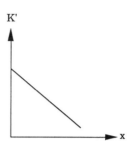

Die **Gesamtkosten** steigen in geringerem Maße als die Beschäftigung.

$0 < R < 1$

Die **Durchschnittskosten** (Stückkosten) fallen degressiv.

Die **Grenzkosten** liegen unter den Durchschnittskosten und fallen.

Beispiel: Ein degressiver Verlauf der variablen Gesamtkostenkurve kann sich ergeben, wenn die Einstandspreise von Materialien bei zunehmenden Mengen aufgrund von Mengenrabatten geringer werden.

Ausbringungs-menge x	Gesamt-kosten K	Durchschnitts-kosten k	Grenz-kosten K'
1	40	40	40
2	76	38	36*
3	108	36	32*
4	136	34	28*
5	160	32	24*

*76 - 40 = 36
108 - 40 - 36 = 32
136 - 40 - 36 - 32 = 28
160 - 40 - 36 - 32 - 28 = 24

• Progressiver Verlauf

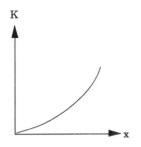
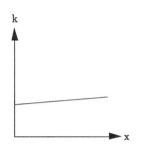
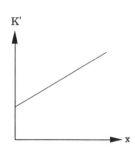

Die **Gesamtkosten** steigen in stärkerem Maße als die Beschäftigung.

R > 1

Die **Durchschnittskosten** (Stückkosten) steigen.

Die **Grenzkosten** liegen über den Durchschnittskosten und steigen.

Beispiel: Ein progressiver Verlauf der variablen Gesamtkostenkurve kann sich durch überhöhte Beanspruchung von Betriebsmitteln ergeben, wodurch die Energiekosten oder der Werkzeugverschleiß verstärkt anwachsen.

Ausbringungs-menge x	Gesamt-kosten K	Durchschnitts-kosten k	Grenz-kosten K'
1	32	32	32
2	68	34	36*
3	108	36	40*
4	152	38	44*
5	200	40	48*

*68 - 32 = 36
108 - 32 - 36 = 40
152 - 32 - 36 - 40 = 44
200 - 32 - 36 - 40 - 44 = 48

• Regressiver Verlauf

Er hat keine praktische Bedeutung.

10

Die variablen und fixen Kosten ergeben zusammen die gesamten Kosten. Sie lassen sich in einer **Kostenfunktion** mathematisch darstellen, bei welcher üblicherweise ein proportionaler Verlauf der variablen Kosten unterstellt wird.

Die **Kostenfunktion** lautet allgemein:

> Gesamtkosten = Fixe Kosten + Variable Kosten

oder

> $K = K_f + k_v \cdot x$

Beispiel: Aus der Kostenfunktion K = 1.000 + 6 x ergibt sich die **Gesamtkostenkurve**:

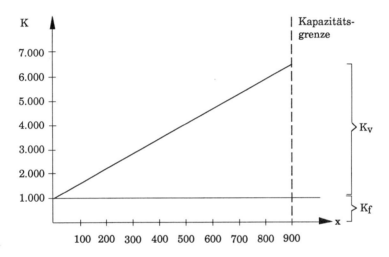

Unter Berücksichtigung eines Verkaufserlöses von 8 DM/Einheit gilt als **Umsatzfunktion**:

$$U = 8\,x$$

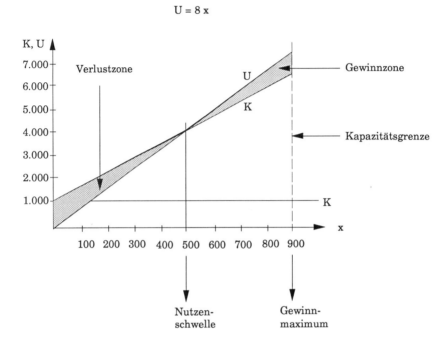

Die **Nutzenschwelle** ist der Übergang von der Verlustzone in die Gewinnzone. Sie ergibt sich aus dem Schnittpunkt von Kostenkurve und Umsatzkurve.

Das **Gewinnmaximum** wird bei einer linearen Gesamtkostenkurve an der Kapazitätsgrenze erreicht.

2.2.3 Mischkosten

Üblicherweise werden die beschäftigungsbezogenen Kosten in fixe und variable Kosten unterteilt. In der betrieblichen Praxis gibt es mehrere Kostenarten, die weder reine fixe Kosten noch reine variable Kosten sind.

Beispiele: Kosten für Betriebsstoffe, Instandhaltungskosten, Zinsen auf das Umlaufvermögen, Abschreibungen, Energiekosten.

Kosten, die aus fixen und variablen Elementen bestehen, werden Mischkosten genannt. Für verschiedene kostenrechnerische Entscheidungen, insbesondere bei den flexiblen Systemen der Vollkostenrechnung und den Systemen der Teilkostenrechnung ist es erforderlich, die Zusammensetzung der Kosten zu kennen.

Um die Kosten in fixe und variable Bestandteile zerlegen zu können, sind mehrere **Verfahren der Kostenauflösung** entwickelt worden:

- Bei der **buchtechnisch-statistischen Methode** werden die betreffenden Kosten daraufhin untersucht, wie sie sich bei Beschäftigungsschwankungen verhalten haben. Die Kosten können mit Hilfe des **Reagibilitätsgrades** zerlegt werden - siehe Seite 60.

Beispiel:

Kostenstelle Dreherei

Kostenarten	Gesamte Kosten DM	Fixe Kosten DM	Proportionale Kosten DM
Fertigungslöhne	5.000	0	5.000
Hilfsstoffe	800	0	800
Betriebsstoffe	750	150	600
Hilfslöhne	1.500	1.000	500
Sozialkosten	1.400	300	1.100
Instandhaltung	500	250	250
Abschreibungen	6.000	1.000	5.000
	15.950	2.700	13.250

Kostenstelle Verwaltung

Kostenarten	Gesamte Kosten DM	Fixe Kosten DM	Proportionale Kosten DM
Gehälter	10.000	10.000	0
Sozialkosten	2.500	2.500	0
Büromaterial	300	20	280
Post, Telefon	1.000	100	900
Versicherungen	600	600	0
Beiträge	200	200	0
Abschreibungen	1.200	1.200	0
	15.800	14.620	1.180

- Bei der **mathematischen Methode** wird ein linearer Verlauf der zwischen zwei Beschäftigungspunkten bestehenden Differenzkosten unterstellt. Die Berechnung erfolgt schichtweise.

Beispiel:

	Fertigungsstunden		Instandhaltungskosten
von	200 Std.	von	2.500 DM
auf	300 Std.	auf	3.500 DM
Zuwachs	100 Std.	Zuwachs	1.000 DM

Die proportionalen Kosten je Fertigungsstunde sind $\dfrac{1.000}{100} = 10$ DM

Gesamtkosten bei 200 Fertigungsstunden	2.500 DM
- Proportionale Kosten (200 Std. · 10 DM)	2.000 DM
= Fixe Kosten	500 DM

Gesamtkosten bei 300 Fertigungsstunden	3.500 DM
- Proportionale Kosten (300 Std. · 10 DM)	3.000 DM
= Fixe Kosten	500 DM

Unabhängig vom Beschäftigungsgrad sind 500 DM an fixen Kosten angefallen.

- Bei der **graphischen Methode** wird ebenfalls von einem linearen Verlauf der Kostenkurve ausgegangen. Die Beschäftigung und die damit verbundenen Kosten werden - jeweils monatlich kumuliert - über ein Jahr hinweg aufgezeichnet. Diese Daten werden in ein Koordinatensystem eingetragen und freihändig eine Gerade gezeichnet, die möglichst geringe Abstände zu den markierten Daten aufweist.

Aus dem Schnittpunkt dieser Geraden und der Kostenachse ergeben sich die fixen Kosten pro Monat, mit 12 multipliziert pro Jahr. Der verbleibende Rest der Kosten stellt die variablen Kosten dar.

- Bei der **Methode der kleinsten Quadrate** werden - wie bei der graphischen Methode - die Beschäftigung und die damit verbundenen Kosten über ein Jahr hinweg aufgezeichnet und formelmäßig verarbeitet.

11

2.3 Sonstige Kosten

Die Kosten lassen sich nach weiteren Kriterien unterteilen in:

- **Produktionsfaktorbezogene Kosten**

  Entsprechend der verbrauchten Produktionsfaktoren sind folgende Kosten zu nennen:

  - Personalkosten
  - Materialkosten
  - Betriebsmittelkosten
  - Dienstleistungskosten
  - Abgaben.

  Diese Kosten werden - in ähnlicher Gliederung - in der **Kostenartenrechnung** erfaßt, wo näher auf sie einzugehen ist.

- **Funktionsbezogene Kosten**

  Nach den Funktionen, die in einem Unternehmen wahrgenommen werden, können folgende Kosten unterschieden werden:

- Beschaffungskosten
(einschließlich Lagerkosten für Roh-, Hilfs- und Betriebsstoffe)
- Fertigungskosten
- Vertriebskosten
(einschließlich Lagerkosten für fertige Erzeugnisse und Waren)
- Verwaltungskosten

Diese Kosten werden - in ähnlicher, insbesondere in tieferer Gliederung - in der **Kostenstellenrechnung** verwendet, wo sie näher behandelt werden.

• **Erfassungsbezogene Kosten**

Nach der Kostenerfassung werden unterschieden:

- **Grundkosten**, denen Aufwendungen gegenüberstehen.

Beispiele: Verarbeitete Roh-, Hilfs-, Betriebsstoffe, Löhne, Gehälter, Dienstleistungen von außen.

- **Zusatzkosten**, denen keine Aufwendungen gegenüberstehen. Sie sind jener Teil der kalkulatorischen Kosten, d.h. der ausschließlich für kalkulatorische Zwecke angesetzten Kosten, der über die Grundkosten hinausgeht.

Beispiel: Bei der Möbel GmbH werden kalkulatorische Abschreibungen für 1991 in Höhe von 45.000 DM angesetzt. Die bilanziellen Abschreibungen, die in der Erfolgsrechnung Aufwendungen darstellen, betragen 30.000 DM. Damit sind Zusatzkosten von 15.000 DM entstanden.

Ähnliches gilt für andere kalkulatorische Kostenarten.

• **Herkunftsbezogene Kosten**

Die unterschiedliche Herkunft der Kostengüter führt zu der Unterteilung der Kosten in:

- **Primäre Kosten**, die auch ursprüngliche oder einfache Kosten genannt werden. Das sind die Kosten, welche dem Unternehmen aufgrund seiner Beziehungen zur Umwelt entstehen.

Beispiele: Materialkosten, Personalkosten, Kosten für Fremdleistungen, Kapitalkosten.

- **Sekundäre Kosten**, die auch gemischte, zusammengesetzte oder abgeleitete Kosten genannt werden. Sie beziehen sich - in der Kostenstellenrechnung - auf die innerbetrieblichen Leistungen.

Beispiele: Raumkosten, Kosten für selbsterzeugte Energie, Kosten für selbstdurchgeführte Reparaturen.

• **Zeitbezogene Kosten**

Nach dem unterschiedlichen Zeitbezug der Kosten lassen sich unterscheiden:

- **Istkosten**, die auch als effektive oder tatsächliche Kosten bezeichnet werden. Das sind Kosten, die für eine Leistungseinheit oder eine Zeiteinheit tatsächlich angefallen sind:

> Istkosten = Ist-Menge · Ist-Preis

Istkosten sind Vergangenheitskosten.

- **Normalkosten**, die aus den Istkosten vergangener Perioden - als durchschnittliche Kosten - abgeleitet werden. Sie beziehen sich auf den mengenmäßigen Verbrauch und/oder den Preis:

> Normalkosten = Normal-Menge · Normal-Preis

- **Plankosten**, die im voraus bestimmte, bei ordnungsgemäßem Betriebsverlauf methodisch errechnete Kosten für den leistungsgebundenen Güterverzehr darstellen:

> Plankosten = Plan-Menge · Plan-Preis

Plankosten sind zukunftsbezogene Kosten.

- **Umfangbezogene Kosten**

  Die Kosten können verschiedene Umfänge aufweisen. Dabei sind zu unterscheiden:

  - **Vollkosten**, die fixe und variable Kostenbestandteile enthalten.
  - **Teilkosten**, die nur aus variablen Kosten bestehen.

3. Kostenrechnung

Die Kostenrechnung ist ein Gebiet des Rechnungswesens. Sie entspricht der Betriebsbuchhaltung, in welche auch die Leistungsrechnung eingegliedert ist:

Klasse	0	1	2	3	4	5	6	7	8	9
GKR					*	*	*	*	*	
IKR										*

Die Leistungsrechnung, die mitunter der Kostenrechnung gegenübergestellt wird, soll als integrativer Bestandteil der Kostenrechnung angesehen werden, wodurch die Kostenrechnung zu einer **kalkulatorischen Erfolgsrechnung** wird.

Die Kostenrechnung ist eine fortlaufend durchgeführte Rechnung, die kurzfristigen Charakter aufweist. Darin unterscheidet sie sich von der **Investitionsrechnung**, die auf Langfristigkeit ausgerichtet ist. Während die Investitionsrechnung die Entscheidungen über die Anschaffung von Gütern vorbereitet, befaßt sich die Kostenrechnung mit der Vorbereitung von Entscheidungen über den Einsatz bereits angeschaffter Güter.

Für die Kostenrechnung gibt es grundsätzlich keine rechtlichen Vorschriften. Eine Ausnahme bilden die **LSP** - Leitsätze für die Preisermittlung aufgrund von Selbstkosten - vom 12.12.1953, die Richtlinien für den Fall darstellen, daß Leistungen für öffentliche Auftraggeber nicht zu Marktpreisen abgerechnet werden können und Selbstkostenerstattungspreise gebildet werden müssen.

Die Kostenrechnung hat vor allem folgende **Aufgaben** zu erfüllen:

• Planung des leistungsbezogenen Erfolges
• Planung der Fertigungsverfahren
• Planung der Beschaffungsmethoden
• Planung der Absatzmethoden

• Erfassung der Kosten nach Kostenarten
• Verteilung der Kosten auf die Kostenstellen
• Zurechnung der Kosten auf die Kostenträger
• Ermittlung der Wirtschaftlichkeit
• Kontrolle der Wirtschaftlichkeit

• Ermittlung der Angebotspreise
• Ermittlung der Preisuntergrenzen für Absatzgüter
• Ermittlung der Preisobergrenzen für Beschaffungsgüter
• Ermittlung der Verrechnungspreise für innerbetriebliche Leistungen
• Kontrolle der Preise

• Kontrolle des leistungsbezogenen Erfolges.

Die genannten Aufgaben der Kostenrechnung können weiter differenziert werden.

Wilkens nennt im einzelnen die auf Seite 70 dargestellten Aufgaben der Kostenrechnung.

Eine Beschreibung der Kostenrechnung soll umfassen:

• **Aufbau**

• **Systeme.**

PLANUNG	KONTROLLE

PLANUNG

• **Erfolgsplanung**

- Kalkulatorischer Gesamterfolg
- Kurzfristige Produktionsplanung
- Planung von Zusatzaufträgen
- Kurzfristige Absatzplanung

• **Zukunftsbezogene Wirtschaftlichkeitsrechnungen bezogen auf**

- Gesamtbetrieb
- Kostenstellen
- Fertigungsverfahren
- Fertigungsbreite und -tiefe
- Maschinenbelegung
- Arbeitsverteilung/-einsatz
- Losgrößen
- Lagerhaltung/Bestellmengen
- Formen der Kapazitätsanpassung
- Bereitstellungsverfahren
- Entscheidung Eigenfertigung/
  Fremdbezug
- Beschaffungs-/Absatzmethoden

• **Preisfindung**

- Preisobergrenzen für Beschaffungsgüter
- Kostenorientierte Preisfindung
  für Absatzgüter
- Bestimmung von Preisuntergrenzen
- Verrechnungspreise für interne
  Leistungen
- Preis-/Kostenvergleiche

KONTROLLE

• **Erfolgskontrolle**

- Kurzfristige Erfolgsrechnung
- Bereichs- und Produkterfolgskontrolle

• **Wirtschaftlichkeitskontrolle**

- Umfang und Art der entstandenen
  Kosten (Kostenartenrechnung)
- Orte der Entstehung von Kosten
  (Kostenstellenrechnung)
- Verwendungszwecke der Kosten
  (Kostenträgerrechnung)
- Innerbetrieblicher Zeitvergleich
- Innerbetrieblicher Soll-Ist-Vergleich
- Zwischenbetrieblicher Vergleich

• **Preiskontrolle**

- Nachkalkulation mit Vollkosten
- Nachkalkulation mit Teilkosten
- Preis-/Kostenvergleiche

RECHENSCHAFTSLEGUNG

• **Nachweis der Selbstkosten bei
  öffentlichen Aufträgen**

• **Ermittlung von Bilanzansätzen für
  fertige und unfertige Erzeugnisse
  sowie selbsterstellte Anlagen**

• **Unterlagen für Kreditverhandlungen**

• **Begründung von Ansprüchen gegenüber Versicherungen bei Schadensfällen**

3.1 Aufbau

Die Kostenrechnung kann innerhalb der Betriebsbuchhaltung durchgeführt werden. In der betrieblichen Praxis wird sie aber üblicherweise **statistisch-tabellarisch** außerhalb der Buchhaltung vorgenommen:

• **GKR**

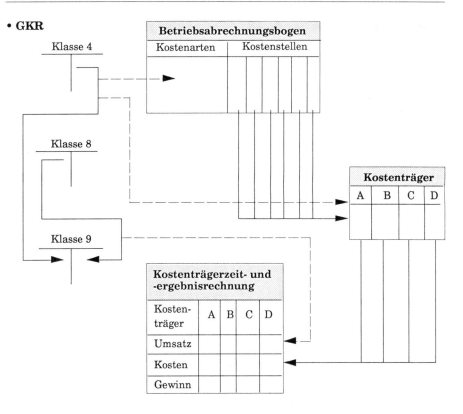

• **IKR**

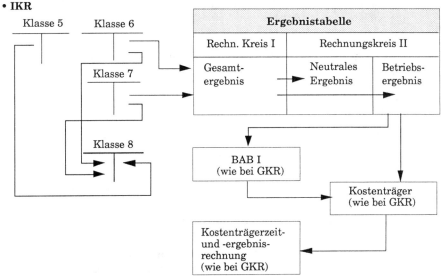

Damit wird der Aufbau der Kostenrechnung deutlich:

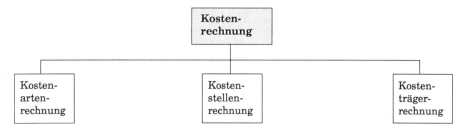

3.1.1 Kostenartenrechnung

Mit Hilfe der Kostenartenrechnung soll die Frage beantwortet werden:

• **Welche Kosten sind angefallen?**

Sie ist der Ausgangspunkt der Kostenrechnung und bildet die Grundlage für die Kostenstellenrechnung und Kostenträgerrechnung. Ihre Aufgabe ist es, alle in einer Periode anfallenden Kosten genau zu erfassen und ihrer Art nach aufzugliedern.

Die Kostenartenrechnung wird buchhalterisch durchgeführt:

• beim **GKR** in der Kontenklasse 4,
• beim **IKR** in der Kontenklasse 9.

Einen großen Teil der Kostenarten übernimmt die Kostenartenrechnung aus Nebenbuchhaltungen, die Vorarbeiten leisten, indem sie eine Kontierung und Summierung nach Kostenarten und auch bereits nach Kostenstellen vornehmen. **Nebenbuchhaltungen** können sein:

• Die **Lohn- und Gehaltsbuchhaltung**, die sich mit sämtlichen Problemen der Lohnfindung, Lohnverrechnung und Lohnfortzahlung befaßt.

• Die **Lagerbuchhaltung**, die alle Eingänge, Abgänge und Bestände der Materialien rechnerisch erfaßt.

• Die **Anlagenbuchhaltung,** welche die Bestände an Betriebsmitteln, deren Zu- und Abgänge sowie die Abschreibungen erfaßt.

Andere Kostenarten wie Reisekosten, Steuern, Bürokosten usw. werden aufgrund der **Belege** des Hauptbuches erfaßt.

Die Kostenartenrechnung gliedert die Kosten nach

• Art und Höhe des Anfalls,
• der Zurechenbarkeit in Einzel-, Gemein- und Sondereinzelkosten,
• der Abhängigkeit von der Beschäftigung in fixe und variable Kosten.

3.1.2 Kostenstellenrechnung

Mit Hilfe der Kostenstellenrechnung soll die Frage beantwortet werden:

• **Wo sind Kosten entstanden?**

Die Kostenstellenrechnung ist die zweite Stufe der Kostenrechnung. Sie übernimmt die Kosten aus der Kostenartenrechnung, welche den Kostenträgern nicht unmittelbar zugerechnet werden, die **Gemeinkosten.**

In der Kostenstellenrechnung werden die auf jede Kostenstelle entfallenden Gemeinkosten als Zuschlagsatz auf die in der Kostenstelle angefallenen Einzelkosten ermittelt. Dies geschieht in der betrieblichen Praxis üblicherweise mit Hilfe des **Betriebsabrechnungsbogens.**

Die einzelnen Zuschlagsätze werden in die Kostenträgerrechnung übernommen, wodurch eine anteilige Zurechnung der Gemeinkosten auf die Kostenträger möglich ist.

3.1.3 Kostenträgerrechnung

Mit der Kostenträgerrechnung soll die Frage beantwortet werden:

• **Wofür sind Kosten angefallen?**

Die Kostenträgerrechnung übernimmt die **Einzelkosten** aus der Kostenartenrechnung und die Gemeinkosten aus der Kostenstellenrechnung. Sie verrechnet die Kosten auf die Kostenträger, die auch als Erzeugnisse oder Aufträge bezeichnet werden.

In der Kostenträgerrechnung werden außerdem die **Erlöse** erfaßt, die durch die Kostenträger erzielt werden.

Die Kostenträgerrechnung wird in zwei **Arten** durchgeführt:

• Als **Kostenträgerzeitrechnung,** die innerhalb der Betriebsbuchhaltung als Periodenrechnung oder als kurzfristige Erfolgsrechnung vorgenommen wird.

• Als **Kostenträgerstückrechnung** oder **Kalkulation,** die sich auf eine einzelne Einheit der Erzeugnisse bezieht.

Die Kostenträgerrechnung bildet den Abschluß der Kostenrechnung.

3.2 Systeme

Die Kostenrechnung kann - entsprechend unterschiedlicher Zielsetzungen - auf verschiedene Weise durchgeführt werden. Es lassen sich nennen:

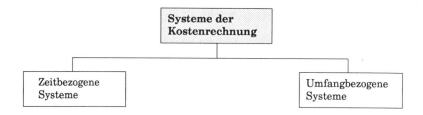

3.2.1 Zeitbezogene Systeme

Systeme mit **unterschiedlichem Zeitbezug** sind:

• Die **Istkostenrechnung**, welche die tatsächlich angefallenen Kosten - die Istkosten - erfaßt und auf die Kostenstellen und Kostenträger verrechnet.

Schwankungen, die beispielsweise beim Bezug von Rohstoffen auftreten, gehen in vollem Umfang in die Istkostenrechnung ein und beeinflussen ihre Ergebnisse.

Eine »reine« Istkostenrechnung gibt es nicht, da

- zeitliche Abgrenzungen zwischen Kosten und Auszahlungen
- kalkulatorische Abgrenzungen zwischen Kosten und Aufwendungen

in der Istkostenrechnung erforderlich sind, welche den Ansatz von Schätz-, Normal- oder Planwerten erforderlich machen.

Die Istkostenrechnung kann betrieben werden als

- **Voll**kostenrechnung
- **Teil**kostenrechnung

Mit der Istkostenrechnung kann festgestellt werden, welche Kosten für die einzelnen Kostenträger entstanden sind, sie ist eine **Vergangenheitsrechnung**. Für eine wirksame Kostenkontrolle und als Grundlage für unternehmerische Entscheidungen ist sie nicht geeignet, da methodisch ermittelte Kostenvorgaben fehlen.

• Die **Normalkostenrechnung**, die eine Weiterentwicklung der Istkostenrechnung darstellt. Sie erfaßt die Kosten in der Kostenstellenrechnung als Normalkosten, das sind die Durchschnittswerte, die sich aus den in vergangenen Perioden angefallenen Istkosten ergeben.

Die **Normalkosten** können sein:

- **Statische Mittelwerte**, die bei der Ermittlung der Durchschnittswerte eingetretene oder erwartete Änderungen in der Kostenstruktur unberücksichtigt lassen.

- **Aktualisierte Mittelwerte**, welche eingetretene oder erwartete Änderungen in der Kostenstruktur enthalten. Sie werden auch **Sollkosten** genannt.

Die Normalkostenrechnung wird durchgeführt als:

- **Starre Normalkostenrechnung,** die bei der Ermittlung des Normalkostensatzes von einer bestimmten, festgelegten Beschäftigung ausgeht und Veränderungen in der Beschäftigung unberücksichtigt läßt.

- **Flexible Normalkostenrechnung,** die bei der Ermittlung der Normalkostensätze die zugrundeliegende Beschäftigung berücksichtigt.

Die Verbreitung der Normalkostenrechnung in der betrieblichen Praxis ist heute recht gering.

Die Normalkostenrechnung wird als **Voll**kostenrechnung betrieben.

Mit der Normalkostenrechnung ist eine Ausschaltung von Schwankungen, die bei den Kosten auftreten können, möglich. Sie läßt damit aber nicht mehr erkennen, welche Kosten für einen Kostenträger tatsächlich entstanden sind. Außerdem ist eine wirksame Kostenkontrolle nicht durchführbar, da - wie bei der Istkostenrechnung - methodisch ermittelte Kostenvorgaben fehlen.

• Die **Plankostenrechnung,** die eine zukunftsorientierte Kostenrechnung ist. Sie arbeitet mit Plankosten, das sind im voraus bestimmte, bei ordnungsgemäßem Betriebsverlauf methodisch errechenbare Kosten.

Die Plankosten werden aufgrund von Erfahrungen der Vergangenheit und unter Berücksichtigung der zukünftigen inner- und außerbetrieblichen Verhältnisse ermittelt.

Die Plankostenrechnung wird durchgeführt als:

- **Starre Plankostenrechnung,** bei welcher die Kosten der Kostenstellen auf der Basis einer bestimmten, festgelegten Beschäftigung geplant werden.

- **Flexible Plankostenrechnung,** bei welcher die Plankosten an die Veränderungen der Beschäftigung angepaßt werden.

- **Grenzplankostenrechnung,** die im Gegensatz zu der starren und flexiblen Plankostenrechnung - als Systeme der **Voll**kostenrechnung - eine **Teil**kostenrechnung ist.

Die Verbreitung der flexiblen Plankostenrechnung und der Grenzplankostenrechnung verstärkt sich in der betrieblichen Praxis immer mehr. Hingegen ist die Verbreitung der starren Plankostenrechnung nicht allzu groß.

Mit der Plankostenrechnung ist eine wirksame Kostenkontrolle - als **Soll-Ist-Vergleich** - möglich.

3.2.2 Umfangbezogene Systeme

Systeme mit unterschiedlichem Umfang der zugerechneten Kosten sind:

- Die **Vollkostenrechnung**, bei der alle Kostenbestandteile - also fixe und variable Kosten - erfaßt und auf die Kostenträger verteilt werden. Sie widerspricht dem Verursachungsprinzip.

Als Vollkostenrechnung gelten:

- Istkostenrechnung mit Vollkosten
- Normalkostenrechnung mit Vollkosten
- Plankostenrechnung mit Vollkosten.

In jüngerer Zeit wird eine weitere Vollkostenrechnung, die **Prozeßkostenrechnung**, diskutiert*.

- Die **Teilkostenrechnung**, bei der nicht alle Kostenbestandteile - sondern nur die variablen Kosten - den Kostenträgern zugerechnet werden. Damit wird dem **Verursachungsprinzip** entsprechend Rechnung getragen, da die Kostenträger nur mit den Kosten belastet werden, die durch sie verursacht wurden.

Die fixen Kosten werden bei der Teilkostenrechnung als Block erfaßt und nicht auf die Kostenträger verteilt. Als Teilkostenrechnungen gelten vor allem:

- **Einstufige Deckungsbeitragsrechnung** (Direct Costing)

- **Mehrstufige Deckungsbeitragsrechnung** (Fixkostendeckungsrechnung)

- **Grenzplankostenrechnung.**

Außerdem ist noch die Deckungsbeitragsrechnung mit relativen Einzelkosten zu nennen, die - im Gegensatz zu den vorgenannten Teilkostenrechnungen - nur bei Sonderrechnungen im Zusammenhang mit Engpässen bei der Fertigungskapazität praktische Bedeutung hat.

---

* Während sich die oben genannten »traditionellen« Systeme auf Einzelheiten der einzelnen Probleme beziehen, berücksichtigt die Prozeßkostenrechnung, daß die Produkte unterschiedliche Tätigkeiten bzw. Teilprozesse in Anspruch nehmen. Sie ist in der betrieblichen Praxis bis jetzt praktisch nicht verbreitet. Es wird auf einschlägige Veröffentlichungen verwiesen:

Cooper, Robin: Activity-Based Costing - Was ist ein Activity-Based Cost-System;, in: KRP, Nr. 4, 1990
Cooper, Robin: Activity-Based Costing - Wann brauche ich ein Activity-Based Cost-System und welche Kostentreiber sind notwendig?, in: KRP, Nr. 5, 1990
Cooper, Robin: Activity-Based Costing - Einführung von Systemen des Activity-Based Costing, in: KRP, Nr. 6, 1990
Franz, Klaus-Peter: Die Prozeßkostenrechnung - Darstellung und Vergleich mit der Plankosten- und Deckungsbeitragsrechnung, in: Ahlert, Dieter/Franz, Klaus-Peter/Göppl, Hermann (Hrsg.): Finanz- und Rechnungswesen als Führungsinstrument, Wiesbaden 1990
Holzwarth, Jochen: Wie Sie aus Ihrem Kostenrechnungssystem eine Prozeßkostenrechnung ableiten, in KRP Nr. 6, 1990
Horvath, Peter/Mayer, Reinhold: Prozeßkostenrechnung, Der neue Weg zur Kostentransparenz und wirkungsvolleren Unternehmensstrategien, in: Controlling, 1989

Kontrollfragen	bear-beitet	Lösungs-hinweis	Lösung +	-
01	Welche Prozesse laufen im Unternehmen ab?		19		
02	Was versteht man unter dem Rechnungswesen?		20		
03	Woraus ergibt sich die Notwendigkeit eines Rechnungswesens?		20		
04	Worin bestehen die Aufgaben des Rechnungswesens?		20 f.		
05	Wozu dient die Buchhaltung?		21		
06	Wer ist nach Handels- und Steuerrecht buchführungspflichtig?		22		
07	Erläutern Sie, wann eine Buchführung ordnungsmäßig ist!		22		
08	Welchem Kontenrahmen können sich die Unternehmen grundsätzlich bedienen?		24		
09	Welche Kontenklassen umfaßt der GKR?		24		
10	Nach welchem Prinzip sind die Kontenklassen des GKR miteinander verbunden und wie ist es zu beurteilen?		25		
11	Welche Kontenklassen umfaßt der IKR?		26		
12	Worin bestehen die wesentlichen Unterschiede zwischen dem GKR und dem IKR?		26 f.		
13	Welche Kontengruppen werden beim IKR für die Kosten- und Leistungsrechnung unterschieden?		27		
14	In welche Bereiche kann die Buchhaltung unterteilt werden?		28		
15	Erläutern Sie, was unter der Finanzbuchhaltung zu verstehen ist und welche Kontenklassen sie beim GKR und IKR umfaßt!		28 f.		
16	Beschreiben Sie, was man unter Betriebsbuchhaltung versteht und welche Kontenklassen sie beim GKR und IKR umfaßt!		29 f.		
17	In welcher Weise kann die Organisation der Buchhaltung grundsätzlich erfolgen?		30		
18	Beschreiben Sie das Einkreissystem und seine Einsetzbarkeit bei GKR und IKR!		30 f.		
19	Wie wird beim Zweikreissystem buchhalterisch vorgegangen?		31 f.		
20	Wozu dient die kurzfristige Erfolgsrechnung?		33		
21	Was versteht man unter der Planungsrechnung, und worin liegt ihr zentrales Problem?		33		
22	Worin unterscheiden sich die simultane und sukzessive Planung?		33		
23	Welche Entscheidungen können mit Hilfe der Planungsrechnung vorbereitet werden?		34		
24	Wozu dient die Statistik?		34		

Kontrollfragen		bear-beitet	Lösungs-hinweis	Lösung + | −
25	Welche Arten von Vergleichsrechnungen können in der Statistik unterschieden werden?		34 f.	
26	Worin unterscheiden sich Auszahlungen und Ausgaben?		36.	
27	Worin unterscheiden sich Einzahlungen und Einnahmen?		36	
28	Worin unterscheiden sich Ausgaben und Aufwendungen?		37	
29	Worin unterscheiden sich Einnahmen und Erträge?		37	
30	Müssen Aufwendungen und Ausgaben übereinstimmen?		37	
31	Worin unterscheiden sich Zweckaufwendungen und neutrale Aufwendungen?		37	
32	Erläutern Sie die Arten neutraler Aufwendungen!		37 f.	
33	Welche Arten von Erträgen können unterschieden werden?		38	
34	Beschreiben Sie die Arten betrieblicher Erträge!		38 f.	
35	Welche neutralen Erträge lassen sich unterscheiden?		39	
36	Beschreiben Sie, was unter Kosten verstanden werden kann!		39	
37	Worin unterscheiden sich Grundkosten und Zusatzkosten?		40	
38	Was versteht man unter Leistungen?		40	
49	Welche Merkmale weisen die Kosten und Leistungen auf?		40	
40	Grenzen Sie Ausgaben und Kosten beispielhaft gegeneinander ab!		41	
41	Inwieweit können sich Aufwendungen und Kosten unterscheiden?		42 f.	
42	Grenzen Sie Einnahmen und Leistungen beispielhaft gegeneinander ab!		43 f.	
43	Inwieweit können Erträge und Leistungen unterschieden werden?		45	
44	Was versteht man unter Kennzahlen?		45	
45	Welche Arten von Kennzahlen lassen sich nach ihrem Aufbau unterscheiden?		45	
46	Was kann unter dem Gewinn verstanden werden?		46	
47	Worin unterscheiden sich der kalkulatorische, pagatorische und Kapitalgewinn?		47	
48	Was versteht man unter Wirtschaftlichkeit?		47	
49	Beschreiben Sie die Arten des ökonomischen Prinzips!		47	
50	Wie ist die Aussagefähigkeit der Ertrags- und der Kostenwirtschaftlichkeit als Kennzahlen zu beurteilen?		48	

Kontrollfragen	bear-beitet	Lösungs-hinweis	Lösung +	-
51	Was versteht man unter Produktivität?		49		
52	Welche Aussagekraft hat die Produktivität als Kennzahl, und weshalb erweist es sich als notwendig, Teilproduktivitäten zu ermitteln?		49		
53	Was versteht man unter Rentabilität und welche Aussagekraft hat diese Kennzahl?		50		
54	Inwieweit läßt eine gute Wirtschaftlichkeit oder Produktivität auch auf eine hohe Rentabilität schließen?		50		
55	Welche verrechnungsbezogenen Kosten lassen sich unterscheiden?		52		
56	Was versteht man unter Einzelkosten und welche Arten lassen sich unterscheiden?		52		
57	Worin unterscheiden sich die Sondereinzelkosten grundlegend von den Fertigungsmaterial- und Fertigungslohnkosten?		53		
58	Welche Arten von Sondereinzelkosten gibt es?		53		
59	Was versteht man unter Gemeinkosten?		53		
60	Worin unterscheiden sich echte und unechte Gemeinkosten?		54		
61	Was versteht man unter der Beschäftigung und Kapazität?		54		
62	In welchem Zusammenhang stehen Kapazität und Beschäftigungsgrad?		54		
63	Welche beschäftigungsbezogenen Kosten können unterschieden werden?		55		
64	Worin unterscheiden sich fixe und variable Kosten grundlegend?		55		
65	Was versteht man unter Gesamtkosten, Durchschnittskosten und Grenzkosten?		55 f.		
66	Erläutern Sie, welche Arten fixer Kosten nach ihrem Verlauf unterschieden werden können!		57 f.		
67	Was sind Nutzkosten und Leerkosten, in welchem Verhältnis stehen sie zueinander?		59		
68	Was versteht man unter variablen Kosten?		59		
69	Inwieweit können variable Kosten Einzelkosten oder Gemeinkosten sein?		60		
70	Wie werden variable Kosten den Erzeugnissen zugerechnet?		60		
71	Wie wird der Reagibilitätsgrad ermittelt und welchen Nutzen hat er?		60		
72	Welche Verläufe können variable Gesamtkosten nehmen?		60 ff.		

Kontrollfragen	bear-beitet	Lösungs-hinweis	Lösung + | -
73	Wie entwickeln sich Durchschnittskosten und Grenzkosten bei proportionalem Verlauf der variablen Gesamtkosten?		60	
74	Wie entwickeln sich Durchschnittskosten und Grenzkosten bei degressivem Verlauf der variablen Gesamtkosten?		61	
75	Wie entwickeln sich Durchschnittskosten und Grenzkosten bei progressivem Verlauf der variablen Gesamtkosten?		62	
76	Stellen Sie die Kosten- und Umsatzfunktion mathematisch dar!		63 f.	
77	Was versteht man unter der Nutzenschwelle?		64	
78	Wo liegt bei einer linearen Gesamtkostenkurve das Gewinnmaximum?		64	
79	Was versteht man unter Mischkosten?		64	
80	Wofür ist es erforderlich, die Zusammensetzung der fixen und variablen Kosten zu kennen?		64	
81	Welche Verfahren der Kostenauflösung gibt es?		65 f.	
82	Nennen Sie die Arten produktionsfaktorbezogener Kosten und ihre Erfassung in der Kostenrechnung!		66	
83	Welche funktionsorientierten Kosten lassen sich unterscheiden, und wie erfolgt ihre Erfassung in der Kostenrechnung?		66 f.	
84	Welche erfassungsbezogenen Kosten gibt es und worin unterscheiden sich diese?		67	
85	Was sind herkunftsbezogene Kosten und worin unterscheiden sie sich?		67	
86	Welche zeitbezogenen Kosten gibt es?		67 f.	
87	Beschreiben Sie die Ist-, Normal-, Plankosten und ihre Ermittlung!		67 f.	
88	Welche umfangbezogenen Kosten gibt es und worin unterscheiden sie sich?		68	
89	Worin unterscheiden sich Kostenrechnung und Investitionsrechnung grundlegend?		68 f.	
90	Nennen Sie die Aufgaben der Kostenrechnung!		69	
91	Beschreiben Sie, wie die Kostenrechnung statistisch-tabellarisch außerhalb der Buchhaltung durchgeführt wird!		71	
92	Womit befaßt sich die Kostenartenrechnung?		72	
93	Welche Nebenbuchhaltungen sind der Kostenartenrechnung vorgelagert?		72	
94	Wie wird die Kostenstellenrechnung durchgeführt?		73	
95	Wie erfolgt die Kostenträgerrechnung?		74	

Kontrollfragen	bear-beitet	Lösungs-hinweis	Lösung + | -
96	Welche zeitbezogenen Systeme der Kostenrechnung lassen sich unterscheiden?		75 f.	
97	Beschreiben Sie, was unter der Ist-, Normal- und Plankosten-rechnung zu verstehen ist!		75 f.	
98	Nennen Sie die umfangbezogenen Systeme der Kostenrechnung!		76	
99	Worin unterscheiden sich Voll- und Teilkostenrechnung grund-legend? Ver d Fillo.		76	
100	Welche Arten der Teilkostenrechnung können unterschieden werden?		76	

B. Kostenartenrechnung

Mit Hilfe der Kostenartenrechnung soll die Frage beantwortet werden:

- **Welche** Kosten sind angefallen?

Die Kostenartenrechnung ist die erste Stufe der Kostenrechnung. Sie bildet die Grundlage für die Kostenstellenrechnung und Kostenträgerrechnung.

Die **Aufgaben** der Kostenartenrechnung sind:

- Erfassung aller Kosten des Unternehmens
- Identifizierung der entsprechenden Kostenarten
- Ermittlung der Kostenbeträge aller Kostenarten
- Information über die Zusammensetzung der Kosten
- Gliederung nach der Zurechenbarkeit in Einzel-, Gemein- und Sondereinzelkosten
- Aufteilung nach ihrer Abhängigkeit von der Beschäftigung in fixe und variable Kosten.

Die Erfassung der Kosten erfolgt durch **Belege**, die erkennen lassen, um welche Kostenarten es sich handelt, welche Geschäftsvorfälle zugrundeliegen und wie die Weiterverrechnung der Kosten - als Einzelkosten oder Gemeinkosten - zu erfolgen hat.

Bei der Erfassung der Kosten sind drei **Grundsätze** zu beachten:

- Die Erfassung soll **geordnet** sein. Dazu dienen eindeutige Begriffsbestimmungen der Kostenarten, das Bestreben, Überschneidungen bei den Kostenarten möglichst auszuschließen, einheitliche Kontierungsvorschriften und ein detaillierter **Kostenartenplan**:

  - Beim **GKR** kann er sich beispielsweise an der Kontenklasse 4 orientieren. Siehe Seite 84.

  - Beim **IKR** kann die Anwendung tabellarisch oder buchhalterisch erfolgen:

    Die **tabellarische Durchführung** der Kosten- und Leistungsrechnung erfolgt, indem normalerweise der betrieblich bedingte Anteil aus den Aufwandskonten des Rechnungskreises I (Kontenklassen 6 und 7) in einer Ergebnistabelle (siehe S. 89) ermittelt und unter der Bezeichnung der Aufwandskonten in die Kostenrechnung übernommen wird.

    Die **buchhalterische Durchführung** der Kosten- und Leistungsrechnung wird vorgenommen, indem in der Kontengruppe 92 (Rechnungskreis II) besondere Kostenartenkonten für die Verrechnung der betrieblich bedingten Aufwendungen eröffnet werden. Dabei entsteht ein individueller Kostenartenplan entsprechend den jeweiligen betrieblichen Erfordernissen.

    Eine mögliche Zuordnung findet sich auf Seite 85.

Kostenartenplan bei Anwendung des GKR

40 Stoffkosten

   400 Stoffverbrauch-Sammelkonto
   403 Rohstoffe
   404 Hilfsstoffe
   405 Betriebsstoffe

42 Brennstoffe, Energie

   420 Brenn- und Treibstoffe
   429 Energie

43 Personalkosten

   430 Löhne-Sammelkonto
   431 Fertigungslöhne
   433 Hilfslöhne
   438 Andere Löhne
   439 Gehälter und Tantiemen

44 Sozialkosten und andere Personalkosten

   440 Sozialkosten

45 Instandhaltung, verschiedene Leistungen und dgl.

   450 Instandhaltung an Grundstücken und Gebäuden, Maschinen, Fahrzeugen, Werkzeugen, Betriebs- und Geschäftsausstattung
   455 Allgemeine Dienstleistungen
   456 Entwicklungs-, Versuchs- und Konstruktionskosten
   457 Ausschuß, Gewährleistungen

46 Steuern, Gebühren, Beiträge, Versicherungsprämien

   460 Vermögen-, Grundsteuer
   461 Gewerbesteuer
   463 Andere Steuern
   464 Allgemeine Abgaben und Gebühren

   465 Gebühren und dgl. für den gewerblichen Rechtsschutz
   466 Gebühren und dgl. für den allgemeinen Rechtsschutz
   467 Prüfungsgebühren und dgl.
   468 Beiträge und Spenden
   469 Versicherungsprämien

47 Mieten, Verkehrs-, Büro-, Werbekosten

   470 Raum-, Maschinen-Mieten
   472 Allgemeine Transportkosten
   473 Versandkosten
   474 Reisekosten
   475 Postkosten
   476 Bürokosten
   477 Werbe- und Vertreterkosten
   479 Finanzspesen und sonstige Kosten

48 Kalkulatorische Kosten

   480 Verbrauchsbedingte Zinsen
   482 Betriebsbedingte Zinsen
   482 Betriebsbedingte Wagnisprämien
   483 Unternehmerlohn
   484 Sonstige kalkulatorische Kosten

49 Innerbetriebliche Kosten- und Leistungsverrechnung, Sondereinzelkosten

   490 Innerbetriebliche Kosten- und Leistungsverrechnung
   495 Sondereinzelkosten der Fertigung
   496 Sondereinzelkosten des Vertriebs
      4961 Vertreterprovision
      4962 Versandfracht
      4963 Verpackung
   498 Sammelkonto Zeitliche Abgrenzung

Kostenartenplan bei Anwendung des IKR	
Rechnungskreis I **Finanzbuchhaltung**	**Rechnungskreis II** **Betriebsbuchhaltung**
600 Fertigungsmaterial	9200 Fertigungsmaterial 9290 Sondereinzelkosten der Fertigung
602 Hilfsstoffaufwand	9210 Gemeinkostenmaterial
603 Betriebsstoffe	9220 Betriebsstoffe 9221 Verbrauchswerkzeuge
604 Energie	9222 Brenn- und Treibstoffe 9223 Strom, Gas, Wasser
606 Reparaturmaterial und Fremdinstandhaltung	9224 Reparaturmaterial 9225 Fremdinstandhaltung 9290 Sondereinzelkosten der Fertigung
620 Löhne	9231 Fertigungslöhne 9232 Hilfslöhne 9232 Vergütung an gewerblich Auszubildende
630 Gehälter	9239 Gehälter
640 Arbeitgeberanteil zur Sozialver- sicherung 642 Beiträge zur Berufsgenossenschaft 643 Beiträge zum Pensionsver- sicherungsverein 649 Beihilfen und Unterstützungs- leistungen	9240 Sozialkosten
652 Abschreibungen auf Sachanlagen	9250 Kalkulatorische Abschreibungen
670 Mieten, Pachten	9251 Kalkulatorische Mieten
680 Büromaterial und Drucksachen	9260 Büromaterial und Drucksachen
695 Verluste aus Wertminderungen von Gegenständen des Umlauf- vermögens 696 Verluste aus dem Abgang von Vermögensgegenständen	9270 Kalkulatorische Wagnisse
.	
.	
usw. entsprechend den individuellen Bedürfnissen des Unternehmens	

2) • Die Erfassung soll **vollständig** sein. Dabei ist sicherzustellen, daß alle entstandenen Kosten tatsächlich erfaßt werden, aber auch eine sachliche Abgrenzung zu nicht kalkulationsfähigen neutralen Aufwendungen erfolgt.

3) • Die Erfassung soll **periodengerecht** sein. Dazu dienen die kurzfristigen zeitlichen Abgrenzungen, wenn betriebliche Ausgaben für mehrere Rechnungsperioden anfallen.

Die Kostenartenrechnung wird beim **GKR** in der Kontenklasse 4, beim **IKR** in der Ergebnistabelle statistisch bzw. in der Kontenklasse 9 buchhalterisch durchgeführt. Die Zahlen erhält die Kostenrechnung aus der Finanzbuchhaltung oder aus **Nebenbuchhaltungen**, die ihr vorgelagert sind:

• Der **Lohn- und Gehaltsbuchhaltung**, die sich mit allen Problemen der Lohnfindung, Lohnverrechnung und Lohnzahlung befaßt.

• Der **Lagerbuchhaltung**, die alle Zugänge, Abgänge und Bestände der Materialien rechnerisch erfaßt.

• Der **Anlagenbuchhaltung**, welche die Zugänge, Abgänge und Bestände an Betriebsmitteln sowie die Abschreibungen erfaßt.

Bevor jedoch die Kostenarten erfaßt werden, ist zunächst die Notwendigkeit von Abgrenzungen zu prüfen:

1. Abgrenzung der Kosten

Die Kostenartenrechnung übernimmt - als Teil der Betriebsbuchhaltung - Aufwendungen aus der Geschäftsbuchhaltung als Kosten. Wie bereits gezeigt wurde, entsprechen die in der Geschäftsbuchhaltung erfaßten Aufwendungen vielfach nicht dem, was in der Betriebsbuchhaltung als Kosten bezeichnet wird:

Aufwendungen		
Neutrale Aufwendungen	Zweckaufwendungen	
	Grundkosten	Zusatzkosten
	Kosten	

Aufwendungen, die keine Kosten darstellen, dürfen nicht als Kostenarten in die Kostenartenrechnung übernommen werden, d.h. neutrale Aufwendungen haben in der Kostenartenrechnung nichts zu suchen.

Deshalb sind bei der Übernahme der Daten von der Geschäftsbuchhaltung in die Betriebsbuchhaltung - natürlich auch der Erträge in die Kostenrechnung - erforderlichenfalls Abgrenzungen vorzunehmen.

Es sind zu unterscheiden:

- **Abgrenzung beim GKR**
- **Abgrenzung beim IKR.**

1.1 Abgrenzung beim GKR

Die sachliche Abgrenzung (Neutralisierung) der betriebsneutralen Erfolgsvorgänge erfolgt in der

> Kontenklasse 2 : Neutrale Aufwendungen und Erträge

Die Konten dieser Kontenklasse werden über das Konto «Neutrales Ergebnis» in der Kontenklasse 9 abgeschlossen. Damit wird das reine Betriebsergebnis nicht verfälscht.

1.2 Abgrenzung beim IKR

Bei Verwendung des IKR nehmen die Unternehmen die Abgrenzung innerhalb der **Kontenklasse 9** oder einer Ergebnistabelle vor. Die **Ergebnistabelle** wird in der betrieblichen Praxis bevorzugt, da sie die Abgrenzungsrechnung wesentlich einfacher und übersichtlicher macht.

Die Abgrenzung erfolgt in **drei Schritten**:

- **1. Schritt:** Zunächst werden alle Aufwendungen und Erträge in die Spalten des Erfolgsbereichs (Rechnungskreis I) der Tabelle übertragen. Das Ergebnis in diesem Bereich entspricht dem Gesamtergebnis der Gewinn- und Verlustrechnung.

- **2. Schritt:** Im Anschluß an die Übernahme aller Salden der Erfolgskonten aus der Geschäftsbuchführung erfolgt die Abgrenzung in den Spalten des Rechnungskreises II der Tabelle. Die betrieblich bedingten Aufwendungen und Erträge werden als Kosten (z.B. 620 Löhne) und Leistungen (z.B. 500 Umsatzerlöse) in den Kosten- und Leistungsbereich (KLR Bereich) übertragen.

Die nicht mit der betrieblichen Leistungserstellung zusammenhängenden Aufwendungen (z.B. 696 Verluste aus dem Abgang von Vermögensgegenständen) und Erträge (z.B. 540 Mieterträge) werden als unternehmensbezogene Aufwendungen und Erträge abgegrenzt.

• **3. Schritt:** Schließlich erfolgen die kostenrechnerischen Korrekturen. Auf diese Arbeiten soll weiter unten eingegangen werden.

Ein **Beispiel** einer Ergebnistabelle findet sich auf Seite 89.

2. Erfassung der Kosten

In der Kostenartenrechnung werden **primäre Kosten** erfaßt, die Einzelkosten oder Gemeinkosten sein können. Ihre Gliederung ist produktionsfaktorbezogen:

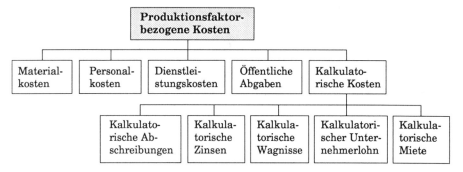

2.1 Materialkosten

Materialkosten fallen für folgende Güter an:

• **Fertigungsstoffe**, die als Hauptbestandteile unmittelbar in die Erzeugnisse eingehen. Sie werden als **Einzelkosten** erfaßt.

Beispiele: Rohstoffe, Werkstoffe, bezogene Teile.

• **Hilfsstoffe**, die ebenfalls unmittelbar in die Erzeugnisse eingehen, aber nur Hilfsfunktionen erfüllen. Wegen ihrer geringen wertmäßigen Anteile an den Erzeugnissen werden sie **zweckmäßigerweise** als **Gemeinkosten** verrechnet.

Beispiele: Nägel, Schrauben, Muttern, Unterlegscheiben, Leim, Lacke, Nieten, Schweißdraht, Elektroden, Verpackungsmaterial.

• **Betriebsstoffe**, die nicht in die Erzeugnisse eingehen, sondern mittel- oder unmittelbar bei der Herstellung der Erzeugnisse verbraucht werden. Sie werden ausschließlich als **Gemeinkosten** erfaßt.

Beispiele: Heizmaterialien, Schmiermittel, Schleifmittel, Poliermittel, Kühlmittel, Kraftstoffe, Gas, Wasser.

Ergebnistabelle*

Rechnungskreis I				Rechnungskreis II					
Erfolgsbereich der Geschäftsbuchhaltung (GB)				Abgrenzungsbereich Neutrales Ergebnis				KLR-Bereich Betriebsergebnis	
Gesamtergebnis (GuV-Rechnung)				Unternehmens-bezogene Abgrenzungen		Kostenrechnerische Korrekturen			
Kto. Nr.	Kontenbezeichnung	Aufwand	*Ertrag*	Aufwand	*Ertrag*	Betriebl. Aufwand lt. GB	Verrechn. Kosten lt. KLR	Kosten	*Leistungen*
500	*Umsatzerlöse*		*100.000*						*100.000*
520	*Bestandsveränd.*		*1.000*						*1.000*
540	*Mieterträge*		*500*		*500*				
600	Fertigungsmaterial	10.000						10.000	
602	Hilfsstoffaufwand	3.000						3.000	
611	Vertriebsprovision	400						400	
616	Fremdinstandhalt.	500		300				200	
620	Löhne	23.000						23.000	
630	Gehälter	12.000						12.000	
640	AG-Anteil SV-Löhne	3.000						3.000	
641	AG-Anteil SV-Gehälter	1.700						1.700	
652	Abschreib./Gebäude	4.000		4.000					
653	Abschreibung Maschinen	12.000				12.000	13.000 [1]	13.000	
654	Abschreib.BuGA	10.000				10.000	15.000 [1]	15.000	
-	Kalkulat. Miete						7.000	7.000	
686	Spenden	100		100					
690	Versicherungen	1.200				1.200	100 [3]	100	
700	Gewerbekapital-steuer	200						200	
702	Grundsteuer	200		200					
751	Zinsaufwendungen	2.800				2.800	6.000 [2]	6.000	
770	Gewebeertragsteuer	1.800						1.800	
	Ergebnis	85.900	*101.500*	4.600	*500*	26.000	41.100	96.400	*101.000*
		15.600			*4.100*	15.100		*4.600*	
		101.500	*101.500*	*4.600*	*4.600*	*41.100*	*41.100*	*101.000*	*101.000*
		Gesamtergebnis *+ 15.600*			*Neutrales Ergebnis* *+ 11.000*			*Betriebsergebnis* *+ 4.600*	

[1] = Kalkulatorische Abschreibung
[2] = Kalkulatorische Zinsen
[3] = Periodengerechte Verteilung der Kosten

*Für die Zwecke der Kostenartenrechnung ist **nur der nicht unterlegte Teil interessant**. Es soll aber dennoch nicht darauf verzichtet werden, die Ergebnistabelle insgesamt darzustellen.

Die Ermittlung der Materialkosten erfolgt in zwei **Schritten**:

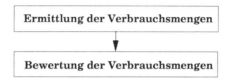

Die Ermittlung der Verbrauchsmengen geschieht in der **Materialabrechnung**, die Bewertung der Verbrauchsmengen in der **Betriebsabrechnung**. Die Materialkosten ergeben sich:

> Materialkosten   =   Verbrauchsmenge   ·   Kostenwert

Beispiel: Es werden 3.000 Schrauben für die Produktion verwendet. Jede Schraube kostet 0,18 DM.

Materialkosten = 3.000 · 0,18 DM = 540,00 DM

2.1.1 Ermittlung der Verbrauchsmengen   *s. gelbes Heft S. 13*

Für die Ermittlung der Verbrauchsmengen werden in der betrieblichen Praxis drei **Verfahren** verwendet:

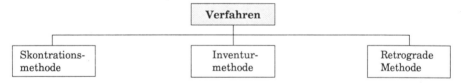

2.1.1.1 Skontrationsmethode

Die Skontrationsmethode, die auch als **Fortschreibungsmethode** bezeichnet wird, ist das genaueste Verfahren zur Ermittlung der Verbrauchsmengen. Sie setzt das Vorhandensein einer Lagerbuchhaltung voraus.

In der Lagerbuchhaltung wird eine **Lagerkartei** geführt, mit deren Hilfe die Veränderungen im Lager genau erfaßt werden:

- Die **Zugänge** werden auf der Grundlage der **Lieferscheine**, welche der Lagerbuchhaltung zugehen, ermittelt.

- Die **Abgänge** werden durch die **Materialentnahmescheine** belegmäßig erfaßt, die darüber informieren,

- um welche Kostenarten es sich handelt,
- welche Kostenstellen die Materialien benötigen,
- für welche Kostenträger der Verbrauch erfolgt,
- wann die Entnahme vorgenommen worden ist.

Dementsprechend müssen die Materialentnahmescheine mindestens folgende Angaben enthalten:

- Datum
- Materialart
- Materialmenge
- Kostenstellennummer
- Auftragsnummer.

Die Auftragsnummer, die Auskunft über den Kostenträger gibt, kann nur für Fertigungsstoffe angegeben werden, welche dem betreffenden Kostenträger als Einzelkosten direkt zurechenbar sind.

Bei den Hilfs- und Betriebsstoffen sind - wegen ihres Gemeinkosten-Charakters - nur Angaben über die zu belastende Kostenstelle möglich.

Die Verbrauchsmengen an Materialien ergeben sich aus der Summe der Abgänge gemäß der Materialentnahmescheine.

Um den buchmäßigen **Endbestand** zu ermitteln, sind neben den Zugängen und Abgängen auch die Bestände an Materialien zu Beginn der Rechnungsperiode zu berücksichtigen:

	Anfangsbestand
+	Zugang
-	Abgang
=	**Endbestand**

Außer der buchmäßigen Feststellung wird der Endbestand an Materialien jährlich durch eine **Inventur** ermittelt, das ist eine körperliche Bestandsaufnahme der vorhandenen Materialien.

Die Skontrationsmethode hat folgende **Vorteile**:

• Die Erfassung von Kostenart, Kostenstelle und Kostenträger ist genau möglich.

• Bestandsverminderungen, die nicht auf regulären Lagerentnahmen - beispielsweise Diebstahl, Schwund - beruhen, sind durch Vergleich des rechnerisch ermittelten mit dem durch Inventur festgestellten Bestand erkennbar.

• Die Durchführung der permanenten Inventur, die jährlich zu einem beliebigen Zeitpunkt erfolgen kann, ist nur bei Vorliegen einer Lagerbuchhaltung zulässig.

Der **Nachteil** der Skontrationsmethode ist die aufwendige belegmäßige Organisation. Durch die Möglichkeiten des EDV-Einsatzes kann dieser Nachteil, der besonders kleinere Unternehmen betrifft, jedoch deutlich gemildert werden.

2.1.1.2 Inventurmethode

Die Inventurmethode versucht den Nachteil der Skontrationsmethode, eine Lagerbuchhaltung führen und ein Belegwesen aufbauen zu müssen, auszugleichen. Sie wird auch bezeichnet als:

• Bestandsdifferenzrechnung
• Befundrechnung.

Bei der Inventurmethode wird keine laufende Ermittlung der Verbrauchsmengen durchgeführt, Materialentnahmescheine gibt es nicht. Die Verbrauchsmengen ergeben sich erst am Ende der Rechnungsperiode im Rahmen eines Vergleichs der Zahlen aus der letzten Inventur als Anfangsbestand und einer neu durchgeführten Inventur als Endbestand. Der Zugang an Materialien ist dabei - entsprechend der Lieferscheine - zu berücksichtigen:

	Anfangsbestand
+	Zugang
-	Endbestand
=	**Verbrauch**

Der **Vorteil** der Inventurmethode besteht darin, daß keine Materialentnahmescheine verwendet werden und damit auch keine verwaltungsmäßige Belastung erfolgt, da sich die Zugänge aus der Finanzbuchhaltung und die Endbestände durch die Inventur ergeben.

Die **Nachteile** der Inventurmethode sind:

• Bestandsminderungen durch nicht reguläre Abgänge aus dem Lager - beispielsweise durch Schwund, Diebstahl - sind nicht feststellbar und werden nicht abgestellt.

• Die nur einmal jährlich erforderliche Stichtaginventur kann am Jahresende unvorhergesehene Bestandsabweichungen aufdecken, die zu unerfreulichen Veränderungen des Ergebnisses führen können.

• Die Zurechnung des Materialverbrauchs auf die Kostenstellen und Kostenträger, die zumindest für die Fertigungsstoffe gefordert werden muß, ist nicht möglich, da nur der Gesamtverbrauch festgestellt wird.

Die genannten Nachteile lassen erkennen, daß die Inventurmethode für Unternehmen, die mehrere Erzeugnisse herstellen, unbrauchbar ist.

2.1.1.3 Retrograde Methode

Bei der retrograden Methode, die auch als **Rückrechnung** bezeichnet wird, kann der Stoffverbrauch aus den erstellten Halb- und Fertigerzeugnissen abgeleitet werden.

Man rechnet - von einem bestimmten hergestellten Erzeugnis ausgehend - zurück, welches Material in welchen Mengen in das Erzeugnis eingegangen ist, wobei auch die Abfälle, die bei der Fertigung notwendigerweise angefallen sind, in der Rechnung berücksichtigt werden.

$$\text{Verbrauch} = \frac{\text{Hergestellte}}{\text{Stückzahl}} \cdot \frac{\text{Soll-Verbrauchsmenge}}{\text{pro Stück}}$$

Bei der retrograden Methode wird von der Kostenträgerrechnung in die Kostenstellenrechnung und in die Kostenartenrechnung zurückgegangen.

Als Grundlage für die Rückrechnung bietet sich häufig die **Stückliste** - siehe S. 94 - für die rückzurechnenden Erzeugnisse an, die eine vollständige Aufstellung aller Einzelteile und Baugruppen enthält, welche zur Herstellung der Erzeugnisse benötigt werden.

Die **Nachteile** der retrograden Methode sind:

• Die Rückrechnung kann keine genauen Werte hervorbringen. Das gilt um so mehr, je komplizierter die Fertigung der betreffenden Erzeugnisse ist.

• Die Rückrechnung ist ungenau, weil das Gemeinkostenmaterial nicht direkt zurechenbar ist.

• Bestandsminderungen durch nicht reguläre Stoffentnahmen aus dem Lager - beispielsweise Diebstahl, Schwund - sind nicht ohne zusätzliche Kontrollen feststellbar.

Die retrograde Methode kann letztlich nur bei einfach strukturierten, aus wenigen Teilen bestehenden Erzeugnissen verwendet werden.

12

Beispiel:

Stückliste		Automatisches Feuerzeug		Zeichnung-Nr. 14.348.89	
Pos.-Nr.	St. je Einheit	Benennung	Zeichnungs-Nr., DIN-Nr.	Werkstoff und Abmessungen	Bemerkungen
1	1	Tank	163—001	Ms 63 weich 0,8	vernickelt
2	1	Hülse	163—002	Ms 63 weich 0,8	glatt, vernickelt, mit Prägung
3	1	Plattform	163—003	Ms 63 weich 0,6	vernickelt
4	1	Rahmen	163—004	Ms 58 weich 0,8	vernickelt
5	1	Drucktaste	163—005	Ms 63 weich 0,8	vernickelt
6	1	Dochtkappe	163—006	Ms 58 weich 0,8	vernickelt
7	1	Deckel	163—007	AI 98 weich 0,5	
8	1	Schaltfeder	163—008	Federbandstahl 10 x 0,2	weiß poliert
9	1	Gelenk	163—009	Ms 63 halbhart 0,8	
10	1	Zugfedereinhänghaken	163—010	Ms 63 halbhart 16 x 6 x 1,0	
11	1	Reibrad			Fremdbezug
12	1	Verschlußkappe	163—011	Ms 63 weich 0,5	vernickelt
13	1	Dochtrohr	163—012	Ms 58 3 Ø	vernickelt
14	1	Steinrohr	163—013	Ms 53 3 Ø	
15	1	Achsschraube z. Drucktaste	163—014	St 33—2	vernickelt
16	1	Zugfeder			Fremdbezug
17	1	Steinfeder			Fremdbezug
18	2	Zylinderschraube	DIN 84	St 33—2	
19	1	Steinschraube	163—015	Ms 58	
20	1	Rechtsschraube für Dochtkappe	163—016	St 33—2	vernickelt
21	1	Linksschraube für Dochtkappe	163—016	St 33—2	vernickelt
22	1	Lagerrohr für Reibrad	163—017	St 50—1 2,3 Ø	
23	1	Lagerschraube für Reibrad	163—018	St 33—2	vernickelt
24	1	Bolzen zur Steinfeder	163—019	St 33—2	

	Tag	Name		Tag	Name	
Bearbeitet:	12.12.89	Schmidt	Geändert:			Blatt ...1..von ..1..Blättern
Geprüft:	04.01.90	Mayr	Geprüft:			

2.1.2 Bewertung der Verbrauchsmengen

Nach der Ermittlung der Verbrauchsmengen ist es erforderlich, die Mengen in Geldeinheiten - d.h. mit Preisen - zu bewerten, damit die Materialkosten für die einzelnen Kostenarten festgestellt und in die Kostenstellenrechnung oder Kostenträgerrechnung übernommen werden können.

Grundsätzlich bieten sich folgende **Möglichkeiten** zur Bewertung der Verbrauchsmengen:

2.1.2.1 Anschaffungswert

Der Anschaffungswert ist der bei der Beschaffung des Materials zu zahlende Preis, der auch als **Einstandspreis** bezeichnet wird. Er kann sich zusammensetzen aus:

Die **Bewertung** der Verbrauchsmengen mit Hilfe der Anschaffungswerte kann erfolgen:

• Unter Verwendung der **effektiven Anschaffungspreise**, die bei jedem Materialeingang erfaßt und bei jedem Materialverbrauch verrechnet werden. Dieses Verfahren ist aufwendig und bietet sich für Materialien an, die höherwertig und bereits bei ihrem Eingang für bestimmte Aufträge reserviert sind.

Effektive Einstandspreise können auch dann angesetzt werden, wenn die Bestände aus einer Lieferung erst aufgebraucht werden, bevor eine neue Lieferung im Lager eintrifft.

- Unter Verwendung von **durchschnittlichen Anschaffungspreisen**, wenn die Materialien zu unterschiedlichen Zeitpunkten und Preisen beschafft werden.

Zu unterscheiden sind:

- **Permanente Durchschnittsbewertung**

Bei der permanenten Bewertung wird der Durchschnittspreis nach jedem Zugang ermittelt:

Beispiel:

		Stück (Menge)	Preis pro Einheit	Wert in DM	Ø Wert pro Einheit
Anfangsbestand	01.01.	100	6,00	600	
+ Zugang	15.01.	50	8,00	400	
Bestand		150		1.000	6,67
- Abgang	01.02.	80	6,67	534	
Bestand		70		466	6,67
+ Zugang	15.02.	50	5,00	250	
Bestand		120		716	5,97
+ Zugang	18.02.	40	7,00	280	
Bestand		160		996	6,23
- Abgang	01.03.	60	6,23		
- Abgang	05.03	60	6,23	747	
Bestand		40		249	6,23
+ Zugang	01.04.	120	4,00	480	
Bestand		160		729	4,56
- Abgang	15.04.	100	4,56	456	
Endbestand	31.12.	60		273	4,55

Es ergibt sich also für den Endbestand ein Durchschnittspreis pro Einheit von 4,55 DM, obwohl zum Teil viel höhere Einzelpreise vorkommen.

Diese Verfahrensweise ist aber sehr **arbeitsaufwendig**, so daß es zweckmäßiger sein kann, die durchschnittlichen Anschaffungspreise **nach jeder Periode** festzustellen.

- **Periodische Durchschnittsbewertung**

Bei der periodischen Bewertung wird unter Berücksichtigung aller Zugänge einer Periode nur einmal am Ende der Periode der Durchschnittspreis ermittelt. Sie ist deshalb praktikabler als die permanente Durchschnittsbewertung.

Beispiel:

		Stück (Menge)	Preis pro Einheit	Wert in DM
Anfangsbestand	01.01.	100	6,00	600
+ Zugang	15.01.	50	8,00	400
+ Zugang	15.02.	50	5,00	250
+ Zugang	18.02.	40	7,00	280
+ Zugang	01.04.	120	4,00	480
Summe		360		2.010
Ø Preis pro Einheit			5,58	
Endbestand		60	5,58	335
Verbrauch		300	5,58	1.675

Der durchschnittliche Preis pro Einheit von 5,58 DM ergibt sich aus:

$$\frac{\text{Durchschnittlicher}}{\text{Anschaffungspreis}} = \frac{\text{Summe der Zugänge (DM)}}{\text{Summe der Zugänge (Stück)}}$$

$$\frac{\text{Durchschnittlicher}}{\text{Anschaffungspreis}} = \frac{335}{60} = 5,58 \text{ DM/Stück}$$

Im Gegensatz zur permanenten Bewertung, bei der sich für den Endbestand ein Wert von 4,55 DM pro Einheit (insgesamt 273 DM) ergibt, beträgt dieser nach der Perioden-Bewertung 5,58 DM pro Einheit (insgesamt 335 DM).

Der Vergleich der beiden Bewertungsverfahren zeigt, daß die permanente Durchschnittsbewertung «zeitnaher» ist und damit am ehesten den tatsächlichen Anschaffungskosten entspricht.

- Unter Verwendung **fiktiver Anschaffungspreise**, die auf Grund unterstellter Verbrauchsfolgen ermittelt werden. Hier sollen genannt werden - siehe ausführlich *Olfert / Körner / Langenbeck*:

- **Lifo-Verfahren**

Bei diesem Verfahren wird unterstellt, daß stets die zuletzt beschafften Gegenstände zuerst wieder verbraucht oder veräußert werden (last in - first out). Es bezweckt, außer einer vereinfachten Feststellung der Anschaffungskosten, den Materialverbrauch im Rahmen des Anschaffungswertprinzips, d.h. zu möglichst gegenwartsnahen Preisen abzurechnen.

Zwei **Formen** des Lifo-Verfahrens können unterschieden werden:

Beim **permanenten Lifo** wird der Materialverbrauch fortlaufend während des ganzen Jahres erfaßt und nach der Methode »last in - first out« bewertet.

Beispiel:

	Stück	Preis pro Einheit	Wert in DM
Anfangsbestand 01.01.	100	6,00	600
+ Zugang 15.01.	50	8,00	400
Bestand	150		1.000
- Abgang 01.02.	80	50 · 8,00 30 · 6,00	580
Bestand	70		420
+ Zugang 15.02.	50	9,00	450
Bestand	120		870
- Abgang 01.03.	30	9,00	270
Bestand	90		600
- Abgang 15.03.	30	20 · 9,00 10 · 6,00	240
Bestand	60		360

Das **Perioden-Lifo** (end of the period lifo-method) ist das allgemein übliche
Verfahren. Es wird lediglich der Endbestand mengenmäßig mit dem Anfangsbestand
verglichen.

Beispiele:

Anfangsbestand = Endbestand			
	Stück (Menge)	Preis pro Einheit	Wert in DM
Anfangsbestand 01.01.	100	6,00	600
+ Zugänge 15.01.	50	8,00	400
+ Zugänge 15.02.	50	9,00	450
Buchbestand	200		1.450
Endbestand 31.12.	100	6,00	600
Verbrauch	100	50 · 9,00 50 · 8,00	850

Anfangsbestand < Endbestand			
	Stück (Menge)	Preis pro Einheit	Wert in DM
Anfangsbestand 01.01.	100	6,00	600
+ Zugänge 15.01.	50	8,00	400
+ Zugänge 15.02.	50	9,00	450
Buchbestand	200		1.450
Endbestand 31.12.	160	100 · 6,00 50 · 8,00 10 · 9,00	1.090
	40	9,00	360

Anfangsbestand > Endbestand			
	Stück (Menge)	Preis pro Einheit	Wert in DM
Anfangsbestand 01.01.	100	6,00	600
+ Zugänge 15.01.	50	8,00	400
+ Zugänge 15.02.	50	9,00	450
Buchbestand	200		1.450
Endbestand 31.12.	60	6,00	360
Verbrauch	140	50 · 9,00 / 50 · 8,00 / 40 · 6,00	1.090

Innerhalb der Lifo-Methode sind demnach sowohl für die Berechnung eines Mehr-als auch eines Minderbestandes verschiedene Methoden möglich, wobei sich erhebliche Unterschiede in der technischen Durchführung ergeben. Die Anwendung der periodischen Lifo-Methode ist einfacher als die permanente Lifo-Methode, da hier nur die Zugänge chronologisch mit Menge und Preis, nicht aber der Verbrauch erfaßt werden müssen.

- **Fifo-Verfahren**

Das in § 256 Satz 1 HGB ausdrücklich zugelassene Fifo- (first in - first out) Verfahren geht von der Annahme aus, daß die zuerst angeschafften oder hergestellten Gegenstände auch zuerst verbraucht oder veräußert worden sind, d.h. daß die am Bilanzstichtag vorhandenen Mengen demgemäß aus den letzten Einkäufen stammen.

Die praktische Anwendung des Verfahrens ist im Gegensatz zur Lifo-Methode, bei der erhebliche technische Probleme auftreten können, relativ einfach.

Voraussetzung ist eine fortlaufende Aufzeichnung zumindest aller Zugänge. Zur Bestimmung des wertmäßigen Endbestandes genügt es, von den jeweils letzten Eingangsrechnungen so lange zurückzurechnen, bis der mengenmäßige Bestand durch entsprechende Einkäufe gedeckt ist.

Beispiel:

	Stück (Menge)	Preis pro Einheit	Wert in DM
Anfangsbestand 01.01.	100	6,00	600
+ Zugänge 15.01.	50	8,00	400
+ Zugänge 15.02.	50	9,00	450
Buchbestand	200		1.450
Endbestand 31.12.	60	50 · 9,00 / 10 · 8,00	530
Verbrauch	140		920

Wurden innerhalb der Rechnungsperiode keine Einkäufe getätigt, so ist der Endbestand zu den Preisen des Anfangsbestandes anzusetzen.

	Stück (Menge)	Preis pro Einheit	Wert in DM
Buchbestand	100	6,00	600
Endbestand	60	6,00	360
Verbrauch	40		240

- **Hifo-Verfahren**

Dieses Verfahren geht von der Fiktion aus, daß die zu den höchsten Preisen erworbenen Vorratsgüter zuerst verbraucht werden (highest in - first out). Bei konstant steigenden bzw. sinkenden Preisen entspricht es dem Lifo- bzw. Fifo-Verfahren.

Das Hifo-Verfahren ist in zwei **Formen** anwendbar:

Beim **permanenten Hifo** werden alle Zu- und Abgänge eines Geschäftsjahres fortlaufend aufgezeichnet und der jeweils nächste Abgang entsprechend der unterstellten Verbrauchsfolge bewertet. Demnach ist prinzipiell für jeden Abgang gesondert festzustellen, welches der in Betracht kommende höchste Einkaufswert ist. Dies setzt eine wert- und mengenmäßig geführte Lagerbuchführung voraus.

Beispiel:

		Stück (Menge)	Preis pro Einheit	Wert in DM
Anfangsbestand	01.01.	100	6,00	600
+ Zugang	15.01.	50	8,00	400
Bestand		150		1.000
- Abgang	01.02.	80	50 · 8,00 / 30 · 6,00	580
Bestand		70		420
+ Zugang	15.02.	50	5,00	250
Bestand		120		670
+ Zugang	18.02.	40	7,00	280
Bestand		160		950
- Abgang	01.03.	60	40 · 7,00 / 20 · 6,00	400
Bestand		100		550
- Abgang	15.03	60	50 · 6,00 / 10 · 5,00	350
Bestand		40		200
+ Zugang	01.04.	120	4,00	480
		160		680
- Abgang	15.04.	100	40 · 5,00 / 60 · 4,00	440
Endbestand	31.12.	60	60 · 4,00	240

Da das permanente Hifo sehr umfangreiche Aufzeichnungen erfordert und deshalb kaum praktikabel ist, wird in Anlehnung an das Lifo-Verfahren ein **Perioden-Hifo** vorgeschlagen.

In diesem Falle brauchen lediglich die Zugänge des Jahres zu den jeweiligen Mengen und Preisen bzw. Herstellungskosten gesondert festgehalten werden. Am Jahresende wird der Verbrauch jeweils von den teuersten Zugängen, nicht aber vom Anfangsbestand abgetragen, es sei denn, die Zugänge reichen nicht aus.

Beispiel:

		Stück (Menge)	Preis pro Einheit	Wert in DM
Anfangsbestand	01.01.	100	6,00	600
+ Zugang	15.01.	50	8,00	400
+ Zugang	15.02.	50	5,00	250
+ Zugang	18.02.	40	7,00	280
+ Zugang	01.04.	120	4,00	480
Buchbestand		360		2.010
Endbestand	31.12.	60		360
Verbrauch		300	50 · 8,00 / 40 · 7,00 / 50 · 5,00 / 120 · 4,00 / 40 · 6,00	1.650

Unter Berücksichtigung des Anfangsbestandes errechnet sich für den Endbestand folgender Wertansatz:

Buchbestand		360		2.010
Endbestand	31.12.	60	50 · 8,00	240
Verbrauch		300	40 · 7,00 / 100 · 5,00 / 50 · 4,00 / 60 · 6,00	1.770

- Lofo-Verfahren

Das Lofo-Verfahren unterstellt ebenfalls eine wertmäßige Verbrauchsfolge, und zwar wird angenommen, daß **die am billigsten erworbenen Gegenstände zuerst verbraucht oder veräußert** worden sind (lowest in - first out). Die am Bilanzstichtag vorhandenen Mengen werden demgemäß mit den höchstmöglichen Wertansätzen aktiviert.

Beispiel:

		Stück (Menge)	Preis pro Einheit	Wert in DM
Anfangsbestand	01.01.	100	6,00	600
+ Zugänge	15.01.	50	8,00	400
+ Zugänge	15.02.	50	9,00	450
Buchbestand		200		1.450
Endbestand	31.12.	60	50 · 9,00 / 10 · 8,00	530
Verbrauch		140		920

Neben dieser periodischen Berechnung läßt sich das Lofo-Verfahren auch in permanenter Form durchführen. Der ermittelte Wertansatz entspricht in beiden Fällen bei konstant **steigenden Preisen** jeweils dem des Fifo-Verfahrens, bei konstant **sinkenden Preisen** dem des Lifo-Verfahrens.

- **Zusammenstellung der Verfahren**

Die abschließende Zusammenstellung der mit durchschnittlichen und fiktiven Anschaffungspreisen arbeitenden Verfahren zeigt die unterschiedlichen Wertansätze, die sich bei ihrer Anwendung ergeben:

Verfahren	Wertansatz des Endbestandes pro Einheit (in DM)
1. Durchschnittsbewertung	
• Permanente Bewertung	4,55
• Perioden-Bewertung	5,58
2. Lifo-Methode	
• Permanentes Lifo	6,00
• Perioden-Lifo	
- Endbestand = Anfangsbestand	6,00
- Endbestand > Anfangsbestand	6,81
- Endbestand < Anfangsbestand	6,00
3. Fifo-Methode	8,83
4. Hifo-Methode	
• Permanentes Hifo	4,00
• Perioden-Hifo	
- Bei Berücksichtigung des Anfangsbestandes	4,00
- Ohne Berücksichtigung des Anfangsbestandes	6,00
5. Lofo-Methode	
• Bei steigenden Preisen	siehe Fifo
• Bei sinkenden Preisen	siehe Fifo

Für die Bewertung der Vorräte zum Bilanzstichtag sind **steuerlich** nur die permanente und die periodische Durchschnittsbewertung sowie das Lifo-Verfahren zulässig.

2.1.2.2 Wiederbeschaffungswert

Mit dem Ansatz des Wiederbeschaffungswertes oder **Ersatzwertes** wird die Substanz des Unternehmens erhalten, indem der Wert in der Kostenrechnung angesetzt wird, der erforderlich ist, um das vorhandene Material zu einem späteren Zeitpunkt wieder zu beschaffen.

In der betrieblichen Praxis kann der Ansatz des Wiederbeschaffungswertes indessen **Schwierigkeiten** bereiten,

* weil der Zeitpunkt der Wiederbeschaffung schwer abschätzbar ist,
* weil die Schätzung des Wiederbeschaffungswertes für diesen Zeitpunkt schwierig ist.

Wegen der genannten Probleme kommt dem Wiederbeschaffungswert für die Bewertung der Verbrauchsmengen keine allzu große Bedeutung zu.

2.1.2.3 Tageswert

Da ein Wiederbeschaffungswert vielfach nicht ohne weiteres ermittelt werden kann, wird mitunter der Tageswert für die Bewertung der Verbrauchsmengen angesetzt. Der Tageswert kann sich beziehen auf den

* Tag des Angebotes
* Tag der Lagerentnahme
* Tag des Umsatzes
* Tag des Zahlungseinganges.

Meist ist es empfehlenswert, den Tageswert auf den **Tag der Lagerentnahme** der Materialien zu beziehen.

2.1.2.4 Verrechnungswert

Die bisher dargestellten Ansätze zur Bewertung der Verbrauchsmengen orientieren sich am Beschaffungsmarkt und unterliegen damit dessen Schwankungen. Der Verrechnungswert ist ein über einen längeren Zeitraum festgelegter Wert, der künftige Preiserwartungen berücksichtigt. Er wird nach unternehmensspezifischen Gesichtspunkten gebildet und **nur** in der **Betriebsbuchhaltung** verwendet.

Mit dem Ansatz eines Verrechnungswertes sollen unternehmensexterne Einflüsse ausgeschaltet werden, insbesondere ständig wechselnde Preise, welche die Kontinuität der Kostenrechnung negativ beeinflussen. Außerdem können Kostenkontrollen besser vorgenommen werden.

In der betrieblichen Praxis hat der Verrechnungswert besondere **Bedeutung**:

* bei der innerbetrieblichen Leistungsverrechnung
* bei der Abrechnung von Kuppelprodukten
* bei der Abrechnung zwischen Konzernunternehmen. *(jedes u eigene Abrechnung)*

13

2.1.3 Preisdifferenzen

Wie gezeigt wurde, müssen die in der Kostenrechnung angesetzten Werte nicht mit den tatsächlich gezahlten Anschaffungspreisen übereinstimmen. Ist tatsächlich keine Übereinstimmung beider Größen gegeben, dann ist die Frage zu stellen, wie solche Preisdifferenzen buchhalterisch zu behandeln sind.

Da die Finanzbuchhaltung auf alle Fälle mit den tatsächlichen Preisen rechnen muß, ist ein Ausgleich dafür zu schaffen, daß in der Betriebsbuchhaltung mit anderen Werten gearbeitet wird. Es ist eine Abgrenzung vorzunehmen:

* Diese erfolgt beim **GKR** über das Preisdifferenzen-Konto in der Klasse 2:

  Beispiel: Es werden 120 kg eines Rohstoffes zu 3,50 DM/kg beschafft. Der Verrechnungspreis beträgt 3,00 DM/kg. 80 kg des Rohstoffes werden verbraucht.

  In der **Finanzbuchhaltung** müssen die genauen Anschaffungskosten geführt werden:

  3,50 DM · 120 = 420,00 DM   *80 · 3,50 = 280,-*

  Die **Betriebsbuchhaltung** arbeitet mit Verrechnungspreisen, weshalb sie lediglich belastet mit:

  3,00 DM · 80 = 240,00 DM

  Der Differenzbetrag zwischen tatsächlichen und verrechneten Werten in Höhe von 40,00 DM wird auf das Preisdifferenzen-Konto gebucht.

  Der Rohstoffverbrauch kann - nachdem die unterschiedlichen Wertansätze buchhalterisch ausgeglichen sind - ohne weiteres zu Verrechnungspreisen bewertet werden, also mit 240,00 DM.

S	Klasse 1: Bank	H
	(1)	420,00

S	Klasse 3: Rohstoffe	H
(1) 420,00	(2)	280,00

```
S          Klasse 4: Fertigungsmaterial      H
(2)           240,00  |
```

```
S          Klasse 2: Preisdifferenzen        H
(2)            40,00  |
```

• Beim **IKR** wird in folgender Weise vorgegangen:

Die **Finanzbuchhaltung** (Rechnungskreis I) rechnet mit den tatsächlichen Anschaffungskosten.

Beispiel:

```
S              Klasse 2: Bank               H
               |  (1)        420,00
```

```
S            Klasse 2: Rohstoffe           H
(1)    420,00  |  (2)        280,00
```

```
S         Klasse 6: Fertigungsmaterial     H
(2)    280,00  |
```

Die **Betriebsbuchhaltung** (Rechnungskreis II) wird in der Ergebnistabelle mit Verrechnungspreisen belastet:

Rechnungskreis I				Rechnungskreis II					
Erfolgsbereich der Geschäftsbuchhaltung (GB) Gesamtergebnis (GUV-Rechnung)				Abgrenzungsbereich Neutrales Ergebnis				KLR-Bereich Betriebsergebnis	
				Unternehmensbezogene Abgrenzungen		Kostenrechnerische Korrekturen			
Kto. Nr.	Kontenbezeichnung	Aufwand	Ertrag	Aufwand	Ertrag	Betriebl. Aufwand lt. GB	Verrechn. Kosten lt. KLR	Kosten	Leistungen
600	Fertigungsmaterial	280,00				280,00	240,00	240,00	
	Belastung: Gesamtergebnis Neutrales Ergebnis Betriebsergebnis	- 280,00			- 40,00			- 240,00	
		- 280,00				- 280,00			

2.2 Personalkosten

Personalkosten entstehen durch den Einsatz der menschlichen Arbeitskraft im Unternehmen. Es lassen sich unterscheiden:

- **Löhne**

- **Gehälter**

- **Sozialkosten**

- **Sonstige Personalkosten.**

Die Löhne, Gehälter und Sozialkosten werden in der **Lohn- und Gehaltsbuchhaltung** erfaßt, die eine Nebenbuchhaltung der Betriebsbuchhaltung ist und deren Aufgaben sind:

- Feststellung der Höhe des Bruttoentgeltes
- Ermittlung der Abzüge vom Bruttoentgelt
- Ermittlung des anzuweisenden Nettoentgeltes
- Zuordnung des Bruttoentgeltes zu den verursachenden Kostenstellen (Gemeinkostenlöhne)
- Zuordnung des Bruttoentgeltes zu den verursachenden Kostenträgern (Fertigungslöhne)
- Kontrolle der Entwicklung der Entgelte.

Grundlage für die Feststellung der Brutto**löhne** sind die Lohnscheine, die alle für die Feststellung und Zuordnung notwendigen Daten enthalten müssen.

Beispiel:

- Bezeichnung der Lohnart
- Art der Tätigkeit
- Name des Arbeiters
- Personalnummer des Arbeiters
- Lohngruppe
- Lohn pro Stunde oder Einheit bzw. Rüstzeiten und Stückzeiten
- Zahl der geleisteten Stunden oder Einheiten
- Nummer der Kostenstelle
- Nummer des Kostenträgers.

Die Festlegung der Brutto**gehälter** erfolgt auf der Grundlage der **Personalstammsätze**. Eventuell gezahlte Zulagen werden mit besonderen Belegen erfaßt.

Für jeden Arbeitnehmer wird ein Lohn- oder Gehaltskonto entsprechend den Vorschriften der LStDV geführt, als Sammelbelege für die Buchführung gelten Lohn- und Gehaltslisten.

2.2.1 Löhne

Löhne sind das vertragsmäßige Entgelt, welches der Arbeitgeber gemäß einem bestehenden oder früheren Arbeitsvertrag dem Arbeiter für geleistete Arbeit zu zahlen verpflichtet ist.

Löhne lassen sich nach zwei **Kriterien** unterteilen:

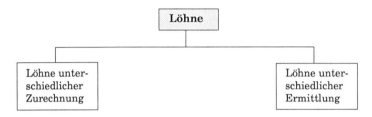

2.2.1.1 Löhne unterschiedlicher Zurechnung

Löhne, welche den Kostenträgern unterschiedlich zugerechnet werden, sind die Fertigungslöhne und die Hilfslöhne:

• **Fertigungslöhne** sind Einzelkosten. Sie lassen sich auftragsweise erfassen, sind also den Kostenträgern direkt zurechenbar.

Beispiele: Löhne für Hobler, Dreher, Fräser, Schleifer.

Zu den Fertigungslöhnen werden auch die Zulagen und Zuschläge gerechnet, um die Gemeinkostenzuschläge möglichst klein zu halten.

Beispiele: Überstundenzuschläge, Zuschläge für Sonntagsarbeit, Gefahrenzuschläge.

• **Hilfslöhne** sind den Kostenträgern nicht direkt zurechenbar, lassen sich demnach nicht auftragsweise erfassen. Es handelt sich bei den Hilfslöhnen um Gemeinkosten. Sie lassen sich lediglich den Kostenstellen zuordnen.

Beispiele: Löhne für Betriebsreinigung, Transportarbeiter, Pförtner, Bürobote, Inventurlöhne, Löhne der Lagerarbeiter.

Auch die Zulagen und Zuschläge dieser Arbeitskräfte zählen zu den Hilfslöhnen.

2.2.1.2 Löhne unterschiedlicher Ermittlung

Löhne, die auf unterschiedliche Weise ermittelt werden, sind:

- **Zeitlohn**
- **Akkordlohn**
- **Prämienlohn.**

2.2.1.2.1 Zeitlohn

Der Zeitlohn ist die Entlohnung durch Zahlung eines gleichen Lohnsatzes pro Zeiteinheit ohne Rücksicht auf die während dieser Zeit hervorgebrachten Arbeitsleistungen.

Die **Anwendung** des Zeitlohnes erfolgt:

- Bei besonderer Bedeutung der Qualität der Arbeit.
- Bei erheblicher Unfallgefahr.
- Bei kontinuierlichem Ablauf der Arbeit.
- Bei nicht vorherbestimmbarer Arbeit.
- Bei quantitativ nicht meßbarer Arbeit.
- Bei schöpferisch-künstlerischer Arbeit.

Die **Ermittlung** des Zeitlohnes als Bruttolohn wird in folgender Weise vorgenommen:

> Zeitlohn = Lohnsatz je Zeiteinheit · Anzahl der Zeiteinheiten

Beispiel: Ein Arbeiter hat im Abrechnungszeitraum 40 Stunden gearbeitet. Sein Lohn beträgt 18,70 DM/Std.

Der Lohn des Arbeiters beträgt: 40 · 18,70 DM = 748,00 DM

Der Zeitlohn kann als Stundenlohn, Schichtlohn, Tagelohn, Wochenlohn, Dekadenlohn, Monatslohn oder Jahreslohn festgestellt werden.

2.2.1.2.2 Akkordlohn

Beim Akkordlohn wird nach der geleisteten Arbeitsmenge entlohnt. Die übliche Form des Akkordlohnes ist der **Proportionalakkord**, bei welchem der Verdienst sich proportional zur Zeiteinsparung bzw. Leistungssteigerung verändert.

Die Anwendung des Akkordlohnes ist bei homogenen, in sich gleichartigen, regelmäßig in derselben Weise wiederkehrenden Arbeiten möglich, die einen ausgeprägten mechanischen Charakter haben.

Neben dem erforderlichen Anteil an beeinflußbaren Zeiten muß auch die Intensität der Beeinflußbarkeit genügend groß sein, um eine sinnvolle Akkordanwendung zu ermöglichen.

Die **Akkordfähigkeit** einer Arbeit ist dann gegeben, wenn ein zeitlich und inhaltlich erfaßbarer Arbeitsablauf vorliegt, das Leistungsergebnis meßbar und der Aufwand für diese Messung wirtschaftlich tragbar ist. Die erforderliche Akkordreife einer akkordfähigen Arbeit wird durch Bestgestaltung der Arbeit mit Hilfe des Arbeitsstudiums erreicht.

Der Akkordlohn kann sich beziehen:

* Als **Einzelakkord** auf den einzelnen Arbeiter, der ausschließlich für seine selbst erbrachte Leistung entlohnt wird.

* Als **Gruppenakkord** auf eine Gruppe von Arbeitern, die gemeinsam gleiche oder unterschiedliche Arbeiten an einem Werkstück verrichten.

Nach der Ermittlung des Akkordlohnes sind zwei **Arten** zu unterscheiden:

* Der **Geldakkord**, bei dem für die Erbringung einer bestimmten Leistung ein Geldbetrag vorgegeben wird, so daß der Stundenlohn sich als Bruttolohn ergibt aus:

$$\text{Stundenlohn} = \text{Geldakkordsatz je Stück} \cdot \text{Stückzahl}$$

Beispiel: Für jedes produzierte Stück wird ein Stücklohn von 2,50 DM festgelegt. Der Arbeiter fertigt in einer Stunde 6 Stück, so daß er einen Stundenlohn von $6 \cdot 2,50$ DM = 15 DM erhält.

Nachteilig beim Geldakkord ist, daß bei einer Tarifänderung alle Akkordvorgaben geändert werden müssen.

* Der **Zeitakkord**, dem in der betrieblichen Praxis vielfach der Vorzug gegeben wird, weil die Akkordvorgaben bei Tarifänderungen nicht geändert werden müssen.

Beim Zeitakkord wird dem Arbeiter für jedes von ihm hergestellte Stück eine im voraus festgesetzte gleichbleibende Zahl von Zeiteinheiten gutgeschrieben, deren Umrechnung in Geld erst am Schluß der Abrechnungsperiode erfolgt.

$$\text{Stundenlohn} = \text{Zeitakkordsatz je Stück} \cdot \text{Stückzahl} \cdot \text{Minutenfaktor}$$

wobei

$$\text{Minutenfaktor} = \frac{\text{Tariflicher Mindestlohn} + \text{Akkordzuschlag}}{60}$$

oder

$$\text{Minutenfaktor} = \frac{\text{Grundlohn}}{60}$$

Der Grundlohn wird auch als **Akkordrichtsatz** bezeichnet.

Beispiel: Der tarifliche Mindestlohn beträgt 7,20 DM und der Akkordzuschlag 25 %. Die Vorgabezeit für ein Stück ist 20 Minuten. In einer Stunde werden 4 Stück gefertigt.

$$\text{Minutenfaktor} = \frac{7,20 + 7,20 \cdot 0,25}{60} = \underline{\underline{0,15}}$$

$$\text{Stundenlohn} = 4 \cdot 20 \cdot 0,15 = \underline{\underline{12,00 \text{ DM}}}$$

15

2.2.1.2.3 Prämienlohn

Beim Prämienlohn teilen sich das Unternehmen und der Arbeiter in die Mehrleistung des Arbeiters, die über der Normalleistung liegt. Das ist möglich, weil der Prämienlohn sich aus zwei **Teilen** zusammensetzt:

• Dem **Grundlohn** als leistungsunabhängigem Teil.

• Der **Prämie** als leistungsabhängigem Teil.

Die Prämie kann für unterschiedliche **Leistungen** gewährt werden, beispielsweise als:

• **Mengenleistungsprämie**, wenn die quantitative Leistung über der Normalleistung liegt.

• **Güteprämie**, wenn der Ausschuß und die Nacharbeit verringert werden.

• **Ersparnisprämie**, wenn Hilfs-, Betriebs-, Fertigungsstoffe eingespart oder die Kosten für Werkzeuge und Instandhaltung der Betriebsmittel vermindert werden.

• **Nutzungsprämie,** wenn die Ausnutzung der Betriebsmittel verbessert wird.

Die Prämie kann linear oder degressiv ansteigen, es ist auch möglich, daß beide Verläufe kombiniert werden. In der Literatur werden verschiedene Prämienlohnsysteme diskutiert.

16

2.2.2 Gehälter

Gehälter sind Zeitlöhne, die an kaufmännische und technische Angestellte gezahlt werden. Ihnen liegt kein direkter Leistungsbezug zugrunde. Sie lassen sich meist nicht bestimmten Kostenträgern zurechnen, stellen also Gemeinkosten dar.

Nur in wenigen Fällen sind die Gehälter als Einzelkosten verrechenbar, d.h. bestimmten Kostenträgern direkt zuordenbar.

Beispiele: Gehälter für Produktmanager, Gehälter für Meister, die ausschließlich für ein Produkt tätig sind.

2.2.3 Sozialkosten

Sozialkosten sind der Teil der Aufwendungen des Unternehmens für die Arbeitnehmer, der über die Löhne und Gehälter hinausgeht.

Man unterscheidet:

* **Gesetzliche Sozialkosten**, deren Grundlage entsprechende Verordnungen und Gesetze sind, nach denen das Unternehmen unter anderem zu folgenden Leistungen verpflichtet ist:

  - Arbeitgeberanteil zur Rentenversicherung
  - Arbeitgeberanteil zur Krankenversicherung
  - Arbeitgeberanteil zur Arbeitslosenversicherung
  - Gesetzliche Unfallversicherung.

* **Freiwillige Sozialleistungen**, deren Grundlage entsprechende Betriebsvereinbarungen oder Absprachen in einzelnen Arbeitsverträgen zwischen dem Arbeitgeber und der Belegschaft oder einzelnen Belegschaftsmitgliedern sind.

  Freiwillige Sozialleistungen können unterteilt werden in:

  - **direkt** an die Arbeitnehmer gegebene Leistungen, beispielsweise als freiwillige Pensionszusagen, als Beihilfen für Fahrten, Verpflegung, Kuren, Jubiläen. Diese Leistungen bewirken **primäre Sozialkosten**.

  - **indirekt** an die Arbeitnehmer gelangende Leistungen, beispielsweise für Kindergärten, Sportanlagen, Büchereien, Kantinen, Werkszeitungen. Diese Leistungen bewirken **sekundäre Sozialkosten**.

2.2.4 Sonstige Personalkosten

Sonstigen Personalkosten liegen meist Veränderungen im Personalbereich zugrunde. Beispielsweise fallen unter die sonstigen Personalkosten:

* Kosten für die Anwerbung neuer Mitarbeiter
* Vorstellungskosten
* Umzugskosten für neue Mitarbeiter
* Abfindungskosten.

2.2.5 Probleme der Erfassung

Löhne und Gehälter sind in ihrer tatsächlichen Höhe - als Bruttolöhne und Bruttogehälter - in die Kostenrechnung zu übernehmen. Probleme ergeben sich hier vor allem in Form einer richtigen zeitlichen Abgrenzung der Personalkosten.

So können die Lohnzahlungen und die meist monatlich durchgeführte Kostenrechnung terminlich auseinanderfallen. In der Betriebsabrechnung eines Monats sind aber nur die für die Leistung eben dieses Monats aufgewendeten Löhne zu erfassen und - ungeachtet der Zahlungstermine - zu verrechnen.

Es ist möglich, daß in einem Monat fünf Wochenlöhne ausgezahlt werden, in einem anderen dagegen nur vier. Diese Überschneidungen müssen in der Kostenrechnung eliminiert werden.

Besonders deutlich wird dieses Problem bei der **Verrechnung der Urlaubslöhne**, die auf das ganze Jahr verteilt sein müssen, da sonst die Ferienmonate durch eine ungerechtfertigte Belastung mit Urlaubslöhnen ein zu niedriges Betriebsergebnis aufweisen würden.

Beispiel: Zu Jahresbeginn werden die Urlaubslöhne auf 36.000 DM geschätzt. Um eine gleichmäßige Belastung zu sichern, erfolgt eine monatliche Verbuchung von jeweils 1/12 des geschätzten Jahresbetrages, das sind monatlich 3.000 DM. Tatsächlich werden die Urlaubslöhne in Höhe von 34.000 DM im August ausbezahlt, da in diesem Monat der Betrieb urlaubshalber geschlossen ist.

• Unter Zugrundelegung des **GKR** erfolgt die Behandlung der Urlaubslöhne:

Monate				
Januar bis Dezember	(1) an	Klasse 4 Klasse 2	Urlaubslöhne Verrechnete Anteile betrieblicher periodenfremder Aufwendungen (12 · 3.000 DM)	36.000,00
Monat August	(2) an	Klasse 2 Klasse 1	Verrechnete Anteile ... Kasse	34.000,00
Abschluß	(3) an	Klasse 2 Klasse 9	Verrechnete Anteile ... Neutrales Ergebnis-Konto	2.000,00
	(4) an	Klasse 9 Klasse 4	Betriebsergebnis Urlaubslöhne	36.000,00
	(5) an	Klasse 9 Klasse 9	Neutrales Ergebnis-Konto GuV-Konto	2.000,00
	(6) an	Klasse 9 Klasse 9	GuV-Konto Betriebsergebnis	36.000,00

Klasse 1: Kasse		Klasse 2: Verrechnete Anteile		Klasse 4: Urlaubslöhne	
	(2) 34.000	(2) 34.000	(1) 36.000	(1) 36.000	(4) 36.000
		(3) 2.000			

Klasse 9: Neutrales Ergebnis-Konto		Klasse 9: Betriebsergebnis		Klasse 9: GuV-Konto	
(5) 2.000	(3) 2.000	(4) 36.000	(6) 36.000	(6) 36.000	(5) 2.000

Die Berichtigung der Fehlschätzung um 2.000 DM erfolgt buchtechnisch über das GuV-Konto.

• Bei Verwendung des **IKR** ergeben sich folgende Buchungen:

Rechnungskreis I				Rechnungskreis II					
Erfolgsbereich der Geschäftsbuchhaltung GB Gesamtergebnis (GUV-Rechnung)				Abgrenzungsbereich Neutrales Ergebnis				KLR-Bereich Betriebsergebnis	
				Unternehmensbezogene Abgrenzungen		Kostenrechnerische Korrekturen			
Kto. Nr.	Kontenbezeichnung	Aufwand	Ertrag	Aufwand	Ertrag	Betriebl. Aufwand lt. GB	Verrechn. Kosten lt. KLR	Kosten	Leistungen
	Monate Januar bis Juli und September bis Dezember jeweils:								
621	Urlaubslöhne	—	—	—	—	—	3.000	3.000	
	Monat August:								
621	Urlaubslöhne	34.000	—	—	—	34.000	3.000	3.000	
	Auswirkungen auf das gesamte Geschäftsjahr:								
621	Urlaubslöhne	34.000	—	—	—	34.000	36.000	36.000	

17

2.3 Dienstleistungskosten

Dienstleistungskosten werden verursacht, indem das Unternehmen von anderen Wirtschaftseinheiten Leistungen in Anspruch nimmt.

Beispiele:

• Pachtkosten
• Leasinggebühren
• Frachten
• Provisionen
• Mietkosten
• Telefonkosten

• Fernschreibkosten
• Reisekosten
• Bewirtungskosten
• Rechtsberatungskosten
• Steuerberatungskosten
• Prüfungskosten

• Versicherungskosten
• Literaturkosten
• Werbekosten
• Patentkosten
• Lizenzen

Weitere Dienstleistungskosten können **Instandhaltungskosten und Werkzeug-kosten** sein. Sie werden im industriellen Unternehmen wegen ihrer besonderen Bedeutung häufig aber nicht den Dienstleistungskosten zugerechnet, sondern eigenständig behandelt:

• **Instandhaltungskosten** umfassen:

- **Instandsetzungskosten**, die zur Herstellung der Funktionsfähigkeit von Betriebsmitteln anfallen.

- **Inspektionskosten**, die für das Feststellen und Beurteilen des gegenwärtigen Zustandes von Betriebsmitteln anfallen.

- **Wartungskosten**, die durch das Bewahren der Funktionsfähigkeit der Betriebsmittel anfallen, indem Hilfsstoffe ersetzt oder ergänzt werden sowie ein Reinigen und Pflegen, Ein- und Nachstellen der Betriebsmittel erfolgt.

Als Dienstleistungskosten lassen sich Instandhaltungskosten nur ansetzen, wenn die Instandhaltung von außerhalb des Unternehmens vorgenommen wird. Sofern auch innerbetriebliche Instandhaltungen vorgenommen werden, kann es zweckmäßig sein, die Kostenart Instandhaltungskosten aus den Dienstleistungskosten auszugliedern und mit den innerbetrieblich anfallenden Instandhaltungskosten zusammenzufassen.

• **Werkzeugkosten** entstehen für Handwerzeuge, Meßwerkzeuge und Maschinenwerkzeuge. Sie werden meist in Werkzeugausgaben gelagert und gegen Werkzeugausgabescheine - die mit den Materialentnahmescheinen vergleichbar sind - ausgegeben.

Mitunter werden den Dienstleistungskosten auch die **Energiekosten** zugerechnet, obwohl sie im Grunde genommen Betriebsstoffkosten darstellen.

Die Ermittlung der Dienstleistungskosten bereitet dem Unternehmen keine Schwierigkeiten, da von den dienstleistenden Unternehmen entsprechende Rechnungen erstellt werden, die als Grundlage für die Kostenrechnung dienen.

2.4 Öffentliche Abgaben

Öffentliche Abgaben werden teilweise den Dienstleistungskosten zugerechnet. Das ist einerseits einsichtig, weil sie aufgrund externer - beispielsweise vom Finanzamt erstellter - Zahlungsanforderungen zu leisten sind. Andererseits stehen ihnen aber keine unmittelbaren Leistungen gegenüber, wie dies bei den Dienstleistungskosten der Fall ist. Deshalb sollen die öffentlichen Abgaben nicht den Dienstleistungskosten zugeordnet werden.

Öffentliche Abgaben mit **Kostencharakter** sind:

• Die **Kostensteuern**, vor allem als:

- Gewerbeertragsteuer
- Gewerbekapitalsteuer
- Grundsteuer
- Kraftfahrzeugsteuer
- Verbrauchssteuern

Sie dienen der Aufrechterhaltung der Betriebsbereitschaft oder der unmittelbaren Besteuerung der Leistung.

Die Vermögensteuer als eine Personensteuer geht nur bei wenigen Unternehmen in die Kostenrechnung ein. Die Steuern vom Einkommen - Einkommensteuer, Kirchensteuer, Körperschaftsteuer - sind ebenfalls Personensteuern. Sie werden nie als Kosten verrechnet.

* Die **Gebühren**, die bei staatlichen Einrichtungen und Behörden anfallen und der Aufrechterhaltung der Betriebsbereitschaft oder unmittelbar der Leistungserstellung dienen.

* Die **Beiträge**, die bei staatlichen Einrichtungen und Behörden anfallen und der Aufrechterhaltung der Betriebsbereitschaft oder unmittelbar der Leistungserstellung dienen.

2.5 Kalkulatorische Kosten

Kalkulatorische Kosten werden angesetzt, um die Kostenrechnung von Zufälligkeiten und Unregelmäßigkeiten zu befreien, die ihre Stetigkeit stören würden und um auch jenen Güter- und Diensteverzehr bei der Ermittlung der Selbstkosten zu berücksichtigen, der nicht zu Aufwendungen führt. Damit wird auch die Möglichkeit innerbetrieblicher und zwischenbetrieblicher Vergleiche geschaffen.

Die kalkulatorischen Kosten werden vielfach mit den Zusatzkosten begrifflich gleichgesetzt. Das ist aber nicht immer zutreffend:

* Der kalkulatorische **Unternehmerlohn** und die kalkulatorische **Miete** sind kalkulatorische Kosten, denen keine Aufwendungen gegenüberstehen. Deshalb entsprechen diese kalkulatorischen Kosten den **Zusatzkosten**.

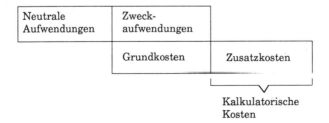

- Die kalkulatorischen **Abschreibungen**, kalkulatorischen **Zinsen** und kalkulatorischen **Wagnisse** sind kalkulatorische Kosten, die größer sein können als die Zusatzkosten. Das ist möglich, wenn die kalkulatorischen Kosten **nicht nur die Zusatzkosten** umfassen, sondern auch einen Teil der Grundkosten.

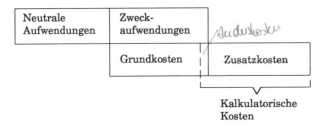

Beispiel: Die bilanziellen Abschreibungen, die Aufwendungen darstellen, betragen 15.000 DM. Kalkulatorisch werden 18.000 DM angesetzt. Die kalkulatorischen Kosten betragen demnach 18.000 DM, worin 15.000 DM an aufwandsgleichen Kosten - das sind Grundkosten - enthalten sind, so daß die Zusatzkosten lediglich 3.000 DM ausmachen.

Die Zusatzkosten sind - wie zu sehen ist - aufwandslose Kosten. Das Schema kann um **Anderskosten*** erweitert werden.

Die **buchhalterische Behandlung** ist für alle kalkulatorischen Kosten grundsätzlich gleich.

---

* Bei Berücksichtigung von **Anderskosten** als denjenigen Kosten, die zwar mit Aufwendungen verbunden sind, in ihrer Höhe aber nicht mit den Aufwendungen übereinstimmen, weil sie in der Kosten(arten)rechnung kalkulatorisch mit abweichenden Mengen oder Preisen des Güterverbrauchs angesetzt werden, gilt:

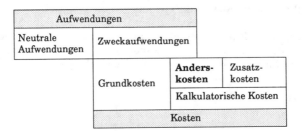

Beispiele für Anderskosten sind:

- kalkulatorische Abschreibungen
- kalkulatorische Zinsen
- kalkulatorische Wagnisse
- kalkulatorische Instandhaltungskosten
- kalkulatorische Werbekosten.

- Beim **GKR** gelten:

	Tätigkeit	Buchung
1	Erfassung der kalkulatorischen Kostenart	Klasse 4 an Klasse 2
2	Erfassung der kalkulatorischen Kosten auf dem Betriebsergebniskonto	Klasse 9 an Klasse 4
3	Erfassung der verrechneten kalkulatorischen Kosten auf dem Neutralen Ergebnis-Konto	Klasse 2 an Klasse 9
4	Abschluß des Betriebsergebniskontos auf dem GuV-Konto	Klasse 9 an Klasse 9
5	Abschluß des Neutralen Ergebnis-Kontos auf dem GuV-Konto	Klasse 9 an Klasse 9

- Beim **IKR** erfolgt die Verrechnung der kalkulatorischen Kosten im Rechnungskreis II. Sie werden als »Kosten« dem Betriebsergebnis belastet und als »verrrechnete Kosten« innerhalb der kostenrechnerischen Korrekturen dem Neutralen Ergebnis gutgeschrieben - siehe Seite 113.

Die Verbuchung der kalkulatorischen Kosten ist **erfolgsneutral**.

Als kalkulatorische Kosten werden in der betrieblichen Praxis angesetzt:

- **Kalkulatorische Abschreibungen**
- **Kalkulatorische Zinsen**
- **Kalkulatorische Wagnisse**
- **Kalkulatorischer Unternehmerlohn**
- **Kalkulatorische Miete.**

2.5.1 Kalkulatorische Abschreibungen

Abschreibungen sind der Werteverzehr für materielle und immaterielle Gegenstände des Anlagevermögens. Die Anschaffungskosten werden

- in der Bilanz gespeichert (Bilanz als Kostenspeicher) und
- mit der Buchung »(bilanzielle) Abschreibungen an Anlagegüter« auf die Nutzungsdauer verteilt.

Die **Ursachen** für die Abschreibungen können sein:

- **Primär technischer Art**
  - Technischer Verschleiß
  - Natürlicher oder ruhender Verschleiß
  - Katastrophenverschleiß.

- **Primär wirtschaftlicher Art**
  - Entwertung durch technischen Fortschritt
  - Entwertung durch Bedarfsverschiebung am Markt
  - Entwertung durch Fristablauf
  - Entwertung durch Preisänderungen,

Die **Anlagebuchhaltung** stellt die für die Durchführung der Abschreibungen erforderlichen Daten zur Verfügung. Sie erfaßt alle aktivierungspflichtigen Anlagegüter des Unternehmens und führt für jedes dieser Anlagegüter eine **Inventarkarte**, die zumindest enthält:

- Anschaffungstag
- Baujahr
- Inventarnummer
- Anlagenkonto
- Bezeichnung des Anlagegutes
- Anschaffungskosten nach § 255 Abs. 1 HGB
- Voraussichtliche Nutzungsdauer
- Abschreibungssatz
- Abschreibungsbetrag
- Abschreibungsart
- Buchwert.

Die Abschreibungen können nach zwei Gesichtspunkten unterschieden werden:

2.5.1.1 Arten

Nach ihren unterschiedlichen **Zielsetzungen** lassen sich zwei Arten der Abschreibungen unterscheiden:

- Die **bilanziellen Abschreibungen**, welche dem Prinzip der nominellen Kapitalerhaltung des Unternehmens gerecht werden. Sie müssen sich an den gesetzlichen Vorschriften - handelsrechtlich § 253 HGB und steuerrechtlich § 7 EStG - orientieren.

Der **Basiswert** für die bilanziellen Abschreibungen sind ausschließlich die **Anschaffungs- oder Herstellungskosten** (§ 244 Abs. 1 Nr. 2 HGB). Handelsrechtlich kann die angesetzte Nutzungsdauer im Rahmen der Grundsätze ordnungsmäßiger Buchführung an den bilanzpolitischen Zielen ausgerichtet sein, steuerrechtlich sollte die angesetzte Nutzungsdauer grundsätzlich den AfA-Tabellen entsprechen. Dabei ist die Handelsbilanz maßgeblich für die Steuerbilanz.

Handelsrechtlich haben die Verfahren der Abschreibung (§ 253 HGB) den Grundsätzen ordnungsmäßiger Buchführung zu entsprechen, steuerrechtlich ist die Zulässigkeit der Abschreibungsverfahren in § 7 EStG genau festgelegt.

Die bilanziellen Abschreibungen können vorgenommen werden:

- Als **direkte Abschreibungen**, bei denen die Abschreibungsbeträge unmittelbar auf das entsprechende Anlagekonto verbucht werden. Das hat den Vorteil, daß der effektive Buchwert eines Anlagegutes vom Konto abgelesen werden kann. Nachteilig ist jedoch, daß die Anschaffungs- oder Herstellungskosten nicht mehr erkennbar sind.

- Als **indirekte Abschreibungen**, die mit Hilfe eines Wertberichtigungskontos vorgenommen werden, auf welches die Abschreibungsbeträge gebucht werden. Die Anschaffungs- oder Herstellkosten eines Anlagegutes sind damit stets unverändert auf dem Anlagekonto ersichtlich.

Außerplanmäßige Abschreibungen sind handelsrechtlich erlaubt (§ 253 HGB), steuerrechtlich sind sie nur bei linearer Abschreibung als Absetzungen für außergewöhnliche technische oder wirtschaftliche Absetzung zulässig (§ 7 Abs. 2 Satz 4 EStG), ansonsten ist eine Teilwertabschreibung möglich (§ 6 Abs. 1 EStG).

Das HGB (§ 266) sieht nur die direkten Abschreibungen vor.

• Die **kalkulatorischen Abschreibungen**, welche dem Prinzip der substanziellen Kapitalerhaltung des Unternehmens gerecht werden. Sie sind nicht gesetzlich geregelt.

Kalkulatorische Abschreibungen verfolgen keine externen Zwecke, sondern dienen ausschließlich der Kostenrechnung als Hilfsmittel, um den verursachungsgerechten Wertverzehr zu ermitteln. Dementsprechend können sie in beliebiger Höhe angesetzt werden, müssen sich also nicht auf die Anschaffungs- oder Herstellkosten beziehen.

Deshalb wird bei der Darstellung der Abschreibungsverfahren nachfolgend von Basiswerten gesprochen. In Zeiten steigender Preise wird als Basiswert zweckmäßigerweise der **Wiederbeschaffungswert** verwendet, um sicherzustellen, daß nach Ausscheiden des Gutes wieder ein entsprechendes Objekt aus den Abschreibungsbeträgen angeschafft werden kann.

Häufig ist es jedoch schwer, den Wiederbeschaffungswert auch nur annähernd zu ermitteln. Dann besteht die Möglichkeit, den **Tageswert** anzusetzen. Nur wenn auch diese Information nicht oder zu schwer beschaffbar ist, sollten die **Anschaffungs- oder Herstellkosten** als Basiswert benutzt werden.

Die Wahl des Abschreibungsverfahrens steht dem Unternehmen frei, wobei der BDI das lineare Abschreibungsverfahren empfiehlt. Ebenso kann das Unternehmen die Nutzungsdauer des Abschreibungsobjektes und seinen gegebenenfalls erzielbaren Restwert selbst bestimmen.

Außerplanmäßige Abschreibungen sind in der Kostenrechnung möglich, aber nicht sinnvoll, da sie sich störend auswirken würden. Stattdessen kann ein kalkulatorisches Anlagenwagnis verrechnet werden.

Im Gegensatz zu der bilanziellen Abschreibung wird die kalkulatorische Abschreibung solange vorgenommen, wie das Abschreibungsobjekt vom Unternehmen genutzt wird, also auch noch, wenn es eigentlich bereits abgeschrieben ist.

2.5.1.2 Verfahren

Die Abschreibungen können mit Hilfe verschiedener **Verfahren** vorgenommen werden:

Die **progressive Abschreibung** soll nicht näher behandelt werden, da sie keine praktische Bedeutung hat. Sie steht durch die starke Belastung der späteren Perioden im Widerspruch zu den Grundsätzen kaufmännischer Vorsicht.

2.5.1.2.1 Lineare Abschreibung

Bei der linearen Abschreibung wird der Basiswert eines Anlagegutes gleichmäßig auf die einzelnen Rechnungsperioden verteilt, in denen das Anlagegut voraussichtlich genutzt wird. Der **jährliche Abschreibungsbetrag** wird rechnerisch ermittelt, indem der Basiswert durch die Zahl der Nutzungsjahre dividiert wird:

$$a = \frac{B}{n}$$

a = Abschreibungsbetrag (DM/Jahr)
B = Basiswert (DM)
n = Geschätzte Nutzungsdauer (Jahre)

Soll ausnahmsweise berücksichtigt werden, daß für das Anlagegut nach Ablauf der Nutzungsdauer noch ein Verkaufserlös - beispielsweise in Höhe des Schrottwertes - erzielt werden kann, gilt:

$$a = \frac{B - R}{n}$$

R = Restwert (DM)

Beispiel: Eine Maschine wurde für 12.000 DM erworben. Die Anschaffungskosten sollen als Basiswert gelten. Die Nutzungsdauer wird auf 5 Jahre geschätzt.

Nach 5 Jahren läßt sich kein Verkaufserlös für die Maschine erzielen:	Nach 5 Jahren läßt sich ein Verkaufserlös von 2.000 DM für die Maschine erzielen:
$a = \dfrac{B}{n}$	$a = \dfrac{B - R}{n}$
$a = \dfrac{12.000}{5} = 2.400 \text{ DM}$	$a = \dfrac{12.000 - 2.000}{5} = 2.000 \text{ DM}$

Der **Restwert** nimmt im Falle eines nicht erzielbaren Verkaufserlöses folgenden Verlauf:

Jahr	Abschreibung (DM)	Restwert (DM)
0		12.000
1	2.400	9.600
2	2.400	7.200
3	2.400	4.800
4	2.400	2.400
5	2.400	0

Graphisch läßt sich dies darstellen:

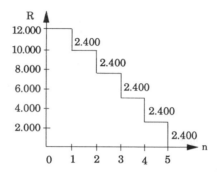

Das Verfahren der linearen Abschreibung soll zu einer gleichmäßigen Kostenbelastung führen, wobei von der Voraussetzung ausgegangen wird, daß die Gebrauchsfähigkeit eines Anlagegutes während der Nutzungsdauer konstant bleibt. Eine gleichmäßige Verteilung der Kosten kann jedoch nur dann erreicht werden, wenn keine oder aber gleichmäßige jährliche Reparaturen anfallen.

Die lineare Abschreibung, deren **Vorteil** in der rechnerisch einfachen Handhabung liegt, macht sich von der Vorstellung frei, daß die Abschreibungsquote dem effektiven Verschleiß entsprechen müsse und unterstellt eine konstante Gebrauchsfähigkeit während der Nutzungsdauer.

Nachtk.?
Sie berücksichtigt keine Beschäftigungsschwankungen in den einzelnen Perioden und entspricht insoweit nicht dem Prinzip der Abschreibungsbemessung nach der Verursachung. Darüber hinaus wird keine Rücksicht auf Wertminderungen genommen, die sich durch den technischen Fortschritt oder durch Bedarfsverschiebungen am Markt ergeben können.

Handelsrechtlich ist die lineare Abschreibung nach § 253 HGB erlaubt, da sie den Grundsätzen ordnungsmäßiger Buchführung entspricht. Ebenso darf sie **steuerrechtlich** verwendet werden (§ 7 Abs. 1 EStG).

18

2.5.1.2.2 Degressive Abschreibung

Bei der degressiven Abschreibung wird der Basiswert ungleichmäßig über die einzelnen Wirtschaftsperioden verteilt. Die ersten Jahre der voraussichtlichen Nutzungsdauer werden stärker belastet als die letzten.

Das wird damit begründet, daß im Laufe der Zeit die Gebrauchsfähigkeit des Anlagegutes nachläßt und/oder erhöhte Reparaturen entstehen. Den hohen Abschreibungen zu Beginn entsprechen niedrige Reparaturkosten und den niedrigen Abschreibungen am Ende der Lebensdauer hohe Reparaturkosten, so daß gegebenenfalls eine einigermaßen gleichmäßige Verteilung der gesamten Kosten erreicht wird.

Der Abfall der Abschreibungsbeträge kann regelmäßig oder unregelmäßig verlaufen. Abschreibungen mit **regelmäßig fallenden Abschreibungsbeträgen** sind:

• **Geometrisch-degressive Abschreibung**

• **Arithmetisch-degressive Abschreibung.**

2.5.1.2.2.1 Geometrisch-degressive Abschreibung

Bei der geometrisch-degressiven Abschreibung wird der Abschreibungs-Prozentsatz in gleicher Weise ermittelt wie bei der linearen Abschreibung, jedoch wird nicht vom Basiswert, sondern vom jeweiligen **Buch- oder Restwert** abgeschrieben. Der Abschreibungssatz wird durch das Verhältnis des Restwertes zum Basiswert bestimmt.

Gleich hohe Abschreibungs-Prozentsätze wie bei der linearen Abschreibung führen bei der geometrisch-degressiven Abschreibung allerdings zu einer viel längeren Nutzungsdauer. Die Abschreibungsbeträge sind in den ersten Jahren höher als bei der linearen Abschreibung und sinken in den letzten Jahren weit darunter.

Bei der geometrisch-degressiven Abschreibung ergibt sich eine **unendliche geometrische Reihe**, so daß die Abschreibung auf den Nullwert mathematisch nicht möglich ist. Deshalb wird im letzten Nutzungsjahr eine **Sonderabschreibung** in Höhe des Restwertes notwendig.

Der **prozentuale Abschreibungssatz** wird bei der geometrisch-degressiven Abschreibung ermittelt:

$$p = 100 \cdot \left(1 - \sqrt[n]{\frac{R}{B}}\right)$$

p = Abschreibungssatz (%)
n = Geschätzte Nutzungsdauer (Jahre)
B = Basiswert (DM)
R = Restwert (DM)

Der Restwert des Anlagegutes hat Einfluß auf die Höhe des prozentualen Abschreibungssatzes. Es kann sich anbieten, ihn in Höhe des Schrottwertes des Anlagegutes zum Ende der Nutzungsdauer anzusetzen.

Beispiel: Eine Maschine wurde für 22.000 DM erworben. Die Anschaffungskosten sollen der Basiswert sein. Die Maschine wird schätzungsweise 5 Jahre nutzbar sein und dann einen Restwert von 2.000 DM haben.

Der Abschreibungs-Prozentsatz für die Maschine beträgt:

$$p = 100 \cdot (1 - \sqrt[5]{\frac{2.000}{22.000}})$$

$$p = 38,1 \%$$

Der **Restwert** nimmt bei dem Abschreibungs-Prozentsatz von 38,1 % folgenden Verlauf:

Jahr	Abschreibung (DM)	Restwert (DM)
0		22.000,00
1	8.382,00	13.618,00
2	5.188,46	8.429,54
3	3.211,66	5.217,88
4	1.988,01	3.229,87
5	1.230,57	1.999,30

Graphisch läßt sich dies darstellen:

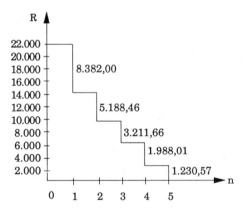

Die geometrisch-degressive Abschreibung wird in der Kostenrechnung nicht allzu häufig angewendet.

Handelsrechtlich ist die geometrisch-degressive Abschreibung nach § 253 HGB erlaubt, da sie den Grundsätzen ordnungsmäßiger Buchführung entspricht. **Steuerrechtlich** ist sie nach § 7 Abs. 2 EStG nur erlaubt

• bei beweglichen Anlagevermögen
• mit dem dreifachen Satz der linearen Abschreibung, höchstens jedoch 30 %.

2.5.1.2.2.2 Arithmetisch-degressive Abschreibung

Bei der arithmetisch-degressiven Abschreibung fallen die jährlichen Abschreibungsbeträge stets um den gleichen Betrag. Zur Berechnung der Abschreibungsquoten bildet man aus der Nutzungsdauer die Summe einer arithmetischen Reihe, durch welche der abzuschreibende Betrag dividiert wird.

Man erhält den **Degressionsbetrag**:

$$D = \frac{B}{N}$$

Unter Berücksichtigung eines Restwertes ergibt er sich aus:

$$D = \frac{B - R}{N}$$

D = Degressionsbetrag (DM)
N = Summe der arithmetischen Reihe von 1 + 2 + ... + n Nutzungsjahren
B = Basiswert (DM)
R = Restwert (DM)

Um den **jährlichen Abschreibungsbetrag** zu erhalten, multipliziert man den Degressionsbetrag mit den Jahresziffern in fallender Reihe, d.h. mit den Restnutzungsdauern:

$$a = D \cdot T$$

a = Abschreibungsbetrag zum Jahresende (DM/Jahr)
T = Rest-Nutzungsdauer zum Jahresbeginn (Jahre)

Dieses Verfahren kann sowohl als Abschreibung vom **Basiswert** als auch vom **Buchwert** durchgeführt werden. Schreibt man auf einen Restwert von Null ab, spricht man von **digitaler Abschreibung.**

Beispiel: Ein Pkw wurde für 48.000 DM erworben. Die Anschaffungskosten sollen der Basiswert sein. Es wird mit einer Nutzung von 4 Jahren gerechnet.

$$D = \frac{B}{N}$$

$$D = \frac{48.000}{1 + 2 + 3 + 4}$$

$$D = 4.800 \text{ DM}$$

Jährliche Abschreibungsbeträge:

$a_1 = D \cdot n \quad\quad = 4.800 \cdot 4 = 19.200$ DM

$a_2 = D \cdot (n\text{-}1) = 4.800 \cdot 3 = 14.400$ DM

$a_3 = D \cdot (n\text{-}2) = 4.800 \cdot 2 = 9.600$ DM

$a_4 = D \cdot (n\text{-}3) = 4.800 \cdot 1 = 4.800$ DM

Der **Restwert** nimmt folgenden Verlauf:

Jahr	Abschreibung (DM)	Restwert (DM)
0		48.000
1	19.200	28.800
2	14.400	14.400
3	9.600	4.800
4	4.800	0
5	2.400	

Graphisch läßt sich dies darstellen:

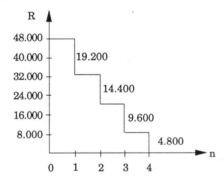

Handelsrechtlich sind die arithmetisch-degressive und digitale Abschreibung nach § 253 HGB erlaubt, da sie den Grundsätzen ordnungsmäßiger Buchführung entsprechen. **Steuerrechtlich** sind die arithmetisch-degressive und digitale Abschreibung nicht zugelassen.

19

2.5.1.2.3 Leistungsbezogene Abschreibung

Bei der leistungsbezogenen Abschreibung gibt es - im Gegensatz zu den zuvor dargestellten Abschreibungen - keinen einheitlichen Trend im Verlauf der jährlichen Abschreibungsbeträge. Maßgebend für die jährlichen Abschreibungsbeträge ist der Umfang der Beanspruchung.

Der Basiswert wird durch die erwartete Gesamtleistungsmenge des Anlagegutes dividiert. Das Ergebnis ist der Abschreibungsbetrag pro Leistungseinheit. Je nach der Höhe der jährlichen Leistung ergibt sich der **jährliche Abschreibungsbetrag**:

$$a = \frac{B}{L} \cdot L_p$$

Unter Berücksichtigung eines **Restwertes** ergibt er sich aus:

$$a = \frac{B - R}{L} \cdot L_p$$

a = Abschreibungsbetrag (DM)
B = Basiswert (DM)
R = Restwert (DM)
L = Gesamtleistung des Anlagegutes (Einheiten/Lebensdauer)
L_p = Periodenleistung des Anlagegutes (Einheiten/Periode)

Beispiel: Ein PKW wird mit einer Gesamtleistung von 100.000 km veranschlagt. Der Anschaffungspreis, der als Basiswert gelten soll, beträgt 40.000 DM. In der Rechnungsperiode beträgt die Kilometerleistung 25.000 km.

$$a = \frac{B}{L} \cdot L$$

$$a = \frac{40.000}{100.000} \cdot 25.000$$

$$a = \underline{\underline{10.000 \text{ DM}}}$$

Bei Periodenleistungen von 25.000 km, 15.000 km, 40.000 km, 8.000 km und 12.000 km nimmt der **Restwert** folgende Werte an:

Jahr	Abschreibung (DM)	Restwert (DM)
0		40.000
1	10.000	30.000
2	6.000	24.000
3	16.000	8.000
4	3.200	4.800
5	4.800	0

Die jährlichen Abschreibungsbetrage können - wie zu sehen ist - entsprechend der unterschiedlichen Beanspruchung des Anlagegutes - sehr unterschiedliche Werte annehmen.

Graphisch lassen sich die jährlichen Abschreibungsbeträge und Restwerte wie folgt darstellen:

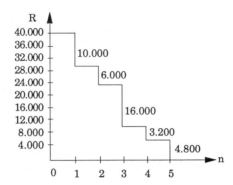

Die leistungsbezogene Abschreibung verliert den Charakter der auf die Zeitperiode bezogenen festen Kosten. Sie verändert sich proportional zur Änderung des Beschäftigungsgrades und ist damit die **betriebswirtschaftlich einzig zutreffende Abschreibung**, von Wertminderungen wegen technischer Überholung abgesehen.

Handelsrechtlich ist die leistungsbezogene Abschreibung nach § 253 HGB erlaubt, da sie den Grundsätzen ordnungsmäßiger Buchführung entspricht. Ebenso ist sie **steuerrechtlich** bei beweglichen Anlagegegenständen zulässig (§ 7 Abs. 1 Satz 4 EStG), wenn sie wirtschaftlich begründet ist.

Die Behandlung der kalkulatorischen Abschreibung soll unter Zugrundelegung des **GKR** und des **IKR** dargestellt werden.

20

2.5.1.3 Behandlung im GKR

Die buchhalterische Behandlung der kalkulatorischen Abschreibung unter Zugrundelegung des GKR soll anhand eines Beispiels dargestellt werden.

Beispiel: Die bilanziellen Abschreibungen einer Maschine betragen 2.000 DM. Die kalkulatorischen Abschreibungen sind in Höhe von 3.000 DM angesetzt.

Buchungen:

Klasse 0: Maschinen

20.000	(1) 2.000

Klasse 2: Verrechnete kalkulatorische Abschreibung

(5) 2.000	(3) 3.000

Klasse 9: Betriebsergebniskonto

(4) 3.000	(6) 3.000

Klasse 9: GuV-Konto

(6) 3.000	(7) 1.000

Klasse 2: Bilanzielle Abschreibung

(1) 2.000	(2) 2.000

Klasse 4: Kalulatorische Abschreibung

(3) 3.000	(4) 3.000

Klasse 9: Neutrales Ergebnis-Konto

(2) 2.000	(5) 3.000
(7) 1.000	

Buchungssätze:

(1)	Klasse 2	an	Klasse 0	2.000 DM ⎤	Bilanzielle
(2)	Klasse 9	an	Klasse 2	2.000 DM ⎦	Abschreibung
(3)	Klasse 4	an	Klasse 2	3.000 DM ⎤	
(4)	Klasse 9	an	Klasse 4	3.000 DM	
(5)	Klasse 2	an	Klasse 9	3.000 DM	Kalkulatorische
(6)	Klasse 9	an	Klasse 9	3.000 DM	Abschreibung
(7)	Klasse 9	an	Klasse 9	1.000 DM ⎦	

Wie zu sehen ist, hat die Höhe der kalkulatorischen Abschreibungen keinen Einfluß auf die Höhe des (Gesamt-) Erfolges. Das GuV-Konto wird lediglich verlängert.

2.5.1.4 Behandlung im IKR

Bei Verwendung des IKR erfolgt die Abgrenzung in der Ergebnistabelle. Für das vorgegangene **Beispiel** gilt:

Rechnungskreis I				Rechnungskreis II					
Erfolgsbereich der Geschäftsbuchhaltung GB Gesamtergebnis (GUV-Rechnung)				Abgrenzungsbereich Neutrales Ergebnis				KLR-Bereich Betriebsergebnis	
				Unternehmensbezogene Abgrenzungen		Kostenrechnerische Korrekturen			
Kto. Nr.	Kontenbezeichnung	Aufwand	Ertrag	Aufwand	Ertrag	Betriebl. Aufwand lt. GB	Verrechn. Kosten lt. KLR	Kosten	Leistungen
653	Abschreibungen	2.000				2.000	3.000	3.000	

21

2.5.2 Kalkulatorische Zinsen

Zinsen sind das Entgelt für überlassenes Kapital. Sie werden für das im Unternehmen befindliche Fremdkapital an die Banken oder sonstigen Gläubiger gezahlt und stellen Aufwendungen dar, die in der Finanzbuchhaltung erfaßt werden.

Aber auch das Eigenkapital bedarf einer Verzinsung, denn würden die Geldmittel nicht im Unternehmen gebunden, sondern beispielsweise einem anderen Unternehmen als Fremdkapital überlassen oder in Wertpapieren angelegt, wäre die Forderung nach einer Verzinsung ganz natürlich.

Die **Verzinsung des** im Unternehmen vorhandenen **Eigenkapitals** im Unternehmen erfolgt nicht - wie beim Fremdkapital - über die Finanzbuchhaltung, sondern durch den Ansatz von kalkulatorischen Zinsen in der Kostenrechnung. Sie beziehen sich auf das gesamte betriebsnotwendige Kapital des Unternehmens.

Es sollen dargestellt werden:

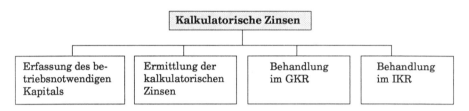

2.5.2.1 Erfassung des betriebsnotwendigen Kapitals

Ausgangspunkt zur Ermittlung der kalkulatorischen Zinsen ist das betriebsnotwendige Kapital. Ist dieses nicht bekannt, dann wird vom betriebsnotwendigen Vermögen ausgegangen, welches die Kapitalverwendung darstellt.

Zu beachten ist, daß das **betriebsnotwendige Vermögen** nicht aus der Aktivseite der Jahresbilanz ablesbar ist. Gründe hierfür sind:

• Die Bilanzpositionen enthalten auch Vermögensteile, die nicht betriebsnotwendig sind.

• Die Bilanzpositionen unterliegen einer Bewertung, die für Zwecke der Kostenrechnung ungeeignet ist.

Das **betriebsnotwendige Kapital** wird ermittelt:

	Nicht abnutzbares Anlagevermögen
+	Abnutzbares Anlagevermögen
=	Betriebsnotwendiges Anlagevermögen
+	Betriebsnotwendiges Umlaufvermögen
=	**Betriebsnotwendiges Vermögen**
-	Abzugskapital
=	**Betriebsnotwendiges Kapital**

Dabei sind folgende **Wertansätze** vorzunehmen:

• Das **nicht abnutzbare Anlagevermögen** wird mit den Werten angesetzt, die sich aus der Buchhaltung ergeben.

• Das **abnutzbare Anlagevermögen** kann mit Hilfe von zwei **Methoden** ermittelt werden:

- Bei der **Restwertverzinsung** werden die kalkulatorischen Restwerte der Anlagegüter zum Ende der Rechnungsperiode festgestellt und für die Errechnung der kalkulatorischen Zinsen herangezogen. Die kalkulatorischen Zinsen eines einzelnen Anlagegutes nehmen wegen des sinkenden Restwertes im Zeitablauf ab:

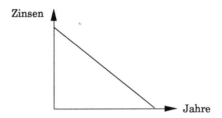

Wenn das gesamte abnutzbare Anlagevermögen betrachtet wird, ist eine annähernd gleichmäßige Zinsbelastung möglich, sofern die Anlagegüter nicht alle auf einmal beschafft werden bzw. ausscheiden.

- Bei der **Durchschnittswertverzinsung** geht man davon aus, daß - unter der Annahme der linearen Abschreibung - durchschnittlich der halbe Anschaffungs-, Tages- oder Wiederbeschaffungswert im Unternehmen gebunden ist.

Durch die Verwendung des halben Anschaffungs-, Tages- oder Wiederbeschaffungswertes für die Errechnung der kalkulatorischen Zinsen ist für das einzelne Anlagegut und für die Gesamtheit der Anlagegüter eine gleiche Zinsbelastung der einzelnen Perioden gegeben.

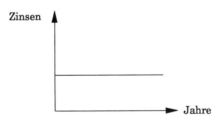

Die Durchschnittswertverzinsung ist einfach anzuwenden, die von ihr ermittelten kalkulatorischen Zinsen der einzelnen Abrechnungsperioden entsprechen aber nicht der tatsächlichen Kapitalbindung.

• Das **betriebsnotwendige Umlaufvermögen** ist mit den Werten anzusetzen, die während der betreffenden Rechnungsperiode durchschnittlich im Unternehmen gebunden sind. Diese ergeben sich:

$$\frac{\text{Durchschnittlich}}{\text{gebundener Wert}} = \frac{\text{Anfangsbestand} + \text{Endbestand}}{2}$$

oder

$$\text{Durchschnittlich gebundener Wert} = \frac{\text{Anfangsbestand} + 12\,\text{Monatsbestände}}{13}$$

• Das **Abzugskapital** - als dem Unternehmen **zinsfrei** zur Verfügung stehendes Fremdkapital - wird von den zuvor genannten Positionen abgesetzt.

Beispiele für Abzugskapital: Zinsfreie Darlehen, zinslos erhaltene Lieferantenkredite, Anzahlungen von Kunden.

Die üblicherweise gewährten Lieferantenkredite zählen nicht zum Abzugskapital, weil sie nur scheinbar zinslos gewährt werden. In Wirklichkeit ist aber der Skonto, der bei früher Zahlung abgezogen werden darf, der Zins für den Lieferantenkredit.

Es ist darauf hinzuweisen, daß die Berücksichtigung des Abzugskapitals nicht unumstritten ist. Der BDI empfiehlt jedoch diese Vorgehensweise.

2.5.2.2 Ermittlung der kalkulatorischen Zinsen

Die kalkulatorischen Zinsen werden errechnet:

$$\text{Kalkulatorische Zinsen} = \text{Betriebsnotwendiges Kapital} \cdot \text{Zinssatz}$$

Dabei legt das Unternehmen den Zinssatz selbst fest, mit dem es das betriebsnotwendige Kapital verzinst. Zweckmäßigerweise sollte er sich am Zinsniveau langfristiger Kapitalanlagen orientieren.

Beispiel:

Betriebsnotwendiges Anlagevermögen
(Kalkulatorische Restwerte)   DM   DM

  Lageranlagen   20.000
  Fertigungsanlagen   200.000
  Vertriebsanlagen   30.000
+ Verwaltungsanlagen   50.000   300.000

Betriebsnotwendiges Umlaufvermögen
(Durchschnittsbestände)

  Roh-, Hilfs-, Betriebsstoffe   100.000
  Unfertige Erzeugnisse   50.000
  Fertigerzeugnisse   100.000
+ Sonstiges   250.000   500.000

= **Betriebsnotwendiges Vermögen**   800.000

- **Abzugskapital**   0

= **Betriebsnotwendiges Kapital**   800.000

Die kalkulatorischen Zinsen betragen bei einem Zinssatz von 6 %:

$$800.000 \cdot 0,06 = \underline{48.000 \text{ DM}}$$

Wäre zinsfreies Fremdkapital in Höhe von 10.000 DM für einen zinslosen Lieferantenkredit und 30.000 DM als Anzahlung von Kunden vorhanden, müßten 40.000 DM vom betriebsnotwendigen Vermögen abgezogen werden.

Die kalkulatorischen Zinsen würden betragen:

$$(800.000 - 40.000) \cdot 0,06 = \underline{45.600 \text{ DM}}$$

Die Behandlung der kalkulatorischen Zinsen soll unter Zugrundelegung des GKR und des IKR dargestellt werden.

2.5.2.3 Behandlung im GKR

Die buchhalterische Behandlung der kalkulatorischen Zinsen bei Verwendung des GKR soll anhand eines Beispiels gezeigt werden.

Beispiel: Die tatsächlichen Zinsaufwendungen für Fremdkapital betragen 1990 2.000 DM. Kalkulatorische Zinsen wurden pro Quartal mit 600 DM angesetzt.

Die Zinsen pro Quartal sind zunächst auf das Jahr umzurechnen, das sind $4 \cdot 600 \text{ DM} = 2.400 \text{ DM}$.

Buchungen:

Klasse 1: Bank			Klasse 2: Zinsaufwendungen		
	(1)	2.000	(1) 2.000	(2)	2.000

Klasse 2: Verrechnete kalkulatorische Zinsen		
(4) 2.400	(3)	2.400

Klasse 4: Kalkulatorische Zinsen		Klasse 9: Betriebsergebniskonto	
(3) 2.400	(5) 2.400	(5) 2.400	(6) 2.400

Klasse 9: Neutrales Ergebnis-Konto		Klasse 9: GuV-Konto	
(2) 2.000	(4) 2.400	(6) 2.400	(7) 400
(7) 400			

Buchungssätze:

| (1) | Klasse 2 | an | Klasse 1 | 2.000 DM | ⎫ Bilanzielle Zinsen |
| (2) | Klasse 9 | an | Klasse 2 | 2.000 DM | ⎭ |

(3)	Klasse 4	an	Klasse 2	2.400 DM	⎫
(4)	Klasse 2	an	Klasse 9	2.400 DM	⎪ Kalkulatorische
(5)	Klasse 9	an	Klasse 4	2.400 DM	⎬ Zinsen
(6)	Klasse 9	an	Klasse 9	2.400 DM	⎪
(7)	Klasse 9	an	Klasse 9	400 DM	⎭

Wie zu sehen ist, haben die kalkulatorischen Zinsen keinen Einfluß auf den (Gesamt-) Erfolg. Da sie größer sind als die bilanziell verrechneten Zinsen - die Fremdkapitalzinsen - verlängert sich das GuV-Konto lediglich.

2.5.2.3 Behandlung im IKR

Bei Verwendung des IKR erfolgt die Abgrenzung in der Ergebnistabelle. Für das vorangegangene **Beispiel** gilt:

Rechnungskreis I				Rechnungskreis II					
Erfolgsbereich der Geschäftsbuchhaltung (GB) Gesamtergebnis (GUV-Rechnung)				Abgrenzungsbereich Neutrales Ergebnis				KLR-Bereich Betriebsergebnis	
				Unternehmensbezogene Abgrenzungen		Kostenrechnerische Korrekturen			
Kto. Nr.	Kontenbezeichnung	Aufwand	Ertrag	Aufwand	Ertrag	Betriebl. Aufwand lt. GB	Verrechn. Kosten lt. KLR	Kosten	Leistungen
751	Zinsaufwendungen	2.000				2.000	2.400 *600 ¼ Quartale*	2.400	

22

2.5.3 Kalkulatorische Wagnisse

Ein Wagnis ist die mit jeder unternehmerischen Tätigkeit verbundene Verlustgefahr, welche das eingesetzte Kapital bedroht. Höhe und Zeitpunkt der Verluste sind nicht vorherbestimmbar. Ebenso bietet das Wagnis eine Möglichkeit der **Kapitalmehrung**.

Das **Ausmaß eines Wagnisses** kann sich erstrecken auf:

• Gewinnminderung
• Gewinnentgang
• Kapitalminderung
• Kapitalverbrauch.

Es sollen dargestellt werden:

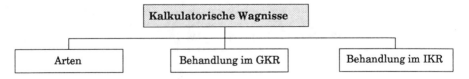

2.5.3.1 Arten

Das **allgemeine Unternehmerwagnis** bezieht sich auf das Unternehmen als Ganzes, beispielsweise beruht es auf technischem Fortschritt oder Verschiebung in der Nachfrage. Es ist weder vorhersehbar noch im voraus berechenbar.

keine Kosten

Kalkulatorisch wird das allgemeine Unternehmerwagnis nicht angesetzt, es wird im **Gewinn** abgegolten. Eine Abdeckung des allgemeinen Unternehmerwagnisses durch Versicherungen ist ebenfalls nicht möglich.

Einzelwagnisse beziehen sich unmittelbar auf einzelne Unternehmensbereiche oder Kostenstellen. Sie sind vorhersehbar und aufgrund von Erfahrungswerten berechenbar. Einzelwagnisse können kalkulatorisch angesetzt **oder** versichert werden.

V „Eigenversicherung"

Folgende **Arten von Einzelwagnissen** lassen sich unterscheiden:

Einzel- wagnis	Beispiele	Bezugsgröße	Nachweis
Gewährlei- stungswag- nis	Garantieverpflichtun- gen, Ersatzlieferung, Preisnachlaß, Nachar- beit, Vertragsstrafe	Herstellungskosten der Erzeugnisse	Aufzeichnung des Vertriebs
Ent- wicklungs- wagnis	Fehlgeschlagene For- schungs- und Entwick- lungsarbeiten	Entwicklungskosten der Periode	Gesonderte belegmä- ßige Erfassung
Vertriebs- wagnis	Forderungsausfälle, Währungsverluste	Forderungsbestand oder Umsatz	Laufende Auf- zeichnungen der Buchhaltung
Anlagen- wagnis	Ausfälle, Wertminde- rungen, vorzeitiges Nutzungsende von Anlagegütern	Anschaffungswert oder Buchwert	Statistik über ausge- fallene und entwerte- te Anlagen
Bestände- wagnis	Schwund, Güteminde- rung, Entwertung der Vorräte, Veraltern	Wert des durch- schnittlichen Lager- bestandes	Inventur, Ab- stimmung mit buchmäßigen Aufzeichnungen
Fertigungs- wagnis*	Material-, Arbeits- und Konstruktionsfehler, Ausschuß, Nacharbeit	Herstellungskosten der Erzeugnisse	Besondere Kennzeich- nung der Belege

Es empfiehlt sich, der Berechnung von Einzelwagnissen zumindest die letzten drei bis fünf Jahre zugrundezulegen.

---

* Das Fertigungswagnis wird auch als **Mehrkostenwagnis** bezeichnet.

Die Wagnisverluste treten unregelmäßig und in unterschiedlicher Höhe ein. In der Finanzbuchhaltung werden sie fallweise erfaßt. Für die Kostenrechnung ist das nicht zweckmäßig, weil ihre Kontinuität und die Übersicht über die regelmäßig anfallenden Kosten beeinträchtigt würden. Hier wird eine gleichmäßige und anteilige Belastung der einzelnen Abrechnungsperioden angestrebt.

Der Ansatz der kalkulatorischen Wagnisse in der Kostenrechnung erfolgt, indem die in der Vergangenheit eingetretenen Wagnisverluste mit den in der Vergangenheit angefallenen Anschaffungskosten in Beziehung zueinander gesetzt werden:

$$\text{Durchschnittlicher Wagnisverlust} = \frac{\text{Summe der eingetretenen Wagnisverluste}}{\text{Summe der Anschaffungskosten}} \cdot 100$$

Beispiel für ein Beständewagnis:

Jahr	Eingetretener Wagnisverlust (DM)	Anschaffungs- kosten (DM)
1	600	26.000
2	350	18.000
3	550	26.000
4	500	30.000
Summe	2.000	100.000

$$\text{Durchschnittlicher Wagnisverlust} = \frac{2.000}{100.000} \cdot 100 = 2,00\ \%$$

Abschließend sei darauf hingewiesen, daß kalkulatorische Wagnisse nicht angesetzt werden dürfen, wenn die Wagnisverluste durch Versicherungen abgedeckt werden. In diesem Falle sind die Versicherungsprämien als Kosten zu berücksichtigen.

Beim **GKR** werden sie als »Versicherungsprämien« in der Klasse 4 erfaßt. Tritt ein Wagnisverlust ein, wird er als «eingetretene Wagnisverluste» in der Klasse 2 gebucht.

Die Behandlung der kalkulatorischen Wagnisse soll unter Zugrundelegung des GKR und des IKR dargestellt werden.

2.5.3.2 Behandlung im GKR

Die buchhalterische Behandlung der kalkulatorischen Wagnisse wird in Fortführung des vorangegangenen Beispiels gezeigt werden.

Beispiel: Im laufenden Jahr wurde für 20.000 DM Fertigungsmaterial verbraucht, entsprechend erfolgt ein Ansatz der kalkulatorischen Wagnisse in Höhe von 20.000 · 0,02 = 400 DM. Die tatsächlich eingetretenen Wagnisverluste betragen 300 DM.

Buchungen:

Klasse 2: Eingetretene Wagnisse

| (3) | 300 | (4) | 300 |

Klasse 2: Verrechnete kalkulatorische Wagnisse

| (2) | 400 | (1) | 400 |

Klasse 3: Rohstoffe

| | | (3) | 300 |

Klasse 4: Kalkulatorische Wagnisse

| (1) | 400 | (5) | 400 |

Klasse 9: Betriebsergebniskonto

| (5) | 400 | (6) | 400 |

Klasse 9: Neutrales Ergebnis-Konto

| (4) | 300 | (2) | 400 |
| (7) | 100 | | |

Klasse 9: GuV-Konto

| (6) | 400 | (7) | 100 |

Buchungssätze:

(1)	Klasse 4	an	Klasse 2	400 DM
(2)	Klasse 2	an	Klasse 9	400 DM
(3)	Klasse 2	an	Klasse 3	300 DM
(4)	Klasse 9	an	Klasse 2	300 DM
(5)	Klasse 9	an	Klasse 4	400 DM
(6)	Klasse 9	an	Klasse 9	400 DM
(7)	Klasse 9	an	Klasse 9	100 DM

Die kalkulatorischen Wagniskosten verlängern das GuV-Konto, sie beeinflussen jedoch nicht den Erfolg des Unternehmens.

2.5.3.3 Behandlung im IKR

Bei Verwendung des IKR erfolgt die Abgrenzung in der Ergebnistabelle. Für das vorgegegene Beispiel gilt:

Rechnungskreis I				Rechnungskreis II					
Erfolgsbereich der Geschäftsbuchhaltung (GB) Gesamtergebnis (GUV-Rechnung)				Abgrenzungsbereich Neutrales Ergebnis				KLR-Bereich Betriebsergebnis	
				Unternehmensbezogene Abgrenzungen		Kostenrechnerische Korrekturen			
Kto. Nr.	Kontenbezeichnung	Aufwand	Ertrag	Aufwand	Ertrag	Betriebl. Aufwand lt. GB	Verrechn. Kosten lt. KLR	Kosten	Leistungen
609	Wagnisse bei Rohstoffen	300				300	400	400	

23

2.5.4 Kalkulatorischer Unternehmerlohn

In Kapitalgesellschaften erhalten die in der Funktion des Unternehmers tätigen Mitarbeiter - als Vorstandsmitglieder oder Geschäftsführer - Gehälter, die als Personalkosten in die Kostenrechnung eingehen.

Bei den **Einzelunternehmen** und **Personengesellschaften** werden den mitarbeitenden Inhabern oder Gesellschaftern keine Gehälter gezahlt, ihre Arbeitsleistung wird durch den Gewinn abgegolten. Da der Unternehmerlohn über die zu verkaufenden Erzeugnisse erwirtschaftet werden muß, ist es unumgänglich, ihn als Kosten anzusetzen.

Der in der Kostenrechnung angesetzte kalkulatorische Unternehmerlohn soll dem Entgelt entsprechen, das der Unternehmer bei gleicher Arbeitsleistung insgesamt - einschließlich Sozialleistungen - in einem anderen Unternehmen erhalten würde.

In der Vergangenheit wurden auch **Formeln*** entwickelt, die zur Berechnung des kalkulatorischen Unternehmerlohnes dienen sollen. Obwohl sie in der betrieblichen Praxis teilweise verwendet werden, erscheinen sie weniger geeignet.

Die Behandlung des kalkulatorischen Unternehmerlohnes soll unter Zugrundelegung des GKR und des IKR dargestellt werden.

24

2.5.4.1 Behandlung im GKR

Die buchhalterische Behandlung des kalkulatorischen Unternehmerlohns bei Verwendung des GKR soll anhand eines Beispiels dargestellt werden:

Beispiel: Es wird ein kalkulatorischer Unternehmerlohn von 8.000 DM angesetzt.

Buchungen:

Klasse 2: Verrechneter kalkulatorischer Unternehmerlohn			
(2)	8.000	(1)	8.000

Klasse 4: Kalkulatorischer Unternehmerlohn			
(1)	8.000	(3)	8.000

Klasse 9: Betriebsergebniskonto			
(32)	8.000	(5)	8.000

Klasse 9: Neutrales Ergebnis-Konto			
(4)	8.000	(2)	8.000

Klasse 9: GuV-Konto			
(5)	8.000	(4)	8.000

---

* Formel der Seifenverarbeitenden Industrie:

Kalkulatorischer Unternehmerlohn = $18 \cdot \sqrt{\text{Jahresumsatz}}$

Formel des Rationalisierungs-Kuratoriums der deutschen Wirtschaft:

Kalkulatorischer Unternehmerlohn = Sockelbetrag + $2 \sqrt{\text{Jahreswertschöpfung}}$

Buchungen:

(1)	Klasse 4	an	Klasse 2	8.000 DM
(2)	Klasse 2	an	Klasse 9	8.000 DM
(3)	Klasse 9	an	Klasse 4	8.000 DM
(4)	Klasse 9	an	Klasse 9	8.000 DM
(5)	Klasse 9	an	Klasse 9	8.000 DM

Der kalkulatorische Unternehmerlohn hat, wie zu sehen ist, keinen Einfluß auf den Erfolg des Unternehmens. Er verlängert lediglich das GuV-Konto.

2.5.4.2 Behandlung im IKR

Bei Verwendung des IKR erfolgt die Abgrenzung in der Ergebnistabelle. Für das vorangegangene **Beispiel** gilt:

Rechnungskreis I				Rechnungskreis II					
Erfolgsbereich der Geschäftsbuchhaltung (GB) Gesamtergebnis (GUV-Rechnung)				Abgrenzungsbereich Neutrales Ergebnis				KLR-Bereich Betriebsergebnis	
				Unternehmensbezogene Abgrenzungen		Kostenrechnerische Korrekturen			
Kto. Nr.	Kontenbezeichnung	Aufwand	Ertrag	Aufwand	Ertrag	Betriebl. Aufwand lt. GB		Kosten	Leistungen
—	Kalkulatorischer Unternehmerlohn	—	—	—	—	—	8.000	8.000	—

2.5.5 Kalkulatorische Miete

Mieten fallen - als Dienstleistungskosten - an, wenn das Unternehmen an einen Vermieter entsprechende Zahlungen leistet. Stellt ein Einzelunternehmer oder der Gesellschafter einer Personengesellschaft **eigene Räume** für betriebliche Zwecke zur Verfügung, erscheint es grundsätzlich gerechtfertigt, eine Miete kalkulatorisch anzusetzen.

Die kalkulatorische Berücksichtigung der Miete ist nicht vertretbar, wenn für die genutzten Räume bereits anteilig kalkulatorische Abschreibungen, kalkulatorische Zinsen, Erhaltungsaufwand, Gebäudeversicherungen, Gebäudesteuern im Unternehmen verrechnet wurden.

Die **Höhe** der kalkulatorischen Miete kann sich an der ortsüblichen Miete orientieren oder durch anteilige Erfassung aller mit dem Mietobjekt verbundenen Kosten festgelegt werden.

Die Behandlung der kalkulatorischen Miete soll unter Zugrundelegung des GKR und des IKR dargestellt werden.

2.5.5.1 Behandlung im GKR

Die buchhalterische Behandlung der kalkulatorischen Miete bei Verwendung des GKR wird anhand eines Beispiels gezeigt.

Beispiel: Ein Gesellschafter stellt der Gesellschaft Büroräume in seinem Haus zur Verfügung, es wird kalkulatorische Miete in Höhe von monatlich 300 DM veranschlagt. Das sind - auf das Jahr umgerechnet - $12 \cdot 300 \text{ DM} = 3.600 \text{ DM}$.

Klasse 2: Verrechnete kalkulatorische Miete		Klasse 9: Neutrales Ergebnis-Konto	
(2) 3.600 | (1) 3.600		(4) 3.600 | (2) 3.600	

Klasse 4: Kalkulatorische Miete		Klasse 9: GuV-Konto	
(1) 3.600 | (3) 3.600		(5) 3.600 | (4) 3.600	

Klasse 9: Betriebsergebniskonto

(3)   3.600 | (5)   3.600

Buchungssätze:

(1)	Klasse 4	an Klasse 2	3.600 DM
(2)	Klasse 2	an Klasse 9	3.600 DM
(3)	Klasse 9	an Klasse 4	3.600 DM
(4)	Klasse 9	an Klasse 9	3.600 DM
(5)	Klasse 9	an Klasse 9	3.600 DM

Der Ansatz kalkulatorischer Miete hat - wie zu sehen ist - keinen Einfluß auf den Erfolg des Unternehmens. Das GuV-Konto wird lediglich verlängert.

2.5.5.2 Behandlung im IKR

Die Erfassung der kalkulatorischen Miete in der Ergebnistabelle erfolgt in gleicher Weise wie die Erfassung des kalkulatorischen Unternehmerlohnes.

26

Kontrollfragen	bear-beitet	Lösungs-hinweis	Lösung +	-
01	Nennen Sie die Aufgaben der Kostenartenrechnung! *Glans · Idenlifei erbig gliederug, Aufteilg Info*		83		
02	Nennen Sie die Grundsätze, die bei der Kostenerfassung zu beachten sind! *geordnet, vst, periodengerecht*		83 ff.		
03	Durch welche Maßnahmen kann die geordnete Erfassung der Kostenarten erreicht werden? *tabellel kontenrahh*		83		
04	In welchen Kontenklassen wird die Kostenartenrechnung beim GKR und IKR durchgeführt?		83		
05	Welche Nebenbuchhaltungen sind der Kostenartenrechnung vorgelagert und welche Aufgaben haben sie? *Lohn/Gehalt Lager, Anlagen*		86		
06	Wie erfolgt die Abgrenzung in der Kostenartenrechnung beim GKR?		87		
07	In welchen Schritten wird die Abgrenzung in der Kostenartenrechnung beim IKR durchgeführt? *K190 Erg.tabelle*		87 f.		
08	Welche Kosten werden in der Kostenartenrechnung erfasst? *primäre*		88		
09	Für welche Güter fallen Materialkosten an? *Fert.-H.Hs-, Bst*		88		
10	Worin unterscheiden sich Fertigungsstoffe, Hilfsstoffe und Betriebsstoffe? *Eingang in Erz.*		88		
11	In welchen Schritten erfolgt die Ermittlung der Materialkosten?		90		
12	Mit Hilfe welcher Verfahren lassen sich die Verbrauchsmengen ermitteln? *Skontration, Inventur, Retrograde M.*		90		
13	Beschreiben Sie die Skontrationsmethode! *Fortschr. bg, Lagerbuch*		90 f.		
14	Wie wird der buchmäßige Endbestand mit Hilfe der Skontrationsmethode ermittelt? *AB + Zup - Abg = EB*		91		
15	Wie ist die Skontrationsmethode zu beurteilen? *genau aber aufwendig*		91 f.		
16	Wie wird der Verbrauch mit Hilfe der Inventurmethode errechnet? *AB + Zup - EB = Verbrauch*		92		
17	Beurteilen Sie die Inventurmethode! *wenig Aufwand, ungenau Diebstahl in GWV zu erfass. Inv.P.*		92		
18	Beschreiben Sie die retrograde Methode! *Rückrechnung*		93		
19	Wie ist die retrograde Methode zu beurteilen? *nicht auf ET zurückzuf, nur f. einzelne Prod.*		93		
20	Welche Möglichkeiten gibt es, Verbrauchsmengen zu bewerten? *AP Tageswert zwei (ver.)*		95 (ver.)		
21	Woraus setzt sich der Anschaffungswert zusammen? *S. 95*		95		
22	Erläutern Sie die Verfahren zur Bewertung der Verbrauchsmengen mit Hilfe der Anschaffungswerte!		95 f.		
23	Beurteilen Sie die Eignung der Verfahren zur Bewertung der Verbrauchsmengen mit Hilfe der Anschaffungswerte!		96		
24	Welche Möglichkeiten gibt es, die Bewertung der Verbrauchsmengen mit Hilfe fiktiver Anschaffungspreise zu bewerten?		97 ff.		

	Kontrollfragen	bear-beitet	Lösungs-hinweis	Lösung +	-
25	Beschreiben Sie das Lifo-Verfahren! *älters zuerst*		97 f.		
26	Erläutern Sie, was unter dem Fifo-Verfahren zu verstehen ist! *eerste zuerst*		99 f.		
27	Beschreiben Sie die Hifo-Verfahren! *teuerstes zuerst*		100 f.		
28	Inwieweit bietet sich der Wiederbeschaffungswert an, Verbrauchsmengen zu bewerten? *schwer zu schätzen*		103		
29	Weshalb wird mitunter auf den Tageswert zurückgegriffen, um Verbrauchsmengen zu bewerten? *s. 28*		103		
30	Welche Gründe sprechen dafür, einen Verrechnungswert zur Bewertung der Verbrauchsmengen zu verwenden? *Schwankg. d. realen Pr.*		103		
31	Wie werden Preisdifferenzen buchhalterisch behandelt? *Abgrenzg*		104 f.		
32	Welche Personalkosten lassen sich unterscheiden? *Lohn-, Gehalts- Sozko*		106		
33	Welche Aufgaben hat die Lohn- und Gehaltsbuchhaltung? *S. 106*		106		
34	Was versteht man unter Löhnen? *vertragl. Entgelt f. Arbeit*		107		
35	Welche Löhne unterschiedlicher Zurechnung lassen sich unterscheiden? *nach Fert. /Hilfslöhne*		107		
36	Worin unterscheiden sich Fertigungslöhne und Hilfslöhne? *Auftrag*		107		
37	Wie werden Zulagen und Zuschläge in Verbindung mit den Fertigungs- und Hilfslöhnen behandelt? *zu den Löhnen*		107		
38	Welche Löhne unterschiedlicher Ermittlung können unterschieden werden? *Akkord, Zeit*		107 f.		
39	Nennen Sie typische Anwendungsgebiete für den Zeitlohn!		108		
40	Was versteht man unter dem Akkordlohn? *nach Menge*		108		
41	Erläutern Sie, was unter der Akkordfähigkeit zu verstehen ist!		109		
42	Worin unterscheiden sich Einzelakkord und Gruppenakkord?		109		
43	Was versteht man unter dem Geldakkord und Zeitakkord? *Geld/Stk*		109		
44	Weshalb wird dem Zeitakkord in der Praxis vielfach der Vorzug gegeben? *Tarifänd. neu. Wirk.*		109		
45	Was versteht man unter dem Minutenfaktor, Grundlohn, Akkordrichtsatz?		109		
46	Was ist das typische Merkmal des Prämienlohnes?		110		
47	Nennen Sie leistungsbezogene Prämien! *Menge Eingang*		110		
48	Was versteht man unter Gehältern?		110		
49	Inwieweit haben Gehälter Einzel- oder Gemeinkostencharakter? *meist GK*		110 f.		
50	Was sind Sozialkosten? *Teil d. Aufw. /AN*		111		

Kontrollfragen	bear-beitet	Lösungs-hinweis	Lösung + | -
51	Zur Gewährung welcher gesetzlichen Sozialleistungen ist das Unternehmen verpflichtet? *Renk, KVes, Alos. Unfa.ll*		111	
52	Worin unterscheiden sich direkte, indirekte und primäre, sekundäre Sozialkosten?		111	
53	Nennen Sie Beispiele für sonstige Personalkosten! *Beikllg, Uhzng*		111	
54	Welche zeitlichen Abgrenzungsprobleme ergeben sich bei den Personalkosten? *mK, Koe /Kolnza Ng a due Taris e*		112	
55	Wie werden Urlaubslöhne bei Verwendung des GKR bzw. IKR verrechnet? *Ou/ gaures Jahr verkült*		112 f.	
56	Was sind Dienstleistungskosten? *dust g vou rand coju*		113	
57	Nennen Sie Beispiele für Dienstleistungskosten! *Pachy, Licenz, Slenso ro*		113	
58	Welche Kosten zählen zu den Instandhaltungskosten? *Insla dody, hispelsion valtg.*		114	
59	In welchen Fällen können Instandhaltungskosten als Dienstleistungskosten angesetzt werden? *au folalb d'q*		114	
60	Wofür fallen Werkzeugkosten an? *Werkzeug*		114	
61	Weshalb werden öffentliche Abgaben teilweise den Dienstleistungskosten zugerechnet? *ext. Zab gs/ford.*		114	
62	Nennen Sie öffentliche Abgaben mit Kostencharakter! *Ko. Steuern*		114 f.	
63	Was versteht man unter kalkulatorischen Kosten und weshalb werden sie angesetzt? *un zufalle aus uadalte, f. Stkglu +, unvieber Vgl.*		115	
64	Welche kalkulatorischen Kosten gibt es? *Uusok /ar des Uo*		117	
65	Warum entsprechen die kalkulatorischen Kosten beim Unternehmerlohn und der Miete den Zusatzkosten? *=> kear hupoa i T. kac.*		115 f.	
66	Erläutern Sie die grundsätzliche buchhalterische Behandlung der kalkulatorischen Kosten! *Kore Kor + ko/de*		117	
67	Was versteht man unter Abschreibungen? *wertverselt AV*		117	
68	Worin liegen die Ursachen für Abschreibungen? *techn./ wi.*		117 f.	
69	Welche Abschreibungen unterschiedlicher Zielsetzung gibt es? *b.//kal 118 f.*		118 f.	
70	Worin besteht der Basiswert bei den bilanziellen Abschreibungen? *AK / HK*		118	
71	Welche Basiswerte können bei den kalkulatorischen Abschreibungen angesetzt werden? *Wr BK, AK, OK*		119	
72	Geben Sie einen systematischen Überblick über die Verfahren der Abschreibung!		120	
73	Beschreiben Sie die Vorgehensweise bei der linearen Abschreibung! *Basiswet/ND*		121	
74	Wie ist die lineare Abschreibung zu beurteilen? *einfach*		122	

nicht nach verursachung
keine Rückes: on auf wertmindeg.
jahl.Konst. Rep. ko.

Kontrollfragen

		bearbeitet	Lösungshinweis	Lösung +	Lösung -
75	Was versteht man unter degressiver Abschreibung?		122		
76	Welche Arten degressiver Abschreibung sind zu unterscheiden?		123		
77	Beschreiben Sie die Vorgehensweise bei der geometrisch-degressiven Abschreibung!		123 f.		
78	Wie wird bei der arithmetisch-degressiven Abschreibung vorgegangen?		125		
79	Wann spricht man von digitaler Abschreibung?		125		
80	Beschreiben Sie die Vorgehensweise bei der leistungsbezogenen Abschreibung!		125 f.		
81	Wie ist die leistungsbezogene Abschreibung zu beurteilen?		128		
82	Wie werden die Abschreibungen buchhalterisch behandelt?		128 f.		
83	Wofür werden kalkulatorische Zinsen angesetzt?		129		
84	Wie wird das betriebsnotwendige Kapital ermittelt?		130		
85	Weshalb ist das betriebsnotwendige Vermögen aus der Aktiv-Seite der Bilanz nicht ersichtlich?		130		
86	Mit Hilfe welcher Methoden kann der Wert des abnutzbaren Anlagevermögens ermittelt werden?		131		
87	In welcher Höhe ist das betriebsnotwendige Umlaufvermögen anzusetzen?		131 f.		
88	Was versteht man unter dem Abzugskapital?		132		
89	Woran kann sich der kalkulatorische Zinssatz orientieren?		132		
90	Wie werden kalkulatorische Zinsen buchhalterisch behandelt?		133 f.		
91	Was versteht man unter Wagnissen?		134		
92	Beschreiben Sie, was unter dem allgemeinen Unternehmerwagnis zu verstehen ist!		135		
93	Was versteht man unter Einzelwagnissen?		135		
94	Welche Einzelwagnisse lassen sich unterscheiden?		135		
95	Können kalkulatorische Wagnisse auch angesetzt werden, wenn die Wagnisverluste durch Versicherungen abgedeckt werden?		136		
96	Wie werden kalkulatorische Wagnisse buchhalterisch behandelt?		136 f.		
97	In welchen Unternehmen kann kalkulatorischer Unternehmerlohn angesetzt werden?		138		
98	Woran sollte sich seine Höhe orientieren?		138		
99	Wofür kann kalkulatorische Miete angesetzt werden?		139		
100	Woran sollte sich ihre Höhe orientieren?		140		

C. Kostenstellenrechnung

Mit Hilfe der Kostenstellenrechnung soll die Frage beantwortet werden:

• **Wo** sind Kosten entstanden?

Die Kostenstellenrechnung ist die zweite Stufe der Kostenrechnung. Sie übernimmt die Kosten aus der Kostenartenrechnung, welche den Kostenträgern nicht unmittelbar zugerechnet werden, die **Gemeinkosten**. Sie sind den Kostenträgern - in dem praxistypischen Fall eines Mehrproduktunternehmens - aufgrund der Informationen aus der Kostenartenrechnung nicht zurechenbar, weil die einzelnen Kostenarten für mehrere Kostenträger gemeinsam anfallen, der Produktionsapparat durch die Kostenträger aber unterschiedlich stark in Anspruch genommen wird.

Würden die Gemeinkosten den Kostenträgern ohne Kostenstellenrechnung mit einem globalen prozentualen Zuschlag auf die Einzelkosten zugerechnet, würde eine Proportionalität von Einzelkosten und Gemeinkosten unterstellt, die normalerweise nicht gegeben ist. Es würden Selbstkosten für die einzelnen Kostenträger ermittelt, die nicht der Realität entsprächen.

In der Kostenstellenrechnung werden die auf jede Kostenstelle entfallenden Gemeinkosten als **Zuschlagsatz** auf die in der Kostenstelle angefallenen Einzelkosten ermittelt. Die einzelnen Zuschlagsätze werden in die Kostenträgerrechnung übernommen, wo eine anteilige Zurechnung der Gemeinkosten auf die Kostenträger erfolgt.

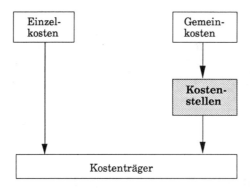

Die **Aufgaben** der Kostenstellenrechnung sind:

• Verteilung der Gemeinkosten aus der Kostenartenrechnung
• Durchführung der innerbetrieblichen Leistungsverrechnung
• Vorbereitung der Kalkulation
• Kontrolle der Wirtschaftlichkeit.

Die **Wirtschaftlichkeit** im Unternehmen, die als »Sollkosten : Istkosten« beschrieben wurde, kann im Rahmen der Kostenstellenrechnung ermittelt werden.

Eine Wirtschaftlichkeit, die für das gesamte Unternehmen global ausgewiesen wird, ist für die Unternehmensleitung relativ nutzlos. Erst die Entwicklung der Wirtschaftlichkeiten in den einzelnen **Teilbereichen** gibt die erforderlichen Informationen, ermöglicht eine Ursachenanalyse und ist Ausgangspunkt für Planungs- und Steuerungsaktivitäten.

Beispiel: Ausweis der Wirtschaftlichkeit in einem Unternehmen.

	Soll- kosten (DM)	Ist- kosten (DM)	Wirtschaft- lichkeit
Globaler Ausweis	110.000	120.000	0,92
Differenzierter Ausweis			
Bereich I	20.000	15.000	1,33
Bereich II	60.000	60.000	1,00
Bereich III	30.000	45.000	0,67

Die global ermittelte Wirtschaftlichkeit von 0,92 ist nicht typisch für die einzelnen Teilbereiche des Unternehmens und damit auch nicht aussagefähig. Während im Bereich I eine sehr hohe Wirtschaftlichkeit festzustellen ist, hat der Bereich III überaus unwirtschaftlich gearbeitet. Beide Abweichungen bedürfen einer sorgfältigen Analyse, deren Ergebnis für die Planung und Steuerung maßgeblich sein muß.

Im Rahmen der Kostenstellenrechnung sollen behandelt werden:

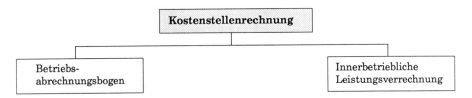

1. Betriebsabrechnungsbogen

Die Kostenstellenrechnung wird in der betrieblichen Praxis üblicherweise mit Hilfe des Betriebsabrechnungsbogens (BAB) durchgeführt. Er wird meist **monatlich** aufgestellt.

Der Betriebsabrechnungsbogen soll unter drei Gesichtspunkten dargestellt werden:

- **Aufbau**
- **Erstellung**
- **Kritik.**

1.1 Aufbau

Der BAB weist im industriellen Unternehmen folgende **Grundstruktur** auf:

Kosten-stellen / Kosten-arten	Zahlen der Buch-haltung	Allge-meiner Bereich	Mate-rial-bereich	Ferti-gungs-bereich	Verwal-tungs-bereich	Ver-triebs-bereich

Er enthält in vertikaler Richtung die Kostenarten, bei Verwendung des **GKR** der Kontenklasse 4, bei Verwendung des **IKR** der Kontengruppe 92 und in horizontaler Richtung in Kostenstellen.

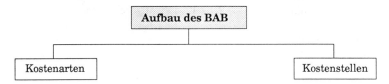

Aufbau des BAB

Kostenarten — Kostenstellen

1.1.1 Kostenarten

In vertikaler Richtung werden im BAB grundsätzlich alle Kosten aufgenommen, die im Unternehmen entstanden und den Kostenträgern nicht direkt zurechenbar sind, die **Gemeinkosten**.

Die **Einzelkosten** werden im BAB **rechnerisch nicht erfaßt**, weil sie nicht dorthin gehören, sondern den Kostenträgern direkt zugerechnet werden. Vielfach werden die Einzelkosten aber zu Informationszwecken in den BAB aufgenommen, denn sie stellen bei der Errechnung von Zuschlagsätzen die Bezugsgrößen dar.

Kostenstellen / Kostenarten	Zahlen der Buchhaltung	Allgemeiner Bereich	Material-bereich	Fertigungs-bereich	Verwaltungs-bereich	Vertriebs-bereich
Einzel-kosten						
Gemein-kosten . . .						

1.1.2 Kostenstellen

Kostenstellen sind Orte, an denen die zur Leistungserstellung benötigten Güter und Dienstleistungen verbraucht werden. Sie sind selbständige Teilbereiche des Unternehmens, für welche der Kostenanfall erfaßt und kontrolliert werden soll.

Als Kostenstellen lassen sich unterscheiden:

• **Hauptkostenstellen,** die auch

- Endkostenstellen
- primäre Kostenstellen

genannt werden. Sie werden nicht auf andere Kostenstellen weiterverrechnet. Die Kosten der Hauptkostenstellen werden in der Kostenträgerrechnung mit Hilfe von prozentualen Zuschlagsätzen den Einzelkosten zugeschlagen.

• **Hilfskostenstellen,** die auch

- Vorkostenstellen
- sekundäre Kostenstellen

genannt werden. Die Kosten der Hilfskostenstellen werden auf die Hauptkostenstellen verrechnet. Hilfskostenstellen gibt es grundsätzlich nur im Fertigungsbereich, in Einzelfällen auch im Materialbereich.

Die Kostenstellen können nach verschiedenen Kriterien gebildet werden. Sie werden im Kostenstellenplan dokumentiert.

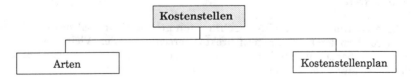

1.1.2.1 Arten

Die Kostenstellen lassen sich vor allem in folgender Weise unterscheiden:

- **Funktionsorientierte Kostenstellen**
- **Raumorientierte Kostenstellen**
- **Organisationsorientierte Kostenstellen**
- **Rechnungsorientierte Kostenstellen.**

Bei der Bildung der Kostenstellen ist die Funktionsorientierung das hauptsächliche Kriterium, d.h. die Kostenstellen werden zunächst funktionsorientiert gebildet.

Innerhalb der funktionsorientierten Gliederung der Kostenstellen können dann noch raum-, organisations- oder rechnungsorientierte Unterteilungen der Kostenstellen erfolgen.

1.1.2.1.1 Funktionsorientierte Kostenstellen

Bei der Bildung funktionsorientierter Kostenstellen ergeben sich folgende Kostenstellen, die auch als **Kostenbereiche** bezeichnet werden können:

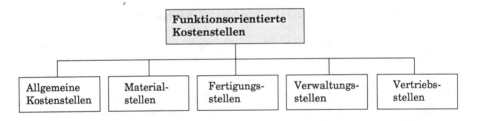

Im industriellen Unternehmen wird mitunter ein weiterer Kostenbereich gebildet, der die **Entwicklungsstellen** umfaßt.

1.1.2.1.1.1 Allgemeiner Bereich

Im Allgemeinen Bereich werden die Kosten für jene Leistungen erfaßt, die für die anderen Kostenstellen des Unternehmens erbracht werden. Die Allgemeinen Kostenstellen werden entsprechend ihrer Inanspruchnahme auf die **Hilfskostenstellen** und die **Hauptkostenstellen** verrechnet.

Beispiele: Grundstücke, Gebäude, Beleuchtung, Heizung, Reinigung, Energie, Kantine, Werksbücherei, Betriebsfeuerwehr, Sanitäter, Betriebsrat, Hausverwaltung.

Im BAB wird der Allgemeine Bereich ausgewiesen:

Kosten-stellen Kosten-arten	Zahlen der Buch-haltung	Allgemeiner Bereich					Mate-rial-bereich	Ferti-gungs-bereich	Verwal-tungs-bereich	Ver-triebs-bereich
		1	2	3	4	5				

1.1.2.1.1.2 Materialbereich

Der Materialbereich dient dazu, das Material - Fertigungsstoffe, Hilfsstoffe, Betriebs-stoffe - für den Fertigungsbereich zu beschaffen und zu lagern.

Beispiele: Einkauf, Materiallager, Materialannahme, Prüflabor, Materialausgabe.

Im BAB wird der Materialbereich vielfach als **eine Hauptkostenstelle** in Form einer Sammelposition ausgewiesen:

Kosten-stellen Kosten-arten	Zahlen der Buch-haltung	Allge-meiner Bereich	Materialbereich				Ferti-gungs-bereich	Verwal-tungs-bereich	Ver-triebs-bereich
			1	2	3	Summe			

Es ist aber auch - bei größerer Komplexität im Materialbereich - möglich, **mehrere Hauptkostenstellen** zu bilden. Dadurch kann die Kostenzurechnung verbessert werden.

Kosten-stellen / Kosten-arten	Zahlen der Buch-haltung	Allge-meiner Bereich	Materialbereich						Ferti-gungs-bereich	Verwal-tungs-bereich	Ver-triebs-bereich
			Hilfs-stellen				Haupt-stellen	Summe			
			1	2	3	4	A	B			

Die Materialkosten lassen sich den Kostenträgern - bei ausreichend detaillierter Gliederung der Kostenstellen - einigermaßen verursachungsgerecht zurechnen.

1.1.2.1.1.3 Fertigungsbereich

Der Fertigungsbereich ist der Leistungsbereich des industriellen Unternehmens. Es erscheint für die Mehrzahl der Fälle wenig zweckmäßig, sich auf eine einzige Hauptkostenstelle Fertigung im Sinne einer Sammelposition zu beschränken, weil darunter die Zurechenbarkeit der Kosten leidet.

Vielmehr empfiehlt es sich meist, den Fertigungsbereich in **mehrere Hauptkostenstellen** aufzugliedern. Die Hilfskostenstellen sind ebenfalls aufzugliedern.

Kosten-stellen / Kosten-arten	Zahlen der Buch-haltung	Allge-meiner Bereich	Mate-rial-bereich	Fertigungsbereich									Verwal-tungs-bereich	Ver-triebs-bereich
				Hilfs-stellen						Haupt-stellen				
				1	2	3	4	5	6	A	B	Summe		

Beispiele für Fertigungshilfsstellen: Lehrwerkstatt, Arbeitsvorbereitung, Werkzeugmacherei, Werkzeugausgabe, technische Leitung, Reparatur, Konstruktion, Betriebsleitung.

Die Kosten der Fertigungshilfsstellen fallen für mehrere Fertigungshauptstellen gemeinsam an.

Beispiele für Fertigungs**haupt**stellen: Dreherei, Fräserei, Stanzerei, Schlosserei, Montage, Spritzerei.

Die Kosten der Fertigung lassen sich - bei detaillierter Gliederung der Kostenstellen - den Kostenträgern im wesentlichen verursachungsgerecht zuordnen.

Die tiefste Gliederung der Fertigungskostenstellen wird in der **Platzkostenrechnung** verwirklicht, bei welcher die Kostenstellen bis zu den einzelnen Arbeitsplätzen oder Maschinen aufgegliedert werden. Dabei sind aus den globalen Kostenstellenkosten spezifische Arbeits- oder Maschinenstundensätze zu ermitteln.

Interessant ist der Einsatz der Platzkostenrechnung, wenn

• die Arbeitsplätze oder Maschinen einer Kostenstelle nicht im gleichen Maße beansprucht werden,

• auftragsweise Fertigung vorliegt, bei welcher die verschiedenen Fertigungsstellen kostenmäßig unterschiedlich belastet werden.

Die Platzkostenrechnung weist hinsichtlich der tiefen Gliederung der Kostenstellen durchaus Ähnlichkeiten mit der bei der Kalkulation zu besprechenden **Maschinenstundensatzrechnung** auf.

1.1.2.1.1.4 Verwaltungsbereich

Der Verwaltungsbereich umfaßt die Verwaltungsstellen des Unternehmens.

Beispiele: Geschäftsleitung, Finanzwesen, Rechnungswesen, Personalwesen, Hausdruckerei, Dokumentation, Revision, Statistik, Öffentlichkeitsarbeit.

Im BAB besteht der Verwaltungsbereich grundsätzlich aus einer oder mehreren **Hauptkostenstellen:**

Kosten- stellen Kosten- arten	Zahlen der Buch- haltung	Allge- meiner Bereich	Mate- rial- bereich	Ferti- gungs- bereich	Verwaltungs- bereich					Ver- triebs- bereich
					1	2	3	4	Summe	

Die Verrechnung der Kosten aus dem Verwaltungsbereich auf die Kostenträger ist problematisch, denn sie können dem einzelnen Kostenträger meist nicht annähernd verursachungsgemäß angelastet werden.

1.1.2.1.1.5 Vertriebsbereich

Der Vertriebsbereich steht im Zusammenhang mit dem Absatz der Erzeugnisse des Unternehmens.

Beispiele: Warenlager, Versand, Marktforschung, Werbung, Außendienst, Verkauf, Verkaufsförderung, Kundendienst.

Der Vertriebsbereich besteht - wie der Verwaltungsbereich - im BAB grundsätzlich aus einer oder mehreren **Hauptkostenstellen:**

Kosten-stellen / Kosten-arten	Zahlen der Buch-haltung	Allge-meiner Bereich	Mate-rial-bereich	Ferti-gungs-bereich	Verwal-tungs-bereich	Vertriebsbereich			
						1	2	3	Summe

Die Vertriebskosten können - bei detaillierter Gliederung der Kostenstellen - einigermaßen verursachungsgerecht den Kostenträgern zugerechnet werden.

1.1.2.1.2 Raumorientierte Kostenstellen

Auf der Grundlage der funktionsorientierten Gliederung der Kostenstellen können zusätzliche Überlegungen hinsichtlich einer Raumorientierung angestellt werden.

Bei der raumorientierten Bildung von Kostenstellen können vor allem zwei **Möglichkeiten** unterschieden werden:

- Es werden **mehrere** betriebliche **Funktionen** in einer Kostenstelle zusammengezogen. Beispielsweise hat ein Unternehmen drei Werksvertretungen, die Verkaufs-, Werbe- Kundendienst-, Reparatur- und Verwaltungsaufgaben wahrnehmen:

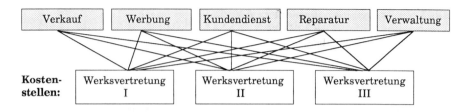

- Es wird **eine** betriebliche **Funktion** auf mehrere Kostenstellen aufgeteilt. Bei-spielsweise verfügt ein Unternehmen über mehrere Zweigwerke, die alle einen Fuhrpark unterhalten:

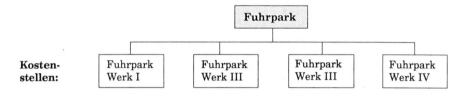

Eine Bildung von Kostenstellen ausschließlich unter räumlichen Gesichtspunkten dient allein der Kontrolle des Kostenanfalls und der Überwachung der Wirtschaftlichkeit.

1.1.2.1.3 Organisationsorientierte Kostenstellen

Als eine Hauptaufgabe der Kostenstellenrechnung wurde die Überwachung der Wirt-schaftlichkeit genannt und darauf hingewiesen, daß die Kostenentwicklung in jeder Kostenstelle zu überwachen sei.

Um dieser Kontrollfunktion in geeigneter Weise gerecht zu werden, sind die organisa-torischen Regelungen so zu treffen, daß jede Kostenstelle ein **eigenständiger Ver-antwortungsbereich** ist, für welchen der Kostenstellenleiter allein die Verantwor-tung zu tragen hat:

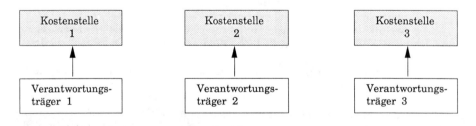

Unzweckmäßig erscheint es daher, wenn mehrere Verantwortungsträger in eine Kostenstelle hineinbestimmen, weil dadurch keine eindeutige Verantwortlichkeit gegeben ist:

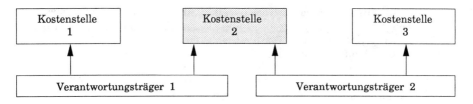

Die organisationsorientierte Bildung der Kostenstellen ist eine zwingende Voraussetzung, wenn eine Budgetierung erfolgt oder die Plankostenrechnung eingesetzt wird.

1.1.2.1.4 Rechnungsorientierte Kostenstellen

Von der funktionsorientierten Gliederung der Kostenstellen ausgehend, können auch rechnungstechnische Überlegungen bei der Bildung der Kostenstellen berücksichtigt werden, um eine weitgehend **verursachungsgerechte Kostenverteilung** zu erreichen.

Beispielsweise kann sich die Zusammenfassung von mehreren Maschinen anbieten, deren Kostensituation ähnlich ist:

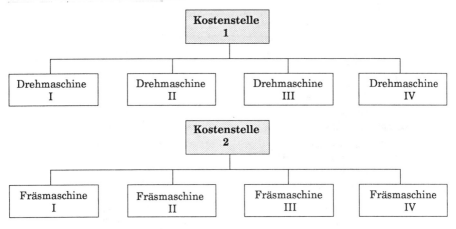

Mit der Bildung rechnungsorientierter Kostenstellen wird es möglich, mit gleichen Kalkulationssätzen zu arbeiten.

1.1.2.2 Kostenstellenplan

Zur Systematisierung der Kostenstellenrechnung ist es erforderlich, einen Kostenstellenplan zu erstellen. Darin sind - wie im Falle des Kontenplans für die Buchführung - die Kostenstellen verbindlich festzuschreiben.

Bei der Erstellung des Kostenstellenplanes sind vor allem drei **Grundsätze** zu beachten:

• Für jede Kostenstelle müssen sich genaue **Maßstäbe der Kostenverursachung** in Form von geeigneten Bezugsgrößen finden lassen. Andernfalls besteht durch die Wahl falscher Gemeinkostensätze die Gefahr einer fehlerhaften Kalkulation, die falsche Entscheidungen zur Folge hätte.

• Um der Kontrollfunktion der Kostenrechnung gerecht zu werden, muß jede Kostenstelle ein **selbständiger Verantwortungsbereich** sein. Nur so ist eine wirksame Überwachung der Verantwortungsträger - beispielsweise des Meisters - gewährleistet.

• Nach dem Wirtschaftlichkeitsprinzip ist jede Kostenstelle so zu bilden, daß sich alle **Kostenbelege** ohne große Schwierigkeiten **zuordnen** lassen.

Für den Aufbau eines Kostenstellenplanes gibt es - über die zuvor dargestellten Gestaltungsempfehlungen hinaus - keine besonderen Vorschriften, da ein Kostenstellenplan immer auf die speziellen Unternehmensbelange abgestellt werden muß.

Ein Kostenstellenplan kann folgendes Aussehen haben:

1   ALLGEMEINER BEREICH

11	**Gruppe Raum**		**14**	**Gruppe Sozial**	

111	Grundstücke und Gebäude	
112	Heizung und Beleuchtung	
113	Reinigung	
114	Bewachung	
115	Feuerschutz	

141	Gesundheitsdienst
142	Kantine
143	Werksbücherei
144	Sportanlagen
145	Betriebsrat

.

12   Gruppe Energie

121 Wasserverteilung
122 Stromerzeugung und -verteilung
123 Gaserzeugung und -verteilung
124 Dampferzeugung und -verteilung
125 Preßlufterzeugung und -verteilung

2   MATERIALBEREICH

211 Einkaufsleitung
212
.
.   Einkaufsabteilungen
216
221 Lagerleitung
222 Warenannahme
223 Prüflabor
224

13   Gruppe Transport

131 Schienenfahrzeuge und Gleisanlagen
132 Förderanlagen und Kräne
133 Fuhrpark Lkw
134 Fuhrpark Pkw
134 Fuhrpark Hubstapler

.   Werkstoffläger
227
228 Lagerkartei
229 Warenausgabe

3 **FERTIGUNGSBEREICH**

31 Fertigungshilfsstellen
311 Technische Betriebsleitung
312 Arbeitsvorbereitung
313 Terminstelle
314 Werkzeugausgabe
315 Werkzeugmacherei
316 Lehrwerkstatt
317 Meisterbüro 1
318 Haushandwerker
319 Konstruktion

32 Fertigungsstellen
321 Dreherei
322 Fräserei
323 Schmiede
.
.
.
328 Lackiererei
329 Montage

4 **VERTRIEBSBEREICH**

411 Verkaufsleitung Inland
412
.
. Verkaufsabteilungen Inland
416
421 Verkaufsleitung Ausland
422
.
. Exportabteilungen
426

431
. Fabrikateläger
. (fertige Erzeugnisse)
435
436 Expedition
.
441 Marktforschung
442 Werbung
451 Kundendienst
461 Verpackung
462 Verpackungsmateriallager

5 **VERWALTUNGSBEREICH**

511 Geschäftsleitung
512 Betriebswirtschaftliche
Abteilung
513 Interne Revision
514 Rechtsabteilung
521 Buchhaltung
522 Betriebsabrechnung
523 Kalkulation
524 Personalbüro
525 Lohnbüro*
526 Statistik
527 Rechenzentrum
531 Registratur
532 Poststelle/Bodendienst
533 Büromateriallager und
-ausgabe

---

* Wegen der Bruttolohnrechnung wird das Lohnbüro vielfach als Hilfskostenstelle im Fertigungsbereich geführt.

1.2 Erstellung

Die Erstellung des BAB geht in folgenden **Schritten** vor sich:

In den folgenden Abschnitten soll die Erstellung eines BAB dargestellt werden, der als Kostenstellen enthält:

- **Allgemeine Kostenstellen**

  1 = Wasserversorgung
  2 = Sozialeinrichtungen

- **Materialstelle**
  (Sammelposition)

- **Verwaltungsstelle**
  (Sammelposition)

- **Vertriebsstelle**
  (Sammelposition)

- **Fertigungsstelle**
  mit zwei Hilfskostenstellen

  1 = Arbeitsvorbereitung
  2 = Betriebsleitung

  und zwei Hauptkostenstellen

  A = Fräserei
  B = Dreherei

1.2.1 Aufnahme der Einzelkosten

Es wurde bereits dargelegt, daß die Einzelkosten den Kostenträgern direkt zurechenbar sind, so daß sie grundsätzlich **nicht** in der Kostenstellenrechnung - und damit auch nicht im BAB - **rechnerisch erfaßt** werden.

Wenn es sich dennoch empfiehlt, die Einzelkosten in den BAB aufzunehmen, dann aus Gründen der **Information** und **Vereinfachung**. Schließlich werden die Einzelkosten im BAB für die Ermittlung von Zuschlagsätzen als Bezugsgrößen benötigt, wie das unten im einzelnen dargestellt wird.

Die Einzelkosten müssen also nicht in den BAB aufgenommen werden, obwohl das in der betrieblichen Praxis häufig geschieht.

Kostenstellen / Kostenarten	Zahlen der Buchhaltung	Allgemeiner Bereich 1	2	Material- bereich	Fertigungsbereich Hilfsstelle 1	Hilfsstelle 2	Hauptstelle A	Hauptstelle B	Summe A + B	Verwaltungsbereich	Vertriebsbereich
Fertigungsmaterial	10.000			10.000							
Fertigungslohn	6.000						2.000	4.000	6.000		

1.2.2 Aufnahme primärer Gemeinkosten

Primäre Gemeinkosten sind Gemeinkosten, die in den Kostenstellen tatsächlich als einzelne Kostenarten entstehen. Sie werden der **Betriebsbuchhaltung** entnommen und in den BAB eingetragen:

Kosten- stellen / Kosten- arten	Zahlen der Buch- haltung	Allge- meiner Bereich 1	2	Mate- rial- be- reich	Fertigungsbereich					Ver- wal- tungs- be- reich	Ver- triebs- be- reich
					Hilfs- stelle 1	Hilfs- stelle 2	Haupt- stelle A	Haupt- stelle B	Summe A + B		
Fertigungs- material	*10.000*			*10.000*							
Fertigungs- lohn	*6.000*						*2.000*	*4.000*	*6.000*		
Hilfs-, Be- triebsstoffe	2.500										
Energie	500										
Hilfslöhne	5.000										
Gehälter	3.000										
Abschrei- bung	1.200										
Sonstige	2.000										

1.2.3 Verteilung primärer Gemeinkosten

Als nächstes werden die primären Gemeinkosten auf alle Hilfskostenstellen und Hauptkostenstellen verteilt, in denen sie angefallen sind, und kostenstellenweise zusammengezählt.

Dem jeweiligen **Verteilungsverfahren** entsprechend werden unterschieden:

• **Stellen-Einzelkosten,** die auch

- Kostenstellen-Einzelkosten
- direkte Stellen-Gemeinkosten

genannt werden. Sie lassen sich für die einzelnen Kostenstellen **genau** ermitteln, da sie belegmäßig erfaßt werden können.

Beispiele:

Kostenart	Verteilungsgrundlage
Strom	Stromzähler
Wasser	Wasserzähler
Gas	Gaszähler
Hilfsstoffe	Entnahmescheine
Betriebsstoffe	Entnahmescheine
Hilfslöhne	Lohnlisten
Gehälter	Gehaltslisten
Zinsen (kalkulatorisch)	Wert der Anlagen
Abschreibungen (kalkulatorisch)	Wert der Anlagen

• **Stellen-Gemeinkosten**, die auch

- indirekte Stellen-Gemeinkosten
- Schlüsselkosten

genannt werden. Sie lassen sich für die einzelnen Kostenstellen **nicht genau** ermitteln, sondern nur aufgrund bestimmter **Verteilungsschlüssel** zurechnen.

Beispiele:

Kostenart	Verteilungsgrundlage
Heizungskosten	Raumgröße in m³, Größe der Heizkörper
Gebäudekosten	Raumgröße in m³
Energiekosten	Installierte KW
Mieten	Wert der Anlagen, Raumgröße
Grundsteuer	Flächengröße in m²
Vermögensteuer	Vermögen, Kapital
Unfallversicherung	Zahl der Beschäftigten
Feuerversicherung	Wert der Anlagen
Freiwillige Sozialkosten	Löhne, Gehälter, Zahl der Beschäftigten

Es ist aber auch möglich, daß - obgleich Stellen-Einzelkosten durchaus ermittelt werden könnten - wegen des damit verbundenen rechnungsmäßigen Aufwandes aber dennoch - **unechte** - Stellen-Gemeinkosten verrechnet werden.

Die Verteilung der primären Gemeinkosten im **BAB** erfolgt aufgrund vorliegender Belege oder von Verteilungsschlüsseln:

Kostenart	Verteilungs- grundlage	Verteilungs- beträge	Verteilungs- schlüssel
Hilfs-, Betriebsstoffe	Entnahmescheine	50/80/150/300/320/510/ 630/240/220 DM	
Energie	Anzahl der Energiequellen		3:6:8:5:4:6:8:5:5
Hilfslöhne	Lohnlisten	100/150/300/550/600/ 900/1.700/300/400 DM	
Gehälter	Gehaltslisten	60/70/170/200/280/650/ 710/400/460 DM	
Abschreibungen	Anlagekartei	30/40/80/140/160/280/ 290/90/90 DM	
Sonstige Kosten	Anzahl der Beschäftigten		12:9:23:40:32:78: 57:60:89

Es ist zu beachten, daß in unserem BAB 10 Kostenstellen-Spalten vorhanden sind, die Verteilungsschlüssel aber nur aus 9 Zahlen bestehen. Das liegt daran, daß eine Kostenstellen-Spalte im BAB lediglich eine Summenspalte (Fertigungsstelle, Summe A + B) ist, auf die keine Verteilung erfolgt.

Im einzelnen ergeben sich folgende Werte*:

Kosten- stellen / Kosten- arten	Zahlen der Buch- haltung	Allge- meiner Bereich 1	Allge- meiner Bereich 2	Mate- rial- be- reich	Fertigungsbereich Hilfs- stelle 1	Hilfs- stelle 2	Haupt- stelle A	Haupt- stelle B	Summe A + B	Ver- wal- tungs- be- reich	Ver- triebs- be- reich
Fertigungs- material	*10.000*			*10.000*							
Fertigungs- lohn	*6.000*						*2.000*	*4.000*	*6.000*		
Hilfs-, Be- triebsstoffe	2.500	50	80	150	300	320	510	630	1.140	240	220
Energie	500	30	60	80	50	40	60	80	140	50	50
Hilfslöhne	5.000	100	150	300	550	600	900	1.700	2.600	300	400
Gehälter	3.000	60	70	170	200	280	650	710	1.360	400	460
Abschrei- bung	1.200	30	40	80	140	160	280	290	570	90	90
Sonstige	2.000	60	45	115	200	160	390	285	675	300	445
Summe	14.200	330	445	895	1.440	1.560	2.790	3.695	6.485	1.380	1.665

* Die Verteilung mit Hilfe der Verteilungsschlüssel geht - beispielsweise der Kosten für Energie - vor sich:
- **Bildung der Schlüsselsumme:** 3 + 6 + 8 + 5 + 4 + 6 + 8 + 5 + 5 = 50
- **Ermittlung einer Schlüsseleinheit:** 500 : 50 = 10
- **Ermittlung der Kosten pro Kostenstelle:** $3 \cdot 10 = 30$; $6 \cdot 10 = 60$; $8 \cdot 10 = 80$; $5 \cdot 10 = 50$ usw.

1.2.4 Verteilung sekundärer Gemeinkosten

Da die Kostenwerte des BAB in die Kostenträgerrechnung eingehen, aber nur die Hauptkostenstellen ihre Kosten weitergeben können, müssen die **Allgemeinen Kostenstellen und** die **Hilfskostenstellen aufgelöst** werden, indem ihre Kosten den Hauptkostenstellen zugerechnet werden.

Es erfolgt die Verteilung der sekundären Gemeinkosten, das sind jene Kosten, die sich aus mehreren Kostenarten zusammensetzen und zunächst nur den Allgemeinen Kostenstellen und den Hilfskostenstellen zugeordnet werden konnten.

Üblicherweise bedient man sich bei der Verteilung der sekundären Gemeinkosten des **Treppenverfahrens**, einem Verfahren der innerbetrieblichen Leistungsverrechnung, mit welchem die innerbetrieblichen Leistungen, für die Hilfskostenstellen gebildet werden, stufenweise auf die empfangenden Kostenstellen aufgeteilt werden.

Mit Hilfe des Treppenverfahrens ist es möglich, einen **innerbetrieblichen Leistungsaustausch** zwischen den Kostenstellen zu berücksichtigen, allerdings **nur in einer Richtung**.

Kostenstelle 1	Kostenstelle 2	Kostenstelle 3	Kostenstelle 4
....	....	....	....
....	....	....	....
....	....	....	....
.... ———→....	———→....	———→....
	....	———→....	———→....
		.... ———→....	———→....

Deshalb muß die **Reihenfolge** der zu verrechnenden Kostenstellen sorgsam festgelegt werden, wobei die Kostenstelle, die am wenigsten Leistungen von anderen Kostenstellen erhält, am Beginn der Verrechnung steht, während die Kostenstelle, die am meisten Leistungen von anderen Kostenstellen bekommt, an den Schluß des Verrechnungsablaufes gebracht werden sollte.

Die **Verteilung** der Gemeinkosten kann erfolgen:

• Nach der Zahl der in Anspruch genommenen **Leistungseinheiten**, die mit den Kosten pro Einheit bewertet werden. Das ist bei gleichartigen Leistungen möglich, beispielsweise bei der Kostenstelle Stromerzeugung. Es erfolgt eine **Umlage mit beweglichem Verbrauchsschlüssel**.

• Mit Hilfe von **Äquivalenzziffern**, wenn die Leistungen zwar verschiedenartig, aber fertigungstechnisch verwandt sind.

• Mit Hilfe von **festen Ersatzschlüsseln**, wenn die Leistungen nicht erfaßt werden oder erfaßt werden können. Die Schlüssel können **Mengenschlüssel** oder **Wertschlüssel** sein, wobei Wertschlüssel den Nachteil haben, daß sich die Verteilungsbasis bei Preisschwankungen ändert.

Die Kostenstellen des **Allgemeinen Bereiches** sind als erste umzulegen, da sie nicht nur auf Hauptkostenstellen, sondern auch auf die Hilfskostenstellen zu verteilen sind, die ihrerseits danach auf die Hauptkostenstellen ihres jeweiligen Kostenbereiches umzulegen sind. Dabei kann eine Zwischensumme gebildet werden.

Folgender **Umlageschlüssel** soll gelten:

Umlage Wasserversorgung	(Allg.Ko.st..1) :	1:2:2:1:1:2:1
Umlage Sozialeinrichtungen	(Allg.Ko.st.2) :	1:0:0:1:1:1:1
Umlage Arbeitsvorbereitung	(Hi.Ko.st.1):	1:2
Umlage Betriebsleitung	(Hi.Ko.st.2):	1:1

Kosten-stellen / Kosten-arten	Zahlen der Buch-haltung	Allge-meiner Bereich 1	2	Mate-rial-be-reich	Hilfs-stelle 1	Hilfs-stelle 2	Haupt-stelle A	Haupt-stelle B	Summe A + B	Ver-wal-tungs-be-reich	Ver-triebs-be-reich
Fertigungs-material	*10.000*			*10.000*							
Fertigungs-lohn	*6.000*						*2.000*	*4.000*	*6.000*		
Hilfs-, Betriebsstoffe	2.500	50	80	150	300	320	510	630	1.140	240	220
Energie	500	30	60	80	50	40	60	80	140	50	50
Hilfslöhne	5.000	100	150	300	550	600	900	1.700	2.600	300	400
Gehälter	3.000	60	70	170	200	280	650	710	1.360	400	460
Abschreibung	1.200	30	40	80	140	160	280	290	570	90	90
Sonstige	2.000	60	45	115	200	160	390	285	675	300	445
Summe	14.200	330	445	895	1.440	1.560	2.790	3.695	6.485	1.380	1.665
Umlage Allg.Ko.st.1				►33	66	66	33	33	66	66	33
Umlage Allg.Ko.st.2				►89	0	0	89	89	178	89	89
Summe				1.017	1.506	1.626	2.912	3.817	6.729	1.535	1.787
Umlage Hi.Ko.st.1							►502	1.004	1.506		
Umlage Hi.Ko.st.2							►813	813	1.626		
Summe				1.017			4.227	5.634	9.861	1.535	1.787

1.2.5 Bildung von Ist-Gemeinkostenzuschlägen

Die Ist-Gemeinkostenzuschläge werden ermittelt, indem die Gemeinkosten der einzelnen Hauptkostenstelle durch die Bezugsgröße der jeweiligen Hauptkostenstelle dividiert werden.

Um diese Bezugsgröße sofort zur Hand zu haben, wurden oben die - ansonsten nicht in einen BAB gehörenden - Einzelkosten vermerkt.

Die Ist-Gemeinkostenzuschläge werden ermittelt:

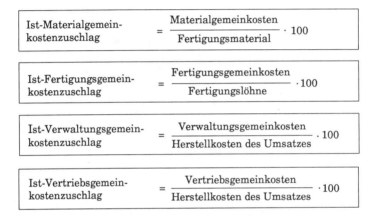

$$\text{Ist-Materialgemein-kostenzuschlag} = \frac{\text{Materialgemeinkosten}}{\text{Fertigungsmaterial}} \cdot 100$$

$$\text{Ist-Fertigungsgemein-kostenzuschlag} = \frac{\text{Fertigungsgemeinkosten}}{\text{Fertigungslöhne}} \cdot 100$$

$$\text{Ist-Verwaltungsgemein-kostenzuschlag} = \frac{\text{Verwaltungsgemeinkosten}}{\text{Herstellkosten des Umsatzes}} \cdot 100$$

$$\text{Ist-Vertriebsgemein-kostenzuschlag} = \frac{\text{Vertriebsgemeinkosten}}{\text{Herstellkosten des Umsatzes}} \cdot 100$$

Die **Herstellkosten des Umsatzes** werden errechnet:

	Fertigungsmaterial
+	Materialgemeinkosten
+	Fertigungslöhne
+	Fertigungsgemeinkosten
=	**Herstellkosten der Erzeugung**
+	Minderbestand
-	Mehrbestand
=	**Herstellkosten des Umsatzes**

In der betrieblichen Praxis werden als Bezugsgrößen für die Verwaltungs- und Vertriebskostenzuschläge mitunter auch die **Herstellkosten der Erzeugung** verwendet.

Für den **BAB** ergibt sich unter der Annahme, daß keine Bestandsveränderungen erfolgten:

Kostenstellen / Kostenarten	Zahlen der Buchhaltung	Allgemeiner Bereich 1	2	Materialbereich	Fertigungsbereich					Verwaltungsbereich	Vertriebsbereich
					Hilfsstelle 1	Hilfsstelle 2	Hauptstelle A	Hauptstelle B	Summe A + B		
Fertigungsmaterial	10.000			10.000							
Fertigungslohn	6.000						2.000	4.000	6.000		
Hilfs-, Betriebsstoffe	2.500	50	80	150	300	320	510	630	1.140	240	220
Energie	500	30	60	80	50	40	60	80	140	50	50
Hilfslöhne	5.000	100	150	300	550	600	900	1.700	2.600	300	400
Gehälter	3.000	60	70	170	200	280	650	710	1.360	400	460
Abschreibung	1.200	30	40	80	140	160	280	290	570	90	90
Sonstige	2.000	60	45	115	200	160	390	285	675	300	445
Summe	14.200	330	445	895	1.440	1.560	2.790	3.695	6.485	1.380	1.665
Umlage Allg.Ko.st.1				33	66	66	33	33	66	66	33
Umlage Allg.Ko.st.2				89	0	0	89	89	178	89	89
Summe				1.017	1.506	1.626	2.912	3.817	6.729	1.535	1.787
Umlage Hi.Ko.st.1							502	1.004	1.506		
Umlage Hi.Ko.st.2							813	813	1.626		
Summe				1.017			4.227	5.634	9.861	1.535	1.787
Ist-Zuschläge %				10,17*			211,35*	140,85*	164,35*	5,71*	6,65*

$$* \quad \frac{1.017}{10.000} \cdot 100 = \mathbf{10,17\ \%}$$

$$\frac{4.227}{2.000} \cdot 100 = \mathbf{211,35\ \%}$$

$$\frac{5.634}{4.000} \cdot 100 = \mathbf{140,85\ \%}$$

$$\frac{9.861}{6.000} \cdot 100 = \mathbf{164,35\ \%}$$

$$\frac{1.535}{10.000 + 1.017 + 6.000 + 9.861} \cdot 100 = \mathbf{5,71\ \%}$$

$$\frac{1.787}{10.000 + 1.017 + 6.000 + 9.861} \cdot 100 = \mathbf{6,65\ \%}$$

1.2.6 Übernahme von Normal-Gemeinkostenzuschlägen

Um die Kontrollfunktion der Kostenstellenrechnung wahrzunehmen, wird auf die **Erfahrungswerte** der Vergangenheit zurückgegriffen, mit denen vorkalkuliert wurde.

Die Normal-Gemeinkostenzuschläge* sind in den BAB aufzunehmen, beispielsweise:

Materialbereich	9,70 %	(**Normal**-Gemeinkostenzuschlag)
Fertigungshauptstelle A	210,10 %	(**Normal**-Gemeinkostenzuschlag)
Fertigungshauptstelle B	143,20 %	(**Normal**-Gemeinkostenzuschlag)
Verwaltungsbereich	4,70 %	(**Normal**-Gemeinkostenzuschlag)
Vertriebsbereich	6,65 %	(**Normal**-Gemeinkostenzuschlag)

Damit hat der BAB folgendes Aussehen:

Kostenstellen / Kostenarten	Zahlen der Buchhaltung	Allgemeiner Bereich 1	2	Material bereich	Hilfsstelle 1	Hilfsstelle 2	Hauptstelle A	Hauptstelle B	Summe A + B	Verwaltungsbereich	Vertriebsbereich
Fertigungsmaterial	10.000			10.000							
Fertigungslohn	6.000						2.000	4.000	6.000		
Hilfs-, Betriebsstoffe	2.500	50	80	150	300	320	510	630	1.140	240	220
Energie	500	30	60	80	50	40	60	80	140	50	50
Hilfslöhne	5.000	100	150	300	550	600	900	1.700	2.600	300	400
Gehälter	3.000	60	70	170	200	280	650	710	1.360	400	460
Abschreibung	1.200	30	40	80	140	160	280	290	570	90	90
Sonstige	2.000	60	45	115	200	160	390	285	675	300	445
Summe	14.200	330	445	895	1.440	1.560	2.790	3.695	6.485	1.380	1.665
Umlage Allg.Ko.st.1				33	66	66	33	33	66	66	33
Umlage Allg.Ko.st.2				89	0	0	89	89	178	89	89
Summe				1.017	1.506	1.626	2.912	3.817	6.729	1.535	1.787
Umlage Hi.Ko.st.1							502	1.004	1.506		
Umlage Hi.Ko.st.2							813	813	1.626		
Summe				1.017			4.227	5.634	9.861	1.535	1.787
Ist-Zuschläge %				10,17			211,35	140,85	164,35	5,71	6,65
Normal-Zuschläge %				9,70			210,10	143,20		4,70	6,65

---

* In der betrieblichen Praxis werden vielfach Normal-, Soll- oder Planzuschlagsätze unter 100 % mit einer Stelle hinter dem Komma, Zuschlagsätze über 100 % ohne Dezimalstelle hinter dem Komma verrechnet.

1.2.7 Ermittlung der Normal-Gemeinkosten

Um den Vergleich zwischen den Erfahrungs- bzw. Erwartungswerten und der tatsächlichen Kostenentwicklung aussagekräftig zu machen, genügt es nicht, die Prozentzahlen zu vergleichen. Die Abweichungen sind vielmehr in Geldeinheiten zu erfassen.

Hierzu ist es erforderlich, die Normal-Gemeinkosten unter Zugrundelegung der Ist-Einzelkosten zu ermitteln:

$$\text{Normal-Materialgemeinkosten} = \text{Ist-Fertigungsmaterial} \cdot \text{Normal-Zuschlag}$$

$$\text{Normal-Fertigungsgemeinkosten} = \text{Ist-Fertigungslöhne} \cdot \text{Normal-Zuschlag}$$

$$\text{Normal-Verwaltungsgemeinkosten} = \textbf{Normal-Herstellkosten} \cdot \text{Normal-Zuschlag}$$

$$\text{Normal-Vertriebsgemeinkosten} = \textbf{Normal-Herstellkosten} \cdot \text{Normal-Zuschlag}$$

Die **Normal-Herstellkosten** ergeben sich:

```
    Ist-Fertigungsmaterial
+   Normal-Materialgemeinkosten
+   Ist-Fertigungslöhne
+   Normal-Fertigungsgemeinkosten
─────────────────────────────────────
=   Normal-Herstellkosten der Erzeugung
+   Minderbestand
-   Mehrbestand
─────────────────────────────────────
=   Normal-Herstellkosten des Umsatzes
```

Auch hier gilt, daß in der betrieblichen Praxis als Bezugsgröße grundsätzlich die **Normal-Herstellkosten des Umsatzes,** mitunter aber auch die Normal-Herstellkosten der Erzeugung verwendet werden.

Für den **BAB** gilt (in vollen DM):

Kosten- stellen / Kosten- arten	Zahlen der Buch- haltung	Allge- meiner Bereich 1	2	Mate- rial- be- reich	Fertigungsbereich					Ver- wal- tungs- be- reich	Ver- triebs- be- reich
					Hilfs- stelle 1	Hilfs- stelle 2	Haupt- stelle A	Haupt- stelle B	Summe A + B		
Fertigungs- material	*10.000*			*10.000*							
Fertigungs- lohn	*6.000*						*2.000*	*4.000*	*6.000*		
Hilfs-, Be- triebsstoffe	2.500	50	80	150	300	320	510	630	1.140	240	220
Energie	500	30	60	80	50	40	60	80	140	50	50
Hilfslöhne	5.000	100	150	300	550	600	900	1.700	2.600	300	400
Gehälter	3.000	60	70	170	200	280	650	710	1.360	400	460
Abschrei- bung	1.200	30	40	80	140	160	280	290	570	90	90
Sonstige	2.000	60	45	115	200	160	390	285	675	300	445
Summe	14.200	330	445	895	1.440	1.560	2.790	3.695	6.485	1.380	1.665
Umlage Allg.Ko.st.1				33	66	66	33	33	66	66	33
Umlage Allg.Ko.st.2				89	0	0	89	89	178	89	89
Summe				1.017	1.506	1.626	2.912	3.817	6.729	1.535	1.787
Umlage Hi.Ko.st.1							502	1.004	1.506		
Umlage Hi.Ko.st.2							813	813	1.626		
Summe				1.017			4.227	5.634	9.861	1.535	1.787
Ist-Zu- schläge %				10,17			211,35	140,85	164,35	5,71	6,65
Normal- Zuschläge %				9,70			210,10	143,20		4,70	6,65
Normal- Gemein- kosten				970			4.202	5.728	9.930	1.264	1.789

1.2.8 Vergleich von Ist- und Normal-Gemeinkosten

Der Vergleich von Ist- und Normal-Gemeinkosten zeigt, ob eine **Unterdeckung**, d.h. « zuviel» Kosten entstanden sind, oder eine **Überdeckung** gegeben ist.

Damit ist die Erstellung des **BAB** abgeschlossen.

Kostenstellen / Kostenarten	Zahlen der Buchhaltung	Allgemeiner Bereich 1	2	Material-bereich	Fertigungsbereich Hilfsstelle 1	Hilfsstelle 2	Hauptstelle A	Hauptstelle B	Summe A + B	Verwaltungs-bereich	Vertriebs-bereich
Fertigungsmaterial	*10.000*			*10.000*							
Fertigungslohn	*6.000*						*2.000*	*4.000*	*6.000*		
Hilfs-, Betriebsstoffe	2.500	50	80	150	300	320	510	630	1.140	240	220
Energie	500	30	60	80	50	40	60	80	140	50	50
Hilfslöhne	5.000	100	150	300	550	600	900	1.700	2.600	300	400
Gehälter	3.000	60	70	170	200	280	650	710	1.360	400	460
Abschreibung	1.200	30	40	80	140	160	280	290	570	90	90
Sonstige	2.000	60	45	115	200	160	390	285	675	300	445
Summe	14.200	330	445	895	1.440	1.560	2.790	3.695	6.485	1.380	1.665
Umlage Allg.Ko.st.1				33	66	66	33	33	66	66	33
Umlage Allg.Ko.st.2				89	0	0	89	89	178	89	89
Summe				1.017	1.506	1.626	2.912	3.817	6.729	1.535	1.787
Umlage Hi.Ko.st.1							502	1.004	1.506		
Umlage Hi.Ko.st.2							813	813	1.626		
Summe				1.017			4.227	5.634	9.861	1.535	1.787
Ist-Zuschläge %				10,17			211,35	140,85	164,35	5,71	6,65
Normal-Zuschläge %				9,70			210,10	143,20		4,70	6,65
Normal-Gemeinkosten				970			4.202	5.728	9.930	1.264	1.789
Über-/ * Unterdeckung				- 47			- 25	+ 94	+ 69	- 271	+ 2

* Die Über-/Unterdeckung wird ermittelt:

$$\text{Über-/Unterdeckung} = \text{Normal-Gemeinkosten} - \text{Ist-Gemeinkosten}$$

28   29

1.3 Kritik

Die Gemeinkostenzuschläge werden im BAB auf der Grundlage der Einzelkosten beim Materialbereich und Fertigungsbereich sowie der Herstellkosten des Umsatzes beim Verwaltungsbereich und Vertriebsbereich ermittelt.

Einzelkosten sind variable Kosten, Gemeinkosten enthalten fixe und variable Kostenbestandteile. Wird ein **Gemeinkostenzuschlag** - beispielsweise als Verhältnis von Fertigungsgemeinkosten und Fertigungslohn - ermittelt, dann ist er lediglich für den Beschäftigungsgrad gültig, für den er errechnet wird.

In der betrieblichen Praxis arbeitet man in der Vorkalkulation aber auch dann mit diesem Gemeinkostenzuschlag, wenn der Beschäftigungsgrad sich verändert hat. Dadurch wird das Verhalten von Einzelkosten und Gemeinkosten bei unterschiedlicher Kapazitätsauslastung als proportional angesehen.

Der BAB unterstellt damit eine **Proportionalität von Einzelkosten und Gemeinkosten,** die in Wirklichkeit jedoch um so weniger gegeben sind, je größer der Anteil der fixen Kosten an den Gemeinkosten ist.

Verwendet man bei veränderten Beschäftigungsgraden feste Gemeinkostenzuschläge, dann sind diese bei einer Steigerung der Ausbringung zu hoch, und zwar um so mehr, je größer der Anteil der fixen Kosten an den Gemeinkosten ist. Bei Verminderung der Ausbringung sind die Zuschläge zu niedrig.

Um diese Ungenauigkeiten zu beheben oder zu mildern, sind - insbesondere für die Vorkalkulation -zwei **Lösungsansätze** denkbar:

- **Berücksichtigung mehrerer Beschäftigungsgrade**, wobei man für mehrere in Betracht kommende Beschäftigungsgrade die jeweiligen Gemeinkostenzuschläge ermittelt und diese benutzt, wenn der Beschäftigungsgrad sich ändert.

  Eine genaue Lösung ist damit zwar immer noch nicht möglich, aber es erfolgt eine merkliche Verbesserung. Im Rahmen der Nachkalkulation würde bei diesem Verfahren der Kostenvergleich erschwert.

- **Auflösung der Gemeinkosten**, die in ihre fixen und variablen Bestandteile zu zerlegen und gesondert zu verrechnen sind. Das ist aber nicht ohne Schwierigkeiten möglich. Im übrigen wird auch diese Lösung nicht vollkommen genau sein.

2. Innerbetriebliche Leistungsverrechnung

Innerbetriebliche Leistungsverrechnungen sind interne, nicht für den Absatz bestimmte Leistungen des Unternehmens, die in dessen Produktionsprozeß eingesetzt werden. Sie werden auch **Eigenleistungen** oder **Innenaufträge** genannt.

Beispiele:	Aktivierung
• Selbst erstellte Betriebsmittel (Maschinen, Werkzeuge, Vorrichtungen)	Aktivierungspflicht
• Selbst erstellte Betriebsstoffe (Strom, Gas, Wasser, Dampf)	Meist nicht aktivierbar
• Selbst durchgeführte Forschung und Entwicklung	Aktivierungsverbot
• Selbst durchgeführte Instandhaltungen	Aktivierungsverbot

Innerbetriebliche Leistungen sind zu **aktivieren**, wenn sie über mehrere Rechnungsperioden genutzt werden können, beispielsweise Maschinen und Anlagen. Sie werden dann als Kostenträger angesehen, d.h. wie Absatzleistungen zu Selbstkosten behandelt. Ihre Kosten sind den entsprechenden Vermögenskonten zuzurechnen und in späteren Rechnungsperioden als Abschreibungen zu verrechnen.

Viele innerbetriebliche Leistungen sind aber **nicht aktivierungsfähig**, weil sie in der Rechnungsperiode, in der sie erstellt werden, auch verbraucht werden. In diesen Fällen sind die Kosten für die innerbetrieblichen Leistungen sofort zwischen den Kostenstellen zu verrechnen, was allerdings mit **Schwierigkeiten** verbunden ist,

• weil die Anzahl der sich beliefernden Kostenstellen schwanken kann,

• weil der Leistungsaustausch sich regelmäßig oder unregelmäßig gestalten kann.

Der innerbetrieblichen Leistungsverrechnung stellen sich zwei **Aufgaben:**

• Sie hat dazu beizutragen, die Selbstkosten der Kostenträger möglichst genau zu ermitteln.

• Sie hat zu informieren, ob die Eigenerstellung oder der Fremdbezug bestimmter Leistungen wirtschaftlicher ist.

Die innerbetriebliche Leistungsverrechnung kann erfolgen als:

• **Einseitige Leistungsverrechnung**
• **Gegenseitige Leistungsverrechnung**

2.1 Einseitige Leistungsverrechnung

Bei der einseitigen Leistungsverrechnung wird unterstellt, daß die **Leistungen** nur »**in eine Richtung**« fließen. Die leistenden Kostenstellen erhalten keine Leistungen von den Kostenstellen, denen sie ihre Leistung erbringen.

Verfahren einseitiger Leistungsverrechnung sind:

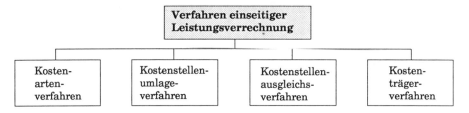

Das **Kostenstellenumlageverfahren**, bei dem nicht auftragsmäßig erfaßte innerbetriebliche Leistungen mit Hilfe des Treppenverfahrens verrechnet werden, ist bereits bei der Verteilung der sekundären Gemeinkosten im BAB - Seite 163 - dargestellt worden.

2.1.1 Kostenartenverfahren

Das Kostenartenverfahren ist das einfachste, aber auch ungenaueste Verfahren der innerbetrieblichen Leistungsverrechnung. Es ist nur anwendbar, wenn die innerbetrieblichen Leistungen in Hauptkostenstellen erzeugt werden.

Es beinhaltet folgende **Vorgehensweise**:

• Die für die innerbetrieblichen Leistungen angefallenen Einzelkosten werden belegmäßig erfaßt.

• Die leistenden Kostenstellen werden von den Einzelkosten, die durch die innerbetrieblichen Leistungen angefallen sind, entlastet.

• Die leistungsempfangende Kostenstelle wird mit den Einzelkosten, die durch die innerbetrieblichen Leistungen angefallen sind, belastet, aber in Form von **Gemeinkosten.**

• Die in den leistenden Kostenstellen anfallenden Gemeinkosten werden nicht auf die leistungsempfangende Kostenstelle verrechnet.

Beispiel: Die Vertriebsstelle empfing innerbetriebliche Leistungen von der Materialstelle in Höhe von 450 DM und der Fertigungsstelle in Höhe von 2.000 DM. Fertigungsmaterial wurde für 4.450 DM verbraucht und Fertigungslöhne entstanden für 42.000 DM in der Rechnungsperiode. Ein Mehrbestand an Fertigungserzeugnissen war in Höhe von 3.900 DM feststellbar.

Die Verrechnung der innerbetrieblichen Leistungen mit Hilfe des Kostenartenverfahrens wird in folgender Weise durchgeführt:

Kostenstellen- Kostenarten	Zahlen der Buchhaltung	Allgemeiner Bereich	Material- bereich	Fertigungs- bereich	Verwaltungs- bereich	Vertriebs- bereich
Einzelkosten			4.450	42.000		
Gemeinkosten	. . . . .	. . . . .	. . . . .	. . . . .	. . . . .	. . . . .
Summe	46.400	3.500	8.200	19.600	6.300	8.800
Umlage			700	1.400	700	700
Summe	46.400		8.900	21.000	7.000	9.500
IBL Entlastung der leistenden Kostenstellen			(4.450) - 450	(42.000) - 2.000		
Einzelkosten nach IBL			4.000	40.000		
Belastung der empfangenden Kostenstelle	+ 2.450					+ 2.450
Gemeinkosten nach IBL	48.850		8.900	21.000	7.000	11.950
Zuschlagsätze*			222,5 %	52,5 %	10,0 %	17,1 %

---

*

Materialstelle: $\dfrac{8.900}{4.000} \cdot 100 = 222,5\ \%$ **Fertigungsstelle:** $\dfrac{21.000}{40.000} \cdot 100 = 52,5\ \%$

Verwaltungsstelle: $\dfrac{7.000}{70.000} \cdot 100 = 10,0\ \%$ **Vertriebsstelle:** $\dfrac{11.950}{70.000} \cdot 100 = 17,1\ \%$

Durch den Verzicht auf die Verrechnung der tatsächlich angefallenen Gemeinkosten, mit denen die leistungsempfangende Kostenstelle eigentlich zu belasten wäre, werden die Gemeinkostenzuschläge bei den leistenden Kostenstellen ungerechtfertigt erhöht. Deshalb sollte das Kostenartenverfahren nur eingesetzt werden, wenn die Gemeinkostenanteile der leistenden Kostenstellen an den innerbetrieblichen Leistungen gering sind, damit keine zu große Verfälschung bei der Kostenzurechnung erfolgt.

Nachteile des Kostenartenverfahrens sind:

• Die Gemeinkostenzuschläge der leistenden Kostenstellen erhöhen sich ungerechtfertigt und dies um so mehr, je höher der Gemeinkostenanteil an den innerbetrieblich erstellten Leistungen ist.

• Wirtschaftlichkeitsvergleiche zwischen Eigenerstellung und Fremdfertigung sind nicht ohne weiteres möglich, weil die Kosten der Eigenleistungen nur ungenau erfaßt werden.

• Das Kostenartenverfahren kann nur angewendet werden, wenn die innerbetrieblichen Leistungen in Hauptkostenstellen erstellt werden.

30

2.1.2 Kostenstellenausgleichsverfahren

Das Kostenstellenausgleichsverfahren hat mit dem Kostenartenverfahren gemeinsam, daß die Einzelkosten der innerbetrieblichen Leistung der empfangenden Kostenstelle als Gemeinkosten verrechnet werden.

Zusätzlich werden beim Kostenstellenausgleichsverfahren aber **auch** die durch die innerbetriebliche Leistung verursachten **Gemeinkosten** der leistenden Kostenstelle auf die empfangende Kostenstelle **verrechnet**.

Dabei müssen jedoch die bereits verrechneten Einzelkosten bei der Ermittlung der Gemeinkostenzuschläge der leistenden Kostenstelle in deren Zuschlagsbasis einbezogen werden. Das setzt eine zusätzliche statistische Erfassung der Einzelkosten bei der leistenden Kostenstelle voraus.

Für das **Beispiel** aus der Kostenartenrechnung - Seite 173 - ergeben sich unter Verwendung des Kostenstellenausgleichsverfahrens als Zuschlagsätze:

Kosten-stellen-Kosten-arten	Zahlen der Buch-haltung	Allge-meiner Bereich	Mate-rial-bereich	Ferti-gungs-bereich	Verwal-tungs-bereich	Ver-triebs-bereich
Einzel-kosten			4.450	42.000		
Gemein-kosten	. . . . .	. . . . .	. . . . .	. . . . .	. . . . .	. . . . .
Summe	46.400	3.500	8.200	19.600	6.300	8.800
Umlage		→	700	1.400	700	700
Summe	46.400		8.900	21.000	7.000	9.500
IBL						
Entlastung der leisten-den Kosten-stellen			(4.450) - 450	(42.000) - 2.000		
Einzel-kosten nach IBL			4.000	40.000		
Belastung der empfan-genden Ko-stenstelle	+ 2.450					+ 2.450
Summe	48.850		8.900	21.000	7.000	11.950
Material-gemein-kosten*			- 900			+ 900
Fertigungs-gemein-kosten*				- 1.000		+ 1.000
Gemein-kosten nach IBL	48.850		8.000	20.000	7.000	13.850
Zuschlag-sätze			200,0 %	50,0 %	10,3 %	20,3 %

* Siehe Seite 177.

Materialbereich: $\dfrac{8.000}{4.000} \cdot 100 = \underline{\underline{200\,\%}}$

Fertigungsbereich: $\dfrac{20.000}{40.000} \cdot 100 = \underline{\underline{50\,\%}}$

Verwaltungsbereich: $\dfrac{7.000}{4.000 + 8.000 + 40.000 + 20.000 - 3.900} \cdot 100 = \underline{\underline{10,3\,\%}}$

Vertriebsbereich: $\dfrac{13.850}{4.000 + 8.000 + 40.000 + 20.000 - 3.900} \cdot 100 = \underline{\underline{20,3\,\%}}$

Unter Nichtverrechnung der Gemeinkosten für die innerbetrieblichen Leistungen, d.h. bei Anwendung des Kostenartenverfahrens ergeben sich - wie der Vergleich zeigt - teilweise erheblich unterschiedliche Gemeinkostenzuschläge:

	Material-bereich	Fertigungs-bereich	Verwaltungs-bereich	Vertriebs-bereich
Zuschläge beim Kostenstellen-ausgleichsver-fahren	200,0 %	50,0 %	10,3 %	20,3 %
Zuschläge beim Kostenarten-verfahren	222,5 %	52,5 %	10,0 %	17,7 %

31

2.1.3 Kostenträgerverfahren

Das Kostenträgerverfahren ist dem Kostenstellenausgleichsverfahren sehr ähnlich. Es ist übersichtlicher und wird in der Regel dem Kostenstellenausgleichsverfahren vorgezogen.

---

* Zu Seite 176: Um die Gemeinkosten mit Hilfe des Kostenstellenausgleichsverfahrens zu verrechnen, sind **vorläufige Zuschlagsätze** zu ermitteln.

Materialgemeinkosten: $\dfrac{8.900}{4.450} \cdot 100 = 200\,\%$

$450 \cdot 200\,\% = \underline{900\,DM}$

Fertigungsgemeinkosten: $\dfrac{21.000}{42.000} \cdot 100 = 50\,\%$

$2.000 \cdot 50\,\% = \underline{\underline{1.000\,DM}}$

Es wird eingesetzt:

- zur Ermittlung der Kosten aktivierbarer Eigenleistungen,
- für Wirtschaftlichkeitsvergleiche zwischen Eigenfertigung und Fremdbezug.

Der nach dem Kostenstellenausgleichsverfahren erstellte BAB hat nach dem Kostenträgerverfahren das auf Seite 179 gezeigte Aussehen.

Die **Verteilung** der in der Ausgliederungsstelle ermittelten Kosten kann auf unterschiedliche Weise erfolgen:

- Bei **nicht aktivierungsfähigen Leistungen** werden die Kosten in einer Ausgliederungsstelle erfaßt und den leistungsempfangenden Kostenstellen entsprechend der Leistungsbeanspruchung zugerechnet.

- Bei **aktivierungspflichtigen Leistungen** werden die Kosten wie bei Verkaufsaufträgen und Lageraufträgen auf Kostenträgern erfaßt und abgerechnet. Die Leistungen werden aktiviert und über die betriebsgewöhnliche Nutzungsdauer abgeschrieben.

32

2.2 Gegenseitige Leistungsverrechnung

Die innerbetriebliche Leistungsverrechnung wird **genauer** und **praxisgerechter**, wenn berücksichtigt wird, daß - wie vielfach festzustellen ist - ein wechselseitiger Leistungsaustausch zwischen den Kostenstellen erfolgt.

Die Verfahren der einseitigen Leistungsverrechnung haben den Nachteil, daß die Kosten einer Kostenstelle erst umgelegt werden können, wenn die Gesamtkosten der umzulegenden Kostenstelle ermittelt worden sind. Dadurch wird die Abrechnung der innerbetrieblichen Leistungen verzögert und die Weiterwälzung erschwert.

Es lassen sich folgende **Verfahren** gegenseitiger Leistungsverrechnung nennen:

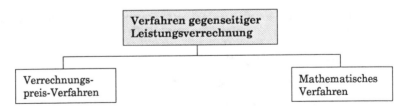

Kostenstellen-/Kostenarten	Zahlen der Buchhaltung	Allgemeiner Bereich	Material-bereich	Fertigungs-bereich	Verwaltungs-bereich	Vertriebs-bereich	Ausgliederungsstelle
Einzelkosten			4.450	42.000			
Gemeinkosten	.	.	.	.	.	.	.
Summe	46.400	3.500	8.200	19.600	6.300	8.800	
Umlage Allg. Ko.st.			700		700	700	
Summe	46.400		8.900	1.400	7.000	9.500	
IBL				21.000			
Entlastung der leistenden Kostenstellen			(4.450) - 450	(42.000) - 2.000			
Einzelkosten nach IBL			4.000	40.000			
Belastung der Ausgliederungsstelle	+ 2.450						+ 2.450
Materialgemeinkosten			- 900				+ 900
Fertigungsgemeinkosten				- 1.000			+ 1.000
Gemeinkosten nach IBL	48.850		8.000	20.000	7.000	9.500	4.350
Zuschlagsätze			200,0 %	50,0 %	10,3 %	14,0 %	

2.2.1 Verrechnungspreis-Verfahren

Die gegenseitige Leistungsverflechtung ist am einfachsten aufzulösen, indem die innerbetrieblichen Leistungsmengen mit Verrechnungspreisen bewertet werden, die **unternehmensinterne Wertansätze** oder **Marktpreise** sein können, wenn die Leistungen auch am Markt erhältlich sind.

Gegen die Verrechnung der innerbetrieblichen Leistungen zu Marktpreisen werden vielfach Bedenken erhoben, da auf der Kostenseite eine Reihe von Aufwendungen für innerbetriebliche Leistungen nicht ausgewiesen werden, die jedoch im Marktpreis abzugelten sind.

Die innerbetrieblichen Leistungen sollten nicht mit anteiligen Verwaltungsgemeinkosten belastet werden. Keinesfalls dürfen sie mit Vertriebsgemeinkosten und mit Sondereinzelkosten des Vertriebs belastet werden, da solche Kosten für innerbetriebliche Leistungen nicht anfallen.

Die Marktpreise sind mit einem Gewinnzuschlag des Herstellers belastet, und es dürfte nicht im Sinne der Abrechnung der innerbetrieblichen Leistungen sein, diese bereits mit einem Gewinn zu bewerten, der sich aus der Gegenüberstellung der bewerteten Leistung und den tatsächlich aufgewandten Kosten erst ergeben kann.

Um den Gewinn und die Vertriebsgemeinkosten auszuschalten, werden die innerbetrieblichen Leistungen zu Marktpreisen bewertet, die um diese Größen verringert wurden. Dabei entsteht allerdings die Frage, ob die Verminderung in der praktizierten Größenordnung zutreffend ist.

Dadurch, daß die Verrechnung vom Empfänger ausgeht, werden die einzelnen Verrechnungsstufen im Abrechnungsgang voneinander unabhängig.

2.2.2 Mathematisches Verfahren

Das mathematische Verfahren ist das **genaueste Verfahren** der innerbetrieblichen Leistungsverrechnung. Dabei bedient man sich - sofern zwei Kostenstellen am gegenseitigen Leistungsaustausch beteiligt sind - folgender Gleichungen:

$$m_1 q_1 = Kp_1 + l_{21} \cdot q_2$$

$$m_2 q_2 = Kp_2 + l_{12} \cdot q_1$$

m_1	=	Leistungseinheiten der Kostenstelle 1	Kp_1 =	Primärkosten der Kostenstelle 1
m_1	=	Leistungseinheiten der Kostenstelle 2	Kp_1 =	Primärkosten der Kostenstelle 2
q_1	=	Kostensatz pro Leistungseinheit der Kostenstelle 1	l_{21} =	Leistung der Kostenstelle 2 an Kostenstelle 1
q_2	=	Kostensatz pro Leistungseinheit der Kostenstelle 2	l_{12} =	Leistung der Kostenstelle 1 an Kostenstelle 2

In der betrieblichen Praxis sind - vor allem unter Einsatz der EDV - sehr viel komplexere Gleichungssysteme zur innerbetrieblichen Leistungsverrechnung möglich, welche die gegenseitige Leistungsverrechnung einer Vielzahl von Kostenstellen ermöglichen.

Beispiel: Es werden die Kostenstellen

• Reparaturwerkstatt (KSt. 1)
• Stromversorgung (KSt. 2)

betrachtet. Die Leistung der KSt. 1 betrug 1990 insgesamt 1.000 Leistungseinheiten, beispielsweise Reparaturstunden, wovon 400 Einheiten an KSt. 2 gegeben wurden. Die KSt. 2 erstellte 60.000 Leistungseinheiten, von denen 15.000 Leistungseinheiten an die KSt. 1 geliefert wurden.

Die Kosten vor Verrechnung der Kostenstellen betrugen 20.000 DM für KSt. 1 und 3.000 DM für KSt. 2.

Die beiden **Kostensätze pro Leistungseinheit** sind:

$$
\begin{aligned}
1.000\, q_1 &= 20.000 + 15.000\, q_2 \\
60.000\, q_2 &= 3.000 + 400\, q_1
\end{aligned}
$$

$$
\begin{aligned}
4.000\, q_1 &= 80.000 + 60.000\, q_2 \\
-400\, q_1 &= 3.000 - 60.000\, q_2
\end{aligned}
$$

$$
\begin{aligned}
3.600\, q_1 &= 83.000 \\
q_1 &= 23,06 \text{ DM/Einheit}
\end{aligned}
$$

$$
\begin{aligned}
60.000\, q_2 &= 3.000 + 400\, q_1 \\
60.000\, q_2 &= 3.000 + 400 \cdot 23,06 \\
q_2 &= 0,204 \text{ DM/Einheit}
\end{aligned}
$$

Damit ergeben sich nach Verrechnung folgende **Kosten der Kostenstellen:**

	KSt. 1	KSt. 2
Primärkosten + Sekundärkosten*	20.000 DM 3.060 DM	3.000 DM 9.224 DM
= Gesamtkosten - Verrechnete Kosten*	23.060 DM 9.224 DM	12.224 DM 3.060 DM
= Kosten nach Verrechnung	13.836 DM	9.164 DM

* 3.060 = 0,204 DM · 15.000
9.224 = 23,06 DM · 400

33

	Kontrollfragen	bear-beitet	Lösungs-hinweis	Lösung + | -
01	Wozu dient die Kostenstellenrechnung?		145	
02	Welche Kosten werden in der Kostenstellenrechnung verrechnet?		145	
03	Worin besteht das Erfordernis der Kostenstellenrechnung?		145	
04	Nennen Sie die Aufgaben der Kostenstellenrechnung!		145	
05	Weshalb ist die Wirtschaftlichkeit eines Unternehmens in seinen Teilbereichen getrennt zu ermitteln?		146	
06	Wie wird die Kostenstellenrechnung in der betrieblichen Praxis durchgeführt?		146	
07	Wie sieht ein Betriebsabrechnungsbogen grundsätzlich aus?		147	
08	In welchen Zeiträumen wird der Betriebsabrechnungsbogen im Unternehmen typischerweise erstellt?		146	
09	Weshalb werden Einzelkosten im BAB nicht verrechnet, aber häufig doch aufgenommen?		147	
10	Was sind Kostenstellen?		148	
11	Worin unterscheiden sich Hauptkostenstellen und Hilfskostenstellen?		148	
12	Nach welchen Kriterien können Kostenstellen gebildet werden?		149	
13	Welche funktionsorientierten Kostenstellen können unterschieden werden?		149	
14	Welche Leistungen werden in den Allgemeinen Kostenstellen erfaßt?		149	
15	Welchen Charakter haben die Allgemeinen Kostenstellen?		149	
16	Geben Sie Beispiele für Allgemeine Kostenstellen!		149	
17	Wozu dient die Materialstelle?		150	
18	Wie kann die Materialstelle typischerweise ausgewiesen werden?		150	
19	Inwieweit lassen sich die Materialkosten den Kostenträgern verursachungsgerecht zurechnen?		151	
20	Welche Leistungen werden in der Fertigungsstelle erfaßt?		151	
21	Wie kann die Fertigungsstelle typischerweise ausgewiesen sein?		151	
22	Inwieweit lassen sich die Fertigungskosten verursachungsgerecht zuordnen?		152	
23	Was versteht man unter der Platzkostenrechnung?		152	
24	In welchen Fällen bietet sich der Einsatz der Platzkostenrechnung besonders an?		152	

Kontrollfragen	bear-beitet	Lösungs-hinweis	Lösung + | -	
25	Wozu dient die Verwaltungsstelle?		152	
26	Wie kann die Verwaltungsstelle typischerweise ausgewiesen werden?		152	
27	Inwieweit lassen sich die Verwaltungskosten den Kostenträgern verursachungsgerecht zurechnen?		153	
28	Welche Leistungen werden in der Vertriebsstelle erfaßt?		153	
29	Wie kann die Vertriebsstelle typischerweise ausgewiesen werden?		153	
30	Inwieweit lassen sich die Vertriebskosten den Kostenträgern verursachungsgerecht zurechnen?		153	
31	Erläutern Sie die Möglichkeiten, raumorientierte Kostenstellen zu bilden!		153 f.	
32	Welche Überlegungen sind bei der Bildung organisationsorientierter Kostenstellen anzustellen?		154 f.	
33	Welchem Zweck soll die Bildung rechnungsorientierter Kostenstellen vor allem dienen?		155	
34	Was ist ein Kostenstellenplan?		155	
35	Welche Grundsätze sind bei der Erstellung eines Kostenstellenplanes zu beachten?		156	
36	In welchen Schritten erfolgt die Erstellung eines Betriebsabrechnungsbogens?		158	
37	Welchen Grund gibt es, die Einzelkosten im Betriebsabrechnungsbogen aufzunehmen?		159	
38	Was sind primäre Einzelkosten?		160	
39	Was sind Stellen-Einzelkosten und wie werden sie verteilt?		160	
40	Was ist unter Stellen-Gemeinkosten zu verstehen?		161	
41	Nennen Sie mögliche Verteilungsschlüssel für Stellen-Gemeinkosten!		161	
42	Mit Hilfe welches Verfahrens werden die sekundären Gemeinkosten im BAB verteilt?		163	
43	Nach welchen Verfahren kann die Verteilung der sekundären Gemeinkosten vorgenommen werden?		163 f.	
44	Erläutern Sie, wie die Ist-Gemeinkostenzuschläge gebildet werden.		165	
45	Wie werden die Herstellkosten des Umsatzes errechnet?		165	
46	Warum werden Normal-Gemeinkostenzuschläge in den BAB aufgenommen?		166	

Kontrollfragen	bear-beitet	Lösungs-hinweis	Lösung +	-
47	Woraus ergeben sich die Normal-Gemeinkostenzuschläge?		168		
48	Wie werden die Normal-Gemeinkosten ermittelt?		168		
49	Wie erfolgt die Berechnung der Normal-Herstellkosten des Umsatzes?		168		
50	Was versteht man unter einer Unterdeckung bzw. Überdeckung?		169		
51	Wie ist die Eignung der Gemeinkostenzuschläge im BAB zu beurteilen?		171		
52	Erläutern Sie welche Möglichkeiten es gibt, die Ungenauigkeiten des Betriebsabrechnungsbogens zu mildern?		171		
53	Was versteht man unter innerbetrieblichen Leistungen?		171		
54	Inwieweit sind innerbetriebliche Leistungen aktivierungsfähig?		171		
55	Welche Schwierigkeiten können sich bei der Verrechnung nicht aktivierungsfähiger innerbetrieblicher Leistungen ergeben?		171		
56	Welche Aufgaben stellen sich der innerbetrieblichen Leistungsverrechnung?		171		
57	In welchen Formen kann die innerbetriebliche Leistungsverrechnung erfolgen?		171		
58	Nennen Sie die Verfahren einseitiger Leistungsverrechnung!		173		
59	Wie ist die Vorgehensweise beim Kostenartenverfahren?		173 f.		
60	Beurteilen Sie die Eignung des Kostenartenverfahrens!		175		
61	Beschreiben Sie, wie beim Kostenstellenausgleichsverfahren vorgegangen wird!		175 f.		
62	Wie ist das Kostenstellenausgleichsverfahren zu beurteilen?		177		
63	Wie wird das Kostenträgerverfahren durchgeführt?		177 f.		
64	Auf welche Weise kann beim Kostenträgerverfahren die Verteilung der in der Ausgliederungsstelle ermittelten Kosten erfolgen?		178		
65	Worin liegen die Vorteile der gegenseitigen Leistungsverrechnung?		178		
66	Nennen Sie die Verfahren gegenseitiger Leistungsverrechnung!		178		
67	Beschreiben Sie das Verrechnungspreis-Verfahren!		180		
68	Welche Bedenken werden gegen die Verrechnung innerbetrieblicher Leistungen zu Marktpreisen erhoben?		180		
69	Wie wird das mathematische Verfahren zur innerbetrieblichen Leistungsverrechnung grundsätzlich durchgeführt?		180 f.		
70	Wie ist das mathematische Verfahren zu beurteilen?		180		

D. Kostenträgerrechnung

Mit Hilfe der Kostenträgerrechnung soll die Frage beantwortet werden:

• **Wofür** sind Kosten angefallen?

Die Kostenträgerrechnung ist die dritte Stufe der Kostenrechnung. Sie übernimmt die Einzelkosten aus der Kostenartenrechnung und die Gemeinkosten aus der Kostenstellenrechnung. Außerdem werden die Leistungen in der Kostenträgerrechnung erfaßt, wodurch der leistungsbezogene Erfolg des Unternehmens ermittelt werden kann:

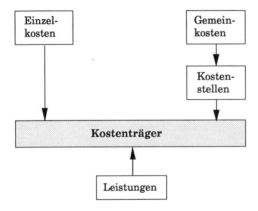

Kostenträger sind Leistungen des Unternehmens, deren Erstellung die Kosten verursacht hat. Es lassen sich unter Anlegung verschiedener Kriterien beispielsweise folgende Kostenträger nennen:

Kriterium	Kostenträger
Bestimmung der Güter	**Absatzgüter,** bei denen Außenaufträge vorliegen, beispielsweise:
	- **Kundenaufträge,** die bei der Fertigung bereits vorliegen. Sie sind vielfach bei der Einzel- und Kleinserienfertigung zu finden.
	- **Lageraufträge,** die für einen anonymen Markt gefertigt werden. Sie sind häufig bei der Großserien- und Massenfertigung zu finden.
	Innerbetriebliche Leistungen aufgrund interner Aufträge:
	- **Zu aktivierende Leistungen,** wenn sie über mehrere Rechnungsperioden nutzbar sind.
	- **Nicht zu aktivierende Leistungen,** wenn sie in der Rechnungsperiode ihrer Erstellung verbraucht werden.
Art der Güter	**Materielle Güter,** die bei industriellen und Handelsunternehmen der Gegenstand des Leistungsprozesses sind, beispielsweise Maschinen, Rohstoffe, Hilfsstoffe, Betriebsstoffe.

	Immaterielle Güter, die bei Dienstleistungsunternehmen den Gegenstand des Leistungsprozesses darstellen, beispielsweise Arbeitsleistungen, Dienstleistungen, Informationen.
Fertigungsstufe der Güter	**Zwischenerzeugnisse**, die eine bestimmte Fertigungsstufe erreicht haben, aber noch nicht absatzreif sind.
	Fertigerzeugnisse, die absatzreif sind.
Verbundenheit der Güter	**Unverbundene Erzeugnisse**, die fertigungstechnisch in keinem zwangsweisen Zusammenhang stehen.
	Kuppelerzeugnisse, die sich aus einem Fertigungsprozeß zwangsweise als Haupt-, Neben- oder Abfallprodukt ergeben.

Die **Aufgaben** der Kostenträgerrechnung sind:

• Die **Ermittlung der Kosten** der Kostenträger:

- stückbezogen
- zeitbezogen

• Die **Ermittlung des Erfolges** der Kostenträger:

- stückbezogen
- zeitbezogen

• Die Bereitstellung von **Informationen für die Preispolitik** zum Zwecke der Feststellung von

- Angebotspreisen
- Preisuntergrenzen

• Die Bereitstellung von **Informationen für die Programmpolitik,** um die Kostenträger entsprechend ihrem Beitrag zum Unternehmensergebnis fördern oder eliminieren zu können.

• Die Bereitstellung von **Informationen für die Beschaffungspolitik,** um Preisobergrenzen festzustellen und über Eigenfertigung oder Fremdbezug entscheiden zu können.

• Die Bereitstellung von **Informationen für die Bestandsbewertung** der unfertigen und fertigen Erzeugnisse, die um so schwieriger ist, je differenzierter der Fertigungsprozeß ist.

Die Kostenträgerrechnung soll im folgenden dargestellt werden:

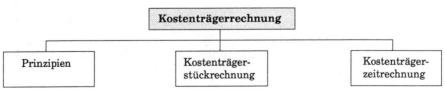

1. Prinzipien

Die Zurechnung der Kosten auf die einzelnen Kostenträger kann nach verschiedenen Prinzipien erfolgen. Zu unterscheiden sind:

* **Kostenverursachungsprinzip**
* **Durchschnittsprinzip**
* **Kostentragfähigkeitsprinzip.**

1.1 Kostenverursachungsprinzip

Das Kostenverursachungsprinzip wird auch als

* Verursachungsprinzip
* Kausalitätsprinzip

bezeichnet. Es besagt, daß die Kosten **genau** auf die Kostenträger zu verteilen sind. Damit dürfen den Kostenträgern nur jene Kostenteile zugerechnet werden, die sie tatsächlich verursacht haben. Nach dem Kostenverursachungsprinzip ist es nicht zulässig, fixe Kostenteile auf die Kostenträger zu verrechnen. Lediglich die variablen Kostenteile dürfen zugerechnet werden.

Die Einhaltung des Kostenverursachungsprinzips ist bei der **Vollkostenrechnung** nicht möglich, da sie die gesamten Kosten, also nicht nur die variablen, sondern auch die fixen Kostenbestandteile auf die Kostenträger verteilt. Damit wird unzutreffenderweise unterstellt, daß die fixen Kosten sich beschäftigungsproportional verhalten, wie dies grundsätzlich bei den variablen Kosten der Fall ist.

Dagegen entspricht die **Teilkostenrechnung,** bei der nur die variablen Kostenteile den Kostenträgern zugerechnet werden, dem Kostenverursachungsprinzip.

1.2 Durchschnittsprinzip

Da die Vollkostenrechnung dem Kostenverursachungsprinzips nicht gerecht werden kann, sollten die Kosten nach dem Durchschnittsprinzip verrechnet werden.

Das Durchschnittsprinzip stellt eine Milderung des Verursachungsprinzips dar und besagt, daß die Verrechnung der Kosten lediglich **möglichst genau** zu erfolgen hat.

Dabei kommt es vor allem darauf an, die Gemeinkosten richtig zu verteilen, damit Guter nicht mit Kosten belastet werden, die sie nicht verursacht haben, während andere Güter nicht ihren vollen Kostenanteil tragen.

1.3 Kostentragfähigkeitsprinzip

Beim Kostentragfähigkeitsprinzip werden die Kosten den Kostenträgern nach ihrer **Belastbarkeit** zugeteilt. Das Kostentragfähigkeitsprinzip wird auch bezeichnet als:

• Belastbarkeitsprinzip
• Deckungsprinzip.

Die Belastbarkeit des einzelnen Kostenträgers ist grundsätzlich um so größer, je höher sein Gewinnbeitrag ist.

Das Kostentragfähigkeitsprinzip verfolgt damit andere Ziele als das Kostenverursachungsprinzip und das Durchschnittsprinzip. Es steht diesen entgegen, da die Kosten praktisch **willkürlich** auf die Kostenträger verteilt werden.

2. Kostenträgerstückrechnung

Die Kostenträgerstückrechnung ermittelt die Selbstkosten des Unternehmens für eine Kostenträgereinheit. Sie wird auch **Kalkulation** genannt. Durch Gegenüberstellung der Kosten und Erlöse ist sie außerdem in der Lage, den kalkulatorischen Erfolg einer Einheit der Kostenträger festzustellen.

Bei der Kostenträgerstückrechnung sind zu unterscheiden:

• **Arten**
• **Verfahren.**

2.1 Arten

Die Kostenträgerstückrechnung läßt sich bei unterschiedlichem Zeitbezug auf drei Arten durchführen:

2.1.1 Vorkalkulation

Die Vorkalkulation wird vor der Leistungserstellung durchgeführt. Sie ist eine **Angebotskalkulation,** deren Aufgabe es ist, die Höhe der Kosten abzuschätzen, die für einen bestimmten Auftrag anfallen werden.

Die Verbrauchsmengen für die Fertigungsstoffe werden bei der Vorkalkulation den technischen Unterlagen entnommen, vor allem den Stücklisten.

Die **Einzelkosten** werden durch eine realistische Bewertung der Verbrauchsmengen möglichst genau ermittelt. Die **Gemeinkosten** dagegen sind mit Durchschnittswerten der Vergangenheit anzusetzen.

Die Vorkalkulation ist in der Einzel- und Kleinserienfertigung üblich. Dabei kann sie der Angebotsabgabe dienen. Sie kann aber auch erstellt werden, um entscheiden zu können, ob es sinnvoll ist, einen angebotenen Auftrag zu dem vorgegebenen Preis auszuführen.

2.1.2 Zwischenkalkulation

Die Zwischenkalkulation liegt zeitlich zwischen der Vorkalkulation und dem Herstellungsende eines Erzeugnisses oder einer Serie. Sie wird bei Erzeugnissen durchgeführt, die eine längere Herstellungszeit beanspruchen.

Beispiele: Brückenbau, Schiffsbau.

Gründe für die Erstellung einer Zwischenkalkulation sind:

• Überwachung der Kostenentwicklung, d.h. Unwirtschaftlichkeiten sind aufzudecken und durch Einleitung geeigneter Maßnahmen auszuschalten.

• Bereitstellung genauer wertmäßiger und mengenmäßiger Angaben für die Bilanzierung.

Die Zwischenkalkulation ist in gewisser Hinsicht die **Nachkalkulation für unfertige Erzeugnisse**. Sie setzt sich aus einem vor- und aus einem nachkalkulatorischen Teil zusammen.

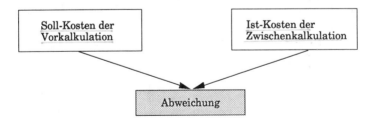

2.1.3 Nachkalkulation

Die Nachkalkulation wird nach Herstellung des Erzeugnisses bzw. der Erzeugnisse durchgeführt. Sie enthält die angefallenen Kosten in ihrer tatsächlichen Höhe.

Die Nachkalkulation ist von großer Bedeutung, da sie Abweichungen zwischen den Soll-Kosten der Vorkalkulation und den tatsächlich entstandenen Kosten offenlegt.

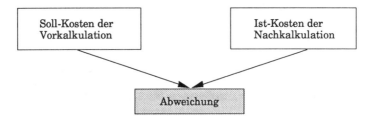

Diese Abweichungen müssen analysiert werden, um Fehleinschätzungen oder Unwirtschaftlichkeiten erkennen zu können.

Mit dieser Analyse kann das Unternehmen nicht zuletzt auch wertvolle Anhaltspunkte für die künftigen Vorkalkulationen erhalten.

2.2 Verfahren

Verfahren der Kostenträgerstückrechnung sind:

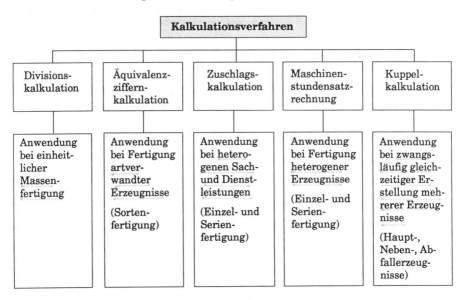

Vielfach wird die **Äquivalenzziffernkalkulation** auch als ein Verfahren der Divisionskalkulation im weiteren Sinne angesehen. Die **Maschinenstundensatzrechnung** ist eine Zuschlagskalkulation im weiteren Sinne.

2.2.1 Divisionskalkulation

Die Divisionskalkulation ist ein einfach durchzuführendes Kalkulationsverfahren, das allerdings nur bei einheitlicher Massenfertigung Anwendung findet.

Beispiele: Leistungen von Elektrizitätswerken, Wasserwerken, Mühlen, Ziegeleien, der Grundstoffindustrie.

Die Kosten einer Erzeugniseinheit ergeben sich bei der Divisionskalkulation grundsätzlich, indem die gesamten Kosten einer Rechnungsperiode durch die in dieser Periode erbrachte Mengenleistung dividiert werden.

Die Divisionskalkulation kann in verschiedenen **Formen** durchgeführt werden:

• **Einstufige Divisionskalkulation**
• **Zweistufige Divisionskalkulation**
• **Mehrstufige Divisionskalkulation.**

2.2.1.1 Einstufige Divisionskalkulation

Der Einsatz der einstufigen Divisionskalkulation bedingt, daß folgende **Voraussetzungen** im Unternehmen erfüllt sein müssen:

• Es wird nur eine Erzeugnisart hergestellt.
• Lagerbestandsveränderungen an unfertigen Erzeugnissen erfolgen nicht.
• Lagerbestandsveränderungen an fertigen Erzeugnissen erfolgen nicht.

Die einstufige Divisionskalkulation ist als summarische oder als differenzierende Divisionskalkulation anwendbar:

• Bei der **summarischen Divisionskalkulation** werden die Selbstkosten einer Erzeugniseinheit ermittelt, indem die Gesamtkosten der Rechnungsperiode durch die Leistungsmenge dividiert wird:

$$k = \frac{K}{x}$$

k = Selbstkosten (DM/Stück)
K = Gesamtkosten (DM/Periode)
x = Leistungsmenge (Stück/Periode)

Beispiel: Im Jahre 1990 fielen bei einer Ausbringungsmenge von 5.000 Stück Kosten in Höhe von 50.000 DM an.

Die Selbstkosten pro Stück betragen:

$$k = \frac{K}{x} = \frac{50.000}{5.000} = \underline{\underline{10 \text{ DM/Stück}}}$$

• Die **differenzierende Divisionskalkulation** unterscheidet sich von der summarischen Divisionskalkulation lediglich darin, daß nicht die Gesamtkosten durch die Ausbringungsmenge dividiert werden, sondern die Stückkosten für einzelne Kostengruppen ermittelt werden:

$$k_1 = \frac{K_1}{x}$$

k_1 = Betrag der Kostengruppe 1 pro Stück (DM/Stück)
K_1 = Betrag der Kostengruppe 1 (DM/Periode)
x = Gesamtmenge der Leistungen (Stück/Periode)

Die Summierung der Stückkosten der Kostengruppe 1 bis n ergibt die gesamten Stückkosten:

$$k = k_1 + k_2 + k_3 + \dots k_n$$

Beispiel: Die bei der einstufigen Divisionskalkulation zugrundegelegten Kosten für die Ausbringungsmenge von 5.000 Stück setzen sich wie folgt zusammen:

Materialkosten	30.000 DM
Personalkosten	10.000 DM
Abschreibungen	5.000 DM
Sonstige Kosten	5.000 DM
Gesamtkosten	50.000 DM

Als Stückkosten ergeben sich:

Materialkosten: $k_1 = \dfrac{30.000}{5.000} = $ 6 DM/Stück

Personalkosten: $k_2 = \dfrac{10.000}{5.000} = $ 2 DM/Stück

Abschreibungen: $k_3 = \dfrac{5.000}{5.000} = $ 1 DM/Stück

Sonstige Kosten: $k_4 = \dfrac{5.000}{5.000} = $ 1 DM/Stück

Stückkosten: = **10 DM/Stück**

Summarische und differenzierende Divisionskalkulation führen zum gleichen Ergebnis. Die differenzierende Divisionskalkulation hat lediglich den Vorzug, daß die Stückkosten jeder Kostengruppe bekannt sind und kontrolliert werden können.

34

2.2.1.2 Zweistufige Divisionskalkulation

Bei der zweistufigen Divisionskalkulation ist es möglich, Lagerbestandsveränderungen an fertigen Erzeugnissen rechnerisch zu berücksichtigen. Damit gelten nur noch zwei **Voraussetzungen** für die Anwendbarkeit der Divisionskalkulation:

• Es wird nur eine Erzeugnisart hergestellt.
• Lagerbestandsveränderungen an unfertigen Erzeugnissen erfolgen nicht.

Ausgangspunkt der zweistufigen Divisionskalkulation ist, daß nicht mit Selbstkosten als einem Gesamtbetrag gerechnet wird, sondern daß eine **Aufspaltung** erfolgt in:

• Herstellkosten
• Verwaltungskosten
• Vertriebskosten.

Die **Selbstkosten je Erzeugniseinheit** ergeben sich:

$$k = \frac{K_H}{x_p} + \frac{K_{Vw} + K_{Vt}}{x_A}$$

oder

$$k = k_H + k_{Vw} + k_{Vt}$$

x_p = Produktionsmenge (Stück/Periode)
x_A = Absatzmenge (Stück/Periode)
K_H = Herstellkosten (DM/Periode)
K_{Vt} = Vertriebskosten (DM/Periode)
K_{Vw} = Verwaltungskosten (DM/Periode)
k_H = Herstellkosten (DM/Stück)
k_{Vt} = Vertriebskosten (DM/Stück)
k_{Vw} = Verwaltungskosten (DM/Stück)

Beispiel: Ein Unternehmen hat eine Periodenproduktion von 5.000 Stück, von denen 4.000 Stück verkauft werden. Die Gesamtkosten betragen in dieser Periode 50.000 DM, hierin sind 10.000 DM an Verwaltungs- und Vertriebskosten enthalten.

$$k = \frac{40.000}{5.000} + \frac{10.000}{4.000}$$

$$k = 10,50 \text{ DM/Stück}$$

35

2.2.1.3 Mehrstufige Divisionskalkulation

Die mehrstufige Divisionskalkulation stellt einen weiteren Schritt dar, das Kalkulationsverfahren der Praxis anzupassen. Bei der mehrstufigen Divisionskalkulation dürfen nicht nur - wie bei der zweistufigen Divisionskalkulation - Lagerbestandsveränderungen an Fertigerzeugnissen erfolgen, sondern es werden auch Lagerbestandsveränderungen an unfertigen Erzeugnissen berücksichtigt.

Damit bleibt nur noch eine **Voraussetzung**, die generell für die Divisionskalkulation gilt, nämlich, daß nur eine Erzeugnisart hergestellt wird.

Die **Selbstkosten einer Erzeugniseinheit** werden unter der Annahme, daß keine durch Ausschuß, Abfall, Gewichtsverluste auftretenden Mengenveränderungen gegeben sind und daß das Einzelmaterial nur in der ersten Kostenstelle eingesetzt wird, errechnet:

$$k = \frac{K_{H1}}{x_{p1}} + ... + \frac{K_{Hm}}{x_{pm}} + \frac{K_{Vw} + k_{Vt}}{x_A}$$

k = Selbstkosten (DM/Stück)
K_H = Herstellkosten (DM/Periode)
K_{Vw} = Verwaltungskosten (DM/Periode)
K_{Vt} = Vertriebskosten (DM/Periode)
x_p = Produzierte Menge (Stück/Periode)
x_A = Abgesetzte Menge (Stück/Periode)
m = Anzahl unterschiedlicher Fertigungskostenstellen

Beispiel: Es wird eine Erzeugnisart hergestellt. Die Fertigung ist zweistufig. Die Daten beziehen sich auf eine Abrechnungsperiode.

Stufe I: 300 unfertige Erzeugnisse werden mit 6.000 DM Herstellkosten erstellt.

Stufe II: 250 unfertige Erzeugnisse werden mit 2.000 DM Herstellkosten zu Fertigerzeugnissen weiterverarbeitet.

Die Verwaltungskosten betragen 600 DM und die Vertriebskosten 400 DM. Der Absatz umfaßt 100 Stück.

$$k = \frac{6.000}{300} + \frac{2.000}{250} + \frac{600 + 400}{100} = 38 \text{ DM/Stück}$$

Aus dieser Rechnung ergeben sich weiter:

• Herstellkosten der fertigen Erzeugnisse
  $(6.000 - 50 \cdot 20) : 250 + 2.000 : 250 =$ 28 DM

• Herstellkosten der unfertigen Erzeugnisse
  $6.000 : 300 =$ 20 DM

• Lagerveränderungen an fertigen Erzeugnissen
  (250 - 100) · 28 =   4.200 DM

• Lagerveränderungen an unfertigen Erzeugnissen
  (300 - 250) · 20 =   1.000 DM

3 6

2.2.2 Äquivalenzziffernkalkulation

Die Äquivalenzziffernkalkulation ist eine **Divisionskalkulation im weiteren Sinne**. Im Gegensatz zu der dargestellten Divisionskalkulation setzt sie keine Einproduktunternehmen voraus.

Anwendbar ist die Äquivalenzziffernkalkulation für Mehrproduktunternehmen, deren Erzeugnisse hinsichtlich der Ausgangsmaterialien - Roh-, Hilfs-, Betriebsstoffe - gleichartig sind, aber nicht gleiche Kosten bei der Be- und Verarbeitung verursachen.

Beispiele: Zellstoffindustrie, Textilindustrie, Papierindustrie, Brauereien, Walzwerke.

Bei der Äquivalenzziffernkalkulation wird davon ausgegangen, daß die Kosten der artverwandten Erzeugnisse in einem bestimmten Verhältnis zueinander stehen. Dieses Verhältnis wird durch Äquivalenzziffern ausgedrückt.

Man unterscheidet zwei **Formen** der Äquivalenzziffernkalkulation:

• **Einstufige Äquivalenzziffernkalkulation**
• **Mehrstufige Äquivalenzziffernkalkulation.**

2.2.2.1 Einstufige Äquivalenzziffernkalkulation

Die einstufige Äquivalenzziffernkalkulation geht von folgenden **Voraussetzungen** aus:

• Es werden gleichartige Erzeugnisse hergestellt.
• Lagerbestandsveränderungen an unfertigen Erzeugnissen erfolgen nicht.
• Lagerbestandsveränderungen an fertigen Erzeugnissen erfolgen nicht.

Bei der einstufigen Äquivalenzziffernkalkulation werden zunächst die Kostenanteile pro Erzeugniseinheit für die einzelnen Kostenarten ermittelt, die erfahrungsgemäß für alle Sorten unterschiedlich sind.

Der nächste Schritt ist, die Kostenanteile pro Erzeugniseinheit in Beziehung zueinander zu setzen. Dabei erhält ein Erzeugnis die **Wertzahl »1«**. Welches Erzeugnis hiermit versehen wird, kann unterschiedlich gehandhabt werden. Es ist beispielsweise möglich,

• das Haupterzeugnis
• ein «Durchschnittserzeugnis»
• das kostengünstigste Erzeugnis

mit dem Wert »1« anzusetzen. Entsprechend erhalten die anderen Erzeugnisse Wertzahlen unter oder über »1«.

Rechnerisch werden die Selbstkosten für das einzelne Erzeugnis bei der einstufigen Äquivalenzziffernkalkulation ermittelt:

$$k_i = \frac{K}{a_1 x_1 + \dots + a_n x_n} \cdot a_i$$

a   = Äquivalenzziffer des Produktes i
k_i = Selbstkosten des Produktes i (DM/Stück)
x_i = Menge des Produktes i (Stück/Periode)
n_i = Anzahl der Produkte (Stück/Periode)

Die Äquivalenzziffernkalkulation kann aber auch - ohne Verwendung der Formel - **tabellarisch** durchgeführt werden.

Beispiel: Drei Sorten eines Erzeugnisses sollen betrachtet werden, eine in minderer (A), eine in mittlerer (B) und eine in guter Qualität (C). Die Kosten stehen im Verhältnis 1 (A) : 1,2 (B) : 1,5 (C) zueinander.

Es werden 600 kg von A, 400 kg von B und 100 kg von C hergestellt. Die Gesamtkosten betragen 3.800 DM.

• **Lösung nach Formel**

$$k_A = \frac{3.800}{1 \cdot 600 + 1,2 \cdot 400 + 1,5 \cdot 100} = 3,09 \text{ DM/Stück}$$

$$k_B = \frac{3.800}{1.230} \cdot 1,2 = 3,71 \text{ DM/Stück}$$

$$k_C = \frac{3.800}{1.230} \cdot 1,5 = 4,63 \text{ DM/Stück}$$

• **Tabellarische Lösung**

Die tabellarische Lösung erfolgt in sechs **Schritten**:

- Menge mit den Äquivalenzziffern multiplizieren.
- Ergebnisse als Rechnungseinheit eintragen.
- Summe der Rechnungseinheiten bilden.
- Summe der Gesamtkosten eintragen.
- Gesamtkosten durch die Rechnungseinheiten dividieren.
- Ergebnis mit den Äquivalenzziffern der Sorten multiplizieren.

Sorte	Menge	Äquivalenz-ziffer	Rechnungs-einheiten	Gesamt-kosten	Stückkosten (je kg)
A	600	1,0	600		3,09
B	400	1,2	480		3,71
C	100	1,5	150		4,63
			1.230	3.800	

37

2.2.2.2 Mehrstufige Äquivalenzziffernkalkulation

Mit Hilfe der mehrstufigen Äquivalenzziffernkalkulation wird es möglich, Lagerbestandsveränderungen an unfertigen Erzeugnissen und fertigen Erzeugnissen zu berücksichtigen, so daß als einzige **Voraussetzung** für die Anwendbarkeit dieses Kalkulationsverfahrens die Gleichartigkeit der gefertigten Erzeugnisse zu nennen ist.

Bei der mehrstufigen Äquivalenzziffernkalkulation werden mehrere **Reihen von Äquivalenzziffern** für die nacheinander liegenden Fertigungsstufen gebildet.

Eine mehrstufige Äquivalenzziffernkalkulation ist auch gegeben, wenn das Fertigungsmaterial als Einzelmaterial direkt auf die Sorten verrechnet wird, für die Fertigungskosten aber nebeneinander mehrere Äquivalenzziffernreihen verwendet werden.

Die mehrstufige Äquivalenzziffernkalkulation ist stets erforderlich, wenn sich die Kostenunterschiede der Sorten mit Hilfe einer Äquivalenzziffernreihe nicht erfassen lassen.

Beispiel: Es werden drei Sorten eines Erzeugnisses in verschiedener Qualität hergestellt. Die Materialkosten betragen insgesamt 3.050 DM für 600 kg von A, 400 kg von B und 100 kg von C. Die Äquivalenzziffern für die Materialkosten sind 0,83 (A) : 1 (B) : 1,17 (C). Sonstige Kosten sind in Höhe von 1.300 DM entstanden, sie sind für alle Sorten gleich hoch.

Die **Selbstkosten** pro kg ergeben sich:

• **Materialkosten**

$$k_A = \frac{3.050}{0,83 \cdot 600 + 1 \cdot 400 + 1,17 \cdot 100}$$

$k_B = 3,00 \text{ DM/Stück}$

$k_C = 3,52 \text{ DM/Stück}$

• **Sonstige Kosten**

$$k_A = \frac{1.300}{1 \cdot 600 + 1 \cdot 400 + 1 \cdot 100}$$

$k_B = 1,18$ DM/Stück

$k_C = 1,18$ DM/Stück

• **Selbstkosten pro kg**

$k_A = 2,49 + 1,18 = \underline{\underline{3,67 \text{ DM/Stück}}}$

$k_B = 3,00 + 1,18 = \underline{\underline{4,18 \text{ DM/Stück}}}$

$k_C = 3,52 + 1,18 = \underline{\underline{4,70 \text{ DM/Stück}}}$

38

2.2.3 Zuschlagskalkulation

Zentrale Voraussetzung für die Anwendung der Äquivalenzziffernkalkulation ist, daß im Unternehmen gleichartige Erzeugnisse gefertigt werden müssen. Diese Voraussetzung wird nur von einem kleinen Teil der Unternehmen erfüllt.

Die meisten Betriebe fertigen **verschiedenartige Erzeugnisse in unterschiedlichen Arbeitsabläufen**. Dabei fallen Kosten in völlig unterschiedlichem Umfang an sowie Lagerbestandsveränderungen an unfertigen und fertigen Erzeugnissen.

Die Zuschlagskalkulation ist neben der noch darzustellenden Maschinenstundensatzkalkulation das geeignete Kalkulationsverfahren bei Einzelfertigung und Serienfertigung.

Sie setzt eine Trennung der Einzelkosten und Gemeinkosten voraus. Die **Einzelkosten** werden unmittelbar auf die Produkteinheit verteilt, die **Gemeinkosten** dagegen gesammelt, nach gleichen Verursachungsmomenten gegliedert und durch einen prozentualen Zuschlag auf die Fertigungslöhne, die Fertigungsmaterialien oder die Summe von beiden verrechnet.

Zwei **Formen** der Zuschlagskalkulation sind zu unterscheiden:

• **Summarische Zuschlagskalkulation**
• **Differenzierende Zuschlagskalkulation.**

2.2.3.1 Summarische Zuschlagskalkulation

Die summarische Zuschlagskalkulation ist ein einfaches, aber auch ungenaues Verfahren der Kalkulation, das im wesentlichen nur von Kleinbetrieben verwendet wird.

Die summarische Zuschlagskalkulation erfordert **keine Kostenstellenrechnung.** Sie wird dem Prinzip der Kostenverursachung in keiner Weise gerecht und ist nur vertretbar, wenn Gemeinkosten im Unternehmen nur in geringem Umfang anfallen, so daß das Ergebnis nicht übermäßig verfälscht wird.

Die summarische Zuschlagskalkulation kann auf zwei **Arten** erfolgen:

- Als **kumulative Zuschlagskalkulation,** bei welcher die gesamten Einzelkosten als Zuschlagsbasis für die Gemeinkosten verwendet werden. Damit wird unterstellt, daß die Gemeinkosten sich zu den verschiedenen Einzelkosten stets in gleicher Relation bewegen, was in der betrieblichen Praxis als unwahrscheinlich angesehen werden kann.

Rechnerisch wird folgendermaßen vorgegangen:

$$\text{Zuschlagsatz} = \frac{\text{Gesamte Gemeinkosten der Periode}}{\text{Gesamte Einzelkosten der Periode}}$$

Die Anwendung dieses Verfahrens führt leicht zu Falschinformationen und damit zu Fehlentscheidungen.

- Als **elektive Zuschlagskalkulation,** welche den Versuch darstellt, einerseits immer noch ein sehr einfaches Verfahren einzusetzen, das andererseits aber verbesserte Ergebnisse erbringen soll.

Bei der elektiven Zuschlagskalkulation werden nicht die gesamten Einzelkosten zur Grundlage der Gemeinkostenzuschläge verwendet, sondern einzelne Arten der Einzelkosten.

Die Verbesserung der Ergebnisse durch diese Differenzierung ist jedoch nur unerheblich.

2.2.3.2 Differenzierende Zuschlagskalkulation

Bei der differenzierenden Zuschlagskalkulation werden die Gemeinkosten nicht mehr pauschal zugerechnet, sondern man verwendet Zuschlagsbasen, die sich in ursächlichem Zusammenhang mit dem Entstehen der Gemeinkosten befinden.

Es wird eine **Trennung der Gemeinkosten** vorgenommen in die Bereiche:

- Material
- Fertigung
- Verwaltung
- Vertrieb.

Die Berechnung der Gemeinkosten erfolgt auf der Basis der in den einzelnen Bereichen entstandenen Einzelkosten. Für die Verwaltungs- und Vertriebsgemeinkosten werden die Herstellkosten als Basis verwendet.

Die differenzierende Zuschlagskalkulation basiert auf folgendem **Schema**:

	Materialeinzelkosten	...
+	Materialgemeinkosten	...
=	Materialkosten	...
+	Fertigungseinzelkosten	...
+	Fertigungsgemeinkosten	...
+	Sondereinzelkosten der Fertigung	...
=	**Fertigungskosten**	...
	Herstellkosten	...
+	Verwaltungsgemeinkosten	...
+	Vertriebsgemeinkosten	...
+	Sondereinzelkosten des Vertriebs	...
=	**Selbstkosten**	...

Das Schema der differenzierenden Zuschlagskalkulation kann noch **erweitert** werden, indem der Fertigungsbereich unterteilt wird - beispielsweise in Dreherei, Fräserei, Schleiferei - und für jeden Teilbereich entsprechende Zuschlagssätze verwendet werden.

Die prozentualen Gemeinkostenzuschläge werden im BAB ermittelt - siehe Seite 165. Sie ergeben sich aus:

$$\text{Materialgemein-kostenzuschlag} = \frac{\text{Materialgemeinkosten}}{\text{Materialeinzelkosten}} \cdot 100$$

$$\text{Fertigungsgemein-kostenzuschlag} = \frac{\text{Fertigungsgemeinkosten}}{\text{Fertigungseinzelkosten}} \cdot 100$$

$$\text{Verwaltungsgemein-kostenzuschlag} = \frac{\text{Verwaltungsgemeinkosten}}{\text{Herstellkosten}} \cdot 100$$

$$\text{Vertriebsgemein-kostenzuschlag} = \frac{\text{Vertriebsgemeinkosten}}{\text{Herstellkosten}} \cdot 100$$

Als **Herstellkosten** werden meist die Herstellkosten des Umsatzes gewählt, mitunter aber auch die Herstellkosten der Erzeugung, in denen keine Bestandveränderungen berücksichtigt sind - siehe Seite 165.

Auf der Grundlage der ermittelten Selbstkosten kann der Verkaufspreis als Angebotspreis ermittelt werden. Dieser Preis muß aber nicht dem schließlich realisierbaren
Marktpreis entsprechen, der sich vor allem ergibt aus

- Kostenorientierung
- Nachfrageorientierung
- Konkurrenzorientierung.

Der **Verkaufspreis** ergibt sich:

Selbstkosten* + Gewinnaufschlag	in % der Selbstkosten	... vom 100
= **Barverkaufspreis** + Kundenskonto	... in % vom Zielverkaufspreis	... vom 100
= **Zielverkaufspreis** + Kundenrabatt	... in % vom Netto-Verkaufspreis	... vom 100
= **Netto-Verkaufspreis** + Mehrwertsteuer	... in % vom Netto-Verkaufspreis	... vom 100
= **Brutto-Verkaufspreis**		...

= Listenverkaufspreis

---

* Im Handel ergeben sich die **Selbstkosten** aus:

Einstandspreis   + Handlungskosten
= **Selbstkosten**

Der **Einstandspreis** umfaßt vor allem:

	Angebotspreis (des Lieferanten)
-	Rabatt
-	Bonus
+	Mindermengenzuschlag
=	**Zieleinkaufspreis**
-	Skonto
=	**Bareinkaufspreis**
+	Bezugskosten Verpackung Fracht Rollgeld Versicherung Zoll
=	**Einstandspreis**

Die **Handlungskosten** können
- anteilig - bestehen aus:

	Personalkosten
+	Provisionen
+	Raumkosten
+	Werbekosten
+	Reisekosten
+	Transportkosten
+	Verpackungskosten
+	Fuhrparkkosten
+	Zinsen
+	Abschreibungen
+	Verwaltungskosten
=	**Handlungskosten**

Die Handlungskosten dürfen nicht mit der **Handelsspanne** verwechselt werden, die aus den Handlungskosten und dem Gewinn besteht.

Beispiel: Der Auftrag der Möbel GmbH, aufgrund dessen für 15.000 DM Fertigungsmaterial, für 6.000 DM Fertigungslöhne und für 500 DM Sondereinzelkosten der Fertigung aufgewendet wurden, soll kalkuliert werden. Dabei gelten:

Materialgemeinkosten	10 %
Fertigungsgemeinkosten	50 %
Verwaltungsgemeinkosten	20 %
Vertriebsgemeinkosten	10 %
Gewinnaufschlag	25 %
Kundenskonto	3 %
Kundenrabatt	5 %
Mehrwertsteuer	14 %

Als **Brutto-Verkaufspreis** ergibt sich:

	%	DM	
Materialeinzelkosten		15.000,00	
+ Materialgemeinkosten	10	1.500,00	
= Materialkosten			16.500,00
Fertigungseinzelkosten		6.000,00	
+ Fertigungsgemeinkosten	50	3.000,00	
+ Sondereinzelkosten der Fertigung		500,00	
= Fertigungskosten			9.500,00
Herstellkosten			26.000,00
+ Verwaltungsgemeinkosten	20		5.200,00
+ Vertriebsgemeinkosten	10		2.600,00
+ Sondereinzelkosten des Vertriebs			200,00
= **Selbstkosten**			34.000,00
+ Gewinnaufschlag	25		8.500,00
= **Barverkaufspreis**			42.500,00
+ Kundenskonto	3		1.314,43
= **Zielverkaufspreis**			43.814,43
+ Kundenrabatt	5		2.306,02
= **Netto-Verkaufspreis**			46.120,45
+ Mehrwertsteuer	14		6.456,86
= **Brutto-Verkaufspreis**			52.577,31

39   40

2.2.4 Maschinenstundensatzrechnung

Die Zuschlagskalkulation vermag bei fortschreitender Mechanisierung und Automation der Fertigung keine hinreichend genaue Kostenzurechnung mehr zu gewährleisten. Der im Rahmen der Kostenstellenrechnung errechnete Fertigungsgemeinkosten-Zuschlagssatz wird in der Zuschlagskalkulation für alle Kostenträger, welche die Leistung der Kostenstelle in Anspruch nehmen, herangezogen.

Eine derartige Abrechnung führt aber zu einer unzutreffenden Belastung der Erzeugnisse, wenn diese die Anlagen der Kostenstelle nicht gleichmäßig beanspruchen und die eingesetzten Maschinen unterschiedlich hohe Kosten auslösen.

Die Fertigungsgemeinkosten pro Leistungseinheit werden zu hoch angesetzt, wenn die Arbeiten auf einer Maschine ausgeführt werden, die niedrige Kosten verursacht. Die Kosten werden bei der Kalkulation dagegen in zu geringer Höhe berücksichtigt, wenn die Fertigung auf einer Maschine erfolgt, bei der hohe Kosten entstehen.

Die Maschinenstundensatzrechnung weicht aber lediglich bei der Ermittlung der **Fertigungskosten** von der Zuschlagskalkulation ab.

Um eine Maschinenstundensatzrechnung durchführen zu können, ist es zunächst erforderlich, die Gemeinkosten nach ihrer **Maschinenabhängigkeit** aufzuspalten:

Maschinenabhängige Gemeinkosten	Maschinenunabhängige Gemeinkosten = Restgemeinkosten
Energiekosten Instandhaltungskosten Werkzeugkosten Kalkulatorische Abschreibungen Kalkulatorische Zinsen Raumkosten	Hilfslöhne Gehälter Sozialkosten Heizungskosten Hilfsstoffe

Die Umlagen von Hilfskostenstellen werden als **maschinenunabhängige Gemeinkosten** behandelt.

Die **maschinenabhängigen Gemeinkosten** werden im BAB getrennt ermittelt, während die verbleibenden Restgemeinkosten den Einzelkosten als Gesamtblock zugeschlagen werden.

Auf Seite 204 wird der BAB eines Unternehmens dargestellt, der mit Maschinenstundensätzen rechnet.

Bei der Maschinenstundensatzkalkulation wird in mehreren **Schritten** vorgegangen:

• **Ermittlung der Maschinenlaufzeit**
• **Ermittlung des Maschinenstundensatzes**
• **Ermittlung der Fertigungskosten.**

Kostenarten	Zahlen der Buchführung		Fertigungsbereich maschinenabhängige Kosten			Restfertigungsgemeinkosten	Verwaltungsbereich	Vertriebsbereich
			A	B	C			
Zuschlagsgrundlagen		Fertigungsmaterial	Maschinenstunden	Maschinenstunden	Maschinenstunden	Fertigungslöhne	Herstellkosten des Umsatzes	Herstellkosten des Umsatzes
		185.500	1.600	1.600	1.750	140.500	740.000	740.000
Gemeinkostenmaterial	150.100	25.700	0	0	0	106.400	0	18.000
Energiekosten	67.400	3.000	14.800	18.600	9.400	4.100	12.400	5.100
Hilfslöhne	45.800	5.800	0	0	0	25.100	0	14.900
Gehälter	185.200	19.200	0	0	0	28.300	121.000	16.700
Sozialkosten	34.000	2.200	0	0	0	15.100	13.200	3.500
Instandhaltungen	36.000	600	6.700	9.200	7.400	3.600	1.400	7.100
Steuer, Abgaben	22.000	2.300	0	0	0	0	17.000	2.700
Raumkosten	18.000	2.000	3.000	3.700	2.100	2.400	4.000	800
Verschiedene Bürokosten	45.800	4.100	0	0	0	3.800	32.000	5.900
Kalkulatorische Abschreibungen	65.400	5.200	11.000	12.000	8.200	6.000	13.000	10.000
Kalkulatorische Zinsen	38.200	4.100	6.500	8.500	5.100	1.900	8.000	4.100
	707.900	74.200	42.000	52.000	32.200	196.700	222.000	88.800
Gemeinkostenzuschläge*		40 %	26,25 DM	32,50 DM	18,40 DM	140 %	30 %	12 %

$$* \quad \frac{74.200 \cdot 100}{185.500} \qquad \frac{42.000}{1.600} \qquad \frac{52.000}{1.600} \qquad \frac{32.200}{1.750} \qquad \frac{196.700 \cdot 100}{140.500} \qquad \frac{222.000 \cdot 100}{740.000} \qquad \frac{88.800 \cdot 100}{740.000}$$

$$= 40\,\% \qquad = 26{,}25\,DM \qquad = 32{,}50\,DM \qquad = 18{,}40\,DM \qquad = 140\,\% \qquad = 30\,\% \qquad = 12\,\%$$

2.2.4.1 Ermittlung der Maschinenlaufzeit

Um zu einem **Stundensatz** zu gelangen, ist es zunächst erforderlich, die jährliche Laufzeit der einzelnen Maschine zu ermitteln. Nach der VDI-Richtlinie 3258 wird die Maschinenlaufzeit errechnet:

$$\boxed{T_L = T_G - T_{ST} - T_{IH}}$$

T_L = Maschinenlaufzeit (Std./Periode)
T_G = Gesamte Maschinenzeit (Std./Periode)

T_{ST} = Stillstandszeit (Std./Periode)
T_{IH} = Instandhaltungszeit (Std./Periode)

Dabei gilt:

• Die **Maschinenlaufzeit** ist jene Zeit, welche die Maschine tatsächlich im Jahr läuft.

• Die **gesamte Maschinenzeit** ist jene Zeit, welche die Maschine theoretisch in einem Jahr laufen könnte, wenn sie ständig in Betrieb wäre, das sind:

$$365,25 \cdot 24 \text{ Stunden} = 8.766 \text{ Stunden/Jahr}$$

• Die **Stillstandszeit** umfaßt:

- Arbeitsfreie Tage im Jahr.
- Jene Zeiten des Arbeitstages, zu denen nicht gearbeitet wird, beispielsweise wenn nur in einer oder zwei Schichten gearbeitet wird.
- Betriebsbedingte Stillstandszeiten, die als prozentuale Erfahrungswerte bekannt sind.

• Die **Instandhaltungszeit** wird - wie die betriebsbedingten Stillstandszeiten - als Prozentwert von der Maschinenlaufzeit abgesetzt.

Beispiel:

125 arbeitsfreie Tage
10 % betriebsbedingte Stillstandszeiten (von T)
2 % Instandhaltungszeiten (von T)
2- Schicht-Betrieb

Damit ergibt sich als Maschinenlaufzeit:

$$T_L = T_G - T_{St} - T_{IH}$$
$$T_L = 8.76 - \{(125 \cdot 24) + [8.766 - 125 \cdot 24] : 3 + 0,10 \cdot T_L\} - 0,02 \cdot T$$
$$T_L = \underline{\underline{3.432 \text{ Stunden/Periode}}}$$

2.2.4.2 Ermittlung des Maschinenstundensatzes

Nachdem die Maschinenlaufzeit bekannt ist, kann der Maschinenstundensatz ermittelt werden, der vor allem bestehen kann aus:

• **Abschreibungen je Maschinenstunde,** die sich ergeben aus:

$$\text{Abschreibung} = \frac{\text{Basiswert}}{\text{Nutzungsdauer} \cdot T_L}$$

Beispiel: Werden als Basiswert die Wiederbeschaffungskosten in Höhe von 150.000 DM angenommen und 10 Jahre Laufzeit unterstellt, dann ergibt sich:

$$\text{Abschreibung} = \frac{150.000}{10 \cdot 3.432}$$

Abschreibung = 4,37 DM/Std.

- **Zinsen je Maschinenstunde**, die mit Hilfe der vereinfachten Formel berechnet werden, welche den halben Basiswert berücksichtigt:

$$\text{Zins} = \frac{0,5 \cdot \text{Basiswert} \cdot \text{Zinssatz}}{100 \cdot T_L}$$

Beispiel: Bei Wiederbeschaffungskosten von 150.000 DM als Basiswert und 8 % kalkulatorischen Zinsen ergeben sich:

$$\text{Zinsen} = \frac{0,5 \cdot 150.000 \cdot 8}{100 \cdot 3.432}$$

Zinsen = 1,75 DM/Std.

- **Instandhaltungskosten je Maschinenstunde**, die für Reparaturen und Wartungen anfallen:

$$\text{Instandhaltungskosten} = \frac{\text{Gesamte Instandhaltungskosten}}{\text{Nutzungsdauer } T_L}$$

Beispiel: Werden die Kosten für Instandhaltung auf 12.000 DM veranschlagt, dann gilt:

$$\text{Instandhaltungskosten} = \frac{12.000}{10 \cdot 3.432}$$

Instandhaltungskosten = 0,35 DM/Std.

- **Raumkosten je Maschinenstunde**, wobei die Grundlage für die Ermittlung der Raumkosten die durch die Maschine und ihren Bedienungs- und Ablageraum beanspruchte Fläche in qm ist.

In den Raumkosten sind vor allem Abschreibungen, Zinsen, Instandhaltungskosten, Heizungskosten, Beleuchtungskosten, Versicherungskosten, Personalkosten für die Räume enthalten.

$$\text{Raumkosten} = \frac{\text{Raumbedarf} \cdot \text{qm-Satz}}{T_L}$$

Beispiel: Hat die Maschine einen Raumbedarf von 12 qm und beträgt der Raumkostensatz - als qm-Satz - 28,50 DM, dann ergeben sich:

$$\text{Raumkosten} = \frac{12 \cdot 28,50}{3.432}$$

Raumkosten = 0,10 DM/Std.

* **Energiekosten je Maschinenstunde**, die insbesondere durch Strom-, Gas-, Dampf-, Benzinverbrauch entstehen.

Energiekosten = Energiebedarf pro Std. · Kosten je Energieeinheit

Beispiel: Wird ein Stromverbrauch von 2,8 kWh angenommen und beträgt der Preis für eine kWh 0,20 DM, gilt:

Energiekosten = 2,8 · 0,20
Energiekosten = 0,56 DM/Std.

* Neben den genannten Kostenarten können im Einzelfall noch **weitere Kostenarten** in den Maschinenstundensatz einbezogen werden, das sind insbesondere:

- Werkzeugkosten
- Versicherungsprämien
- Schmier- und Kühlmittelkosten
- Kosten für Maschinenreinigung
- Kosten für Hilfsaggregate der Maschine.

Der Maschinenstundensatz ergibt sich durch die Addition der einzelnen Stundensätze, die oben beispielhaft ermittelt wurden:

	Abschreibungen	4,37 DM/Std.
+	Zinsen	1,75 DM/Std.
+	Instandhaltungskosten	0,35 DM/Std.
+	Raumkosten	0,10 DM/Std.
+	Energiekosten	0,56 DM/Std.
=	**Maschinenstundensatz**	**7,13 DM/Std.**

2.2.4.3 Ermittlung der Fertigungskosten

Die Fertigungskosten sind mit Hilfe von Maschinenstundensätzen auf einfache Weise ermittelbar.

Beispiel: Ein Auftrag verursacht im Fertigungsbereich 650 DM Fertigungslohn. Er wird auf den Maschinen A - D gefertigt, wobei Maschinenstundensätze und Bearbeitungszeiten von

A:	4,36 DM	4 Std.
B:	2,98 DM	5 Std.
C:	5,10 DM	7 Std.
D:	4,12 DM	3 Std.

ermittelt wurden. Die maschinenunabhängigen Gemeinkosten - das sind die Restgemeinkosten - betragen 30 %.

Als Fertigungskosten ergeben sich:

Fertigungslohn	650,00 DM
Restgemeinkosten (30 %)	195,00 DM
Maschinenkosten	
A : 4,36 · 4	17,44 DM
B : 2,98 · 5	14,90 DM
C : 5,10 · 7	35,70 DM
D : 4,12 · 3	12,36 DM
Fertigungskosten	**925,40 DM**

Die **Herstellkosten** und die **Selbstkosten** werden im übrigen mit Hilfe der (differenzierenden) Zuschlagskalkulation ermittelt.

41

2.2.5 Kuppelkalkulation

Kuppelprodukte sind Erzeugnisse, die aufgrund von technischen Gegebenheiten **zwangsläufig gemeinsam** anfallen.

Beispiele: Koks, Gas, Teer und Benzol in den Kokereien; Roheisen, Gichtgas und Schlacke in den Hochöfen.

Aus der gegenseitigen Abhängigkeit der einzelnen Erzeugnisse heraus ist die Bestimmung der Kosten für jedes der Erzeugnisse schwierig, da die Kosten nur dem gesamten Fertigungsprogramm bzw. Fertigungsbereich zugerechnet werden können.

Bei der Kuppelkalkulation handelt es sich demgemäß um ein Verfahren, das die Kosten nicht verursachungsgemäß verrechnen kann, da der Kostenanteil der verschiedenen Kuppelprodukte nicht ermittelbar ist, sondern um eine Methode, die sich am **Prinzip der Kostentragfähigkeit** orientiert.

Die Kalkulation von Kuppelprodukten kann in zwei **Formen** erfolgen, und zwar als:

• **Restwertrechnung**

• **Verteilungsrechnung.**

2.2.5.1 Restwertrechnung

Die Restwertrechnung wird bei der Kalkulation von Kuppelprodukten dann angewendet, wenn ein **Haupterzeugnis** und **ein oder mehrere Nebenerzeugnisse** hergestellt werden. Sie wird auch als

- Subtraktionsmethode
- Restkostenrechnung

bezeichnet. Die Restwertrechnung ist um so mehr geeignet, je geringer der Wert des oder der Nebenerzeugnisse ist.

Bei der Restwertmethode wird davon ausgegangen, daß die Erlöse, die sich aus der Nebenproduktion ergeben, von den Gesamtkosten der Kuppelproduktion abgezogen werden. Eventuell notwendige Weiterverarbeitungskosten des oder der Nebenerzeugnisse werden von ihren Erlösen subtrahiert, mindern diese also.

Der Restbetrag aus den Kosten der Produktion und den - gegebenenfalls bereinigten - Erlösen der Nebenerzeugnisse wird durch die Anzahl der erstellten Haupterzeugnisse dividiert, um die Kosten für die Herstellung einer Einheit des Hauptproduktes zu erhalten:

$$k_H = \frac{K_H - \Sigma_{xNi} \cdot (P_{Ni} - k_{ANi})}{x_H}$$

K_H = Gesamtkosten des Kuppelprozesses
k_H = Herstellkosten pro Haupterzeugnis-Einheit
x_H = Menge des Haupterzeugnisses
x_{Ni} = Menge der Nebenerzeugnisart i
P_{Ni} = Preis pro Einheit der Nebenerzeugnisart i
k_{ANi} = Weiterverarbeitungskosten pro Einheit der Nebenerzeugnisart i

Beispiel: Die Firma Chemie AG produziert drei Kuppelerzeugnisse.

A   6.000 kg zum Verkaufspreis von 50 DM pro kg
B   500 kg zum Verkaufspreis von 10 DM pro kg
C   400 kg zum Verkaufspreis von 5 DM pro kg

Die Gesamtkosten des Kuppelprozesses belaufen sich auf 200.000 DM. Das Erzeugnis B muß noch weiterverarbeitet werden, was Kosten in Höhe von 2 DM pro kg verursacht. Die Herstellkosten pro kg des Hauptproduktes betragen:

$$k_H = \frac{K_H - \Sigma_{xNi} \cdot (P_{Ni} - k_{ANi})}{x_H}$$

$$k_H = \frac{K_H - [x_{NB} \cdot (P_{NB} - k_{ANB}) + x_{NC} \cdot P_{NC}]}{x_H}$$

$$k_H = \frac{200.000 - [500 \cdot (10 - 2) + 400 \cdot 5]}{6.000} = \underline{\underline{32,33 \text{ DM}}}$$

42

2.2.5.2 Verteilungsrechnung

Die Verteilungsrechnung findet dann Anwendung, wenn aus einem verbundenen Produktionsprozeß **mehrere Haupterzeugnisse** hervorgehen. Die Gesamtkosten der Kuppelproduktion werden mit Hilfe von Äquivalenzziffern auf die einzelnen Erzeugnisse verteilt. Dabei können unterschiedliche Maßstäbe für die Verteilung der Gesamtkosten zugrundegelegt werden.

Es gibt zwei **Methoden** der Verteilungsrechnung:

* Die **Marktpreismethode**, bei der von den Marktpreisen der einzelnen Erzeugnisse auf die Kosten dieser Erzeugnisse geschlossen wird. Die praktische Durchführung der Marktpreismethode erfolgt, indem die Marktpreise der einzelnen verbundenen Erzeugnisse durch Äquivalenzziffern in ihre Relation zueinander gebracht werden. Diese Relation ist auch bei der Kostenverteilung anzuwenden.

Wenn also drei verbundene Produkte A, B und C hinsichtlich der Verkaufspreise ein Verhältnis von 100 DM : 50 DM : 25 DM = 1,00 : 0,50 : 0,25 aufweisen, dann gilt für die Kostenverteilung ebenfalls diese Relation.

Beispiel: Aus einer Kuppelproduktion ergeben sich drei Erzeugnisse, deren Marktpreise betragen:

A: 150 DM/Einheit
B: 180 DM/Einheit
C: 140 DM/Einheit

Die Gesamtkosten der Kuppelproduktion liegen bei 47.700 DM, wobei folgende Einheiten hergestellt wurden:

A: 300 Einheiten
B: 400 Einheiten
C: 300 Einheiten

Erzeugnis	Menge	Markt-preise	Rechnungs-einheiten	Gesamt-kosten	Stückkosten*
A	300	150	45.000	13.500	45
B	400	180	72.000	21.600	54
C	300	140	42.000	12.600	42
			159.000	47.700	

Für Erzeugnis A werden 45 DM/Einheit, für Erzeugnis B 54 DM/Einheit und für Erzeugnis C 42 DM/Einheit angesetzt.

Die Marktpreismethode ist für die Kalkulation von Kuppelerzeugnissen jedoch nicht geeignet, weil mit den Preisschwankungen am Markt auch die Kostenrelationen ständig schwanken müssen. **Verrechnungspreise**, die über längere Zeit festgelegt werden, mildern das vorliegende Problem nur unerheblich.

---

* Die Stückkosten werden rechnerisch ermittelt, wie dies bei der Äquivalenzziffernkalkulation - Seite 196 f. - beschrieben wurde.

Ein weiterer Nachteil der Marktpreismethode ist, daß die Relation der Marktpreise nicht den tatsächlichen variablen und fixen Kosten entspricht, was zu einer verfälschten Zurechnung dieser Kosten führt.

• Die **Schlüsselmethode**, bei der eine Verteilung der Gesamtkosten aufgrund technischer Maßstäbe erfolgt, beispielsweise nach Wärmeeinheiten, die von den Kuppelprodukten erreicht werden.

Die Aussagefähigkeit der Schlüsselmethode ist gering, weil die Maßstäbe weder kostenorientiert noch wirklich nutzenorientiert sind.

43

3. Kostenträgerzeitrechnung

Die Kostenträgerzeitrechnung erfaßt die Kosten und Erlöse des Unternehmens, die während eines bestimmten Zeitraumes angefallen sind. Damit wird es möglich, den leistungsbezogenen Erfolg des Unternehmens - den Gewinn oder Verlust - zu ermitteln.

In der Kostenträgerzeitrechnung werden die in einer Abrechnungsperiode angefallenen Selbstkosten auf die Erzeugnisgruppen eines Unternehmens aufgeteilt. Werden den Selbstkosten die Umsatzerlöse je Erzeugnisgruppe gegenübergestellt, liegt eine **Kostenträgerzeitrechnung** und **Ergebnisrechnung** vor.

Die Kostenträgerzeit- und Ergebnisrechnung dient: (Aufgaben)

• der Ermittlung der Selbstkosten einer Abrechnungsperiode,

• der Ermittlung des Anteils der verschiedenen Erzeugnisgruppen an den Gesamtkosten und am Gesamtergebnis eines Zeitabschnitts,

• der Abstimmung mit der Buchhaltung,

• der Kontrolle der Wirtschaftlichkeit der Erzeugnisgruppen und der Einleitung kostensenkender Maßnahmen,

• der kurzfristigen Erfolgsrechnung.

Als **Betriebsergebnis-Rechnung** wird die Kostenträgerzeitrechnung jährlich im Rahmen der Feststellung des Jahresabschlusses durchgeführt. Um die notwendigen Dispositionen im Unternehmen treffen zu können, erweist sich das Betriebsergebnis als **nicht geeignet**:

• Das Betriebsergebnis kommt zu spät, weil der Erfolg eines Jahres erst nach dessen Ende bekannt wird.

• Das Betriebsergebnis gliedert die Gesamtkosten nach produktionsfaktorbezogenen Kosten und nicht nach Kosten, die von den einzelnen Erzeugnissen oder Erzeugnisgruppen verursacht worden sind.

Deshalb bietet sich dem Unternehmen die **kurzfristige Erfolgsrechnung** als Kostenträgerzeitrechnung an. Sie unterscheidet sich von der Betriebsergebnis-Rechnung vor allem durch:

• Die Kurzfristigkeit ihrer Erstellung, die meist monatlich, teilweise sogar noch kurzfristiger erfolgt.

• Die Zurechnung der produktionsfaktorbezogenen Kosten auf die einzelnen Erzeugnisse oder Erzeugnisgruppen.

• Die Möglichkeit der Auswertung des Erfolges nach verschiedenen Kriterien, insbesondere:

- Fertigungsbereichen
- Absatzwegen
- Kundengruppen
- Absatzgebieten
- Auftragsgrößen.

Die kurzfristige Erfolgsrechnung wird häufig auch als **kurzfristige Betriebsergebnis-Rechnung** oder ganz allgemein als **Kostenträgerzeitrechnung** bezeichnet.

Mit der kurzfristigen Erfolgsrechnung ist es möglich, einen zeitnahen, differenzierten Einblick in die Entwicklung der Kosten und Erlöse - und damit des Erfolges - zu nehmen. Sie stellt damit eine wichtige Grundlage für die im Unternehmen zu treffenden Entscheidungen dar.

Die Kurzfristigkeit der Erfolgsrechnung führt zu **Problemen der Abgrenzung**. Diese bestehen insbesondere darin, daß die in einer kurzen Abrechnungsperiode entstehenden Kosten nicht den Kosten entsprechen, die von den in dieser Abrechnungsperiode abgesetzten Erzeugnissen verursacht wurden:

• Es werden Erzeugnisse in der Abrechnungsperiode gefertigt, die erst in der nächsten Periode abgesetzt werden.

• Es werden Erzeugnisse in der Abrechnungsperiode abgesetzt, die bereits in einer früheren Periode gefertigt wurden.

Um die Abgrenzung der periodenbezogenen Kosten und Erlöse vornehmen zu können, ist es erforderlich, eine **einheitliche Bezugsbasis** zugrundezulegen. Sie kann in der Zahl der während der Abrechnungsperiode gefertigten oder abgesetzten Erzeugnisse bestehen.

Die Kostenträgerzeitrechnung kann sich - wie die Kostenträgerstückrechnung - auf künftige Zeiträume oder bereits vergangene Zeiträume beziehen. Sie wird entsprechend als **Vorrechnung** oder **Nachrechnung** bezeichnet.

Nach ihrer Kostengliederung sind zwei **Arten** der Kostenträgerzeitrechnung zu unterscheiden:

* **Gesamtkostenverfahren**
* **Umsatzkostenverfahren.**

Beide Verfahren führen zu gleichen Ergebnissen.

3.1 Gesamtkostenverfahren

Das Gesamtkostenverfahren ist das üblicherweise verwendete Verfahren, um den Periodenerfolg des Unternehmens, der jährlich festzustellen ist, zu ermitteln. Dabei werden die **gesamten Kosten** der Rechnungsperiode - nach Kostenarten gegliedert - den **gesamten betrieblichen Erträgen gegenübergestellt.** Auf eine Kostenstellenrechnung und Kostenträgerrechnung könnte beim Gesamtkostenverfahren verzichtet werden.

Da meist nicht alle in einer Periode gefertigten Erzeugnisse auch in der gleichen Periode verkauft werden, ist es erforderlich, entsprechende **Bestandsveränderungen** an unfertigen und fertigen Erzeugnissen zu berücksichtigen, wenn das Betriebsergebnis nicht verfälscht werden soll.

Die Bestandsveränderungen sollten zu Herstellkosten bewertet werden, sofern die Marktpreise über den Herstellkosten liegen. Im umgekehrten Fall sollten die niedrigeren Marktpreise angesetzt werden. Bestandsminderungen sind im Betriebsergebnis-Konto auf der Soll-Seite, Bestandsmehrungen auf der Haben-Seite auszuweisen:

Soll	Betriebsergebniskonto	Haben
Kosten der Periode, nach Kostenarten gegliedert		Erlöse der Periode
Bestandsminderungen an unfertigen und fertigen Erzeugnissen		Bestandsmehrungen an unfertigen und fertigen Erzeugnissen
		Andere aktivierte Eigenleistungen
Gewinn der Periode	oder	Verlust der Periode

Bei Abrechnung nach dem **IKR** wird das Betriebsergebnis entsprechend in der Ergebnistabelle ermittelt:

Vereinfachte Darstellung in Anlehnung an § 275 Abs. 2 HGB	
	Umsatzerlöse (bereinigt um Erlösschmälerungen)
+/-	Bestandsveränderungen an unfertigen und fertigen Erzeugnissen
+	Andere aktivierte Eigenleistungen
=	Gesamtleistung
-	Betriebliche Aufwendungen
=	Betriebsergebnis

Beim Gesamtkostenverfahren können unterschieden werden:

• **Mathematische Ermittlung**
• **Kostenträgerblatt**
• **Buchhalterische Ermittlung.**

3.1.1 Mathematische Ermittlung

Die mathematische Ermittlung des **Betriebserfolges einer Abrechnungsperiode**
kann mit Hilfe der folgenden Gleichung erfolgen:

$$G_B = U + \Sigma (x_{pi} - x_{ai}) k_{Hi} - \Sigma K_j$$

G_B = Betriebserfolg (DM/Periode)
U   = Umsatzerlöse (DM/Periode)
x_{ai} = Absatzmenge der Erzeugnisart i (Stück/Periode)
x_{pi} = Produktionsmenge der Erzeugnisart i (Stück/Periode)
k_{Hi} = Herstellkosten pro Stück der Erzeugnisart i (DM/Stück)
K_j = Verwendete Kostenarten (DM/Periode)

Der mittlere Teil der rechten Gleichungsseite - $\Sigma (X_{pi} - x_{ai}) k_{Hi}$ - stellt die zu Herstellkosten bewertete Bestandsveränderung der unfertigen und Fertigerzeugnisse
dar.

Beispiel: Bei Fertigung eines Erzeugnisses im Unternehmen ergeben sich folgende Daten:

Umsatzerlöse	100.000	DM/Monat
Produzierte Menge	22.000	Stück/Monat
Abgesetzte Menge	20.000	Stück/Monat
Herstellkosten	4	DM/Monat
Fertigungsmaterial	10.000	DM/Monat
Gemeinkostenmaterial	8.500	DM/Monat
Fertigungslöhne	15.000	DM/Monat
Hilfslöhne	5.000	DM/Monat
Gehälter	18.000	DM/Monat
Sozialkosten	3.000	DM/Monat
Abschreibungen	6.000	DM/Monat

Als **Betriebserfolg** ergibt sich:

G_B = 100.000 + (22.000 - 20.000)·4 - (10.000 + 8.500 + 15.000 + 5.000 + 18.000 + 3.000 + 6.000)

G_B = 42.500 DM/Monat

3.1.2 Kostenträgerblatt

Im Kostenträgerblatt erfolgt die statistisch-tabellarische Ermittlung des Betriebsergebnisses als leistungsbezogenem Erfolg. Das Kostenträgerblatt kann folgendes **Aussehen** haben:

Fertigungsmaterial	...
+ Materialgemeinkosten	...
= Materialkosten	...
Fertigungslöhne	...
+ Fertigungsgemeinkosten	...
+ Sondereinzelkosten der Fertigung	...
= Fertigungskosten	...
= Herstellkosten der Erzeugung	...
+ Minderbestand unfertige/fertige Erzeugnisse	...
- Mehrbestand unfertige/fertige Erzeugnisse	...
= **Herstellkosten des Umsatzes**	...
+ Verwaltungsgemeinkosten	...
+ Vertriebsgemeinkosten	...
+ Sondereinzelkosten des Vertriebs	...
= **Selbstkosten des Umsatzes**	...
Netto-Verkaufserlöse	...
- Selbstkosten des Umsatzes	...
= **Betriebsergebnis**	...

Das Betriebsergebnis kann beim Gesamtkostenverfahren auch in Weiterführung des Betriebsabrechnungsbogens tabellarisch als **Betriebsabrechnungsbogen II (BAB II)** ermittelt werden.

Dem Aufbau des Kostenträgerblattes liegt das Schema der Zuschlagskalkulation zugrunde. Die Einzelkosten werden den Materialentnahmescheinen und den Lohnscheinen entnommen. Diese Belege enthalten in der Regel Auftragsnummern, aus denen die Zugehörigkeit zu einer bestimmten Erzeugnisgruppe hervorgeht.

Sondereinzelkosten werden meist über Eingangsrechnungen in der Buchhaltung kontiert. Diese Belege werden außer mit einer Kostenarten- auch mit einer Auftragsnummer kontiert, so daß auch hier die Zuordnung zunächst zu einem einzelnen Auftrag und außerdem über die Kennung in der Auftragsnummer zu einer Erzeugnisgruppe möglich ist.

Die Gemeinkosten werden mit Hilfe der Normal-, Soll- oder Planzuschlagsätze auf die Einzelkosten verrechnet.

Das Umsatzergebnis der Kostenträgerzeit- und Ergebnisrechnung zuzüglich der Überdeckungen und abzüglich der Unterdeckungen im BAB I muß mit dem Betriebsergebnis in der Ergebnistabelle bzw. auf dem Betriebsergebniskonto übereinstimmen. Auf diese Weise läßt sich prüfen, ob alle Kosten und Leistungen aus der Ergebnistabelle in die Kosten- und Leistungsrechnung eingegangen sind (geschlossene Kostenrechnung). Über die Ergebnistabelle bzw. das Betriebsergebniskonto ist die Abstimmung der kontenmäßigen Buchführung mit der tabellarischen Kostenrechnung sichergestellt.

Die **Grundstruktur** eines BAB II kann folgendes Aussehen haben:

	(Entstandene) Istkosten		(Verrechnete) Normalkosten		Kosten-deckung
	DM	%	DM	%	DM
Fertigungsmaterial	....		....		
+ Materialgemeinkosten	....		....		....
= Materialkosten	....		....		
Fertigungslöhne	....		....		
+ Fertigungsgemeinkosten	....		....		
+ Sondereinzelkosten der Fertigung	....		....		....
= Fertigungskosten	....		....		
= Herstellkosten der Erzeugung	....		....		
+ Minderbestand unfertigen/ fertigen Erzeugnissen	....		....		
- Mehrbestand unfertigen/ fertigen Erzeugnissen	....		....		
= Herstellkosten des Umsatzes	....		....		
+ Verwaltungsgemeinkosten	....		....		....
+ Vertriebsgemeinkosten	....		....		....
+ Sondereinzelkosten des Vertriebs	....		....		
= Selbstkosten des Umsatzes	....		....		
Netto-Verkaufserlöse	....		....		
- Selbstkosten des Umsatzes	....		....		
= Umsatzergebnis	....		....		
+ Überdeckung	....		....		....
- Unterdeckung	....		....		....
= Betriebsergebnis	....		....		

Die verrechneten Normalkosten lassen sich zusätzlich aufteilen in:

• Fertigerzeugnisse (FE)
• Unfertige Erzeugnisse (UE)
• Aktivierte Eigenleistungen (AEL).

(Entstandene) Istkosten		(Verrechnete) Normalkosten				Kosten-deckung
		FE	UE	AEL	Summe	
DM	%	DM	DM	DM	DM	DM

Wird eine Aufteilung in Fertigerzeugnisse und unfertige Erzeugnisse, gegebenenfalls auch in aktivierte Eigenleistungen vorgenommen, sind die Bestandsveränderungen bei den fertigen Erzeugnissen und den unfertigen Erzeugnissen getrennt zu erfassen, das Kostenträgerblatt wird zeilenmäßig erweitert.

Das gleiche gilt für die aktivierten Eigenleistungen, die von den um die Bestandsveränderungen bereinigten Herstellkosten der Erzeugung abzuziehen sind.

Beispiel:

Kostenträgerzeit- und Ergebnisrechnung Monat Mai 1990			
		Verrechnete Sollkosten	
	Kostenträger insgesamt	Erzeugnisgruppen	
		Maschinenbau	Anlagenbau
1. Fertigungsmaterial	95.000	45.000	50.000
2. + 12 % MGK	11.400	5.400	6.000
3. Materialkosten	106.400	50.400	56.000
4. Fertigungslöhne	35.000	25.000	10.000
5. + 300 % FGK	105.000	75.000	30.000
6. Fertigungskosten	140.000	100.000	40.000
7. Herstellkosten der Erzeugung	246.400	150.400	96.000
8. - Mehrbestand unfertige Erzeugnisse	14.800	800	14.000
9. + Minderbestand fertige Erzeugnisse	10.000	8.000	2.000
10. Herstellkosten des Umsatzes	241.600	157.600	84.000
11. + 9 % VwGK	21.744	14.184	7.560
12. + 7 % VtGK	16.912	11.032	5.880
13. Selbstkosten des Umsatzes	280.256	182.816	97.440
14. Verkaufserlöse	290.006	195.000	95.000
15. Umsatzergebnis nach Gruppen	+ 9.750 ◄── + 12.190		- 2.440
16. + Überdeckung lt. BAB	+ 656		
17. Betriebsergebnis lt. Ergebnistabelle	+ 10.406		

Zusammenfassend kann festgestellt werden:

• Die Kostenträgerzeitrechnung wird tabellarisch im Kostenträgerblatt, dem BAB II, geführt.

• Das Kostenträgerblatt entspricht im Aufbau dem Schema der (differenzierenden) Zuschlagskalkulation.

• Die Kostenträgerzeit- und Ergebnisrechnung teilt die Selbstkosten und die Umsatzerlöse auf die Erzeugnisgruppen auf.

• Sie zeigt den Anteil der einzelnen Erzeugnisgruppen am Umsatzergebnis.

• Umsatzergebnis + Überdeckungen im BAB
  bzw.
  Umsatzergebnis - Unterdeckungen im BAB
  müssen mit dem Betriebsergebnis in der Ergebnistabelle übereinstimmen.

44

3.1.3 Buchhalterische Ermittlung

Die buchhalterische Ermittlung des Betriebserfolges nach dem Gesamtkostenverfahren bei Anwendung des **GKR** soll an einem Beispiel dargestellt werden.

Beispiel:

Folgende Kosten sind in der abgelaufenen Wirtschaftsperiode entstanden:

Fertigungsmaterial	10.000 DM
Gemeinkostenmaterial	8.500 DM
Fertigungslöhne	15.000 DM
Hilfslöhne	5.000 DM
Gehälter	18.000 DM
Sozialkosten	3.500 DM
Abschreibungen	6.500 DM
Sondereinzelkosten des Vertriebs	4.500 DM
Unfertige Erzeugnisse:	
Anfangsbestand	60.000 DM
Endbestand	45.000 DM
Fertigerzeugnisse:	
Anfangsbestand	80.000 DM
Endbestand	85.000 DM
Verkaufserlöse	115.500 DM
Erlösberichtigungen	2.500 DM

• Buchungen bei Verwendung des **GKR:**

(1) Klasse 9:	Betriebsergebnis	
an Klasse 4:	Kostenarten	71.000 DM
(2) Klasse 8:	Bestandsveränderungen	
an Klasse 7:	Unfertige Erzeugnisse	15.000 DM
(3) Klasse 7:	Fertigerzeugnisse	
an Klasse 8:	Bestandsveränderungen	5.000 DM
(4) Klasse 9:	Betriebsergebnis	
an Klasse 8:	Bestandsveränderungen	10.000 DM
(5) Klasse 8:	Verkaufserlöse	
an Klasse 8:	Erlösberichtigungen	2.500 DM
(6) Klasse 8:	Verkaufserlöse	
an Klasse 9:	Betriebsergebnis	113.000 DM
(7) Klasse 9:	Betriebsergebnis	
an Klasse 9:	Gewinn + Verlust	32.000 DM

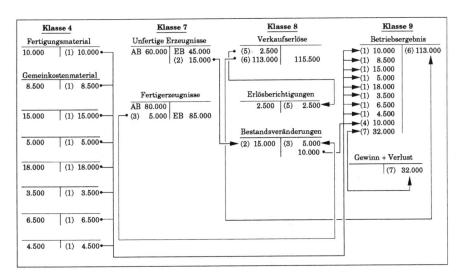

Der Betriebserfolg beträgt - wie ersichtlich - 32.000 DM.

Bei Verwendung des **IKR** ist die buchhalterische Ermittlung des Betriebserfolgs mit Hilfe des Gesamtkostenverfahrens nicht möglich. Sie erfolgt ausschließlich statistisch im Rechnungskreis II (Betriebsergebnis in der Ergebnistabelle).

3.1.4 Eignung

Vorteile des Gesamtkostenverfahrens sind:

• Der Aufbau des Gesmtkostenverfahrens ist einfach.

• Es läßt sich problemlos in das System der doppelten Buchführung einfügen.

Nachteile des Gesamtkostenverfahrens sind:

• Es setzt die Inventur der unfertigen und fertigen Erzeugnisse voraus, um Bestandsveränderungen festzustellen, die bei Unternehmen mit mehreren Fertigungsstufen
und/oder einem umfangreichen Fertigungsprogramm aufwendig ist.

• Es liefert Mehrprodukt-Unternehmen keine Informationen, mit denen die Kosten
und der Erfolg der Erzeugnisse oder Erzeugnisgruppen analysiert werden könnten.

Das Gesamtkostenverfahren wird vielfach eingesetzt, um den Betriebserfolg des
Unternehmens im Rahmen der Feststellung des Jahresabschlusses **buchhalterisch**
zu ermitteln.

Zur statistisch-tabellarischen Ermittlung des kurzfristigen Betriebserfolges ist das
Gesamtkostenverfahren nicht geeignet, insbesondere bei Unternehmen, die mehrere
Erzeugnisse herstellen.

3.2 Umsatzkostenverfahren

Beim Umsatzkostenverfahren werden die Kosten und Erlöse der abgesetzten Erzeugnisse gegenübergestellt. Die Gegenüberstellung sollte - als **Artikelerfolgsrechnung**
- nach Erzeugnissen oder Erzeugnisgruppen erfolgen. Der betriebliche Erfolg ergibt
sich aus der Differenz der Kosten und Erlöse.

Bestandsveränderungen müssen beim Umsatzkostenverfahren - im Gegensatz zu
dem Gesamtkostenverfahren - nicht berücksichtigt werden, weil das Umsatzkostenverfahren von vornherein nur die abgesetzten Erzeugnisse berücksichtigt.

Das Betriebsergebnis-Konto hat folgendes **Aussehen:**

Soll	Betriebsergebniskonto	Haben
Kosten der in der Periode abgesetzten Erzeugnisse (meist nach Erzeugnisgruppen gegliedert)	Erlöse der Periode (meist nach Erzeugnisgruppen gegliedert)	
Sonstige betriebliche Aufwendungen		
Gewinn der Periode	oder	Verlust der Periode

Vereinfachte Darstellung in Anlehnung an § 275 Abs. 3 HGB
Umsatzerlöse (bereinigt um Erlösschmälerungen)   - Herstellungskosten der zur Erzielung der Umsatzerlöse erbrachten Leistungen
= Bruttoergebnis vom Umsatz   - Vertriebskosten   - Allgemeine Verwaltungskosten   - Sonstige betriebliche Aufwendungen
= Betriebsergebnis

Voraussetzung für die Anwendung des Umsastzkostenverfahrens ist die Existenz einer qualifizierten Kostenrechnung.

Die gesamten **Kosten** der einzelnen Erzeugnisse oder Erzeugnisgruppen werden als Selbstkosten aus der Kostenträgerstückrechnung entnommen, die gesamten Erlöse aus den Ausgangsrechnungen.

Beim Umsatzkostenverfahren können unterschieden werden:

- **Mathematische Ermittlung**
- **Kostenträgerblatt**
- **Buchhalterische Ermittlung.**

3.2.1 Mathematische Ermittlung

Die mathematische Ermittlung des betrieblichen Erfolges beim Umsatzkostenverfahren wird in folgender Weise vorgenommen:

$$G_B = U - \Sigma x_{ai} \cdot k_{si}$$

oder

$$G_B = \Sigma x_{ai} (p_i - k_{si})$$

G_B = Betrieblicher Erfolg (DM/Periode)

U   = Umsatzerlöse (DM/Periode)

x_{ai} = Absatzmenge der Erzeugnisart i (Stück/Periode)

P_i = Preis der Erzeugnisse i (DM/Stück)

k_{si} = Selbstkosten pro Stuck (DM/Stück)

Beispiel: Die Umsatzerlöse betragen 50.000 DM. Vom Erzeugnis A werden 2.000 Stück zum Preis von 10 DM/Stück abgesetzt, die Selbstkosten betragen 7 DM/Stück. Vom Erzeugnis B werden 6.000 Stück zum Preis von 5 DM/Stück abgesetzt, die Selbstkosten betragen 4 DM/Stück.

Der betriebliche Erfolg beträgt:

$$GB = U - \Sigma x_{ai} \cdot k_{si}$$

$$GB = 50.000 - (2.000 \cdot 7 + 6.000 \cdot 4)$$

$$GB = 12.000 \ DM/Periode$$

3.2.2 Kostenträgerblatt

Das Kostenträgerblatt beim Umsatzkostenverfahren kann in folgender Weise aufgebaut sein:

	Erzeugnis-(gruppe) A	Erzeugnis-(gruppe) B	Erzeugnis-(gruppe) C	Gesamt
Herstellkosten der abgesetzten Erzeugnisse	....	....	....	....
+ Verwaltungsgemeinkosten	....	....	....	....
+ Vertriebsgemeinkosten	....	....	....	....
+ Sondereinzelkosten des Vertriebs	....	....	....	....
= **Selbstkosten der abgesetzten Erzeugnisse**	....	....	....	....
Bruttoerlöse	....	....	....	....
- Erlösschmälerungen	....	....	....	....
= **Nettoerlöse**	....	....	....	....
- Selbstkosten der abgesetzten Erzeugnisse	....	....	....	....
= **Betriebsergebnis**	....	....	....	....

oder

Erzeugnis/Erzeugnisgruppe		1	2	3	Gesamt
Verkaufspreis	DM/Stück	....	....	....	....
Selbstkosten	DM/Stück	....	....	....	....
Gewinn (netto)	DM/Stück	....	....	....	....
Absatzmenge	Stück/Periode	....	....	....	....
Umsatzerlöse	DM/Periode	....	....	....	....
Selbstkosten	DM/Periode	....	....	....	....
Betriebsergebnis	DM/Periode	....	....	....	....

Es kann sich anbieten, die **Rangfolge** der Netto-Gewinne pro Stück der einzelnen Erzeugnisse in einer Zeile auszuweisen, um unmittelbar erkennen zu können, welche

Anteile die einzelnen Erzeugnisse am leistungsbezogenen Erfolg haben. Dies wird sich besonders bei Unternehmen anbieten, die viele Arten von Erzeugnissen herstellen.

45

3.2.3 Buchhalterische Ermittlung

Die buchhalterische Ermittlung der Artikel-Erfolge nach dem Umsatzkostenverfahren wird in folgender Weise vorgenommen:

• Bei Verwendung des **GKR**

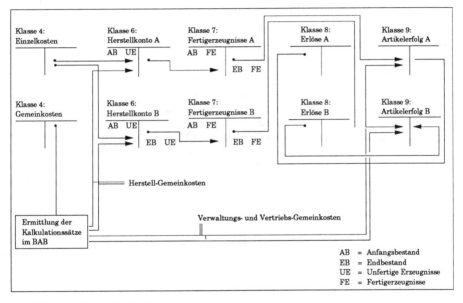

• Bei Verwendung des **IKR**

Da der IKR nach dem Zweikreissystem aufgebaut ist, müssen die Bestandskonten der Finanzbuchhaltung beispielsweise die Konten der Rohstoffe, Hilfsstoffe, Betriebsstoffe, unfertiger Erzeugnisse, Fertigerzeugnisse durch Verrechnungskonten ersetzt werden, die in der Kontengruppe 94 zu führen sind, um die Artikelerfolgsrechnung durchführen zu können.

3.2.4 Eignung

Ein **Vorteil** des Umsatzkostenverfahrens ist, daß die Erfolge der einzelnen Erzeugnisse oder Erzeugnisgruppen leichter feststellbar sind, da die Kosten und Erlöse in gleicher Weise gegliedert werden.

Als **Nachteile** des Umsatzkostenverfahrens lassen sich nennen:

• Die buchhalterische Ermittlung der Erfolge ist aufwendig, da eine differenzierte Kostenstellenrechnung und Kostenträgerstückrechnung zu führen sind.

• Das buchhalterisch im GKR durchgeführte Umsatzkostenverfahren wird den Gliederungsvorschriften des § 275 Abs. 3 HGB nicht gerecht.

Bei Verwendung des **GKR** ist das Umsatzkostenverfahren weniger empfehlenswert, wenn der Betriebserfolg **buchhalterisch** zu ermitteln ist, was insbesondere für die Feststellung des Jahresabschlusses gilt. Wird im Unternehmen mit dem **IKR** gearbeitet, stellt die buchhalterische Anwendung des Umsatzkostenverfahrens keine Schwierigkeit dar.

Bei **statistisch-tabellarischer** Ermittlung des Betriebsergebnisses mit Hilfe des Kostenträgerblattes ist das Umsatzkostenverfahren grundsätzlich geeignet, insbesondere bei Unternehmen, die mehrere Erzeugnisse herstellen. Die kurzfristige Erfolgsrechnung wird üblicherweise und zweckmäßigerweise - als Artikelerfolgsrechnung - auf diese Art durchgeführt.

Es muß aber darauf hingewiesen werden, daß die mit Vollkosten durchgeführte kurzfristige Erfolgsrechnung - wie sie dargestellt wurde - einer mit Teilkosten durchgeführten kurzfristigen Erfolgsrechnung - wie sie später dargestellt wird - unterlegen ist. Der Grund ist in der Verletzung des Verursachungsprinzips zu sehen.

Kontrollfragen	bear-beitet	Lösungs-hinweis	Lösung + | -
01 Wozu dient die Kostenträgerrechnung?		185	
02 Wie ist die Kostenträgerrechnung in das System der Kostenrechnung eingebunden?		185	
03 Was sind Kostenträger?		185	
04 Welche Kostenträger lassen sich nach der Bestimmung der Güter unterscheiden?		185	
05 Welche Kostenträger können nach der Art der Güter unterschieden werden?		185 f.	
06 Nennen Sie die Kostenträger, die nach ihrer unterschiedlichen Fertigungsstufe unterschieden werden!		186	
07 Welche Kostenträger lassen sich nach der Verbundenheit der Güter unterscheiden?		186	
08 Nennen Sie die Aufgaben der Kostenträgerrechnung!		186	
09 Welche Prinzipien liegen der Kostenträgerrechnung zugrunde?		187	
10 Was sagt das Kostenverursachungsprinzip aus?		187	
11 Beschreiben Sie das Durchschnittsprinzip!		187	
12 Was versteht man unter dem Prinzip der Kostentragfähigkeit?		188	
13 Welche Aufgabe hat die Kostenträgerstückrechnung?		188	
14 Nennen Sie die Arten der Kostenträgerstückrechnung!		188	
15 Wozu dient die Vorkalkulation?		188 f.	
16 Wie werden Einzelkosten und Gemeinkosten bei der Vorkalkulation behandelt?		189	
17 Worin besteht das Erfordernis einer Zwischenkalkulation?		189	
18 Wozu dient die Nachkalkulation?		189 f.	
19 Welche Verfahren der Kostenträgerstückrechnung gibt es?		190	
20 Für welche Fertigungsverfahren sind die einzelnen Kostenträgerstückrechnungen im einzelnen geeignet?		191	
21 Was versteht man unter der Divisionskalkulation?		191	
22 Welche Formen der Divisionskalkulation können unterschieden werden?		191	
23 Welche Voraussetzungen müssen im Unternehmen erfüllt sein, um die einstufige Divisionskalkulation anwenden zu können?		191	
24 Wie wird die summarische Divisionskalkulation durchgeführt?		191	
25 Beschreiben Sie die Vorgehensweise bei der differenzierenden Divisionskalkulation!		192	

	Kontrollfragen	bear-beitet	Lösungs-hinweis	Lösung + | -
26	Welche Voraussetzungen gelten bei Anwendung der zweistufigen Divisionskalkulation?		193	
27	Wie wird bei der zweistufigen Divisionskalkulation vorgegangen?		193	
28	Worin besteht die Voraussetzung bei der mehrstufigen Divisionskalkulation?		194	
29	Wie wird die mehrstufige Divisionskalkulation durchgeführt?		194	
30	Wo liegen die Anwendungsgebiete der Äquivalenzziffernkalkulation?		195	
31	Welche Voraussetzungen gelten für die Anwendung der einstufigen Äquivalenzziffernkalkulation?		195	
32	Beschreiben Sie die Vorgehensweise bei der einstufigen Äquivalenzziffernkalkulation!		195 f.	
33	In welchen Schritten erfolgt bei der einstufigen Äquivalenzziffernkalkulation die tabellarische Lösung?		196	
34	Wie wird bei der mehrstufigen Äquivalenzziffernkalkulation vorgegangen?		197	
35	Welche Voraussetzung gilt für die Anwendung der mehrstufigen Äquivalenzziffernkalkulation?		197	
36	Bei welchen Fertigungsverfahren findet die Zuschlagskalkulation Anwendung?		198	
37	Wie ist die grundsätzliche Vorgehensweise bei der Zuschlagskalkulation?		198	
38	Beschreiben Sie die summarische Zuschlagskalkulation!		199	
39	Wie wird bei der differenzierenden Zuschlagskalkulation vorgegangen?		199 f.	
40	Stellen Sie das Schema der differenzierenden Zuschlagskalkulation dar!		200	
41	Wie werden die Gemeinkostenzuschläge rechnerisch ermittelt?		200	
42	Inwieweit können mit Hilfe der differenzierenden Zuschlagskalkulation die Preise der Erzeugnisse ermittelt werden?		201	
43	Ergänzen Sie das Schema der differenzierenden Zuschlagskalkulation um die Positionen, die zum Brutto-Verkaufspreis führen!		201	
44	Wie ergeben sich im Handel die Selbstkosten?		201	
45	Wie wird der Einstandspreis im Handel ermittelt?		201	
46	Aus welchen Kostenarten bestehen die Handlungskosten?		201	
47	Was versteht man unter der Handelsspanne?		201	

	Kontrollfragen	bear-beitet	Lösungs-hinweis	Lösung + | -
48	Wann bietet es sich an, die Maschinenstundensatzkalkulation zu verwenden?		202	
49	Beschreiben sie die grundlegenden Merkmale der Maschinenstundensatzrechnung!		203	
50	Nennen Sie maschinenabhängige und maschinenunabhängige Gemeinkosten!		203	
51	In welchen Schritten wird bei der Maschinenstundensatzkalkulation vorgegangen?		203	
52	Stellen Sie dar, wie die Maschinenlaufzeit ermittelt wird!		204 f.	
53	Was versteht man unter Stillstandszeit?		205	
54	Erläutern Sie, was die Instandhaltungszeit ist!		205	
55	Welche Kostenarten gehen in den Maschinenstundensatz ein?		205 ff.	
56	Wie werden die Abschreibungen je Maschinenstunde ermittelt?		205	
57	Wie errechnet man die Zinsen je Maschinenstunde?		206	
58	Erläutern Sie, wie die Instandhaltungskosten je Maschinenstunde ermittelt werden?		206	
59	Welche Kostenarten sind in den Raumkosten enthalten und wie werden sie je Maschinenstunde errechnet?		206	
60	Zeigen Sie die Ermittlung der Energiekosten je Maschinenstunde!		207	
61	Welche weiteren Kostenarten können im Einzelfall außerdem noch in den Maschinenstundensatz einbezogen werden?		207	
62	Wie ergibt sich der Maschinenstundensatz?		207	
63	Stellen Sie dar, wie die Fertigungskosten ermittelt werden!		208	
64	Was versteht man unter der Kuppelkalkulation?		208	
65	Welches Prinzip der Kostenträgerrechnung findet bei der Kuppelkalkulation Anwendung?		208	
66	In welchen Formen kann die Kuppelkalkulation durchgeführt werden?		208	
67	In welchen Fällen wird die Restwertrechnung eingesetzt?		209	
68	Wie wird bei der Restwertrechnung rechnerisch vorgegangen?		209	
69	Wo liegt das Einsatzgebiet der Verteilungsrechnung?		210	
70	Nennen Sie die Methoden, derer sich die Verteilungsrechnung bedient!		210 f.	
71	Wie wird bei der Marktpreismethode vorgegangen?		210	
72	Wie ist die Eignung der Marktpreismethode zu beurteilen?		210 f.	

Kontrollfragen	bear- beitet	Lösungs- hinweis	Lösung +	Lösung -
73	Was versteht man unter der Schlüsselmethode?		211		
74	Beurteilen Sie die Aussagefähigkeit der Schlüsselmethode.		211		
75	Was versteht man unter der Kostenträgerzeitrechnung?		211		
76	Wozu dienen die Kostenträgerzeitrechnung und Ergebnisrechnung?		211		
77	Weshalb ist die Kostenträgerzeitrechnung nicht geeignet, für Dispositionen im Unternehmen herangezogen zu werden?		211		
78	Worin unterscheidet sich die traditionelle Betriebsergebnis-Rechnung von der kurzfristigen Erfolgsrechnung?		211		
79	Vor welchen Problemen steht die kurzfristige Erfolgsrechnung?		212		
80	Wie lassen sich diese Probleme bewältigen?		212		
81	Nennen Sie die Verfahren der Kostenträgerzeitrechnung!		213		
82	Wie wird beim Gesamtkostenverfahren grundsätzlich vorgegangen?		213		
83	Welche Bedeutung haben Bestandsveränderungen beim Gesamtkostenverfahren und wie sind sie zu behandeln?		213		
84	Stellen Sie das Betriebsergebnis-Konto beim Gesamtkostenverfahren dar!		213		
85	Wie wird das Betriebsergebnis beim IKR ermittelt?		213		
86	Stellen sie die vereinfachte Ermittlung des Betriebsergebnisses in Anlehnung an § 275 Abs. 2 HGB dar!		213		
87	Wie läßt sich der Betriebserfolg beim Gesamtkostenverfahren rechnerisch ermitteln?		214		
88	Welches Aussehen hat das Kostenträgerblatt beim Gesamtkostenverfahren?		215		
89	Was versteht man beim Gesamtkostenverfahren unter einem BAB II?		215		
90	Inwiefern lassen sich auch unfertige Erzeugnisse und aktivierte Eigenleistungen in das Kostenträgerblatt aufnehmen?		216 f.		
91	Beschreiben Sie, wie die buchhalterische Ermittlung des Betriebserfolges beim Gesamtkostenverfahren unter Verwendung des GKR grundsätzlich durchgeführt wird!		218		
92	Inwieweit ist die buchhalterische Ermittlung des Betriebserfolges beim Gesamtkostenverfahren unter Verwendung des IKR möglich?		219		
93	Wie ist die Eignung des Gesamtkostenverfahrens zu beurteilen?		220		
94	Was versteht man unter dem Umsatzkostenverfahren?		220		

Kontrollfragen	bear-beitet	Lösungs-hinweis	Lösung +	-
95	Wie werden Bestandsveränderungen beim Umsatzkostenverfahren behandelt?		221		
96	Stellen Sie das Betriebsergebnis-Konto beim Umsatzkostenverfahren dar!		221		
97	Wie sieht die mathematische Ermittlung des Betriebserfolges beim Umsatzkostenverfahren aus?		221		
98	Beschreiben Sie, wie beim Umsatzkostenverfahren das Kostenträgerblatt aussehen kann!		222		
99	Wie kann die buchhalterische Ermittlung des Betriebserfolges beim Umsatzkostenverfahren grundsätzlich vorgenommen werden?		223		
100	Beschreiben Sie die Eignung des Umsatzkostenverfahrens!		223 f.		

E. Kostenrechnungssysteme auf Vollkostenbasis

Kostenrechnungssysteme sind durch bestimmte Merkmale bzw. Merkmalkombinationen gekennzeichnet, beispielsweise:

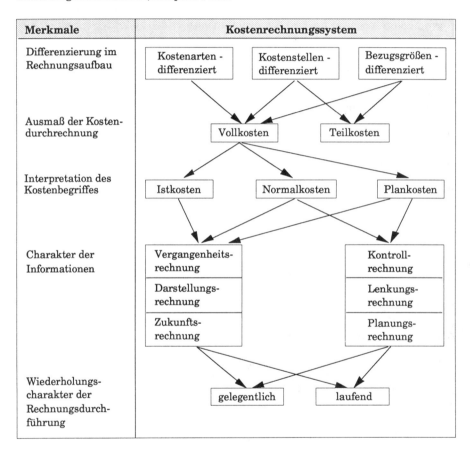

Merkmale	Kostenrechnungssystem

Bei den Kostenrechnungssystemen auf Vollkostenbasis werden die gesamten ermittelten Kosten auf die Kostenträger verteilt. Dabei können die Kosten mit den tatsächlich angefallenen Werten einer Rechnungsperiode - den Istkosten - übereinstimmen, oder ihre Ermittlung kann für laufende oder zukünftige Rechnungsperioden mit Hilfe von Normal- oder Planwerten erfolgen.

Entsprechend dieser Unterscheidung gilt es, folgende Kostenrechnungssysteme auf Vollkostenbasis zu unterscheiden:

- **Istkostenrechnung**
- **Normalkostenrechnung**
- **Plankostenrechnung.**

Die Kostenrechnungssysteme auf Vollkostenbasis sind die heute in der Praxis noch vielfach angewandten Verfahren, wenngleich sie verschiedene Mängel aufweisen.

Das zentrale **Problem** ist die Verteilung derjenigen Kosten, die nicht unmittelbar durch die einzelnen Leistungen verursacht werden, des fixen Teiles der Gemeinkosten.

Um die Schwierigkeit der Verteilung der fixen Gemeinkostenanteile auszuschalten, sind Kostenrechnungssysteme auf **Teilkostenbasis** entwickelt worden, bei denen lediglich bestimmte Teile der ermittelten Kosten, die auch wieder Ist-, Normal- oder Planwerte zur Grundlage haben können, auf die Kostenträger verrechnet werden, während die restlichen Kosten als Block in das Betriebsergebnis gelangen.

Die innerhalb der Teilkostenrechnungen den Kostenträgern nicht verrechneten Kosten sind in der Regel die fixen Kosten bzw. jene Gemeinkosten, welche den Kostenträgern nicht verursachungsgerecht zuzurechnen sind.

Wenn die einzelnen Verfahren innerhalb beider Kostenrechnungssysteme isoliert nebeneinander behandelt werden, so ist nicht daraus zu schließen, daß diese Verfahren in der betrieblichen Praxis in reiner Form vorhanden sein müssen, vielmehr kann es Überschneidungen geben.

1. Istkostenrechnung

Die Istkostenrechnung ist die **traditionelle Form der Kostenrechnung**, d.h. Korrekturen auf die erstellten und verkauften Produkteinheiten werden während der Abrechnungsperiode in der Regel nicht vorgenommen.

Ziel der Istkostenrechnung ist allgemein die Ermittlung der auf die Produkteinheiten entfallenden Istkosten im Rahmen der Nachkalkulation. Wichtig ist darauf hinzuweisen, daß es der **Grundgedanke** der Istkostenrechnung ist, möglichst Istwerte anzusetzen. In reiner Form kann dieses Kostenrechnungssystem jedoch nicht vorkommen.

Dementsprechend lassen sich - *Kilger* zufolge - drei Verfahren der Istkostenrechnung unterscheiden:

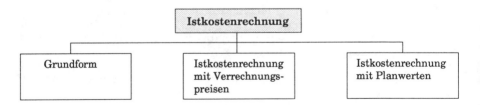

1.1 Grundform

Für die Grundform der Istkostenrechnung ist charakteristisch, daß die anfallenden Kosten prinzipiell ohne Korrekturen und ohne Ausschaltung von Zufallsschwankungen auf die Kostenstellen und Kostenträger verrechnet werden.

Die Erfassung des tatsächlich entstandenen Güterverzehrs bezieht sich sowohl auf die Mengenkomponente als auch auf die Preiskomponente:

> Istkosten = Ist-Menge · Ist-Preis

Während sich nach dieser Gleichung ein wesentlicher Teil des Güterverzehrs genau ermitteln läßt, weil die Preise durch die Lieferanten vorgegeben und in der Geschäftsbuchhaltung fixiert sind und die verbrauchten Mengen sich genau aus der Betriebsbuchhaltung bestimmen lassen, gibt es jedoch zwei **Problemkreise**, welche den Einsatz einer »reinen« Istkostenrechnung unmöglich machen:

• **Zeitliche Abgrenzungen**, die zwischen Kosten und Auszahlungen notwendig sind.

  Beispiele: Kostensteuern und Gebühren, die in ihrer Höhe erst nach Jahresabschluß festgelegt werden können oder Versicherungsprämien, deren Höhe sich nach Inanspruchnahme richtet.

• **Kalkulatorische Abgrenzungen**, die zwischen Kosten und Aufwand erforderlich sind.

  Beispiele: Kalkulatorische Abschreibungen können nur Planwerte sein, ebenso kalkulatorische Zinsen, da die Kapitalstruktur nicht immer gleich ist.

Es zeigt sich, daß in diesen Bereichen mit Schätz-, Normal- oder Planwerten gerechnet werden muß, weil Istwerte nicht ermittelbar sind.

Die Istkostenrechnung in dieser Form befolgt in strenger Weise den **Grundsatz der Kostendurchrechnung und Kostenweiterwälzung**. Als Nebenprodukt dieses Weiterwälzungsprinzips ergibt sich eine sehr genau aufgegliederte und ausgebildete Kostenstellenrechnung, die grundsätzlich zwei **Funktionen** hat:

• Die **Verteilungsfunktion**, denn die Kosten müssen verteilt, d.h. aufgeschlüsselt werden.

• Die **Kontrollfunktion**, denn die Kosten werden kostenstellenweise nach ihrem Anfall überprüft.

Die Grundform der Istkostenrechnung weist folgende **Nachteile** auf:

• Die Bedeutung laufender **Nachkalkulation** ist nur für die Einzel- und Kleinserienfertigung gegeben. Bei Massen- und Großserienfertigung ist keine laufende Nachkalkulation sinnvoll und notwendig.

• Es ist keine wirksame **Kostenkontrolle** möglich, da Maßgrößen in Form von Soll-Plan- oder Normalwerten zum Vergleich nicht vorliegen.

• Es ist keine wirksame **Kostenanalyse** möglich, da in den Istkosten alle Kostenbestimmungsfaktoren enthalten sind.

• Die Ermittlung der **Istpreise** für jede einzelne Verzehrmenge an Kostengütern ist rechnerisch schwierig.

• Die **innerbetriebliche Leistungsverrechnung** stellt für dieses Kostenrechnungssystem ein kaum zu lösendes Problem dar.

• Bei den einzelnen Hauptkostenstellen müssen in jeder Abrechnungsperiode neue **Kalkulationssätze** gebildet werden.

Der **Vorteil** der Grundform der Istkostenrechnung ist in der einfachen rechentechnischen Handhabung innerhalb der einzelnen Rechnungsperiode zu sehen.

Die Grundform der Istkostenrechnung kann in der betrieblichen Praxis **keine eigenständige Anwendung** finden, sondern nur in Verbindung mit Schätz-, Normal- oder Planwerten in Erscheinung treten.

1.2 Istkostenrechnung mit Verrechnungspreisen

Aus der Schwierigkeit heraus, für jede einzelne Verzehrmenge an Kostengütern den Istpreis anzusetzen, der im Zeitablauf erheblich schwanken kann, erfolgt eine **Weiterentwicklung der Grundrechnung**.

Bei der Istkostenrechnung mit (festen) Verrechnungspreisen werden die beschafften Kostengüter mit **Durchschnittswerten** angesetzt, die sich aus den vergangenen Perioden ergeben. Dadurch werden die Kosten verschiedener Perioden vergleichbar gemacht, so daß eine Kostenkontrolle ermöglicht wird, in der man auf die Verantwortlichkeit des Kostenstellenleiters abstellt.

Durch die Bewertung der Kostengüter mit Durchschnittswerten ist der strenge Charakter der Istkostenrechnung durchbrochen. Das **Mengengerüst** der **Ist**kosten bleibt in seiner Istform bestehen, das **Preisgerüst** hat jedoch den Charakter von **Sollkosten**:

Deshalb spricht man in diesem Zusammenhang auch von **Mischkosten**.

> Istkosten = Ist-Menge · Soll-Preis

Die Verwendung der Verrechnungspreise hat das Entstehen von **Preisdifferenzen** zur Folge, die buchhalterisch erfaßt werden müssen. Die Preisdifferenzen entstehen dadurch, daß die Finanzbuchhaltung mit realen Preisen rechnen muß, d.h. mit den an den Lieferanten bezahlten Preisen. Die Betriebsbuchhaltung dagegen arbeitet mit festen Verrechnungswerten.

Die Istkostenrechnung mit festen Verrechnungssätzen weist gegenüber der Grundform der Istkostenrechnung einige **Verbesserungen** auf:

• Leichtere **Vergleichbarkeit** der Kosten verschiedener Rechnungsperioden.

• Verbesserung der **Kontrolle** des Kostenanfalls nach Kostenstellen.

• Rechentechnische **Vereinfachung** durch den Ansatz von Verrechnungspreisen.

Ansonsten gelten die bei der Grundform der Istkostenrechnung genannten Nachteile.

1.3 Istkostenrechnung mit Planwerten

Eine weitere Verbesserung der Istkostenrechnung stellt neben der Einführung von Verrechnungspreisen die **Planung der Einzelkosten** dar. Damit liegt dieses Verfahren in der Nähe zur Normal- und Plankostenrechnung, die Grenzen sind nicht eindeutig zu ziehen.

Die Planung der Einzelkosten bezieht sich auf:

• **Einzellöhne**

Während der Zeitlohn noch den Charakter reiner Istkosten hat, kommt der Akkordlohn, besonders in Form des Zeitakkordes, den Plankosten sehr nahe.

Ist- Einzel- löhne	=	Plan-Einzellöhne (als Akkordlöhne) ± Zusatzlöhne ± zugehörige Einzellohnsatzabweichungen

• **Einzelmaterialien**

Bisher wurden nur die Ist-Mengen erfaßt, indem der Stoffverbrauch der zurückliegenden Perioden mit Hilfe der Materialentnahmescheine festgestellt wurde. Nun befaßt man sich mit dem zukünftigen Verbrauch an Einzelmaterialkosten, d.h. eine Planungsrechnung entsteht.

Die vorkalkulierten Mengen an Einzelmaterial werden mit festen Verrechnungspreisen bewertet, was die Kostenkontrolle wesentlich verbessert.

Ist- Einzel- material- kosten	=	Plan-Einzelmaterialkosten ± Einzelmaterial-Verbrauchsabweichungen ± zugehörige Einzelmaterial-Preisabweichungen

Die Zusatzlöhne und die Einzelmaterial-Verbrauchsabweichungen werden den einzelnen Kostenträgern entweder direkt zugerechnet oder zusammen mit den Istgemeinkosten verrechnet. In beiden Fällen werden trotz der zum Zwecke der Kostenkontrolle vorgenommenen Aufspaltung der Einzelkosten in Planeinzelkosten ± Abweichungen alle Istkosten auf die Kostenträger verrechnet, wodurch der Istkostencharakter für das Mengengerüst der Einzelkosten gewahrt bleibt.

Die Istkostenrechnung mit Planwerten **mindert** die **Nachteile** der Grundform der Istkostenrechnung erheblich:

- Preisschwankungen werden eliminiert.
- Periodenvergleiche werden möglich.
- Einzelkosten werden geplant.
- Soll-Ist-Vergleiche sind durchführbar.

Die Eignung der Istkostenrechnung, wie sie bereits in den Kapiteln

- Kostenartenrechnung (B)
- Kostenstellenrechnung (C)
- Kostenträgerrechnung (D)

beschrieben wurde, beurteilt *Wilkens* im Hinblick auf die kostenrechnerischen Einzelaufgaben:

Aufgaben der Kostenrechnung	Eignung der Istkostenrechnung
PLANUNG	
• Erfolgsplanung	
- Kalkulatorischer Gesamterfolg	nein
- Kurzfristige Produktionsplanung	nein
- Planung von Zusatzaufträgen	nein
- Kurzfristige Absatzplanung	nein
• Zukunftsbezogene Wirtschaftlichkeitsrechnungen bezogen auf	
- Gesamtunternehmen	nein
- Kostenstellen	nein
- Fertigungsverfahren	nein
- Fertigungsbreite und -tiefe	nein
- Maschinenbelegung	nein
- Arbeitsverteilung/-einsatz	nein
- Losgrößen	nein
- Lagerhaltung/Bestellmengen	nein
- Formen der Kapazitätsanpassung	nein
- Bereitstellungsverfahren	nein
- Entscheidung zwischen Eigenfertigung und Fremdbezug	nein
- Beschaffungs- und Absatzmethoden	nein
• Preisfindung	
- Preisobergrenzen für Beschaffungsgüter	nein
- Kostenorientierte Preisfindung für Absatzgüter	nein
- Bestimmung von Preisuntergrenzen	nein

- Verrechnungspreise für interne Leistungen	nein
- Preis-/Kostenvergleiche	nein
KONTROLLE	
• **Erfolgskontrolle**	
- Kurzfristige Erfolgsrechnung	teilweise
- Bereichs- und Produkterfolgskontrolle	teilweise
• **Wirtschaftlichkeitskontrolle**	
- Umfang und Art der entstandenen Kosten (Kostenartenrechnung)	ja
- Orte der Entstehung von Kosten (Kostenstellenrechnung)	ja
- Verwendungszweck der Kosten (Kostenträgerrechnung)	ja
• **Preiskontrolle**	
- Nachkalkulation mit Vollkosten	teilweise
- Nachkalkulation mit Teilkosten	ja
- Preis-/Kostenvergleiche	ja
- Innerbetrieblicher Soll-Ist-Vergleich	nein
- Zwischenbetrieblicher Vergleich	teilweise
RECHENSCHAFTSLEGUNG	
• **Nachweis der Selbstkosten bei öffentlichen Aufträgen**	ja
• **Ermittlung von Bilanzansätzen für fertige und unfertige Erzeugnisse sowie selbsterstellte Anlagen**	ja
• **Begründung von Ansprüchen gegenüber Versicherungen bei Schadensfällen**	ja

2. Normalkostenrechnung

Die Normalkostenrechnung ist eine Form der Vollkostenrechnung, die mit Normalkosten arbeitet. Unter **Normalkosten** können verstanden werden:

• **Statische Mittelwerte,** die ermittelt werden, indem ein Durchschnittswert aus mehreren Istwerten vergangener Perioden errechnet wird, der Änderungen der Kostenstruktur nicht berücksichtigt, jedoch atypische Werte unberücksichtigt läßt.

• **Aktualisierte Mittelwerte,** die eingetretene Kostenstrukturänderungen - beispielsweise durch einen Verfahrenswechsel - oder zu vermutende Kostenstrukturänderungen - beispielsweise durch erwartete Lohnerhöhungen - in Form korrigierter Durchschnittswerte beachten.

Die Normalkostenrechnung arbeitet:

* mit festen Verrechnungspreisen,
* mit normalisierten Kostensätzen und/oder Kalkulationssätzen.

Sie ist aufgrund der erheblichen Mängel der Istkostenrechnung entstanden und durchbricht den Grundsatz der Kostendurchrechnung. Bei ihrer Durchführung sind zunächst zwei **Entscheidungen** zu treffen:

* Die Festlegung der zu normalisierenden Kostenelemente. Möglich ist eine **Vollnormalisierung**, d.h. Mengen und Preise der Kostenträger werden normalisiert, oder eine **Teilnormalisierung**, bei der entweder die Mengen oder (meist) die Preise zu normalisieren sind.

* Die Festlegung des **Einsatzbereiches** der Normalkosten oder Normalzuschläge. Dabei ist zu entscheiden, auf welcher Abrechnungsstufe die normalisierten Werte einzusetzen sind.

Die Normalkostenrechnung erfordert in der Buchhaltung die Einführung eines »**Differenzkontos**«, da die Istwerte von den Normalwerten oft abweichen.

Ansonsten unterscheidet sich der Verrechnungsablauf im Vergleich zur Istkostenrechnung grundsätzlich nicht. Lediglich das auf dem Kostenträger ausgewiesene Verrechnungsergebnis ist gegenüber dem Istkosten-Verrechnungsergebnis unterschiedlich.

Bei der Normalkostenrechnung werden zwei **Verfahren** unterschieden:

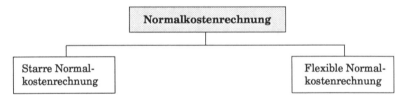

2.1 Starre Normalkostenrechnung

Die starre Normalkostenrechnung kann als **auf einem bestimmten Leistungsstand eingefrorene Istkostenrechnung** bezeichnet werden, d.h. sie hat nur für einen bestimmten Beschäftigungsgrad entsprechende Gültigkeit. Ihr **Ziel** ist es, die Kosten bzw. Kostensätze oder Kalkulationssätze über längere Zeit unverändert beizubehalten und das Rechnungswesen technisch zu vereinfachen. Dabei können statische oder aktualisierte Mittelwerte verwendet werden.

Der Einsatz der statischen Mittelwerte birgt die Gefahr in sich, daß die Abweichungen in Form von Überdeckungen oder Unterdeckungen erheblich sein können, wodurch die Zweckmäßigkeit dieses Kostenrechnungsverfahrens in Frage zu stellen wäre.

Bei **Vollnormalisierung** werden - wie dargestellt - Mengen und Preise normalisiert, so daß sich als **Abweichungen** ergeben können:

• **Preisabweichungen**, die aus der Differenz des Normalpreises und des Ist-Anschaffungspreises im Rahmen des Soll-Ist-Vergleichs entstehen. Diese Abweichungen werden auf einem Preisdifferenzkonto gesammelt und verrechnet.

• **Mengenabweichungen**, die Kostenabweichungen darstellen, welche auf einen Mehr- oder Minderverbrauch an tatsächlichen Kostengütermengen gegenüber den in der Normalkostenrechnung vorgegebenen Kostengütermengen zurückzuführen sind.

Der **Normalgemeinkostensatz** ergibt sich bei der starren Normalkostenrechnung:

$$\text{Normalgemein-kostensatz} = \frac{\text{Gesamte Gemeinkosten}}{\text{Fertigungsstunden}}$$

Eine **Abweichung** wird in folgender Weise errechnet:

$$\text{Abweichung} = \text{Ist-Gemeinkosten} - \text{Verrechnete Normal-Gemeinkosten}$$

Beispiel: Für die Kostenstelle A wurden aufgrund der Durchschnittsbildung angesetzt:

Gesamte Gemeinkosten 10.000 DM
Fertigungsstunden   2.000 Std.

$$\text{Normalgemein-kostensatz} = \frac{10.000}{2.000} = 5 \text{ DM/Std.}$$

Am Ende der Abrechnungsperiode zeigt sich, daß tatsächlich 2.500 Fertigungsstunden geleistet wurden. Die Ist-Gemeinkosten beliefen sich auf 12.000 DM.

Als Normalgemeinkosten wurden verrechnet:

$2.500 \cdot 5 = 12.500$ DM/Periode

Damit ergibt sich eine Abweichung von:

Abweichung = 12.000 - 12.500 = **- 500 DM/Periode**

Die starre Normalkostenrechnung hat folgende **Vorteile**:

• **Vereinfachung der Kostenrechnung** durch den Fortfall einer Nachkalkulation der betrieblichen Produkte mit Istkostensätzen.

• **Beschleunigung der Kostenrechnung**, denn es können jede Kostenstelle und jeder Kostenträger für sich abgerechnet werden. Die einzelnen Abrechnungsstufen werden dadurch voneinander völlig unabhängig.

• **Verwendung von Normalkostensätzen**, wodurch der Rechnungsablauf vereinfacht und beschleunigt wird. Die Belastung der Kostenträger kann bereits vorgenommen werden, bevor die Kostenstellenrechnung abgeschlossen ist.

• **Gesteigerte Aussagekraft**, indem die Kostenschwankungen in den Kostenstellen
durch die Verwendung fester Verrechnungspreise und normalisierter Kostensätze
eliminiert werden.

• **Prinzip der Kostenüberwälzung** ist gesichert, wenn man von einer langfristigen
Betrachtung unter Verwendung von aktualisierten Mittelwerten ausgeht, welche zu
einem Ausgleich von Über- und Unterdeckungen führt.

Nachteile der starren Normalkostenrechnung sind:

• **Statische Mittelwerte**, die nur auf der Vergangenheit beruhen, werden oft eingesetzt, was die Kontrollmöglichkeit einschränkt.

• Das **Prinzip der Kostenüberwälzung** ist nicht realisiert, wenn von statischen
Mittelwerten ausgegangen wird, wie dies häufig der Fall ist.

• Eine echte **Kostenkontrolle** ist auch bei Verwendung aktualisierter Mittelwerte
nicht möglich, wenn nicht kostenanalytische und technische Berechnungen - wie bei
der Plankostenrechnung - erfolgen.

• Der **Beschäftigungsgrad**, der von großem Einfluß auf die Kostenentwicklung ist,
findet keine Beachtung.

Abschließend kann festgestellt werden, daß durch die starre Normalkostenrechnung
im wesentlichen nur eine Beschleunigung der Kostenrechnung erreicht wird, aber
weitergesteckte Ziele und Wünsche nicht oder nur begrenzt realisiert werden können.
Dennoch findet dieses Kostenrechnungssystem mitunter Verwendung.

46

2.2 Flexible Normalkostenrechnung

Die flexible Normalkostenrechnung ist eine Vollkostenrechnung, bei der eine Aufspaltung der **Gesamtabweichung** vorgenommen wird in eine

• Beschäftigungsabweichung
• Verbrauchsabweichung

Preiseinflüsse werden ausgeschaltet, indem feste Normalpreise angesetzt werden.

Die flexible Normalkostenrechnung ist aus dem Mangel der starren Normalkostenrechnung heraus entstanden, eine Kostenkontrolle und Kostenanalyse zu ermöglichen. Sie bezieht sich - wie die starre Normalkostenrechnung - auf die Gemeinkosten.

Wesentliche Grundlage der flexiblen Normalkostenrechnung ist die **Kostenauflösung**, mit der zwei Aufgaben gelöst werden sollen:

• Die **qualitative Aufgabe**, d.h. die gesamten Kosten sind in fixe und proportionale Teile zu zerlegen.

• Die **quantitative Aufgabe**, d.h. die Höhe der Kosten muß bestimmt werden, die auf jede der beiden Kostengruppen entfällt.

Die Lösung der quantitativen Aufgabe ist einfacher als die Bewältigung der qualitativen Aufgabe.

Der Verlauf der Gesamtkosten wird dabei als linear angenommen, womit eine Annäherung an den Kostenverlauf in der betrieblichen Praxis erfolgt:

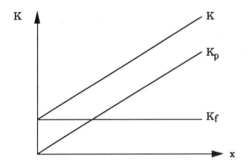

K = Gesamtkosten (DM/Periode)
K_f = Fixe Kosten (DM/Periode)
K_p = Proportionale Kosten (DM/Periode)
x = Produktionsmenge (Stück/Periode)

2.2.1 Kostenauflösung

Zur Durchführung der flexiblen Normalkostenrechnung ist es erforderlich, eine möglichst **exakte Kostenauflösung** durchzuführen, d.h. die Kosten in ihre fixen und proportionalen Bestandteile zu zerlegen. Dafür gibt es mehrere **Methoden**:

• Bei der **buchtechnisch-statistischen Methode** werden die betreffenden Kosten daraufhin untersucht, wie sie sich bei Beschäftigungsschwankungen verhalten haben. Die Kosten können mit Hilfe des **Reagibilitätsgrades** zerlegt werden:

$$R = \frac{K_2 - K_1}{K_1} : \frac{x_2 - x_1}{x_1}$$

R = Reagibilitätsgrad
K = Gesamtkosten (DM/Periode)
x = Menge (Stück/Periode)

Beispiel: Die Ausbringungsmenge wird von 500 Einheiten auf 600 Einheiten erhöht, die Kosten steigen von 12.500 DM auf 14.000 DM.

$$R = \frac{14.000 - 12.500}{12.500} : \frac{600 - 500}{500}$$

$$R = 0,60 = \underline{\underline{60\%}}$$

Variable Kosten:	60 % von 12.500	= $\underline{7.500\ DM}$	bei 500 Einheiten
	60 % von 14.000	= $\underline{8.400\ DM}$	bei 600 Einheiten
Fixe Kosten:	40 % von 12.500	= $\underline{5.000\ DM}$	bei 500 Einheiten
	40 % von 14.000	= $\underline{5.600\ DM}$	bei 600 Einheiten

- Bei der **mathematischen Methode** wird ein linearer Verlauf der zwischen zwei Beschäftigungspunkten bestehenden Differenzkosten unterstellt. Die Berechnung erfolgt schichtweise:

$$\boxed{\dfrac{K_2 - K_1}{x_2 - x_1}}$$

K = Kosten (DM/Periode) im Beschäftigungspunkt 1 bzw. 2
x = Menge (Stück/Periode) im Beschäftigungspunkt 1 bzw. 2

Beispiel:

Ausbringungsmenge	Kosten	K : x
1.000	100.000	100
1.200	108.000	90
1.600	128.000	80
2.000	150.000	75

Für die erste Schicht ergibt sich:

$$\frac{108.000 - 100.000}{1.200 - 1.000} = \underline{\underline{40}}$$

Der Differenzquotient von 40 besagt, daß in der zugrundegelegten Schicht auf ein Erzeugnis 40 DM an variablen Durchschnittskosten entfallen. Demnach betragen die Kosten:

- bei einer Ausbringungsmenge von 1.000 Stück

Variable Kosten:	1.000 · 40	= $\underline{\underline{40.000\ DM}}$
Fixe Kosten:	100.000 - 40.000	= $\underline{\underline{60.000\ DM}}$

- bei einer Ausbringungsmenge von 1.200 Stück

Variable Kosten: 1.200 · 40 = <u>48.000 DM</u>

Fixe Kosten: 108.000 - 48.000 = <u>60.000 DM</u>

- Bei der **graphischen Methode** wird ebenfalls von einem linearen Verlauf der Kostenkurve ausgegangen. Die Beschäftigung und die damit verbundenen Kosten werden über ein Jahr hinweg aufgezeichnet. Diese Daten werden in ein Koordinatensystem eingetragen und freihändig eine Gerade gezeichnet, die möglichst geringe Abstände zu den markierten Daten aufweist.

Aus dem Schnittpunkt dieser Geraden und der Kostenachse ergeben sich die fixen Kosten pro Monat, mit 12 multipliziert pro Jahr. Der verbleibende Rest der Kosten stellt die variablen Kosten dar.

Beispiel:

Monat	Beschäftigung Stück/Monat	Kosten DM/Monat
Januar	1.200	1.150
Februar	1.490	1.450
März	1.600	1.590
April	1.380	1.270
Mai	1.700	1.550
Juni	1.950	1.800
Juli	2.040	1.700
August	1.750	1.750
September	1.390	1.400
Oktober	1.820	1.780
November	2.240	1.850
Dezember	1.560	1.550
Gesamt	20.120 Stück/Jahr	18.840 DM/Jahr

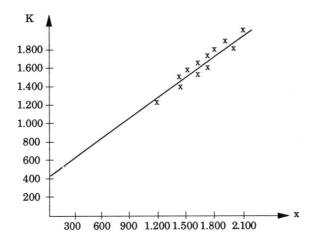

Die fixen Kosten liegen bei 450 DM/Monat, das sind

12 · 450 DM   = 5.400 DM/Jahr

Damit ergeben sich variable Gesamtkosten von

18.840 DM - 5.400 DM   = 13.440 DM/Jahr

Die variable Durchschnittskosten betragen schließlich

13.440 DM : 20.120 Stück = 0,67 DM/Stück

• Bei der **Methode der kleinsten Quadrate** werden - wie bei der graphischen Methode - die Beschäftigung und die damit verbundenen Kosten über ein Jahr hinweg aufgezeichnet.

Unter Zugrundelegung der allgemeinen Kostenfunktion

$$y = a + b \cdot x$$

a = Fixe Kosten (DM/Monat)
b = Variable Kosten (DM/Stunde)
x = Durchschnittliche (Ø) Beschäftigung (Stunden/Monat)

lassen sich die fixen und variablen Kostenanteile ermitteln:

- Die **variablen Kosten** pro Stunde ergeben sich aus

$$b \cdot x$$

wobei

$$b = \frac{\Sigma (u \cdot v)}{\Sigma u^2}$$

u = Beschäftigungsabweichung
v = Kostenabweichung

Dazu ist zunächst der Monatsdurchschnitt an Beschäftigung und Kosten zu ermitteln. Die Abweichungen von beiden Mittelwerten werden pro Monat festgestellt, miteinander multipliziert, für alle Monate aufaddiert und durch die Summe der quadrierten Beschäftigungsabweichungen dividiert.

- Die **fixen Kosten** ergeben sich, indem die Gleichung

$$y = a + b \cdot x$$

nach a aufgelöst wird:

$$a = y - b \cdot x$$

Beispiel:

Monat	Ist-Beschäftigung Std./ Monat	Ø-Beschäftigung Std./ Monat	Abweichung Std./ Monat	Ist-Kosten DM/ Monat	Ø-Kosten DM/ Monat	Abweichung DM/ Monat	u · v	u²
			u		v			
1	165	171	- 6	298	305	- 7	+ 42	36
2	170	171	- 1	304	305	- 1	+ 1	1
3	165	171	- 6	298	305	- 7	+ 42	36
4	200	171	+ 29	340	305	+ 35	+ 1.015	841
5	180	171	+ 9	316	305	+ 11	+ 99	81
6	160	171	- 11	292	305	- 13	+ 143	121
7	160	171	- 11	292	305	- 13	+ 143	121
8	150	171	- 21	280	305	- 25	+ 525	441
9	160	171	- 11	292	305	- 13	+ 143	121
10	170	171	- 1	304	305	- 1	+ 1	1
11	180	171	+ 9	316	305	+ 11	+ 99	81
12	190	171	+ 19	328	305	+ 23	+ 437	361
	2.050			3.660			2.690	2.242

$$\frac{2.050}{12} = 171 \qquad \frac{3.660}{12} = 305$$

Variable Kosten: $b = \dfrac{\Sigma\,(u \cdot v)}{\Sigma\,u^2}$

$b = \dfrac{2.690}{2.242}$

$b = 1{,}20 \text{ DM/Stunde}$

Fixe Kosten: $a = y - b \cdot x$

$a = 305 - 1{,}20 \cdot 171$

$a = 99{,}80 \text{ DM/Monat}$

47

2.2.2 Durchführung

Die flexible Normalkostenrechnung wird in folgender Weise durchgeführt:

• **Errechnung** der für jede Kostenstelle korrigierten **Ist-Gemeinkosten** mehrerer Abrechnungsperioden, wie bei der starren Normalkostenrechnung.

• **Aufspaltung** der korrigierten **Ist-Gemeinkosten** in einen fixen und einen variablen (proportionalen) Teil mit Hilfe eines Kostenauflösungsverfahrens.

• **Ermittlung** des **proportionalen Normal-Gemeinkostensatzes:**

$$\text{Proportionaler Normal-Gemeinkostensatz} = \frac{\text{Proportionale Gemeinkosten}}{\text{Normalbeschäftigung}}$$

Bezugsgröße ist die entsprechende Beschäftigung, beispielsweise Stunden.

• **Ermittlung** des **fixen Normal-Gemeinkostensatzes:**

$$\text{Fixer Normal-Gemeinkostensatz} = \frac{\text{Fixe Gemeinkosten}}{\text{Normalbeschäftigung}}$$

• **Ermittlung** des **Normal-Gemeinkostensatzes für Normalbeschäftigung:**

$$\text{Normal-Gemeinkostensatz für Normalbeschäftigung} = \text{Proportionaler Normal-Gemeinkostensatz} + \text{Fixer Normal-Gemeinkostensatz}$$

• **Ermittlung** der in der Kostenträgerrechnung verrechneten **Normal-Gemeinkosten:**

$$\text{Verrechnete Normal-Gemeinkosten} = \text{Normal-Gemeinkostensatz} \cdot \text{Istbeschäftigung}$$

• **Ermittlung** der **Über- oder Unterdeckung** einer Kostenstelle:

$$\text{Gesamtabweichung} = \text{Ist-Gemeinkosten} - \text{Verrechnete Normal-Gemeinkosten}$$

• **Ermittlung** der **Normgemeinkosten**, das sind die Normal-Gemeinkosten bei Istbeschäftigung:

$$\text{Normgemeinkosten} = \text{Fixe Normal-Gemeinkosten der Periode} + \text{Proportionaler Normal-Gemeinkostensatz} \cdot \text{Istbeschäftigung}$$

- **Ermittlung** der Abweichung, die nicht auf die Beschäftigungsänderung zurückgeht, als **Verbrauchsabweichung**:

$$\begin{array}{lll} \text{Verbrauchs-} & & \text{Ist-} & & \text{Norm-} \\ \text{abweichung} & = & \text{Gemeinkosten} & - & \text{gemeinkosten} \end{array}$$

- **Ermittlung** der Abweichung, die auf die Beschäftigungsänderung zurückzuführen ist, als **Beschäftigungsabweichung**:

$$\begin{array}{lll} \text{Beschäftigungs-} & & \text{Normgemein-} & & \text{Verrechnete Normal-} \\ \text{abweichung} & = & \text{kosten} & - & \text{Gemeinkosten} \end{array}$$

Beispiel: Die Normal-Gemeinkosten der Kostenstelle A betragen 10.000 DM, laut Kostenanalyse sind 7.000 DM proportionale und 3.000 DM fixe Gemeinkosten. Es wird eine Beschäftigung von 2.000 Std. zugrunde gelegt.

Am Ende der Periode sind bei einer tatsächlichen Beschäftigung von 2.500 Std. tatsächlich 12.000 DM Ist-Gemeinkosten angefallen.

Damit ergeben sich:

- Ist-Gemeinkosten = 12.000 DM

- Fixe Gemeinkosten = 3.000 DM

- Proportionale Gemeinkosten = 7.000 DM

- Proportionaler Normal-Gemeinkostensatz
  = 7.000 : 2.000 = 3,50 DM/Std.

- Fixer Normal-Gemeinkostensatz
  = 3.000 : 2.000 = 1,50 DM/Std.

- Normal-Gemeinkostensatz für Normalbeschäftigung
  = 3,50 + 1,50 = 5,00 DM/Std.

- Verrechnete Normal-Gemeinkosten
  = 2.500 · 5 = 12.500 DM

- Gesamtabweichung
  = 12.000 - 12.500 = <u>- 500 DM</u>

- Normgemeinkosten
  = 3.000 + 3,5 · 2.500 = 11.750 DM

- Verbrauchsabweichung
  = 12.000 - 11.750 = <u>**+ 250 DM**</u>

- Beschäftigungsabweichung
  11.750 - 12.500 = <u>**- 750 DM**</u>

Vergleichen Sie den Rechengang und die Endergebnisse mit dem Beispiel der starren Normalkostenrechnung - Seite 239.

48

Die flexible Normalkostenrechnung hat folgende **Vorteile**:

• **Beschäftigungsabweichungen** werden berücksichtigt.
• **Einzelkostenplanungen** können intensiviert und verbessert werden.

Nachteile der flexiblen Normalkostenrechnung sind:

• Die Basis der **Istkosten** wird bei diesem Verfahren nicht verlassen.
• Die **Durchführung** des Verfahrens ist kompliziert.
• Die verursachten **Kosten** sind hoch.

Die flexible Normalkostenrechnung findet in der betrieblichen Praxis in geringerem Umfang Anwendung als die starre Normalkostenrechnung.

Die Eignung der Normalkostenrechnung im Hinblick auf die kostenrechnerischen Einzelaufgaben beurteilt *Wilkens*:

Aufgaben der Kostenrechnung	Eignung der Normal-kostenrechnung
PLANUNG	
• **Erfolgsplanung**	
- Kalkulatorischer Gesamterfolg	nein
- Kurzfristige Produktionsplanung	nein
- Planung von Zusatzaufträgen	nein
- Kurzfristige Absatzplanung	nein
• **Zukunftsbezogene Wirtschaftlichkeitsrech-nungen bezogen auf**	
- Gesamtunternehmen	teilweise
- Kostenstellen	teilweise
- Fertigungsverfahren	nein
- Fertigungsbreite und -tiefe	nein
- Maschinenbelegung	nein
- Arbeitsverteilung/-einsatz	nein
- Losgrößen	nein
- Lagerhaltung/Bestellmengen	nein
- Formen der Kapazitätsanpassung	nein
- Bereitstellungsverfahren	nein
- Entscheidung zwischen Eigenfertigung und Fremdbezug	nein
- Beschaffungs- und Absatzmethoden	nein

- **Preisfindung**
  - Preisobergrenzen für Beschaffungsgüter | teilweise
  - Kostenorientierte Preisfindung für Absatzgüter | teilweise
  - Bestimmung von Preisuntergrenzen | nein
  - Verrechnungspreise für interne Leistungen | teilweise
  - Preis-/Kostenvergleiche | teilweise

KONTROLLE

- **Erfolgskontrolle**
  - Kurzfristige Erfolgsrechnung | teilweise
  - Bereichs- und Produkterfolgskontrolle | teilweise

- **Wirtschaftlichkeitskontrolle**
  - Umfang und Art der entstandenen Kosten (Kostenartenrechnung) | teilweise
  - Orte der Entstehung der Kosten (Kostenstellenrechnung) | teilweise
  - Verwendungszweck der Kosten (Kostenträgerrechnung) | teilweise
  - Innerbetrieblicher Zeitvergleich | ja
  - Innerbetrieblicher Soll-Ist-Vergleich | teilweise
  - Zwischenbetrieblicher Vergleich | ja

- **Preiskontrolle**
  - Nachkalkulation mit Vollkosten | teilweise
  - Nachkalkulation mit Teilkosten | nein
  - Preis-/Kostenvergleiche | teilweise

RECHENSCHAFTSLEGUNG

- **Nachweis der Selbstkosten bei öffentlichen Aufträgen** | ja

- **Ermittlung von Bilanzansätzen für fertige und unfertige Erzeugnisse sowie selbsterstelle Anlagen** | nein

- **Unterlagen für Kreditverhandlungen** | teilweise

- **Begründung von Ansprüchen gegenüber Versicherungen bei Schadensfällen** | teilweise

3. Plankostenrechnung.

Die Plankostenrechnung ist ein System der Kostenrechnung, bei welchem die Einzelkosten nach Produktarten und die Gemeinkosten nach Kostenstellen differenziert in ihrem Mengen- und Preisgerüst für eine Planungsperiode festgelegt werden.

Sie kann als **Vollkosten**system in Erscheinung treten, wie es hier zunächst dargestellt wird, oder als **Teilkosten**system, das im Kapital F behandelt wird.

Die Plankostenrechnung basiert auf **Plankosten**. Das sind jene Einzel- und Gemeinkosten, die - im Gegensatz zu den Normalkosten - nicht vergangenheitsbezogen sind, sondern sich bezüglich der Preise und Mengen im wesentlichen auf die Zukunft - in der Regel die kommende Rechnungsperiode - beziehen.

Das Wesen der Plankostenrechnung ist darin zu sehen, daß die geplanten Kosten, die sich aus Planpreis und Planmenge zusammensetzen, mit den tatsächlich angefallenen Kosten verglichen werden, so daß eine **Soll-Ist-Analyse** ermöglicht wird. Dabei können Abweichungen bei der starren Plankostenrechnung global und bei der flexiblen Plankostenrechnung differenziert nach Beschäftigungs- und Verbrauchsabweichung ermittelt werden.

Wenn davon gesprochen wird, daß die geplanten Kosten mit den Istkosten verglichen werden, dann muß darauf hingewiesen werden, daß sich die Istkosten der Istkostenrechnung von den Istkosten der Plankostenrechnung unterscheiden:

Istkosten der **Ist**kostenrechnung = Ist-Menge · **Ist**-Preis

Istkosten der **Plan**kostenrechnung = Ist-Menge · **Plan**-Preis

Die wesentlichen **Aufgaben** der Plankostenrechnung sind:

- Erfüllung der Kontrollfunktion
- Erfüllung der Lenkungsfunktion

Die **Kontrollfunktion** kann grundsätzlich durch folgende **Verfahren** wahrgenommen werden:

- Durch den **Zeitvergleich**, der innerbetrieblicher Art und darauf beschränkt ist, die Kosten verschiedener Perioden miteinander zu vergleichen.

Seine Aussagekraft ist aber nur von geringer Bedeutung, da man lediglich Abweichungen feststellen kann und keine Auskunft darüber erhält, in welcher Periode welcher Wirtschaftlichkeitsgrad erreicht wurde, besonders wenn zwischenzeitlich Veränderungen in den Produktionsverfahren oder in der Beschäftigung stattgefunden haben.

- Durch den **zwischenbetrieblichen Vergleich**, bei dem man die Kosten der gleichen Periode von vergleichbaren Unternehmen gegenüberstellt.

Die Problematik liegt hier im verschiedenen Aufbau und in den verschiedenen Standorten der Unternehmen. Unterschiedliche Betriebsgrößen, Fertigungsverfahren, Löhne und Organisationsstrukturen sind weitere Gründe dafür, daß der zwischenbetriebliche Vergleich sehr ungenaue Auskunft gibt und sich zur Kostenkontrolle wenig eignet.

• Durch den **Soll-Ist-Vergleich**. Um die Kosten wirksam kontrollieren zu können, müssen den Istkosten die geplanten Kosten gegenübergestellt werden.

Eine echte Kostenkontrolle muß in Form eines Soll-Ist-Kostenvergleiches erfolgen, wie er unten im einzelnen beschrieben wird.

Die Plankostenrechnung kann in zwei **Arten** durchgeführt werden:

3.1 Starre Plankostenrechnung

Die starre Plankostenrechnung weist gegenüber der starren Normalkostenrechnung keine großen Unterschiede auf. Lediglich in der **Zielsetzung**, die Kostenrechnung in die Gesamtplanung des Unternehmens einzubauen, weicht sie von der starren Normalkostenrechnung ab, die primär der Rechnungsvereinfachung dienen will.

Außerdem werden die Kostenvorgaben bei der starren Plankostenrechnung auf die zukünftige Entwicklung abgestellt und nicht aus Vergangenheitswerten ermittelt.

Der **Plankostensatz** ergibt sich aus:

$$\text{Plankostensatz} = \frac{\text{Gesamte Gemeinkosten}}{\text{Planbeschäftigung}}$$

Eine **Abweichung** wird in folgender Weise ermittelt:

$$\text{Abweichung} = \frac{\text{Ist-}}{\text{Gemeinkosten}} - \frac{\text{Verrechnete}}{\text{Plangemeinkosten}}$$

Beispiel: Die Planbeschäftigung als Planbezugsgröße beträgt bei der Kostenstelle A 10.000 Stunden, die Plankosten 60.000 DM.

Die Istbeschäftigung umfaßt 8.000 Stunden bei tatsächlich anfallenden Kosten von 40.000 DM.

Damit betragen die Plankosten: 60.000 : 10.000 = 6 DM/Std.

Die verrechneten Plankosten umfassen: 8.000 · 6   = 48.000 DM

Als **Abweichung** ergeben sich: 40.000 - 48.000 = **- 8.000 DM**

Die starre Plankostenrechnung hat folgende **Vorteile**:

* Die laufende **Abrechnung** ist relativ **einfach**.
* Es ist **keine Kostenauflösung** erforderlich.

Nachteile der starren Plankostenrechnung sind:

* Eine exakte Kostenkontrolle ist nicht **möglich**, da die Abweichungen einzelner Kostenarten bei Beschäftigungsschwankungen nicht im einzelnen bekannt sind.

* Der **Beschäftigungsgrad** bleibt **unberücksichtigt**, eine Anpassung ist nur mit Hilfe von Schätzwerten möglich.

Die starre Plankostenrechnung kann bei geringen Beschäftigungsschwankungen durchaus eingesetzt werden. Sind die Beschäftigungsschwankungen aber größer, ist die Verwendung der starren Plankostenrechnung trotz des Vorzuges ihrer relativ einfachen rechentechnischen Handhabung nicht ausreichend.

49

3.2 Flexible Plankostenrechnung

Die flexible Plankostenrechnung ist dadurch gekennzeichnet, daß die Plankosten der einzelnen Kostenstellen zwar für eine bestimmte Planbeschäftigung vorgegeben sind, die als Jahresdurchschnitt erwartet wird. Es erfolgt aber während der einzelnen Rechnungsperiode eine Anpassung an die jeweils realisierte Istbeschäftigung. Die wesentliche **Voraussetzung** dafür ist die Aufspaltung der Kosten in fixe und variable Bestandteile.

Die flexible Plankostenrechnung tritt auf in Form:

* der **einfach-flexiblen** Plankostenrechnung, die lediglich Beschäftigungs- und Verbrauchsabweichungen berücksichtigt,

* der **doppelt-flexiblen** Plankostenrechnung, die grundsätzlich auch noch Auftrags- bzw. Verfahrensänderungen beachtet.

Diese Differenzierung soll nicht weiter verfolgt und als flexible Plankostenrechnung die einfach-flexible Plankostenrechnung betrachtet werden, da sich die doppelt-flexible Plankostenrechnung durch eine detaillierte und geeignete Kostenstellenaufteilung (Platzkostenrechnung) erübrigen kann.

Ähnlich der flexiblen Normalkostenrechnung kann die Berechnung bei der flexiblen Plankostenrechnung schematisch durchgeführt werden:

* **Errechnung** der für jede Kostenstelle anfallenden **Plankosten**.
* **Aufspaltung der Plankosten** in einen fixen und proportionalen Teil.
* **Errechnung** des **proportionalen Plankostenverrechnungssatzes**:

$$\text{Proportionaler Plankostenverrechnungssatz} = \frac{\text{Proportionale Kosten}}{\text{Planbeschäftigung}}$$

• **Errechnung** des **fixen Plankostenverrechnungssatzes**:

$$\text{Fixer Plankostenverrechnungssatz} = \frac{\text{Fixe Kosten}}{\text{Planbeschäftigung}}$$

• **Errechnung** des **Plankostenverrechnungssatzes bei Planbeschäftigung**:

$$\text{Plankostenverrechnungssatz bei Planbeschäftigung} = \text{Proportionaler Plankostenverrechnungssatz} + \text{Fixer Plankostenverrechnungssatz}$$

• **Ermittlung** der **verrechneten Plankosten**:

$$\text{Verrechnete Plankosten} = \text{Plankostenverrechnungssatz} \cdot \text{Istbeschäftigung}$$

• **Ermittlung** der **Gesamtabweichung**:

$$\text{Gesamtabweichung} = \text{Istkosten} - \text{Verrechnete Plankosten}$$

• **Ermittlung** der **Sollkosten**:

$$\text{Sollkosten} = \text{Fixe Plankosten} + \text{Proportionaler Plankostenverrechnungssatz} \cdot \text{Istbeschäftigung}$$

Unter Sollkosten wird die zum Planpreis bewertete Planmenge bei Istbeschäftigung verstanden.

• **Ermittlung** der Abweichung, die nicht auf Beschäftigungsänderung zurückgeht, der **Verbrauchsabweichung**:

$$\text{Verbrauchsabweichung} = \text{Istkosten} - \text{Sollkosten}$$

- **Ermittlung** der Abweichung, die auf Beschäftigungsänderung zurückgeht, der **Beschäftigungsabweichung**:

Beschäftigungs- abweichung	= Sollkosten - Verrechnete Plankosten

Ergänzend zu diesem Überblick wird auf spezielle Probleme der flexiblen Plankostenrechnung nach Darstellung eines Zahlenbeispieles näher eingegangen.

Beispiel:

	Gesamtbeträge	Fixe Kosten	Proportionale Kosten
Planbeschäftigung	10.000 Std./Periode	-	-
Plankosten	60.000 DM/Periode	20.000 DM/Periode	40.000 DM/Periode
Istbeschäftigung	8.000 Std./Periode	-	-
Istkosten	40.000 DM/Periode	-	-

Aus diesen Werten ergeben sich:

- Plankosten = 60.000 DM

- Fixe Kosten = 20.000 DM

- Proportionale Kosten = 40.000 DM

- Proportionaler Plankostenverrechnungssatz
  40.000 : 10.000 = 4 DM/Std.

- Fixer Plankostenverrechnungssatz
  20.000 : 10.000 = 2 DM/Std.

- Plankostenverrechnungssatz
  2 + 4 = 6 DM/Std.

- Verrechnete Plankosten
  6 · 8.000 = 48.000 DM

- Gesamtabweichung
  40.000 - 48.000 = - 8.000 DM

- Sollkosten
  20.000 + 4 · 8.000 = 52.000 DM

- Verbrauchsabweichung
  40.000 - 52.000 = **- 12.000 DM**

- Beschäftigungsabweichung
  = 52.000 - 48.000 = **+ 4.000 DM**

Vergleichen Sie den Rechengang und die Endergebnisse mit dem Beispiel bei der starren Plankostenrechnung, Seite 251.

Die flexible Plankostenrechnung hat vor allem folgende **Vorteile**:

• Sie ermöglicht eine **wirksame Kostenkontrolle**, und zwar in der Kostenartenrechnung wie auch in der Kostenstellenrechnung.

• Durch die Verwendung eines stark differenzierten Systems von Beschäftigungsmaßstäben (Bezugsgrößen) wird eine entsprechende **Verbesserung der Kalkulationsgenauigkeit** erreicht.

Als **Nachteil** ist die Behandlung der fixen Kosten anzusehen, die zusammen mit den proportionalen Kosten die gleichen Bezugsbasen haben, was zu einer erzwungenen Proportionalisierung beider Kostenarten führt.

Die flexible Plankostenrechnung kann insgesamt als das am besten geeignete Verfahren auf Vollkostenbasis angesehen werden. Es umfaßt:

• **Kostenartenrechnung**

• **Kostenstellenrechnung**

• **Soll-Ist-Vergleich**

• **Kostenträgerrechnung.**

3.2.1 Kostenartenrechnung

Die Planung der wichtigsten Kostenarten soll im Überblick dargestellt werden:

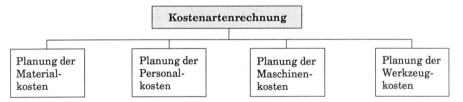

3.2.1.1 Planung der Materialkosten

Materialkosten fallen für Werkstoffe oder Teile an, die in die Produktion eingehen. Sie werden unterteilt in:

• **Materialeinzelkosten**, zu deren Planung Stücklisten oder Mischungsverhältnisse verwendet werden, die durch technische Berechnungen ermittelt wurden. Diese Berechnungen enthalten genaue Angaben, welche Mengen des jeweiligen Materials in den fertigen Produkten enthalten oder zu seiner Herstellung erforderlich sind, wobei auch zwangsläufig Abfälle berücksichtigt werden müssen.

Die Materialeinzelkosten ergeben sich:

$$
\frac{\text{Material-}}{\text{einzelkosten}} = \frac{\text{Material-}}{\text{menge}} \cdot \frac{\text{Material-}}{\text{preis}}
$$

Die Preise werden als Plan- oder Verrechnungspreise angesetzt.

* **Gemeinkostenmaterial** wie Hilfs- und Betriebsstoffkosten.

* **Materialgemeinkosten** für Beschaffung und Lagerung, die als Zuschläge auf die Materialeinzelkosten geplant werden - siehe Kostenstellenrechnung.

3.2.1.2 Planung der Personalkosten

Die Personalkosten umfassen Fertigungslöhne, Hilfslöhne, Zusatzlöhne, Gehälter und Sozialkosten. Folgende Faktoren zur Planung der Personalkosten sind von Wichtigkeit:

* Die Festlegung der **Arbeitszeit**, bei der es sich empfiehlt, zunächst einen Planungskalender für das zu planende Jahr anzulegen und damit die betriebliche Arbeitszeit im Planungszeitraum zu ermitteln.

In einem weiteren Schritt gelangt man zur Standard-Arbeitszeit, indem die jährlichen Arbeitstage durch 12 Monate dividiert werden, beispielsweise sind das 250 Arbeitstage : 12 = 20,83 Arbeitstage im Standardmonat.

* Die Lohnfaktoren und Lohngruppen. **Lohngruppen** werden aufgrund unterschiedlicher Arbeitsanforderungen an die Arbeiter gebildet. **Lohnfaktoren** bestimmen hierbei den Verdienst pro Minute.

* Die **Lohnarten**, die Zeitlohn, Akkordlohn, Prämienlohn, Soziallohn, Provision und Gratifikation sein können. Die verschiedenen Lohnarten werden zur leichteren Erfassung durch die EDV mit Lohnkontierungsnummern versehen.

3.2.1.3 Planung der Maschinenkosten

Als Maschinenkosten sind alle Kosten anzusehen, die von der Maschinenlaufzeit abhängig sind oder durch das Vorhandensein der Maschine entstehen. Hierzu gehören:

* **Kalkulatorische Abschreibungen**, die bei lediglich zeitlicher Entwertung fixer, bei Entwertung allein durch Gebrauch ausschließlich proportionaler Natur sind. Es ist umstritten, zu welcher Gruppe die kalkulatorischen Abschreibungen zu rechnen sind.

Die Höhe der kalkulatorischen Abschreibungen ist so zu planen, daß ein rechtzeitiger Ersatz ausscheidender Anlagen sichergestellt ist.

- **Raumkosten,** in denen alle Kosten enthalten sind, welche die Gebäude verursachen, beispielsweise Abschreibungen und Instandhaltungskosten der Gebäude. Raumkosten sind fixe Kosten.

- **Energiekosten,** die aus fixen und variablen Bestandteilen bestehen. Eine exakte Kostenauflösung läßt sich kaum durchführen. Die Prozentsätze des Fixkostenanteils beruhen vielmehr auf Erfahrungswerten.

- **Instandhaltungskosten,** die Kosten für vorbeugende Maßnahmen an betriebsbereiten Maschinen und Anlagen darstellen. Es sind verschiedene Arten der Instandhaltung möglich:

  - **Kleine Reparaturen,** welche der Arbeiter selbst vornimmt, gehen nicht in die Instandhaltungskosten ein, sondern sind in den Hilfslöhnen enthalten.

  - **Großreparaturen** bedürfen besonderer genauer Planung. Sie treten in größeren Abständen auf und führen dann zu großen Kostenabweichungen. Deshalb sollen Großreparaturen in der Planung auf die Perioden verteilt werden.

- Maschinenabhängige **Betriebsstoffe,** die im wesentlichen Schmierstoffe für die Maschinen und Bohröle bei spanabhebenden Arbeitsvorgängen umfassen. Sie sind im wesentlichen proportionale Kosten.

3.2.1.4 Planung der Werkzeugkosten

Werkzeuge sind Instrumente zur formgebenden Umwandlung von Materialien. Hier sind die Kosten genau zu planen, die entstehen für

- neue Werkzeuge
- Werkzeugänderungen.

3.2.2 Kostenstellenrechnung

Die Planung der **Gemeinkosten,** wie sie für die wichtigsten Kostenarten dargestellt wurde, und die Planung der **Einzellohnkosten** erfolgen im Rahmen der Kostenstellenrechnung pro Kostenstelle.

Beide Kostengruppen werden über die Kostenstellen verrechnet, was beispielsweise bei den Materialeinzelkosten und Sondereinzelkosten nicht erfolgt, die unmittelbar in die Kostenträgerrechnung gelangen.

Wichtig ist, daß die Kostenabweichungen im Rahmen der Kostenkontrolle dort ermittelt werden, wo die Kosten tatsächlich anfallen, wo sie beeinflußbar sind und wo ein Verantwortlicher - der Kostenstellenleiter - die Kostenentwicklung vertreten muß. Die Kostenstellenrechnung ist deshalb von großer Bedeutung.

Die Kontrolle jeder Kostenstelle umfaßt nicht nur die Gemeinkosten, vielmehr werden auch alle Einzelkosten für jede Kostenstelle kontrolliert.

Im einzelnen sollen kostenstellenbezogen behandelt werden:

3.2.2.1 Gliederung der Kostenstellen

Aufgrund der Tatsache, daß die Kontrollfunktion im Rahmen der Kostenstellenrechnung einen bedeutenden Rang einnimmt, müssen für die Bildung von Kostenstellen insbesondere drei **Grundsätze** besonders beachtet werden:

• Für jede Kostenstelle müssen sich **genaue Maßstäbe** als Bezugsgrößen der Kostenverursachung finden lassen. Andernfalls besteht durch die Wahl falscher Gemeinkostensätze die Gefahr einer fehlerhaften Kalkulation, die falsche Entscheidungen zur Folge hätte.

• Um der Kontrollfunktion der Kostenrechnung gerecht zu werden, muß jede Kostenstelle ein **selbständiger Verantwortungsbereich** sein. Nur so ist eine wirksame Überwachung der Entscheidungsträger, beispielsweise des Meisters, gewährleistet.

• Nach dem Wirtschaftlichkeitsprinzip ist jede Kostenstelle so zu bilden, daß sich alle **Kostenbelege** ohne große Schwierigkeiten **verbuchen** lassen.

3.2.2.2 Bildung von Bezugsgrößen

Die Bezugsgröße, die für jede einzelne Kostenstelle festgelegt werden muß, ist besonders sorgfältig auszuwählen, denn gerade sie bestimmt die Genauigkeit der Sollkosten. Damit ist sie auch für die Abweichungsermittlung von Bedeutung.

Aus diesen Gründen hat die Bezugsgröße - *Agthe* zufolge - folgenden **Forderungen** zu genügen:

• Sie soll der Kostenstellenleistung proportional sein.

• Damit soll sie gleichzeitig auch ein Höchstmaß an Proportionalität zu dem durch die jeweilige Leistung verursachten Kostenanfall besitzen.

• Andere Faktoren, beispielsweise Preisschwankungen oder Losgrößen, sollen möglichst wenig Einfluß auf die Bezugsgröße haben.

• Sie soll leicht und ohne großen Aufwand bestimmt werden können.

• Sie soll einfach anzuwenden sein.

Folgende Werte kommen als **Bezugsgrößen** in Betracht:

• Der **Fertigungslohn**, der allerdings nicht beschäftigungsbedingten Schwankungen unterliegt, was seine Eignung einschränkt.

• Die **Fertigungszeit**, die in der Regel als geeignete Bezugsgröße anzusehen ist, insbesondere bei Unternehmen mit differenzierter Produktion.

• Die **Erzeugniseinheit**, die dann geeignet erscheint, wenn eine einheitliche Produktion vorherrscht.

Beispiele: Stück, Tonnen, Kilogramm, Meter.

3.2.2.3 Planung von Bezugsgrößen

Auf der Basis der oben bestimmten Bezugsgrößen erfolgt der nächste Schritt, die Planung dieser Bezugsgrößen, die auch als **Beschäftigungsplanung** bezeichnet wird. Es wird beispielsweise festgelegt, daß pro Monat 6.000 Fertigungsstunden geleistet oder 750 t gefertigt werden.

Für die Bezugsgrößenplanung können zwei **Verfahren** verwendet werden:

• Die **Kapazitätsplanung**, bei der von der realisierbaren Kapazität innerhalb der einzelnen Kostenstelle ausgegangen wird, die Grundlage der Bezugsgrößenplanung ist. Nicht beachtet werden dabei die anderen betrieblichen Teilbereiche.

• Die **Engpaßplanung**, der man sich aus der Überlegung heraus bedient, daß bei der Dimensionierung der Kapazität einer Kostenstelle notwendigerweise auch eine Übereinstimmung mit anderen Kostenstellen erforderlich ist. Damit ist als Planbeschäftigung der Beschäftigungsgrad festzulegen, den man glaubt, im vorzuplanenden Geschäftsjahr unter Berücksichtigung der Kapazität und des erreichbaren Absatzes sowie aller sonstigen Engpässe durchschnittlich erreichen zu können.

3.2.2.4 Berücksichtigung von Beschäftigungsänderungen

Die Berücksichtigung von Änderungen des Beschäftigungsgrades ist deshalb notwendig, weil diese Änderungen die Kostenstruktur beeinflussen. Der Grund hierfür ist, daß die fixen Kosten bei allen Beschäftigungsgraden konstant sind, die proportionalen Kosten sich jedoch verändern.

Deshalb muß der Einfluß, welchen die fixen Kosten bei den Änderungen haben, berücksichtigt werden. Dies kann mittels zweier **Verfahren** erfolgen:

• **Stufenmethode**
• **Variatormethode.**

3.2.2.4.1 Stufenmethode

Bei der Stufenmethode werden **mehrere Kostenübersichten** als Budget mit verschiedenen Beschäftigungsgraden erstellt.

Alle Vorgaben enthalten fixe und variable Kostenbestandteile, ohne daß diese jedoch notwendigerweise voneinander getrennt ausgewiesen werden.

Beispiel:

Kostenplan für Kostenstelle Nr. 4417

Beschäftigungsmaßstab (Std./Periode)			4.000	4.400	4.800	5.200
Beschäftigungsgrad			50 %	60 %	70 %	80 %
Nr.	Bezeichnung	Berechnung	DM	DM	DM	DM
421	Hilfslöhne		8.000	8.800	9.600	10.400
440	Werkzeuge	0,50 DM/Std.	2.000	2.200	2.400	2.600
441	Schmierstoffe		30	30	30	30

Aus der Übersicht können die für jeden Beschäftigungsgrad zu verrechnenden Sollkosten festgestellt werden.

Liegen die Werte der späteren Istbeschäftigung zwischen zwei in der Tabelle berücksichtigten Beschäftigungsgraden, dann müssen diese durch Interpolation ermittelt werden.

Differenzen zwischen Ist-Werten und sich auf bestimmte Beschäftigungsgrade beziehenden Soll-Werten sind die **Verbrauchsabweichungen.**

Ein **Vorteil** dieses Verfahrens ist seine leichte Einsetzbarkeit.

Als **Nachteil** ist anzusehen, daß ein proportionaler Verlauf aller Kostenarten unterstellt wird, was unrichtig ist. Dies kann zu Fehlern führen, die jedoch um so unbedeutender sind, je kleiner die Beschäftigungsintervalle gewählt werden.

3.2.2.4.2 Variatormethode

Die rechnerische Erfassung der Einflüsse von Beschäftigungsabweichungen auf die Vorgabe der Plankosten kann durch **Ermittlung eines Variators** vereinfacht werden.

Der Variator drückt das Verhältnis der fixen und variablen Kosten einer Kostenart unter Annahme einer linearen Kostenfunktion aus. Er gibt an, um wieviel Prozent sich die vorzugebenden Kosten bei einer 10 %igen Änderung des Beschäftigungsgrades verändern.

$$\text{Proportionale Kosten} = \frac{\text{Variator}}{10} \cdot \text{Plankosten}$$

oder

$$\text{Variator} = \frac{\text{Proportionale Kosten}}{\text{Plankosten}} \cdot 10$$

Bei einem Variator von 8 bedeutet dies im Falle einer 10 %igen Beschäftigungsänderung, daß 80 % der Gesamtkosten variabel und 20 % fix sind.

Wenn die Istbeschäftigung von der Planbeschäftigung um 20 % abweicht, müßten die
Sollkosten des Planbeschäftigungsgrades um $8 \cdot 2 = 16$ % variiert werden, damit sich
die Sollkosten des Istbeschäftigungsgrades ergeben.

Grundlagen für die Berechnung des Variators im Unternehmen können sein:

• **Schätzungen** aufgrund der mit Istkosten gesammelten Erfahrungen.

• **Aufstellung** einer Istkosten-Statistik und Einsetzen des jeweiligen Beschäftigungsgrades.

• **Vorausplanung** der Kosten für verschiedene Beschäftigungsgrade, vornehmlich
anhand graphischer Darstellungen.

Beispiele:

• Gegeben ist ein Variator von 5. Die Plankosten betragen 10.000 DM.

$$K_p = \frac{5}{10} \cdot 10.000 = \underline{\underline{5.000 \text{ DM}}}$$

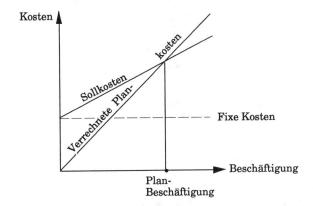

• Gegeben ist ein Variator von 0. Die Plankosten betragen 10.000 DM.

$$K_p = \frac{0}{10} \cdot 10.000 = \underline{\underline{0 \text{ DM}}}$$

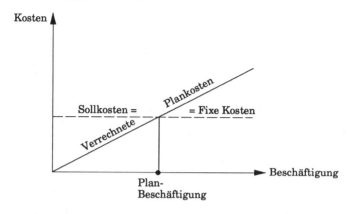

• Gegeben ist ein Variator von 10. Die Plankosten betragen 10.000 DM.

$$K_p = \frac{10}{10} \cdot 10.000 = \underline{\underline{10.000 \text{ DM}}}$$

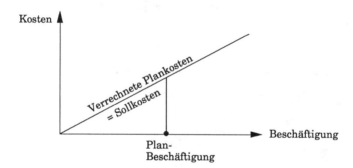

Wie aus den Beispielen zu ersehen ist, gibt es bei einem Variator von 0 nur fixe Kostenanteile, bei einem Variator von 10 dagegen ausschließlich proportionale Kostenanteile.

Hat der Variator einen anderen Wert als 10, so sind verrechnete Plankosten und Sollkosten jeweils nur beim Planbeschäftigungsgrad gleich.

3.2.2.5 Gemeinkostenplan

Die Gemeinkosten - und *ergänzend* auch die Einzellohnkosten - werden auf der Basis von Planverbrauchsmengen, Planpreisen und Planbeschäftigung für die einzelnen Kostenstellen im jeweiligen Gemeinkostenplan erfaßt.

In der Regel wird dabei für jede Kostenart der entsprechende Variator angegeben, der - wie gezeigt wurde - die gesamten Plankosten dieser Kostenart in ihre fixen und variablen (proportionalen) Teile aufteilt.

Meist endet der Gemeinkostenplan mit Angabe des Variators, die Kostenauflösung wird nicht mehr durchgeführt. Zur Verdeutlichung und als Übung für die Anwendung des oben besprochenen Variators soll die Kostenauflösung jedoch beispielhaft dargestellt werden.

Beispiel für einen Gemeinkostenplan:

Monat: Juli 1991		Kostenstelle: 301					
Planbezugsgröße:		10.000 Stunden					
	Plan-Menge	Plan-Preis/ Einheit	Varia-tor	Plankosten		
				gesamt	fix	prop.
Fertigungslöhne	10.000 Std.	10,00	10	100.000	0	100.000
Hilfslöhne	1.000 Std.	6,00	7	6.000	1.800	4.200
Gehälter	1	3.000,00	0	3.000	3.000	0
Hilfsstoffe	800 kg	3,00	8	2.400	480	1.920
Werkzeugkosten	1.000 Std.	5,00	10	5.000	0	5.000
Kalk. Abschreibungen	1	500,00	6	500	200	300
Kalk. Raumkosten	350 qm	6,00	0	2.100	2.100	0
Summe der Plankosten				119.000		111.420

$$\text{Plankostenverrechnungssatz} = \frac{119.000}{10.000} = 11,90 \text{ DM/Std.}$$

3.2.3 Soll-Ist-Vergleich

Der Soll-Ist-Vergleich als Gegenüberstellung geplanter und tatsächlich entstandener Kosten ist Hauptzweck der Plankostenrechnung.

Ziel dieser Kostenkontrolle ist die Überwachung der Kostenentwicklung und - damit verbunden - die Beurteilung der Entscheidungsträger in den einzelnen Kostenstellen. Das geschieht durch die Ermittlung und Analyse der Abweichungen von den geplanten Kosten.

Es sei darauf hingewiesen, daß Abweichungen aber nicht immer von den Entscheidungsträgern in den Kostenstellen vertreten werden müssen. Vielmehr können Fehlplanungen oder nicht vorherzusehende Datenänderungen der Grund hierfür sein. Folgende Abweichungen werden unterschieden:

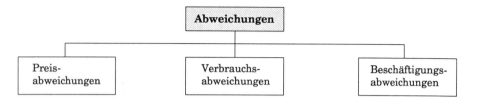

3.2.3.1 Preisabweichungen

Preisabweichungen sind die Differenzen zwischen den Istpreisen und den Plan- bzw. Verrechnungspreisen bezogener Güter und Dienstleistungen. Sie können entstehen:

* Bei **Einzelkostenarten** in Form von Abweichungen beim Fertigungsmaterial und Fertigungslohn.

* Bei **Gemeinkostenarten** als Abweichungen beim Gemeinkostenmaterial oder Gemeinkostenlohn.

Beim Soll-Ist-Vergleich werden die Ist-Bezugsgrößen der Kostenarten mit Plan- bzw. Verrechnungspreisen bewertet, weshalb Preisabweichungen innerhalb der Kostenstellenrechnung eliminiert sind.

Preisabweichungen ergeben sich bei Bewertung der Kostenträger am Tage des Verbrauches aus der Differenz der verbrauchten Ist-Menge, einmal bewertet zu Planpreisen, zum anderen bewertet zu Ist-Preisen:

$$
\begin{array}{rl}
 & \text{Ist-Menge} \cdot \textbf{Plan}\text{preis} \\
- & \text{Ist-Menge} \cdot \textbf{Ist}\text{preis} \\
\hline
= & \text{Preisabweichung}
\end{array}
$$

oder

$$
\begin{array}{rl}
 & \text{Istkosten der } \textbf{Plan}\text{kostenrechnung} \\
- & \text{Istkosten der } \textbf{Ist}\text{kostenrechnung} \\
\hline
= & \text{Preisabweichung}
\end{array}
$$

Die **Verrechnung der Preisabweichungen** kann entweder in der Kostenträgerrechnung oder direkt über das Betriebsergebniskonto erfolgen.

Beispiel: Die tatsächlich verbrauchte Menge des Kostengutes A beträgt 500 Stunden. Als Planpreis wurden 12 DM/Std. angesetzt. Tatsächlich beträgt der Preis jedoch 14 DM/Std.

$$
\begin{array}{rcl}
 500 \cdot 12 & = & 6.000 \text{ DM} \\
- 500 \cdot 14 & = & 7.000 \text{ DM} \\
\hline
\text{Preisabweichung} & = & -1.000 \text{ DM}
\end{array}
$$

3.2.3.2 Verbrauchsabweichungen

Zu Verbrauchsabweichungen kommt es, wenn geplante und tatsächlich verbrauchte Mengen an Kostengütern unterschiedlich hoch sind. Es handelt sich demnach um die Differenz zwischen den um die Preisabweichungen reduzierten Ist- und Sollkosten.

Die Verbrauchsabweichung wird ermittelt:

> **Ist**menge   · Planpreis beim Istbeschäftigungsgrad
> - **Plan**menge · Planpreis beim Istbeschäftigungsgrad
>
> = Verbrauchsabweichung

oder

> Istkosten (der Plankostenrechnung)
> - Sollkosten
>
> = Verbrauchsabweichung

Beispiel:

	Gesamtbeträge	Fixe Kosten	Proportionale Kosten
Planbeschäftigung	10.000 Std./Periode	-	-
Plankosten	60.000 DM/Periode	20.000 DM/Periode	40.000 DM/Periode
Istbeschäftigung	8.000 Std./Periode	-	-
Istkosten	40.000 DM/Periode	-	-

Daraus ergibt sich:

> Istkosten (der PKR)
> - Sollkosten
>
> = Verbrauchsabweichung

$$\frac{\text{Istkosten}}{\text{Planbeschäftigung}} = \frac{40.000}{10.000} = 4 \text{ DM/Std.}$$

$$
\begin{aligned}
40.000 &= 40.000 \text{ DM} \\
- (20.000 + 4 \cdot 8.000) &= 52.000 \text{ DM} \\
\hline
\text{Verbrauchsabweichung} &= -12.000 \text{ DM}
\end{aligned}
$$

Verbrauchsabweichungen können dem Kostenstellenleiter als Entscheidungsträger verantwortlich angelastet werden.

3.2.3.3 Beschäftigungsabweichungen

Beschäftigungsabweichungen sind die Differenz zwischen Sollkosten und verrechneten Plankosten. Sie werden für jede Kostenstelle insgesamt oder bei heterogener Kostenstruktur je Bezugsgröße ermittelt.

Ihre Berechnung erfolgt:

> Planmenge · Planpreis bei **Ist**beschäftigung
> - Planmenge · Planpreis bei **Plan**beschäftigung
> ───
> = Beschäftigungsabweichung

oder

> Sollkosten
> - Verrechnete Plankosten
> ─────────────────────────
> = Beschäftigungsabweichung

Graphisch kann man die Verbrauchsabweichung und Beschäftigungsabweichung folgendermaßen darstellen:

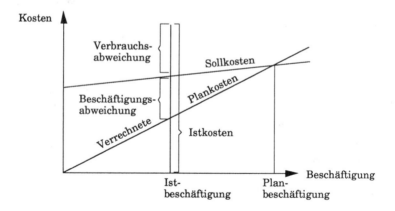

Bei Unterbeschäftigung werden zu wenig fixe Kosten verrechnet, bei über der Planbeschäftigung liegender Beschäftigung werden zu viele fixe Kosten verrechnet, d.h. der Plankostenverrechnungssatz ist bei Überbeschäftigung zu hoch und schließt mehr fixe Kosten ein als notwendig. Deshalb entsteht zum Ausgleich dieser überhöhten fixen Kosten eine negative Beschäftigungsabweichung.

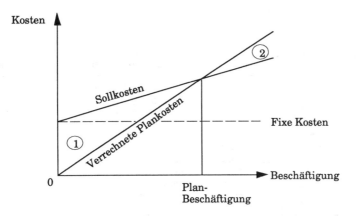

① **Positive Beschäftigungsabweichung,**
d.h. zu wenig verrechnete fixe Kosten

② **Negative Beschäftigungsabweichung,**
d.h. zu viel verrechnete fixe Kosten

Beispiel:

	Gesamtbeträge	Fixe Kosten	Proportionale Kosten
Planbeschäftigung	10.000 Std./Periode	-	-
Plankosten	60.000 DM/Periode	20.000 DM/Periode	40.000 DM/Periode
Istbeschäftigung	8.000 Std./Periode	-	-
Istkosten	40.000 DM/Periode	-	-

  Sollkosten
- Verrechnete Plankosten
  ―――――――――――――
= Beschäftigungsabweichung

$$\begin{array}{lcl} 20.000 + 4 \cdot 8000 & = & 52.000 \text{ DM} \\ - \; 6 \cdot 8.000 & = & 48.000 \text{ DM} \\ \hline \text{Beschäftigungsabweichung} & = & + \; 4.000 \text{ DM} \end{array}$$

50

3.2.3.4 Betriebsabrechnung einer Kostenstelle

Als Abschluß der Kostenstellenrechnung soll ein Soll-Ist-Vergleich in Form der Betriebsabrechnung einer Kostenstelle gezeigt werden.

Beispiel:

Betriebsabrechnung			Kostenstelle 301		Juli 1991
			Planbesch. 5.000 Fertigungs- stunden	Istbesch. 5.570 Fertigungs- stunden	Beschäfti- gungsgrad 111,4 %
	Vari- ator	Plan- kosten	Plankosten- verrech- nungssatz 3,30 DM	Verrechnete Plankosten 18.381 DM	Ist- Verrech- nungssatz 3,26 DM
			Istkosten	Sollkosten	Verbr.-Abr.
Fertigungslöhne	10	10.000	11.283	11.140	+ 143
Hilfslöhne	7	400	490	432	+ 58
Gehälter	0	2.500	2.570	2.500	+ 70
Hilfsstoffe	8	100	117	109	+ 8
Werkzeugkosten	10	50	52	57	- 5
Reparaturkosten	6	300	430	320	+ 110
Kalk. Abschreibungen	7	500	540	540	0
Zinsen	0	350	350	350	0
Raumkosten	0	300	300	300	0
Leitungskosten	2	2.000	2.050	2.050	0
Zwischensumme		16.500	18.182	17.798	+ 384
Verrechnete Plan- kosten			-	18.381	-
Beschäftigungs- abweichung			-	- 583	-
Gesamtsumme			18.182	17.798	+ 384

3.2.4 Kostenträgerrechnung

Die Kostenträgerrechnung umfaßt:

• **Kostenträgerzeitrechnung**
• **Kostenträgerstückrechnung.**

3.2.4.1 Kostenträgerzeitrechnung

Die Kostenträgerzeitrechnung wird in der Regel monatlich oder vierteljährlich erstellt. Sie ermöglicht eine Kostenkontrolle.

Beispiel:

Kostenträgerzeitrechnung für das Erzeugnis A	April 1991

I. Abgesetzte Menge   2.000 Stück/Monat
II. Preis   28 DM/Stück

(1) Plankosten je Stück		17,34 DM
(2) Abweichungen		
Einzelmaterialpreis	+ 0,68 DM	
Einzelmaterialverbrauch	- 1,12 DM	
Gemeinkostenmaterialpreis	- 0,43 DM	
Beschäftigungsabweichung	+ 0,94 DM	
Verbrauchsabweichung	+ 1,37 DM	1,44 DM
(3) Istkosten je Stück		18,78 DM

(4) Erfolg je Stück
     Planerfolg [II - 1] = + 10,66
     Ist-Erfolg [II - 3] = + 9,22

(5) Erlös insgesamt (I · II)	56.000,00 DM
(6) Ist-Kosten insgesamt [I ·(3)]	37.560,00 DM
(7) Erfolg	+ 18.440,00 DM

3.2.4.2 Kostenträgerstückrechnung

Die Kostenträgerstückrechnung innerhalb der Plankostenrechnung wird generell in der gleichen Weise durchgeführt wie die oben ausführlich besprochene Stückrechnung bei der Istkostenrechnung. Sie ist jedoch zuverlässiger als die traditionelle Vorkalkulation.

Die Abweichungen können entweder den Kostenträgern oder dem Betriebsergebnis-Konto zugerechnet werden. Die Auffassungen, was richtig sei, sind hierüber unterschiedlich. Man tendiert heute aber dazu, die Verteilung der Abweichungen auf die Kostenträger vorzunehmen, insbesondere der Preisabweichungen.

Beispiel für ein Plankalkulations-Schema:

I.		Planmaterialkosten	
		Fertigungsmaterial	
		+ Ausschuß	
		+ Abfall	
		- verwertbarer Abfall	

(1) = Summe Fertigungsmaterial (Planmenge · Planpreis)
(2) + Fremde Zulieferungen und Leistungen
(3) + Planmaterialgemeinkosten (einheitlicher bzw. variierter Planzuschlag) auf Summe Fertigungsmaterial und (2)

= Summe Planmaterialkosten
II. Planfertigungskosten
(1) Fertigungsstelle A (Planbezugsgröße · Plankostensatz A)
+ (2) Fertigungsstelle B (Planbezugsgröße · Plankostensatz B)

= Summe Planfertigungskosten
+ III. Plansondereinzelkosten der Fertigung und Typenkosten

= IV. Planherstellungskosten (Summe I. bis III.)
+ V. Planverwaltungskosten (Planzuschlag auf IV.) Planvertriebskosten
  (1)   Angebotsabgabe (Auftragsart · Plansatz für Angebot)
+ (2)   Auftragsbearbeitung (Auftragsart · Plansatz je Std. Auftrags-
          bearbeitung)
+ (3)   Versand (Auftragsart Planversandkostensatz)
+ (4)   Rechnungsstelle (Auftragsdispositionen · Plankostensatz
          je Position)
+ (5)   Mahnung (der Kundengruppe entsprechender Plankostenmahn-
          kostensatz)
+ (6)   Restvertriebsgemeinkosten (Planzuschlag auf IV.)

+ VI. = Summe Planvertriebskosten
+ VII. Plansondereinzelkosten des Vertriebs (Ausgangsfrachten, Provisionen, Mehrwertsteuer, Verpackung)

= VIII. Planselbstkosten (Summe IV. bis VII.)

3.3 Eignung

Die Eignung der Plankostenrechnung im Hinblick auf die kostenrechnerische Einzel-aufgabe beurteilt *Wilkens*:

Aufgaben der Kostenrechnung	Eignung der Plankostenrechnung
PLANUNG	
• **Erfolgsplanung**	
- Kalkulatorischer Gesamterfolg	teilweise
- Kurzfristige Produktionsplanung	nein
- Planung von Zusatzaufträgen	nein
- Kurzfristige Absatzplanung	nein
• **Zukunftsbezogene Wirtschaftlich-**	
keitsrechnungen bezogen auf	
- Gesamtunternehmen	teilweise
- Kostenstellen	teilweise
- Fertigungsverfahren	teilweise
- Fertigungsbreite und -tiefe	teilweise
- Maschinenbelegung	teilweise
- Arbeitsverteilung/-einsatz	teilweise
- Losgrößen	teilweise
- Lagerhaltung/Bestellmengen	teilweise
- Formen der Kapazitätsanpassung	teilweise
- Bereitstellungsverfahren	teilweise
- Entscheidung zwischen Eigen-	
fertigung und Fremdbezug	teilweise
- Beschaffungs- und Absatzmethoden	teilweise
• **Preisfindung**	
- Preisobergrenzen für Beschaffungs-	
güter	teilweise
- Kostenorientierte Preisfindung	
für Absatzgüter	teilweise
- Bestimmung von Preisuntergrenzen	nein
- Verrechnungspreise für interne	
Leistungen	teilweise
- Preis-/Kostenvergleiche	teilweise
KONTROLLE	
• **Erfolgskontrolle**	
- Kurzfristige Erfolgsrechnung	teilweise
- Bereichs- und Produktionskontrolle	teilweise
• **Wirtschaftlichkeitskontrolle**	
- Umfang und Art der entstandenen	
Kosten (Kostenartenrechnung)	ja
- Orte der Entstehung von Kosten	
(Kostenstellenrechnung)	ja
- Verwendungszweck der Kosten	
(Kostenträgerrechnung)	teilweise
- Innerbetrieblicher Zeitvergleich	ja
- Innerbetrieblicher Soll-Ist-Vergleich	ja
- Zwischenbetrieblicher Vergleich	ja

• **Preiskontrolle**	
- Nachkalkulation mit Vollkosten	teilweise
- Nachkalkulation mit Teilkosten	nein
- Preis-/Kostenvergleiche	teilweise
RECHENSCHAFTSLEGUNG	
• **Nachweis der Selbstkosten bei öffentlichen Aufträgen**	ja
• **Ermittlung von Bilanzansätzen für fertige und unfertige Erzeugnisse sowie selbsterstellte Anlagen**	nein
• **Unterlagen für Kreditverhandlungen**	teilweise
• **Begründung von Ansprüchen gegenüber Versicherungen bei Schadensfällen**	teilweise

Kontrollfragen	bear-beitet	Lösungs-hinweis	Lösung +	-
01 Durch welche Merkmale können Kostenrechnungssysteme gekennzeichnet sein?		231		
02 Wie wird bei den Kostenrechnungssystemen auf Vollkostenbais vorgegangen?		231		
03 Welche Kostenrechnungssysteme auf Vollkostenbasis lassen sich unterscheiden?		232		
04 Worin liegt das zentrale Problem der Kostenrechnungssysteme auf Vollkostenbasis?		232		
05 Worin ist das Ziel der Istkostenrechnung zu sehen?		232		
06 Welche Formen der Istkostenrechnung können unterschieden werden?		232		
07 Beschreiben Sie die Grundform der Istkostenrechnung!		233		
08 Wie ist die Grundform der Istkostenrechnung zu beurteilen?		233 f.		
09 Beschreiben Sie die Istkostenrechnung mit Verrechnungswerten!		234		
10 Weshalb können sich bei der Istkostenrechnung mit Verrechnungswerten Preisdifferenzen ergeben?		234		
11 Beurteilen Sie die Eignung der Istkostenrechnung mit Verrechnungswerten!		235		
12 Erläutern Sie, wie bei der Istkostenrechnung mit Planwerten vorgegangen wird!		235 f.		
13 Wie ist die Istkostenrechnung mit Planwerten zu beurteilen?		236		
14 Wie wird die Istkostenrechnung den Aufgaben einer Kostenrechnung im einzelnen gerecht?		236 f.		
15 Was versteht man unter der Normalkostenrechnung?		237		
16 Welche Daten können in die Normalkosten eingehen?		237		
17 Welche Entscheidungen müssen vor Einführung der Normalkostenrechnung grundsätzlich getroffen werden?		238		
18 Worin unterscheiden sich Voll- und Teilnormalisierung?		238		
19 Welche Verfahren der Normalkostenrechnung lassen sich unterscheiden?		238		
20 Wie wird bei der starren Normalkostenrechnung vorgegangen?		238		
21 Welche Abweichung(en) gibt es bei der starren Normalkostenrechnung?		239		
22 Wie ist die Eignung der starren Normalkostenrechnung zu beurteilen?		239 f.		
23 Worin unterscheidet sich die flexible Normalkostenrechnung grundsätzlich von der starren Normalkostenrechnung?		240		

Kontrollfragen	bear-beitet	Lösungs-hinweis	Lösung + | -	
24	Welche Aufgaben sind mit der Kostenauflösung zu bewältigen?		241	
25	Nennen Sie die Verfahren der Kostenauflösung!		241 ff.	
26	Beschreiben Sie die Vorgehensweise bei der buchtechnisch-statistischen Methode!		241	
27	Wie wird bei der mathematischen Methode vorgegangen?		242	
28	Erläutern Sie die graphische Methode!		243	
29	Stellen Sie die Vorgehensweise bei der Methode der kleinsten Quadrate dar!		244 f.	
30	In welcher Weise wird die flexible Normalkostenrechnung durchgeführt?		245 f.	
31	Wie errechnen sich die Abweichungen bei der flexiblen Normalkostenrechnung!		247	
32	Beurteilen Sie die Eignung der flexiblen Normalkostenrechnung!		248 f.	
33	Was versteht man unter der Plankostenrechnung?		249	
34	Worin unterscheiden sich die Istkosten der Istkostenrechnung und die Istkosten der Plankostenrechnung?		250	
35	Mit Hilfe welcher Verfahren kann die Kontrollfunktion bei der Plankostenrechnung grundsätzlich vorgenommen werden?		250 f.	
36	Inwieweit sind diese Verfahren aussagekräftig?		250 f.	
37	Welche Arten der Plankostenrechnung sind zu unterscheiden?		251	
38	Beschreiben Sie die Vorgehensweise bei der starren Plankostenrechnung.!		251	
39	Wie ist die starre Plankostenrechnung zu beurteilen?		252	
40	Worin unterscheiden sich die starre Plankostenrechnung und die flexible Plankostenrechnung grundsätzlich?		252	
41	Wie wird bei der flexiblen Plankostenrechnung vorgegangen?		252 f.	
42	Wie werden bei der flexiblen Plankostenrechnung die Abweichungen ermittelt?		253 f.	
43	Wie ist die flexible Plankostenrechnung zu beurteilen?		255	
44	Wie werden die Materialkosten bei der flexiblen Plankostenrechnung geplant?		255 f.	
45	Beschreiben Sie die Planung der Personalkosten bei der flexiblen Plankostenrechnung.!		256	
46	Welche Maschinenkosten werden bei der flexiblen Plankostenrechnung unterschieden?		256 f.	

	Kontrollfragen	bear-beitet	Lösungs-hinweis	Lösung +	-
47	Wie werden die Maschinenkosten bei der flexiblen Plankosten-rechnung geplant?		256 f.		
48	Wofür werden Werkzeugkosten bei der flexiblen Plankosten-rechnung geplant?		257		
49	Wie ist die Vorgehensweise bei der Kostenstellenrechnung der flexiblen Plankostenrechnung?		257		
50	Welche Gesichtspunkte sind bei der Gliederung der Kostenstel-len zu beachten?		258		
51	Welchen Forderungen sollen die Bezugsgrößen, die für jede Kostenstelle festzulegen sind, genügen?		258		
52	Welche Werte kommen als Bezugsgrößen in Betracht?		259		
53	Mit Hilfe welcher Verfahren kann die Planung der Bezugsgrößen erfolgen?		259		
54	Weshalb ist die Berücksichtigung von Beschäftigungsänderun-gen in der Kostenstellenrechnung notwendig?		259		
55	Welche Verfahren gibt es, die Beschäftigungsänderungen zu berücksichtigen?		259		
56	Beschreiben Sie die Stufenmethode!		260		
57	Wie ist die Stufenmethode zu beurteilen?		260		
58	Wie wird bei der Variatormethode vorgegangen?		260 f.		
59	Nennen Sie die Grundlagen, die sich für die Berechnung des Variators anbieten!		261		
60	Stellen Sie die kostenmäßigen Auswirkungen der Variatoren 0 und 5 und 10 graphisch dar!		261 f.		
61	Welche Aufgabe hat der Gemeinkostenplan?		262 f.		
62	Was versteht man unter dem Soll-Ist-Vergleich?		263		
63	Erläutern Sie, wie Preisabweichungen ermittelt werden!		264		
64	Wie werden Preisabweichungen verrechnet?		264		
65	Wie werden die Verbrauchsabweichungen ermittelt?		265		
66	Beschreiben Sie die Ermittlung der Beschäftigungsabweichungen!		266		
67	Stellen Sie die Verbrauchsabweichungen und Beschäftigungsab-weichungen graphisch dar!		266		
68	Was sagt die positive Beschäftigungsabweichung aus?		267		
69	Wie kann eine Kostenträgerrechnung bei der flexiblen Plan-kostenrechnung aussehen?		269 f.		
70	Wie ist die (flexible) Plankostenrechnung im einzelnen zu be-urteilen?		271		

F. Kostenrechnungssysteme auf Teilkostenbasis

Unter den Kostenrechnungssystemen auf Teilkostenbasis werden diejenigen Verfahren der Kostenrechnung zusammengefaßt, bei denen **nicht alle Kosten den Leistungseinheiten zugerechnet** werden. Der Verzicht auf die Zurechnung der gesamten Kosten ist das entscheidende Merkmal dieser Kostenrechnungssysteme.

Die Teilkostenrechnungssysteme können auf der Basis von Istkosten, Normalkosten oder Plankosten durchgeführt werden. Die Aufspaltung der Kosten in fixe und variable (proportionale) Teile, wie sie als **Kostenauflösung** bereits behandelt wurde, stellt hierbei ein zentrales Problem dar.

Die Ausführungen zu den **Kostenrechnungssystemen auf Vollkostenbasis** zeigten, daß diese Verfahren insbesondere zwei wesentliche **Mängel** haben:

- Proportionalisierung der fixen Kosten
- Schlüsselung der Gemeinkosten.

Die **Kostenrechnungssysteme auf Teilkostenbasis** wurden entwickelt, um unter anderem diese Nachteile von Kostenrechnungsverfahren zu vermeiden. Allgemein können den Teilkostenrechnungssystemen folgende **Aufgaben** zugeschrieben werden:

- Verbesserung der Erfolgsanalyse
- Verbesserung der Erfolgsplanung
- Verbesserung der absatzpolitischen Entscheidungen
- Verbesserung der Faktorkombination
- Verbesserung der Kostenkontrolle.

Es ist eine Vielzahl von Kostenrechnungssystemen auf Teilkostenbasis entwickelt worden. Die bekanntesten sind:

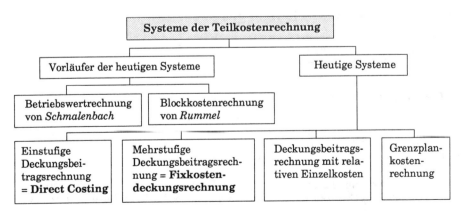

Dieser Überblick über die Kostenrechnungssysteme auf Teilkostenbasis ist nicht vollständig. Eine ausführliche Zusammenstellung aller entwickelten Systeme findet sich beispielsweise bei *Schneider*.

Es erscheint nicht zweckmäßig, im Rahmen einer praxisorientierten Betrachtung auf die Vielzahl entwickelter - und doch in der Praxis nicht oder kaum angewendeter - Kostenrechnungssysteme auf Teilkostenbasis einzugehen.

Im folgenden sollen die heute überwiegend verwendeten Systeme dargestellt werden:
- **Einstufige Deckungsbeitragsrechnung**
- **Mehrstufige Deckungsbeitragsrechnung**
- **Deckungsbeitragsrechnung mit relativen Einzelkosten**
- **Grenzplankostenrechnung.**

Bei den ersten drei Teilkostenrechnungssystemen handelt es sich um Deckungsbeitragsrechnungen auf der Basis von **Istkosten**, während die Grenzplankostenrechnung auf der Basis von **Plankosten** durchgeführt wird.

Die allgemeine **Grundformel der Deckungsbeitragsrechnung** lautet:

$$\text{Erlös} - \frac{\text{Teil-}}{\text{kosten}} = \frac{\text{Rest-}}{\text{kosten}} + \text{Gewinn}$$

In den verschiedenen Systemen der Deckungsbeitragsrechnung werden **unterschiedliche Teilkosten** eingesetzt:

- **Einstufige Deckungsbeitragsrechnung**

$$\frac{\text{Deckungs-}}{\text{beitrag}} = \text{Erlös} - \frac{\text{Variable}}{\text{Kosten}}$$

- **Mehrstufige Deckungsbeitragsrechnung**

$$\frac{\text{Deckungs-}}{\text{beitrag}} = \text{Erlös} - \frac{\text{Variable}}{\text{Kosten}} + \frac{\text{Verschiedene}}{\text{Fixkosten}}$$

- **Deckungsbeitragsrechnung mit relativen Einzelkosten**

$$\frac{\text{Deckungs-}}{\text{beitrag}} = \text{Erlös} - \frac{\text{Relative}}{\text{Einzelkosten}}$$

Bei anderen Kostenrechnungssystemen auf Teilkostenbasis werden als Teilkosten beispielsweise die Grenzkosten oder die stark ersatzbedürftigen Kosten eingesetzt.

1. Einstufige Deckungsbeitragsrechnung

Die einstufige Deckungsbeitragsrechnung ist ein in den USA entwickeltes Kostenrechnungssystem, das vielfach als **Direct Costing** bezeichnet wird. Es trennt - ausgehend von den Erkenntnissen der Kostentheorie - die fixen und variablen Kosten, um den wesensmäßigen Unterschied der beiden Kostengattungen berücksichtigen zu können und damit die Gefahr von Fehlentscheidungen, welche die Proportionalisierung von fixen Kosten mit sich bringt, zu vermeiden.

Die einstufige Deckungsbeitragsrechnung   soll unter folgenden Gesichtspunkten betrachtet werden:

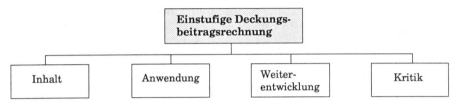

1.1 Inhalt

Bevor auf die einstufige Deckungsbeitragsrechnung inhaltlich im einzelnen eingegangen wird, ist zunächst auf einige der wichtigsten inhaltlichen Merkmale der einstufigen Deckungsbeitragsrechnung hinzuweisen:

• Die **Kostenauflösung**, denn die fixen Kosten werden bei der einstufigen Deckungsbeitragsrechnung in der gesamten Kostenrechnung von den variablen Kosten, die aus Vereinfachungsgründen als proportional angesehen werden, getrennt gerechnet. Dadurch ist eine Unterscheidung in **Kosten der Erzeugnisse** als variable Kosten und **Kosten der Rechnungsperiode** bzw. **Kosten der Betriebsbereitschaft** als fixe Kosten möglich.

• Die **Kostenverrechnung auf die Erzeugnisse**, denn auf die Erzeugnisse werden nur die Einzelkosten als variable Kosten und die variablen Teile der Gemeinkosten verrechnet. Die Trennung der fixen und variablen Gemeinkostenbestandteile kann bereits in der Kostenartenrechnung oder aber erst in der Kostenstellenrechnung erfolgen, von wo dann die variablen Kostenteile auf die Kostenträger verrechnet werden.

• Die **retrograde Erfolgsermittlung**, denn es wird zunächst der Brutto-Deckungsbeitrag errechnet, indem von den Erzeugniserlösen die variablen Kosten abgezogen werden. Der Erfolg bei der einstufigen Deckungsbeitragsrechnung ergibt sich dann durch Subtraktion der fixen Kosten vom Brutto-Deckungsbeitrag.

Die einstufige Deckungsbeitragsrechnung wird - wie die traditionelle Kostenrechnung auf Vollkostenbasis - als geschlossenes System durchgeführt und umfaßt:

* **Kostenartenrechnung**
* **Kostenstellenrechnung**
* **Kostenträgerrechnung.**

1.1.1 Kostenartenrechnung

Die Kostenartenrechnung der einstufigen Deckungsbeitragsrechnung unterscheidet sich nicht wesentlich von den Kostenartenrechnungen anderer Kostenrechnungssysteme.

Die Kostenaufspaltung ist, wie bereits gezeigt wurde, nicht immer einfach, denn außer den eindeutig fixen und unzweifelhaft variablen Kosten gibt es **semivariable Kosten** als Mischkosten, die sowohl fixe als auch variable Kostenbestandteile beinhalten, deren Höhe jedoch erst im einzelnen analysiert werden muß.

Mellerowicz stellt einen Katalog von variablen und fixen Kostenarten auf, der ausschnittsweise wiedergegeben wird. Kostenarten, die innerhalb der Kostenstellenrechnung nicht eindeutig der einen oder anderen Gruppe zugeordnet werden können, werden in Klammern gesetzt. Mit Recht weist er jedoch darauf hin, daß eine solche Aufstellung nur als **Überblick** angesehen werden kann, der nicht auf den speziellen Einzelfall zutreffen muß.

* Zu den **variablen Kosten** zählen beispielsweise:

  Fertigungsmaterial (Hilfs- und Betriebsstoffe)
  Fertigungslohn (Hilfslohn)
  Sonstiger produktionsabhängiger Lohn
  Lohnnebenkosten (Werkzeuge, Abschreibungen)

* Zu den **fixen Kosten** rechnen vor allem:

  Gehalt (Hilfslohn)
  Gebäude- und Maschinenreparaturen
  Büroeinrichtung und -material
  Steuern, Versicherungen und Abgaben
  Allgemeine Verwaltungskosten (Abschreibungen)
  Eigenkapitalzinsen
  Wagnisse.

1.1.2 Kostenstellenrechnung

Die Kostenstellenrechnung der einstufigen Deckungsbeitragsrechnung weist im Vergleich zu anderen Kostenrechnungssystemen ebenfalls nur geringe Unterschiede auf. Abweichungen ergeben sich daraus, daß **nur die variablen Kosten auf die betrieblichen Leistungen verrechnet** werden.

Im Kostenstellenplan sind die Beziehungen zwischen den fixen Kosten und den Erzeugnissen bzw. Erzeugnisgruppen besonders zu beachten. Auf die mögliche **Kostenstelleneinteilung**, u.a. nach abrechnungstechnischen Gesichtspunkten und produktionstechnischen Aspekten, wurde bereits eingegangen.

Nach Möglichkeit sollten die Kostenstellen so gebildet werden, daß sie sich auf eine Produktart oder zumindest auf bestimmte Erzeugnisgruppen beziehen.

Bei der einstufigen Deckungsbeitragsrechnung muß in der Kostenstellenrechnung das schwierige Problem der Verrechnung der variablen Kostenteile auf die Kostenträger gelöst werden. Für diese Verrechnung sind geeignete **Maßgrößen** erforderlich, welche möglichst der Kostenverursachung entsprechen sollten.

Die fixen Gemeinkosten werden im System der einstufigen Deckungsbeitragsrechnung innerhalb der Kostenstellenrechnung nur denjenigen Kostenstellen zugeordnet bzw. an den Stellen erfaßt, die sie verursacht haben. Da sie in die Kostenträgerrechnung nicht übernommen werden, erübrigt sich sowohl die Umlage fixer Gemeinkosten vorgelagerter auf nachgelagerte Kostenstellen als auch die Bestimmung von Maßgrößen.

Die Kostenstellenrechnung wird bekanntlich im **BAB** durchgeführt. Zwei Möglichkeiten seines Aussehens zeigt *Mellerowicz*:

- Die **Kostenauflösung** erfolgt bereits in der **Kostenartenrechnung**, beim GKR in der Klasse 4, beim IKR in der Klasse 9. Die fixen Kosten werden je Kostenstelle ausgewiesen.

Kostenstellen / Kostenarten	Kosten der Klasse 4 (GKR) Klasse 9 (IKR)	Kostenstellen									Erzeugnisgruppen		
		A	B	C	D	E	F	G	H	I	I	II	III
Variable Einzelkosten													
Summe variabler Einzelkosten													
Variable Gemeinkosten													
Summe variabler Gemeinkosten													
Fixe Kosten													
Summe fixer Kosten													

- Die **Kostenauflösung** wird erst in der Kostenstellenrechnung durchgeführt. Damit werden folgende Spalten erforderlich:

  - Gesamte Kosten
  - Variable Kosten
  - Fixe Kosten.

Kostenstellen / Kostenarten	Kosten der Klasse 4 (GKR) Klasse 9 (IKR)			Verwaltung			Fertigung						Variable Kosten der Erzeugnis gruppen		
							A			B					
	ges.	var.	fix	ges.	var.	fix	ges.	var.	fix	ges.	var.	fix	I	II	III
Variable Einzelkosten															
Summe variabler Einzelkosten															
Variable und fixe Gemeinkosten															
Summe variabler und fixer Gemeinkosten															

1.1.3 Kostenträgerrechnung

Die Kostenträgerrechnung erfolgt als:

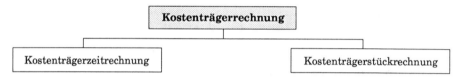

Die Kostenträgerrechnung der einstufigen Deckungsbeitragsrechnung weist gegenüber den herkömmlichen Kostenrechnungssystemen **grundlegende Unterschiede** auf.

1.1.3.1 Kostenträgerzeitrechnung

Die Zurechnung der Gemeinkosten erfolgt nach dem **Prinzip der Kostenverursachung**. Es werden nur diejenigen Kosten dem Erzeugnis zugerechnet, die es verursacht oder die durch seine Produktion zusätzlich entstehen. Diese Kosten sind die variablen Kosten.

Neben der Kostenseite sind innerhalb der Kostenträgerzeitrechnung auch die Erlöse zu betrachten. Allgemein ergibt sich das Nettoergebnis aus folgender **Grundgleichung**:

$$x \cdot (P - k_v) - K_f = \text{Nettoergebnis}$$

P　　= Verkaufspreis der Erzeugnisse (DM/Stück)
k_v　= Variable Stückkosten (DM/Stück)
K_f　= Gesamte fixe Kosten (DM/Periode)
x　　= Produzierte Menge einer Produktart (Stück/Periode)

Anhand dieser Grundgleichung lassen sich kosten- und gewinnmäßige Auswirkungen von Beschäftigungsänderungen offenlegen. Dabei können folgende Fragen beantwortet werden:

- Welche Produkte sind hinsichtlich ihrer Gewinne förderungswürdig?
- Wieviel Produkteinheiten müssen produziert und verkauft werden?

Hierauf wird bei der Darstellung der Anwendungsgebiete der einstufigen Deckungsbeitragsrechnung näher eingegangen.

Schematisch erfolgt die **Betriebsergebnisrechnung** als Jahreserfolgsrechnung oder als kurzfristige Erfolgsrechnung bei Anwendung der einstufigen Deckungsbeitragsrechnung in der nachstehenden Staffelform (*Mellerowicz*):

	Entstandene, Kosten Erlöse	Erzeugnisse und Erzeugnisgruppen									
		A	I		II		F	III		I	J
			B	C	D	E		G	H		
a	b	c	d	e	f	g	h	i	j	k	l
Erzeugnismenge (Stück)		20	40	100	25	150	100	60	70	100	5
1. Bruttoerlös	4.470	770	550	735	525	390	460	290	280	260	210
- 2. Erlösschmälerungen, Zusatzerlöse	181	24	23	45	10	13	18	5	20	13	10
= 3. Nettoerlös	4.289	746	527	690	515	377	442	285	260	247	200
- 4. Variable Einzelkosten der Fertigung	1.750	400	200	300	250	150	200	80	70	50	50
- 5. Variable Gemeinkosten der Fertigung	588	72	52	78	65	38	34	103	93	42	11
+ 6. Bestandsveränderungen*	25	20	0	- 10	5	0	8	5	0	- 3	0
7. Variable Kosten der umgesetzten Leistung	2.313	452	252	388	310	188	226	178	163	95	61
= 8. Zwischenergebnis	1.976	294	275	302	205	189	216	107	97	152	139
- 9. Variable Einzelkosten des Vertriebes	310	50	70	40	10	30	40	10	20	30	10
= 10. Bruttodeckungsbeitrag (3 - 7 - 9)	1.666	244	205	262	195	159	176	97	77	122	129
(Bruttoergebnis) in % der *Nettoerlöse* (3)		33 %	39 %	38 %	38 %	42 %	40 %	34 %	30 %	49 %	65 %
- 11. Fixe Kosten der Periode	1.250										
davon:											
Allgem. Verwaltung	380										
Fertigung	700										
(davon Verw. 140)											
Vertrieb	170										
= 12. Nettoergebnis	416										
13. Kosten der fak. Leistung (7+9+11)	3.873										

* + = Bestandsmehrung
   - = Bestandsminderung

Mathematisch kann der **kurzfristige Erfolg** eines Einproduktunternehmens ermittelt werden:

$$G = x_a(P - k_v) - K_f$$

G = Gewinn (DM/Periode)
x_a = Hergestellte und verkaufte Erzeugnisse (Stück/Periode)
P = Preis des Erzeugnisses (DM/Stück)
k_v = Variable Stückkosten (DM/Stück)
K_f = Fixe Kosten der Periode (DM/Periode)

1.1.3.2 Kostenträgerstückrechnung

Das **Problem** der Kostenträgerstückrechnung bei der einstufigen Deckungsbeitragsrechnung entsteht dadurch, daß in der Kostenträgerzeitrechnung lediglich die variablen Kosten auf die Erzeugnisse verrechnet werden. Es muß aber auch eine Deckung der fixen Kosten angestrebt werden, wenn Gewinn erzielt werden soll.

Die Bruttodeckungsbeiträge sind auf die verschiedenen Erzeugnisse nicht genau zurechenbar, was die Kalkulation von Stückgewinnen unmöglich erscheinen läßt. Aus diesem Grunde versucht man folgende **Lösungsmöglichkeiten** anzuwenden:

• **Vorgabe von Soll-Deckungsbeiträgen**, welche die geschätzten Fixkosten sowie einen Gewinnanteil enthalten.

• **Anwendung des Kostentragfähigkeitsprinzips**, wonach Deckungsbeiträge nicht mehr verursachungsgemäß, sondern entsprechend der gegebenen Marktverhältnisse auf die Erzeugnisse zugeschlagen werden.

Die **Kalkulation** bei der einstufigen Deckungsbeitragsrechnung ist derjenigen des Handels ähnlich:

Einkaufspreis
+ Handelsspanne
(das sind Kosten und Gewinn des Endverkäufers)
= Verkaufspreis

Die **Höhe des Zuschlages**, der auf die variablen Kosten gerechnet wird, hängt von den bisherigen Deckungsbeiträgen des Produktes ab. **Einflußfaktoren** können sein:

• Die Höhe der zu verteilenden Fixkosten
• Die Höhe des geplanten Gewinns
• Die Höhe der geplanten Produktions- und Absatzmenge.

Die Kalkulation bei der einstufigen Deckungsbeitragsrechnung kann mit Hilfe von zwei Verfahren erfolgen, die *Börner* und *Mellerowicz* darstellen:

- **mit absoluten Brutto-Deckungszuschlägen**
- **mit prozentualen Brutto-Deckungszuschlägen.**

1.1.3.2.1 Kalkulation mit absoluten Brutto-Deckungszuschlägen

Die Kalkulation mit absoluten Brutto-Deckungszuschlägen entspricht der Divisionskalkulation unter Berücksichtigung eines kalkulierten Gewinnes.

Rechnerisch erfolgt diese Kalkulation:

$$P = \frac{K_v + DB}{x}$$

P   = Angebotspreis (DM/Stück)
K_v = Variable Kosten der Periode bzw. umgesetzten Leistung (DM/Periode)
DB = Deckungsbeitrag der Periode bzw. umgesetzten Leistung (DM/Periode)
x   = Absatzmenge oder Produktionsmenge (Stück/Periode)

Beispiel: Die variablen Kosten des Produktes A sind pro Periode 172.000 DM und der Brutto-Deckungsbeitrag pro Periode 28.000 DM. Die gefertigte und abgesetzte Stückzahl beträgt 100.

$$P = \frac{172.000 + 28.000}{100} = 2.000 \text{ DM/Stück}$$

1.1.3.2.2 Kalkulation mit prozentualen Brutto-Deckungszuschlägen

Die Kalkulation mit prozentualen Brutto-Deckungszuschlägen erfolgt in der Regel derart, daß die variablen Gemeinkosten als prozentualer Zuschlag auf die variablen Einzelkosten verrechnet werden. Sie kann durchgeführt werden als:

- **Auf-Hundert-Rechnung**, bei der sich der prozentuale Deckungszuschlagsatz ergibt aus:

$$ZS = \frac{\text{Brutto-Deckungsbeitrag}}{\text{Variable Kosten}} \cdot 100$$

Der **Angebotspreis** errechnet sich dann:

$$P = k_v + k_v \cdot ZS$$

oder

$$P = k_{ve} + k_{vg} + (k_{ve} + k_{vg}) \cdot ZS$$

wobei

$$k_v = k_{ve} + k_{vg}$$

P   = Angebotspreis (DM/Stück)
k_v = Variable Kosten (DM/Stück)
k_{ve} = Variable Einzelkosten (DM/Stück)
k_{vg} = Variable Gemeinkosten (DM/Stück)
ZS = Brutto-Deckungszuschlagsatz

Beispiel: Die variablen Kosten pro Stück eines Produktes werden mit 50 DM angesetzt. Der Brutto-Deckungsbeitrag der Periode sei 50.000 DM und die variablen Kosten 25.000 DM.

$$ZS = \frac{50.000}{25.000} = \underline{\underline{2}}$$

$$P = 50 + (50 \cdot 2) = \underline{\underline{150 \text{ DM/Stück}}}$$

- **Im Hundert-Rechnung,** bei welcher der Deckungsbeitrag auf die Erlöse bezogen wird. Der Deckungsfaktor d gibt an, wieviel Prozent der Erlöse zur Deckung der fixen Kosten sowie zur Gewinnerzielung erforderlich sind:

$$d = \frac{\text{Brutto-Deckungsbeitrag}}{\text{Nettoerlöse}}$$

Die Differenz zwischen 100 % und dem Deckungsfaktor

$$100 - d = a$$

gibt an, wieviel Prozent des gesuchten Verkaufspreises die variablen Kosten pro Stück betragen.

Der **Angebotspreis P** läßt sich errechnen:

$$P = \frac{\text{Variable Stückkosten}}{a} \cdot 100$$

Beispiel: Die variablen Kosten der Periode werden mit 80.000 DM und der Brutto-Deckungsbeitrag mit 120.000 DM angesetzt. Die Produktions- und Absatzmenge sollen 100 Stück umfassen.

$$d = \frac{120.000}{200.000} = 0,6 = 60\,\%$$

$$a = 100 - 60 = 40\,\% = 0,4$$

$$k_v = \frac{80.000}{100} = 800\ \text{DM/Stück}$$

$$P = 800 : 0,4 = 2.000\ \text{DM/Stück}$$

51

1.2 Anwendung

Die einstufige Deckungsbeitragsrechnung läßt sich für eine Reihe von betrieblichen Entscheidungssituationen gut einsetzen. Die Gebiete ihrer **Anwendung** sind vor allem:

* **Gewinnschwellen-Analyse**
* **Preisuntergrenzen**
* **Zusatzaufträge**
* **Produktionsverfahren**
* **Produktionsprogramme**
* **Eigenfertigung/Fremdbezug.**

Sie sollen im einzelnen dargestellt werden.

1.2.1 Gewinnschwellen-Analyse

Die Aufteilung der Gesamtkosten in fixe und variable Kosten ermöglicht eine gewinnorientierte Betrachtung des Unternehmens. Dazu dient die **Gewinnschwellen-Analyse**, die vielfach auch als **Break-even-Analyse** bezeichnet wird.

Mit ihrer Hilfe lassen sich die Beziehungen darstellen zwischen:

* Umsatz
* Kosten
* Gewinn
* Beschäftigung.

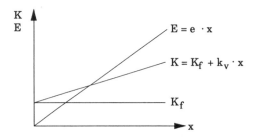

K = Gesamte Kosten der Periode (DM/Periode)
E = Erlös der Periode (DM/Periode)
e = Erlös pro Stück (DM/Stück)
K_f = Fixe Kosten der Periode (DM/Periode)
k_v = Variable Kosten pro Stück (DM/Stück)
x = Menge (Stück/Periode)

Die Gewinnschwellen-Analyse dient insbesondere:

Die Gewinnschwellen-Analyse ist - bezogen auf die zu betrachtende Periode - an mehrere **Voraussetzungen** geknüpft. Das sind:

• Linearer Gesamtkostenverlauf
• Gleichbleibende fixe Kosten
• Konstante Preise
• Konstantes Leistungsprogramm
• Keine Lagerbildung.

In der betrieblichen Praxis sind die Voraussetzungen grundsätzlich nicht (alle) erfüllt. Dennoch kann die Gewinnschwellen-Analyse als ein brauchbares Informationsinstrument eingesetzt werden.

52

1.2.1.1 Ermittlung der Gewinnschwelle

Die Gewinnschwelle ist der Punkt, in dem die gesamten Kosten gleich den Erlösen eines Unternehmens sind, die Schwelle von der Verlust- in die Gewinnzone. In der obigen Zeichnung liegt die Gewinnschwelle im Schnittpunkt der E-Kurve mit der K-Kurve. Mit dem Erreichen der Gewinnschwelle werden die gesamten Kosten durch die gesamten Erlöse gerade gedeckt.

Die Gewinnschwelle wird vielfach auch bezeichnet als:

- Nutzschwelle
- Kritische Menge
- Deckungspunkt
- Break-even-point
- Toter Punkt.

Um die Gewinnschwelle ermitteln zu können, ist festzustellen, ob ein Unternehmen lediglich ein Produkt oder mehrere Produkte in seinem Leistungsprogramm hat. Dementsprechend sind zu unterscheiden:

- **Ein-Produkt-Unternehmen**
- **Mehr-Produkt-Unternehmen.**

1.2.1.1.1 Ein-Produkt-Unternehmen

Beim Ein-Produkt-Unternehmen ist die Gewinnschwelle relativ einfach zu ermitteln. Es gelten folgende Beziehungen:

$$G = E - K$$

$$G = 0$$

$$E = K$$

G = Gewinn der Periode (DM/Periode)
E = Erlös der Periode (DM/Periode)
K = Gesamte Kosten der Periode (DM/Periode)

Aus der letzten Gleichung ergibt sich

$$E = K$$
$$\downarrow$$
$$e \cdot x = K_f + k_v \cdot x$$

bei Auflösung nach K_f

$$K_f = e \cdot x - k_v \cdot x$$
$$\downarrow$$
$$K_f = x (e - k_v)$$

und unter Berücksichtigung, daß der Deckungsbeitrag pro Stück die Differenz von Stückerlös und variablen Kosten pro Stück ist

$$db = e - k_v$$

als Gewinnschwelle der Betrag, bei welchem der Gesamtdeckungsbeitrag gerade ausreicht, die fixen Kosten der Periode zu decken:

$$db \cdot x = K_f$$

$$\downarrow$$

$$DB = K_f$$

db = Deckungsbeitrag pro Stück (DM/Stück)
DB = Deckungsbeitrag der Periode (DM/Periode)

Rechnerisch ergibt sich die notwendigerweise abzusetzende Produktmenge, die auch als **kritische Menge** bezeichnet wird, damit wie folgt:

$$x = \frac{K_f}{db}$$

Beispiel: Ein Unternehmen stellt eine Produktart her. Die variablen Kosten pro Stück betragen 52,50 DM, die fixen Kosten pro Quartal 312.000 DM. Die Produkte werden für 114,90 DM/Stück verkauft.

Als Deckungsbeitrag pro Stück ergibt sich:

$$db = e - k_v$$
$$db = 114,90 - 52,50 = \underline{\underline{62,40 \text{ DM/Stück}}}$$

Der Deckungsbeitrag der Periode (Quartal) beträgt:

$$DB = K_f$$
$$DB = \underline{\underline{312.000 \text{ DM/Quartal}}}$$

Die Gewinnschwelle liegt bei:

$$x = \frac{K_f}{db}$$

$$x = \frac{312.000}{62,40} = \underline{\underline{5.000 \text{ Stück/Quartal}}}$$

53

1.2.1.1.2 Mehr-Produkt-Unternehmen

Schwieriger ist es, die Gewinnschwelle beim Mehr-Produkt-Unternehmen zu ermitteln. Sie ist erreicht, wenn die gesamten Erlöse der einzelnen Produktarten insgesamt gerade die gesamten Kosten, die für diese Produktarten entstehen, decken.

Beim Mehr-Produkt-Unternehmen liegt das Problem für die Errechnung der Gewinnschwelle darin, daß - neben den eingangs genannten Voraussetzungen für die Gewinnschwellen-Analyse - eine Vielzahl von Kombinationen im Hinblick auf die Absatzmengen der einzelnen Produkte möglich ist, die zur Deckung der gesamten Kosten führen kann.

Beispiel:

Produkt A e = 50 DM	Produkt B e = 100 DM	Produkt C e = 200 DM	Gesamte Erlöse
200 · 50 DM = 10.000 DM	100 · 100 DM = 10.000 DM	50 · 200 DM = 10.000 DM	30.000 DM
200 · 50 DM = 10.000 DM	150 · 100 DM = 15.000 DM	25 · 200 DM = 5.000 DM	30.000 DM
400 · 50 DM = 20.000 DM	20 · 100 DM = 2.000 DM	40 · 200 DM = 8.000 DM	30.000 DM

Grundsätzlich können Zwei-Produkt-Unternehmen und Mehr-Produkt-Unternehmen unterschieden werden:

• Die Ermittlung der Gewinnschwelle beim **Zwei-Produkt-Unternehmen** erfolgt, indem die von beiden Produkten verursachten Kosten mit den Erlösen aus beiden Produkten gleichgesetzt werden bzw. die fixen Kosten der Periode beider Produkte dem gesamten Deckungsbeitrag aus beiden Produkten gleichgesetzt werden:

$$K_{1+2} = E_{1+2}$$

$$\downarrow$$

$$K_f + k_{v1} \cdot x_1 + k_{v2} \cdot x_2 = e_1 \cdot x_1 + e_2 \cdot x_2$$

$$DB = K_f$$

$$\downarrow$$

$$db_1 \cdot x_1 + db_2 \cdot x_2 = K_f$$

Im Gegensatz zum Ein-Produkt-Unternehmen, bei dem die Gewinnschwelle zu **einer** kritischen Absatzmenge im Schnittpunkt der Kosten- und Erlöskurve führt, liegt beim Zwei-Produkt-Unternehmen die kritische Absatzmenge auf einer Geraden, besteht also aus **vielen** Punkten, die Linearkombinationen der mit ihren Deckungsbeiträgen pro Stück gewichteten Produktmengen darstellen.

Beispiel: Ein Unternehmen produziert zwei Produkte. Die variablen Kosten pro Stück betragen bei Produkt A 40 DM und bei Produkt B 60 DM. Die fixen Kosten belaufen sich im Monat auf 100.000 DM. Der Verkauf erfolgt bei Produkt A zu 80 DM/Stück, bei Produkt B ebenfalls zu 80 DM/Stück.

Als Deckungsbeitrag pro Stück ergeben sich:

$$db_A = e_A - k_{vA}$$
$$db_A = 80 - 40 = \underline{\underline{40 \text{ DM/Stück}}}$$

$$db_B = e_B - k_{vB}$$
$$db_B = 80 - 60 = \underline{\underline{20 \text{ DM/Stück}}}$$

Der Deckungsbeitrag der Periode (Monat) beträgt:

$$DB = K_f$$
$$DB = \underline{\underline{100.000 \text{ DM/Monat}}}$$

Die Gewinnschwelle liegt bei:

$$db_A \cdot x_A + db_B \cdot x_B = K_f$$
$$40x_A + 20x_B \qquad = \underline{\underline{100.000}}$$

Daraus ergeben sich beispielsweise folgende Kombinationsmöglichkeiten:

x_A	x_B	E_A	E_B	E_{gesamt}
0	5.000	0	100.000	100.000
1.000	3.000	40.000	60.000	100.000
2.000	1.000	80.000	20.000	100.000
2.500	0	100.000	0	100.000

Diese Beziehung kann zeichnerisch dargestellt werden:

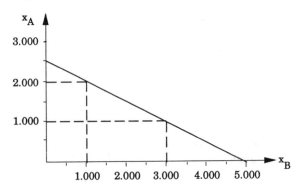

• Noch mehr Kombinationsmöglichkeiten ergeben sich, wenn **drei oder mehr Produkte** von Unternehmen angeboten werden. Die Berechnung wird schwieriger, ohne daß die Ergebnisse befriedigender werden.

Insgesamt bietet es sich bei Mehr-Produkt-Unternehmen deshalb an, für jede einzelne Produktart eine eigene Gewinnschwellen-Analyse durchzuführen. Dabei werden den Kosten jeder Produktart, wie beim Ein-Produkt-Unternehmen, die durch sie bewirkten Erlöse gegenübergestellt. Diese Vorgehensweise setzt allerdings voraus, daß die insgesamt anfallenden fixen Kosten jeder einzelnen Produktart zugeordnet werden können.

5 4

Abschließend ist darauf hinzuweisen, daß die Realisierung der verschiedenen Kombinationsmöglichkeiten bei Mehr-Produkt-Unternehmen beispielsweise durch

• Beschaffungsbeschränkungen
• Produktionsbeschränkungen
• Absatzbeschränkungen
• Finanzierungsbeschränkungen

begrenzt werden kann.

1.2.1.2 Planung des Gewinns

Die Gewinnschwellen-Analyse dient nicht nur lediglich der Feststellung, bei welcher Menge bzw. welchen Mengen die gesamten Erlöse die gesamten Kosten decken, sondern ist auch bei der Planung des Gewinnes hilfreich.

Zum einen kann das Unternehmen mit der Gewinnschwellen-Analyse feststellen, wo es sich gewinnbezogen befindet.

Beispiel:

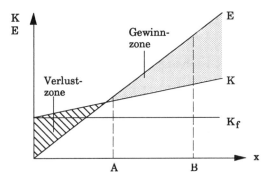

Bei einer gegenwärtigen Absatzmenge A würde ein leichter Absatzrückgang bereits dazu führen können, keinen Gewinn mehr zu erzielen. Diese Gefahr besteht bei gleichem Absatzrückgang und einer gegenwärtigen Absatzmenge B nicht, der Gewinn wird lediglich vermindert.

Zum anderen ist es dem Unternehmen möglich, im Rahmen der Gewinnschwellen-Analyse einen erwarteten (Mindest-)Gewinn pro Periode anzusetzen:

- Rechnerisch geschieht dies beim **Ein-Produkt-Unternehmen** dadurch, daß in der Gleichung zur Errechnung der Gewinnschwelle

$$DB = K_f$$

den fixen Kosten der Periode der erwartete Gewinn der Periode hinzugerechnet wird:

$$DB = K_f + G$$

Die notwendigerweise abzusetzende Produktmenge ergibt sich damit wie folgt:

$$x = \frac{K_f + G}{db}$$

Beispiel: Ein Unternehmen stellt eine Produktart her. Die variablen Kosten pro Stück betragen 52,50 DM, die fixen Kosten pro Quartal 312.000 DM. Die Produkte werden für 114,90 DM/Stück verkauft. Es wird ein Gewinn pro Quartal in Höhe von 62.400 DM geplant.

Die notwendigerweise im Quartal abzusetzende Produktmenge ergibt sich aus:

$$x = \frac{K_f + G}{db}$$

$$x = \frac{312.000 + 62.400}{62,40} = 6.000 \text{ Stück/Quartal}$$

55

- Beim **Zwei-Produkt-Unternehmen** wird entsprechend vorgegangen:

$$DB = K_f$$

$$db_1 \cdot x_1 + db_2 \cdot x_2 = K_f + G$$

Beispiel: Ein Unternehmen produziert zwei Produkte. Die variablen Kosten pro Stück betragen bei Produkt A 40 DM und bei Produkt B 60 DM. Die fixen Kosten belaufen sich im Monat auf 100.000 DM. Der Verkauf erfolgt bei Produkt A zu 80 DM/Stück, bei Produkt B ebenfalls zu 80 DM/Stück. Es wird ein Gewinn pro Monat in Höhe von 20.000 DM geplant.

Die notwendigerweise monatlich abzusetzenden Produktmengen ergeben sich aus:

$$db_A \cdot x_A + db_B \cdot x_B = K_f + G$$
$$40x_A + 20x_B = 100.000 + 20.000$$
$$40\ x_A + 20x_B = 120.000$$

55

1.2.2 Preisuntergrenzen

Die Preisuntergrenze gibt den Angebotspreis als Nettoverkaufspreis an, den ein Unternehmen mindestens fordern muß, um überleben zu können. Dabei wird hier angenommen, daß das Unternehmen die von ihm angebotenen Produkte den Abnehmern zu einem im wesentlichen gleichen Preis auf den Markt bringt*.

Die Preisuntergrenze kann ermittelt werden als:

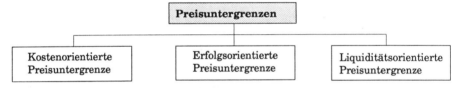

Weitere Arten von Preisuntergrenzen lassen sich unterscheiden, beispielsweise die statische und dynamische Preisuntergrenze.

1.2.2.1 Kostenorientierte Preisuntergrenze

Die kostenorientierte Preisuntergrenze kann im Rahmen der Deckungsbeitragsrechnung für ein **Ein-Produkt-Unternehmen** ermittelt werden. Die Vollkostenrechnung ist nicht geeignet, als Grundlage für die Ermittlung der kostenbestimmten Preisuntergrenze zu dienen.

Allerdings muß festgestellt werden, daß die Deckungsbeitragsrechnung auch dann nur als geeignet angesehen werden kann, wenn folgende **Grundsätze** beachtet werden:

• Die durch die Deckungsbeitragsrechnung ermittelte kostenorientierte Preisuntergrenze ist nur als **Information** anzusehen, wo die »wirklichen Opfer« für ein Unternehmen beginnen.

• Die kostenorientierte Preisuntergrenze kann durch **marktbezogene Erfordernisse**, beispielsweise im Rahmen einer

---

* Der Fall, daß bestimmten Abnehmern im Rahmen der Abwicklung von **Zusatzaufträgen** unterschiedlich hohe Preise kalkuliert werden, wird in Kapitel 1.2.3 behandelt.

- Absatzverbundenheit
- Einführungspolitik
- Lockvogelpolitik
- Verdrängungspolitik

überlagert werden, die gegenwärtige Zugeständnisse erforderlich machen, deren Ausgleich gegebenenfalls für die Zukunft erwartet wird.

• Die kostenbestimmte Preisuntergrenze kann durch **liquiditätspolitische Erfordernisse** überlagert werden.

• Die durch die Deckungsbeitragsrechnung ermittelte kostenorientierte Preisuntergrenze darf nicht zu einer gängigen Praxis **leicht nachgiebiger Preispolitik** führen, sondern nur dann praktiziert werden, wenn dies unumgänglich ist.

Die kostenorientierte Preisuntergrenze ergibt sich entsprechend der unterschiedlichen **Fristigkeit** der Entscheidungen:

• Die **kurzfristige** kostenorientierte Preisuntergrenze liegt bei den durch das Produkt verursachten **variablen Kosten:**

$$\begin{array}{c} \text{Kurzfristige} \\ \text{kostenorientierte} \\ \text{Preisuntergrenze} \end{array} \stackrel{\wedge}{=} \begin{array}{c} \text{Variable} \\ \text{Kosten} \end{array}$$

Da die fixen Kosten nicht kurzfristig als abbaubar anzusehen sind und damit in jedem Fall entstehen, wäre es gleichgültig, ob produziert und mit einem Preis, der den variablen Kosten entspricht, verkauft wird oder ob nicht produziert wird.

Allein schon im Interesse der beschäftigten Mitarbeiter bietet sich kurzfristig die Produktion des Erzeugnisses an. Außerdem stellt die kurzfristige kostenorientierte Preisuntergrenze nur den unteren Punkt eines möglicherweise vorhandenen Verhandlungsspielraumes dar, der letztlich nicht (voll) ausgeschöpft werden muß.

Beispiel: Es wird eine Produktart gefertigt. Für die letzten 12 Monate ergaben sich folgende Daten

Fertigungs-/Absatzmenge	Stück/Monat	6.000
Preis	DM/Stück	220
Variable Kosten	DM/Monat	720.000
Fixe Kosten	DM/Monat	180.000

In diesem Monat zeigt sich ein Absatzrückgang um 1.000 Stück, der voraussichtlich die nächsten 2 bis 3 Monate wegen vorübergehender Liquiditätsprobleme eines Großabnehmers anhalten dürfte. Die Geschäftsleitung will wissen, wo der niedrigst vertretbare Preis für diesen Übergangszeitraum liegt.

Die kurzfristige kostenbestimmte Preisuntergrenze liegt in Höhe der variablen Kosten pro Stück, das sind 720.000 : 6.000 = 120 DM/Stück.

• Die **langfristige** kostenorientierte Preisuntergrenze umfaßt nicht nur die **variablen Kosten** der Produktart, sondern auch die fixen Kosten:

$$
\begin{array}{l}
\text{Langfristige} \\
\text{kostenorientierte} \\
\text{Preisuntergrenze}
\end{array}
\ \overset{\wedge}{=}\
\begin{array}{l}
\text{Variable} \\
\text{Kosten}
\end{array}
\ +\
\begin{array}{l}
\text{Fixe} \\
\text{Kosten}
\end{array}
$$

Schließlich sind die fixen Kosten langfristig beeinflußbar, Kapazitäten können auf- und abgebaut sowie rationeller gestaltet werden.

Damit müssen die fixen Kosten ebenso gedeckt werden wie die variablen Kosten.

Beispiel: Entgegen der Annahme im vorangegangenen Beispiel ist davon auszugehen, daß der Absatzrückgang in den nächsten Jahren absatzmäßig nicht aufgefangen werden kann. Die langfristige kostenbestimmte Preisuntergrenze beträgt:

k_v = 720.000 : 6.000 bzw. 600.000 : 5.000 = 120 DM/Stück

k_f = 180.000 : 5.000   =   36 DM/Stück

                                            156 DM/Stück

• Bei der **mittelfristigen** kostenorientierten Preisuntergrenze ist festzustellen, daß bestimmte Teile der fixen Kosten bereits beeinflußt werden können, beispielsweise durch Abbau von Teilkapazitäten, andere Teile der fixen Kosten aber nur langfristig beeinflußbar sind.

Dementsprechend liegt die mittelfristige kostenorientierte Preisuntergrenze in Höhe der **variablen Kosten** und jener **fixen Kosten**, die **mittelfristig beeinflußbar** sind.

$$
\begin{array}{l}
\text{Mittelfristige} \\
\text{kostenorientierte} \\
\text{Preisuntergrenze}
\end{array}
\ \overset{\wedge}{=}\
\begin{array}{l}
\text{Variable} \\
\text{Kosten}
\end{array}
\ +\
\begin{array}{l}
\text{Mittelfristig abbaubare} \\
\text{fixe Kosten}
\end{array}
$$

Abschließend muß darauf hingewiesen werden, daß bei Verwendung der kostenorientierten Preisuntergrenze für die Preispolitik **Ausstrahlungseffekte** entstehen können, die sich darin äußern, daß bisherige Abnehmer auch künftig nur den verminderten Preis zahlen wollen bzw. neue Abnehmer von dem verminderten Preis Kenntnis erlangen und ihn ebenfalls erwarten.

Diese Feststellung gilt auch für die nachfolgend beschriebene erfolgsorientierte Preisuntergrenze.

56

1.2.2.2 Erfolgsorientierte Preisuntergrenze

Die erfolgsorientierte Preisuntergrenze wird ebenfalls mit Hilfe der Deckungsbeitragsrechnung ermittelt. Sie ist bei **Mehr-Produkt-Unternehmen** einzusetzen.

Hier genügt es nicht mehr - wie bei der kostenorientierten Preisuntergrenze - eine Produktart allein und isoliert zu betrachten, sondern es müssen die Auswirkungen berücksichtigt werden, die Veränderungen bei einer Produktart auf die übrigen Produktarten und damit auf den gesamten Erfolg des Unternehmens haben.

Wie bei der kostenorientierten Preisuntergrenze können nach der **Fristigkeit** unterschieden werden:

• Die **kurzfristige** erfolgsorientierte Preisuntergrenze. Sie kann sich beziehen:

- auf nicht ausgelastete Unternehmen, d.h. auf Unternehmen **ohne Engpässe**. Hier liegt die kurzfristige erfolgsorientierte Preisuntergrenze in Höhe der **variablen Kosten**, wie bei der kostenorientierten Preisuntergrenze:

$$
\begin{array}{ccc}
\text{Kurzfristige} & & \\
\text{erfolgsorientierte} & \stackrel{\wedge}{=} & \text{Variable} \\
\text{Preisuntergrenze} & & \text{Kosten}
\end{array}
$$

- auf ausgelastete Unternehmen, d.h. auf Unternehmen, bei denen **Engpässe** auftreten (können). Dies kann beispielsweise durch Aufnahme neuer Produktarten geschehen, die damit - bei ohnehin schon gegebener Vollbeschäftigung - bisher gefertigte Produktarten verdrängen.

Da die Aufgabe bisher gefertigter Produktarten den Erfolg des Unternehmens beeinflußt, genügt es nicht, kurzfristig lediglich die **variablen Kosten** als Preisuntergrenze anzusetzen. Vielmehr sind auch jene Kosten zu berücksichtigen, welche die Deckungsbeiträge infolge der Verdrängung bisher gefertigter Produktarten mindern. Man spricht in diesem Zusammenhang von **Opportunitätskosten**.

$$
\begin{array}{ccccc}
\text{Kurzfristige} & & & & \\
\text{erfolgsorientierte} & \stackrel{\wedge}{=} & \text{Variable} & + & \text{Opportunitäts-} \\
\text{Preisuntergrenze} & & \text{Kosten} & & \text{kosten}
\end{array}
$$

• Die **langfristige** erfolgsorientierte Preisuntergrenze, die - wie bei der kostenorientierten Preisuntergrenze - sowohl die **variablen** als auch die **fixen Kosten** umfaßt:

$$
\begin{array}{ccccc}
\text{Langfristige} & & & & \\
\text{erfolgsorientierte} & \stackrel{\wedge}{=} & \text{Variable} & + & \text{Fixe} \\
\text{Preisuntergrenze} & & \text{Kosten} & & \text{Kosten}
\end{array}
$$

Bei dieser Preisuntergrenze kann die Produktion fortgesetzt werden, ohne daß auf Ersatzinvestitionen verzichtet bzw. Personal abgebaut werden muß.

Bei Ansatz der erfolgsorientierten Preisuntergrenze in der Preispolitik können sich **Ausstrahlungseffekte** ergeben, wie bei der kostenorientierten Preisuntergrenze beschrieben.

1.2.2.3 Liquiditätsorientierte Preisuntergrenze

Neben der kosten- und erfolgsorientierten Betrachtung wird vielfach auch die Preisuntergrenze unter Finanzierungs- bzw. Liquiditätsgesichtspunkten gesehen. Die liquiditätsorientierte Preisuntergrenze umfaßt die zur Deckung der Zahlungsbereitschaft mindestens zu deckenden Kosten, stellt also die Summe der **kurzfristig ausgabewirksamen fixen Kosten** und der **variablen Kosten** dar.

Die Ermittlung der liquiditätsorientierten Preisuntergrenze ist in der betrieblichen Praxis letztlich aber nur möglich, wenn folgende - überwiegend praxisfremde - **Voraussetzungen** erfüllt sind *(Moews)*:

• Alle abgesetzten Produkte führen in derselben Periode auch zu Einnahmen.

• Die hergestellte Menge wird in derselben Periode voll abgesetzt.

• Die beschafften Einsatzmaterialien werden in derselben Periode voll verbraucht.

• Der Materialverbrauch wird mit Anschaffungspreisen bewertet.

• Alle beschafften Einsatzgüter werden sofort bezahlt.

• Alle Anlagenabschreibungen werden auf Basis der Kalenderzeit ermittelt.

• Es fallen keine Ausgaben für den Kauf oder die Herstellung aktivierungspflichtiger Anlagegüter an.

• Bei den kurzfristig ausgabewirksamen Fixkosten findet die Ausgabe stets in der Periode der Kostenverursachung statt.

• Andere Einflußfaktoren auf die Liquidität, die nicht mit Kosten in Verbindung stehen, sind nicht vorhanden.

• Der Anfangsbestand an liquiden Mitteln ist gleich Null.

• Alle Möglichkeiten der Beschaffung liquider Mittel sind erschöpft.

• Die kurzfristig ausgabewirksamen Kosten lassen sich den verschiedenen Produktarten zurechnen.

Die Liquidität, die mit Hilfe der liquiditätsorientierten Preisuntergrenze gesichert werden soll, ist mit dem kostenrechnerischen Ansatz nicht sicherzustellen, sondern nur mit Hilfe der **Finanzplanung**. Vgl. hierzu ausführlich *Olfert*, Finanzierung.

1.2.3 Zusatzaufträge

Zusatzaufträge sind Aufträge, die ein Unternehmen annimmt, das durch die aktuell gegebene Auftragslage kapazitätsmäßig **nicht ausgelastet** ist. Sie werden zu Preisen hereingenommen, die unterhalb der gegenwärtig gültigen Verkaufspreise - beispielsweise als Listenpreise - liegen.

Mit der Annahme von Zusatzaufträgen und der damit verbundenen **Preisdifferenzierung** will ein Unternehmen

* das vorhandene Marktpotential zusätzlich ausschöpfen,
* die nicht ausgelasteten Fertigungsanlagen besser bis optimal auslasten,
* den Periodenerfolg erhöhen.

Bevor auf den kostenrechnerischen Aspekt von Zusatzaufträgen eingegangen wird, ist darauf hinzuweisen, daß diese Art der Preisdifferenzierung - von verschiedenen Nachfragern unterschiedliche Preise zu verlangen - nur möglich ist, wenn

* der Absatzmarkt in Teilmärkte unterteilbar ist,
* die Teilmärkte voneinander abgegrenzt werden können.

Die Frage, ob Zusatzaufträge angenommen werden sollen, kann nur mit Hilfe der Deckungsbeitragsrechnung, nicht hingegen auf der Grundlage der Vollkostenrechnung beantwortet werden.

Beispiel: Ein Unternehmen fertigt zwei Produkte. Für den laufenden Monat gelten folgende Daten:

Variable Kosten	80	DM/Stück
Fixe Kosten	100.000	DM/Monat
Erlös	220	DM/Stück
Fertigungs-/Absatzmenge	800	Stück/Monat
Fertigungskapazität	1.400	Stück/Monat

Es besteht die Möglichkeit, 200 weitere Produkte zum Preis von 180 DM/Stück abzusetzen.

Bei Verwendung der Teilkosten ergibt sich folgendes Bild:

* **Erfolg ohne Zusatzauftrag**

Erlös	800 · 220	=	176.000
- Variable Kosten	800 · 80	=	64.000
= **Deckungsbeitrag**			**112.000**
- Fixkosten			100.000
= **Gewinn**			**12.000**

* **Erfolg mit Zusatzauftrag**

Erlös	800 · 220 + 200 · 180 =		212.000
- Variable Kosten	1.000 · 80	=	80.000
= **Deckungsbeitrag**			**132.000**
- Fixkosten			100.000
= **Gewinn**			**32.000**

Würde die Berechnung zu Vollkosten erfolgen, ergäbe sich ein völlig anderes Ergebnis*.

Tatsächlich sind die fixen Kosten bereits durch die Erlöse aus der bisher laufenden Produktion gedeckt, so daß der Zusatzauftrag lediglich noch variable Kosten verursacht.

Über die Annahme eines Zusatzauftrags kann demnach nur auf der Basis von Teilkosten entschieden werden. Unter kostenrechnerischen Gesichtspunkten ist die Annahme eines Zusatzauftrages für ein Unternehmen damit möglich, wenn der Erlös aus dem Zusatzauftrag gerade die variablen Kosten des Zusatzauftrages deckt.

57

1.2.4 Optimale Produktionsverfahren

Ein Unternehmen sollte bestrebt sein, seine Produkte kostenminimal zu fertigen. Um dies zu erreichen, muß es nach dem bzw. den optimalen Produktionsverfahren suchen. Dies geschieht grundsätzlich dadurch, daß die bei alternativen Produktionsanlagen anfallenden Kosten miteinander verglichen werden.

Der Wahl des optimalen Produktionsverfahrens können zwei **Ausgangssituationen** zugrunde liegen:

- Es stehen zwei oder mehr Produktionsanlagen zur Verfügung, unter denen die kostengünstigste(n) Produktionsanlage(n) ermittelt werden.

- Es steht die Beschaffung von Produktionsanlage(n) an, wobei unter den alternativen Angeboten die kostengünstigste(n) Produktionsanlage(n) zu ermitteln sind.

Diese Ausgangssituation beschreiben zwei **Arten** der Optimierung von Produktionsverfahren:

---

* Es ergäben sich folgende Werte:

- **Erfolg ohne Zusatzauftrag**

Erlös	800 · 200	=	176.000
- Kosten	800 · [80 + (100.000 : 800)]	=	164.000
= Gewinn			__12.000__

- **Erfolg mit Zusatzauftrag**

Erlös	800 · 220 + 200 · 180	=	212.000
- Kosten	1.000 · [80 + (100.000 : 800)]	=	205.000
= Gewinn			__7.000__

Unter Einbeziehung der Vollkosten müßte der Zusatzauftrag abgelehnt werden, da er den Periodenerfolg vermindert. Diese Entscheidung wäre jedoch **falsch**.

1.2.4.1 Kurzfristige Optimierung

Um das Produktionsverfahren kostenminimal zu gestalten, bleibt kurzfristig häufig nur die Möglichkeit, bei mangelnder Auslastung der Produktionsanlagen diejenigen Produktionsanlagen stärker zu belegen, welche die geringeren Kosten verursachen. Das heißt, das **Auswahlproblem** stellt sich nur dann, wenn

- das oder die Erzeugnisse auf allen betrachteten Produktionsanlagen gleichermaßen gefertigt werden können,

- die betrachteten Produktionsanlagen insgesamt nicht ausgelastet sind,

- kurzfristig keine neuen gegebenenfalls kostengünstiger arbeitenden Produktionsanlagen beschafft werden sollen oder können.

Beim Vergleich vorhandener Produktionsanlagen ist zunächst zu beachten, ob das Auswahlproblem ohne die Berücksichtigung von Engpässen zu lösen ist oder ob **Engpässe** vorhanden sind, die deren Ursache sein können *(Däumler/Grabe)*:

- Vorübergehender Ausfall einer Maschine
- Reparatur einer Maschine
- Begrenzter oder verminderter Lagerraum
- Urlaubs- oder krankheitsbedingt verminderter Personalbestand
- Lieferverzögerungen oder -ausfälle bei Rohstoffen
- Unerwartete zusätzliche Nachfrage nach Erzeugnissen.

Die Engpässe können von unterschiedlicher Dauer sein und sind bei der Ermittlung des optimalen Produktionsverfahrens rechnerisch zu berücksichtigen.

1.2.4.1.1 Ohne Engpaß

Liegt kein Engpaß vor, sind diejenigen Produktionsanlagen zu nutzen, welche die **geringsten variablen Kosten pro Stück** verursachen bzw. den **höchsten Deckungsbeitrag** bewirken.

Die fixen Kosten der einzelnen Produktionsanlage können unberücksichtigt bleiben, denn die fixen Kosten fallen insgesamt immer an, unabhängig davon, welche Produktionsanlagen eingesetzt werden, und sind kurzfristig unveränderbar.

Beispiel: Ein Unternehmen fertigt ein Erzeugnis auf zwei Maschinen, einer neueren Maschine A und einer älteren Maschine B.

		Maschine A	Maschine B
Kapazität	Stück/Monat	10.000	8.000
Fertigungs-/Absatzmenge	Stück/Monat	10.000	8.000
Variable Kosten	DM/Stück	2,50	3,00
Fixe Kosten	DM/Monat	8.000	12.000
Verkaufspreis	DM/Stück	5,50	5,50

Es ist mit einem Rückgang der Nachfrage um 2.000 Stück/Monat zu rechnen.

Unter Berücksichtigung der **Teilkosten** ergibt sich folgende Situation:

		Maschine A	Maschine B
Erlöse	DM/Stück	5,50	5,50
- Variable Kosten	DM/Stück	2,50	3,00
= **Deckungsbeitrag** DM/Stück		**3,00**	**2,50**

Danach ist Maschine A weiter voll zu belegen, während die 2.000 Stück/Monat bei Maschine B zurückgenommen werden. Dadurch liegt der Gesamt-Deckungsbeitrag - und somit bei Berücksichtigung aller fixen Kosten auch der Periodenerfolg - um 1.000 DM höher, als wenn Maschine B ausgelastet würde:

Alternative I: Maschine A unverändert $3,00 \cdot 10.000$ = 30.000
                Maschine B vermindert $2,50 \cdot 6.000$ = 15.000

                Deckungsbeitrag   45.000

Alternative II: Maschine A vermindert $3,00 \cdot 8.000$ = 24.000
                Maschine B unverändert $2,50 \cdot 8.000$ = 20.000

                Deckungsbeitrag   44.000

Bei Ansatz von **Vollkosten** würde sich ein falsches Bild ergeben, das zu einer fehlerhaften Entscheidung führen kann*.

58

---

* Ansatz von Vollkosten

		Maschine A	Maschine B
Erlöse	DM/Stück	5,50	5,50
- Variable Kosten	DM/Stück	2,50	3,00
- Fixe Kosten	DM/Stück	0,80	1,50
= **Gewinn**	**DM/Stück**	**2,20**	**1,00**

Danach wäre Maschine A weiter voll zu belegen, die Reduzierung um 2.000 Stück/Monat würde auf Maschine B erfolgen, da diese höhere Stückkosten verursacht. Die fixen Kosten bleiben jedoch nach wie vor für beide Maschinen gleich.

1.2.4.1.2 Ein Engpaß

Häufiger tritt in der betrieblichen Praxis der Fall auf, daß ein oder mehrere Engpässe die Entscheidung bei der Wahl des optimalen Produktionsverfahrens erschweren. Deshalb soll die Wahl des optimalen Produktionsverfahrens bei **einem Engpaß** dargestellt werden.

Beispiel: Einem Unternehmen stehen drei Maschinen zur Verfügung, auf denen zwei Produktarten gefertigt werden können. Die Maschinen verursachen unterschiedlich hohe Kosten. Die älteste Maschine (A) die höchsten Kosten, die jüngste Maschine (C) die geringsten Kosten. Um die absetzbaren Mengen der beiden Produktarten zu erzeugen, werden kapazitätsmäßig nur zwei der drei Maschinen benötigt.

Es stellt sich damit die Frage, welche Maschinen in welchem Umfang zu belegen sind bzw. die kostenminimalen Produktionsverfahren herauszufinden, um die erforderlichen Mengen beider Produktarten zu fertigen.

Dazu muß der bei der Betrachtung der Verfahrensauswahl ohne Engpaß aufgestellte Grundsatz, die Produktionsanlagen mit den geringsten variablen Stückkosten bzw. den höchsten Deckungsbeiträgen zu nutzen, der veränderten Problemstellung angepaßt werden. Dies geschieht in der Weise, daß zu fordern ist, eine höchstmögliche Menge auf der kostengünstigsten Maschine zu fertigen und danach erst die nächst kostengünstige Maschine mit der verbleibenden restlichen Menge zu belegen.

Nur wenn die Kapazität dieser Maschine auch ausgelastet wird, ist mit der nunmehr immer noch verbleibenden restlichen Menge auf die noch weniger kostengünstige dritte Maschine zurückzugreifen usw.

Entscheidungskriterium für die Vorteilhaftigkeit der einzelnen Maschinen sind die variablen Gesamtkosten, die zu minimieren sind.

Grundsätzlich gilt folgende **Vorgehensweise** *(Däumer / Grabe, Haberstock, Kilger)*:

• **Ermittlung der variablen Kosten** pro Stück für alle Produktionsverfahren:

Variable Kosten pro Stück (DM/Stück)	=	Grenzkosten (DM/Min)	·	Stückzeiten (Min/Stück)

• **Zuordnung aller Produktionsmengen** auf jenes bzw. jene Produktionsverfahren, welches bzw. welche die geringsten variablen Kosten pro Stück verursachen.

• **Schrittweise Entlastung** des Produktionsverfahrens bzw. der Produktionsverfahren, bei dem bzw. denen sich ein Engpaß ergibt, wobei mit den Produktarten begonnen wird, deren spezifische Mehrkosten am geringsten sind:

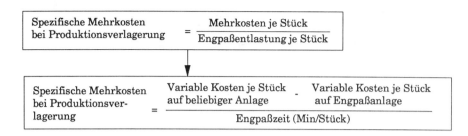

- **Schrittweise Zuordnung** der vom Engpaß betroffenen Produktart(en) auf das nächst kostengünstigste Produktionsverfahren, bis der Engpaß abgebaut ist.

Beispiel: Wie oben allgemein dargestellt, stehen drei Maschinen zur Verfügung, auf denen zwei Produktarten gefertigt werden.

Maschine	Grenzkosten (DM/Min)		Stückzeiten (Min/Stück)	
	Produkt I	Produkt II	Produkt I	Produkt II
A	3,20	2,90	7	8
B	2,50	2,60	5	6
C	2,20	2,00	4	2,5

Die Kapazität jeder Maschine liegt bei 10.000 Min/Monat. Vom Produkt I werden monatlich 1.800 Stück benötigt, vom Produkt II monatlich 4.000 Stück.

Die **variablen Kosten pro Stück** ergeben sich aus:

Maschine	Grenzkosten (DM/Min)		Stückzeiten (Min/Stück)		Variable Stückkosten (DM/Stück)	
	Produkt I	Produkt II	Produkt I	Produkt II	Produkt I	Produkt II
A	3,20	2,90	7	8	3,20 · 7 = **22,40**	2,90 · 8 = **23,20**
B	2,50	2,60	5	6	2,50 · 5 = **12,50**	2,60 · 6 = **15,60**
C	2,20	2,00	4	2,5	2,20 · 4 = **8,80**	2,00 · 2,5 = **5,00**

Maschine C weist die geringsten variablen Stückkosten auf, sowohl für Produkt I als auch für Produkt II. Sie wäre vorzugsweise zu belegen. Da sie aber nur über eine **Kapazität** von

10.000 Min/Mon : 4 Min/Stück = **2.500 Stück/Monat** bei Produkt I

bzw.

10.000 Min/Mon : 2,5 Min/Stück = **4.000 Stück/Monat** bei Produkt II

verfügt, muß eine weitere Maschine mit den Produkten belegt werden. Aufgrund der sich ergebenden spezifischen Mehrkosten

	Produkt I	Produkt II
von C auf A	$\dfrac{22,40 - 8,80}{4} = 3,40$	$\dfrac{23,20 - 5,00}{2,5} = 7,28$
von C auf B	$\dfrac{12,50 - 8,80}{4} = 0,93$	$\dfrac{15,60 - 5,00}{2,5} = 4,24$

erweist sich folgende Kombination als die vorteilhafteste:

Produkt II wird insgesamt auf Maschine C gefertigt, deren Kapazität damit erschöpft ist. Die Produktion des Produktes I erfolgt auf Maschine B. Damit ergeben sich die minimalen variablen Gesamtkosten.

Produkt I	1.800 ·12,50	= 22.500 DM
Produkt II	4.000 · 5,00	= 20.000 DM
Variable Gesamtkosten		42.500 DM

59

1.2.4.1.3 Mehrere Engpässe

Die Ermittlung des optimalen Produktionsverfahrens ist auch bei mehreren Engpässen möglich, aber mathematisch erheblich aufwendiger. Sie erfolgt mit Hilfe der linearen Programmierung.

1.2.4.2 Langfristige Optimierung

Um das Produktionsverfahren kostenminimal zu gestalten, sind bei langfristiger Betrachtung die alternativen Produktionsanlagen zu untersuchen, die für eine Beschaffung in Betracht kommen.

Die Vorteilhaftigkeit der einzelnen Produktionsverfahren kann anhand verschiedener Entscheidungskriterien ermittelt werden. **Kostenrechnerische Ansätze** bieten vor allem die

- **Kostenvergleichsrechnung**
- **Gewinnvergleichsrechnung.**

Da diese Verfahren u.a. statisch sind und betriebliche Interdependenzen nicht berücksichtigen, wird ihre Aussagekraft häufig kritisiert und empfohlen, dynamische **investitionsrechnerisch orientierte Verfahren** einzusetzen wie

- Kapitalwertmethode
- Annuitätenmethode.

Vgl. hierzu ausführlich *Olfert*, Investition.

Trotz der Kritik an der Kostenvergleichsrechnung und der Gewinnvergleichsrechnung werden diese Verfahren in der betrieblichen Praxis vielfach genutzt. So berichtet *Grabbe*, daß rund 24 % von ihm befragter Unternehmen die Kostenvergleichsrechnung einsetzen und rund 9 % die Gewinnvergleichsrechnung, um die Vorteilhaftigkeit von Investitionen zu beurteilen.

1.2.4.2.1 Kostenvergleichsrechnung

Die Kostenvergleichsrechnung kann eingesetzt werden, um das optimale Produktionsverfahren zu ermitteln. Danach ist die Produktionsanlage zu wählen, die geringere bzw. geringste Kosten verursacht.

Die **Erträge**, die durch die Produktionsanlagen verursacht werden, bleiben bei der Kostenvergleichsrechnung **unberücksichtigt**. Das bedeutet, daß gleich hohe Erträge der zu vergleichenden Investitionsobjekte zu unterstellen sind, um eine Vergleichbarkeit herbeizuführen. Diese Voraussetzung kann bei Rationalisierungsinvestitionen erfüllt sein, bei anderen Investitionen ist sie aber häufig nicht gegeben.

Die wesentlichen **Kostenarten**, die in den Kostenvergleich einbezogen werden sollten, sind (ausführlich *Olfert*):

* **Kapitalkosten**
  - Kalkulatorische Abschreibungen
  - Kalkulatorische Zinsen

* **Betriebskosten**
  - Personalkosten
  - Betriebsstoffkosten
  - Instandhaltungskosten
  - Raumkosten
  - Energiekosten
  - Werkzeugkosten.

Ist die voraussichtlich genutzte mengenmäßige Leistung - nicht die Kapazität als maximal mögliche Leistung - der alternativen Produktionsanlagen gleich hoch, genügt ein **Kostenvergleich pro Periode**. Es ist in diesem Falle aber ebenso möglich, einen **Kostenvergleich pro Leistungseinheit** vorzunehmen. Beide Vorgehensweisen führen zum gleichen Ergebnis.

Der Kostenvergleich pro Periode ist hingegen nicht durchführbar, wenn die voraussichtlich genutzte mengenmäßige Leistung der alternativen Produktionsanlagen unterschiedlich hoch ist. Hier bietet ausschließlich der Kostenvergleich pro Leistungseinheit hinreichend genaue Ergebnisse.

* Der **Kostenvergleich pro Periode** kann bei voraussichtlich gleich hohen Leistungen der alternativen Produktionsanlagen nach folgendem Schema erfolgen:

		Produktions- anlage I	Produktions- anlage II
Leistung	Stück/Jahr	.....	.....
Fixe Kosten Variable Kosten	DM/Jahr DM/Jahr	....	....
Gesamte Kosten	DM/Jahr	.....	.....
Kostendifferenz I - II	**DM/Jahr**	.....	

Im betrieblichen Vergleich sind die variablen Kosten entsprechend aufgeschlüsselt anzusetzen.

Beispiel: Zwei alternative Produktionsanlagen sind zu vergleichen. Produktionsanlage I arbeitet halbautomatisch, Produktionsanlage II dagegen nicht. Die Produktionsanlagen weisen folgende Daten auf:

		Produktions- anlage I	Produktions- anlage II
Anschaffungskosten	DM	200.000	100.000
Restwert	DM	0	0
Nutzungsdauer	Jahre	10	10
Auslastung	Stück/Jahr	20.000	20.000
Zinssatz	%	10	10
Abschreibungen	DM/Jahr	20.000 *	10.000
Zinsen	DM/Jahr	10.000 **	5.000
Raumkosten	DM/Jahr	1.000	1.000
Instandhaltungskosten	DM/Jahr	2.000	2.000
Gehälter	DM/Jahr	10.000	10.000
Sonstige fixe Kosten	DM/Jahr	4.000	2.000
Fixe Kosten	DM/Jahr	47.000	30.000
Löhne	DM/Jahr	90.000	110.000
Betriebsstoffkosten	DM/Jahr	190.000	200.000
Energiekosten	DM/Jahr	5.000	5.500
Werkzeugkosten	DM/Jahr	7.000	7.500
Sonstige variable Kosten	DM/Jahr		3.000
Variable Kosten	DM/Jahr	295.000	326.000
Gesamte Kosten	DM/Jahr	342.000	356.000
Kostendifferenz I-II	**DM/Jahr**	**- 14.000**	

* 200.000 : 10 = 20.000   ** (200.000 : 2) · 0,10 = 10.000

Der Produktionsanlage I ist der Vorzug zu geben, da sie um 14.000 DM/Jahr weniger Kosten verursacht als die Produktionsanlage II.

60

- Der **Kostenvergleich pro Leistungseinheit** ist erforderlich, wenn die voraussichtlich genutzte mengenmäßige **Leistung** - nicht die Kapazität - der alternativen Produktionsanlagen **unterschiedlich hoch** ist.

Beispiel: Wenn eine Produktionsanlage I eine Kapazität von 20.000 Stück/Jahr, eine Produktionsanlage II dagegen eine Kapazität von 22.000 Stück/Jahr aufweist, aber feststeht, daß in beiden Fällen lediglich 18.000 Stück/Jahr genutzt werden, ist ein Kostenvergleich pro Leistungseinheit nicht erforderlich.

Die Kapazität alternativer Produktionsanlagen kann nur dann als Grundlage für den Kostenvergleich dienen, wenn das Unternehmen beabsichtigt, das Leistungsvermögen der alternativen Produktionsanlagen in vollem Umfang auszunutzen. Damit sind die voraussichtlich genutzten mengenmäßigen Leistungen mit den Kapazitäten der alternativen Produktionsanlagen identisch.

Die **Eignung** des Kostenvergleichs pro Leistungseinheit zur Beurteilung der Vorteilhaftigkeit alternativer Produktionsanlagen ist nicht unumstritten, erscheint jedoch möglich, wenn folgende **Voraussetzungen** erfüllt sind:

- Die mit Hilfe der alternativen Produktionsanlagen zu fertigenden Erzeugnisse sind ähnlich oder gleich.

- Die Preise der zu fertigenden Erzeugnisse sind in ihrer Höhe nicht von der Absatzmenge abhängig.

Während beim Kostenvergleich pro Periode eine Aufteilung der Kosten in fixe und variable Kosten nicht erforderlich war, muß diese Unterscheidung beim Kostenvergleich pro Leistungseinheit erfolgen, wenn die voraussichtlich genutzte mengenmäßige Leistung bei den alternativen Produktionsanlagen unterschiedlich hoch ist.

Die **Grundstruktur** für die Ermittlung der Kosten pro Leistungseinheit läßt sich wie folgt darstellen:

		Produktions-anlage I	Produktions-anlage II
Leistung	Stück/Jahr	......	......
Fixe Kosten	DM/Jahr	......	......
	DM/Stück*	......	......
Variable Kosten	DM/Jahr	......	......
	DM/Stück*		
Gesamte Kosten	DM/Jahr	....	....
	DM/Stück*	......	......
Kostendifferenz I - II	**DM/Jahr**	......	

* Kosten pro Stück = Kosten pro Jahr : Leistung pro Jahr

Beispiel: Zwei alternative Produktionsanlagen sind zu vergleichen. Ihre Daten sind der nachstehenden Tabelle zu entnehmen.

		Produktions-anlage I		Produktions-anlage II	
Anschaffungskosten	DM	180.000		240.000	
Restwert	DM	0		0	
Nutzungsdauer	Jahre	8		8	
Auslastung	Stück/Jahr	35.000		40.000	
Zinssatz	%	10		10	
Abschreibungen	DM/Jahr	22.500		30.000	
Zinsen	DM/Jahr	9.000		12.000	
Raumkosten	DM/Jahr	2.000		2.000	
Instandhaltungskosten	DM/Jahr	2.200		2.500	
Gehälter	DM/Jahr	8.000		9.000	
Sonstige fixe Kosten	DM/Jahr	3.000		3.500	
Fixe Kosten	DM/Jahr	46.700		59.000	
	DM/Stück	: 35.000 =	1,33	: 40.000 =	1,48
Löhne	DM/Jahr	70.000		40.000	
	DM/Stück		2,00		1,00
Betriebsstoffkosten	DM/Jahr	140.000		152.000	
	DM/Stück		4,00		3,80
Energiekosten	DM/Jahr	7.700		11.200	
	DM/Stück		0,22		0,28
Werkzeugkosten	DM/Jahr	4.550		5.600	
	DM/Stück		0,13		0,14
Sonstige variable Kosten	DM/Jahr	2.100		3.200	
	DM/Stück		0,06		0,08
Variable Kosten	DM/Jahr	224.350		212.000	
	DM/Stück	: 35.000 =	6,41	: 40.000 =	5,30
Gesamte Kosten	DM/Jahr	271.050		271.000	
	DM/Stück		7,74		6,78
Kostendifferenz I-II	**DM/Jahr**		**+ 0,96**		

Der Produktionsanlage II ist der Vorzug zu geben, da sie um 0,96 DM/Stück weniger Kosten verursacht als die Produktionsanlage I.

Die variablen Kosten müssen nicht notwendigerweise - wie im Beispiel - zunächst in DM/Jahr ausgewiesen werden, sondern können unmittelbar in DM/Stück erfaßt werden.

61

Um eine Investitionsentscheidung vornehmen zu können, genügt der Kostenvergleich pro Periode oder pro Leistungseinheit häufig nicht. Das wird besonders dann der Fall sein, wenn die Auslastung der Produktionsanlage nicht als (weitgehend) sicheres Datum anzusehen ist, und um so größere Bedeutung haben, je unterschiedlicher fixe und variable Kosten der Produktionsanlage sind bzw. sich entwickeln, beispielsweise:

- Produktionsanlage I verursacht hohe fixe Kosten, dagegen relativ geringe variable Kosten, da sie halbautomatisch arbeitet.

- Produktionsanlage II verursacht merklich niedrigere fixe Kosten, aber relativ hohe variable Kosten, da sie nicht automatisiert ist.

In den genannten Fällen wird es notwendig sein, die **kritische Auslastung** zu ermitteln, die dadurch gekennzeichnet ist, daß die Kosten der alternativen Produktionsanlagen gleich hoch sind.

Beispiel: Es soll die kritische Auslastung der Produktionsanlage I und II aus dem Beispiel zum Kostenvergleich pro Periode ermittelt werden.

		Produktionsanlage I	Produktionsanlage II
Fixe Kosten	DM/Jahr	47.000	30.000
Variable Kosten	DM/Jahr	295.000	326.000
Gesamte Kosten	DM/Jahr	342.000	356.000
Kostendifferenz I - II	**DM/Jahr**	- 14.000	

Um die Kostengleichungen zu erstellen, sind die variablen Kosten von DM/Jahr auf DM/Stück umzurechnen:

$$K_{fI} + k_{vI} \cdot x = K_{fII} + k_{vII} \cdot x$$

$$47.000 + 14{,}75\, x = 30.000 + 16{,}30\, x$$

$$\underline{x = 10.968 \text{ Stück/Jahr}}$$

Graphisch läßt sich die kritische Auslastung - auch ohne Umrechnung von DM/Jahr auf DM/Stück - wie folgt darstellen:

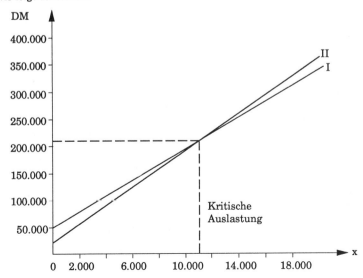

Die **Feststellung** aus dem Kostenvergleich pro Periode, daß die Produktionsanlage I die kostengünstigere Alternative darstellen würde, ist nur solange zutreffend, als die Auslastung der Produktionsanlage über 10.968 Stück/Jahr liegt.

Der **Vorteil** der Kostenvergleichsrechnung ist zweifellos in der relativ einfachen Anwendbarkeit dieses Verfahrens zu sehen.

Mehrere **Nachteile** schränken die Eignung der Kostenvergleichsrechnung indessen ein:

* **Kurzfristigkeit des Kostenvergleiches**, der üblicherweise für ein Jahr erfolgt und damit Entwicklungen im Zeitablauf unberücksichtigt läßt. Besonders problematisch ist er, wenn er sich auf das erste Jahr der Nutzung der Produktionsanlagen bezieht. Wird er für eine Repräsentativperiode oder eine Durchschnittsperiode durchgeführt, verbessert sich seine Aussagekraft.

* **Auflösbarkeit der Kosten**, die gegebenenfalls mit ihren fixen und variablen Bestandteilen zu ermitteln sind, beispielsweise auch, um die Kostenfunktionen zu erstellen, was sich in der betrieblichen Praxis vielfach als recht schwierig erweist.

* **Nichtberücksichtigung der Erträge**, die damit für alle alternativen Produktionsanlagen als gleich hoch angesehen werden müssen, und die sich im Zeitablauf nicht oder bei allen alternativen Produktionsanlagen nur gleichartig verändern dürfen.

* **Nichtberücksichtigung des Kapitaleinsatzes**, dessen Einbeziehung - in Verbindung mit den Erträgen - erst offenlegt, inwieweit eine Investition wirklich rentabel ist. Mit dem Kostenvergleich wird lediglich die kostenminimale Investition ermittelt, ohne daß deren Rentabilität ausreichend hoch sein muß.

1.2.4.2.2 Gewinnvergleichsrechnung

Die Gewinnvergleichsrechnung stellt eine Erweiterung der Kostenvergleichsrechnung durch Einbeziehung der Erträge dar, die - im Gegensatz zu der Annahme bei der Kostenvergleichsrechnung - für die einzelnen Produktionsanlagen unterschiedlich hoch sein können, wofür es vor allem zwei **Gründe** gibt:

* Die alternativen Produktionsanlagen können sich in ihrer **quantitativen Leistungsfähigkeit** unterscheiden und deshalb beim gleichen Ertrag pro Stück einen um so höheren Ertrag pro Periode erbringen, je mehr Stück pro Periode gefertigt werden, sofern der Absatzmarkt die Erzeugnisse zu einem unveränderten Preis aufnimmt.

* Die alternativen Produktionsanlagen können sich in ihrer **qualitativen Leistungsfähigkeit** unterscheiden und dadurch ermöglichen, einen unterschiedlich hohen Ertrag pro Stück und - bei gleich hoher Mengenleistung - einen entsprechend unterschiedlich hohen Ertrag pro Periode zu erwirtschaften, sofern es für die unterschiedlichen Qualitäten einen Absatzmarkt gibt.

Beide Gründe können einzeln oder gemeinsam gegeben sein, beispielsweise bei Ersatz- und Erweiterungsinvestitionen, aber auch bei Rationalisierungsinvestitionen.

Durch die Einbeziehung der durch die Produktionsanlagen erwirtschafteten Erträge läßt sich die Vorteilhaftigkeit der Investitionen besser beurteilen als bei der Kostenvergleichsrechnung. Denn eine noch so kostengünstige Produktionsanlage muß nicht notwendigerweise auch einen Gewinn erwirtschaften.

Wie bei der Kostenvergleichsrechnung kann die Ermittlung der Vorteilhaftigkeit der alternativen Produktionsverfahren pro Periode oder pro Leistungseinheit erfolgen. Die **Grundstruktur** der tabellarisch durchgeführten Gewinnvergleichsrechnung hat folgendes Aussehen:

	Produktions- verfahren I	Produktions- verfahren II
Leistung	......	......
Erträge - Variable Kosten	....	....
Deckungsbeitrag - Fixe Kosten	....	....
Gewinn	......	......

Ebenfalls wie bei der Kostenvergleichsrechnung kann es sich als zweckmäßig erweisen, die **kritische Auslastung** zu ermitteln. Dazu werden die Gewinnfunktionen beider alternativer Produktionsverfahren gleichgesetzt.

Die Gewinnvergleichsrechnung wird in der betrieblichen Praxis weniger eingesetzt als die Kostenvergleichsrechnung, obwohl sie positiver zu beurteilen ist, da sie nicht nur die Kostenseite, sondern auch die Ertragseite bei der Produktionsanlage berücksichtigt.

Mehrere **Nachteile** schränken die Eignung der Gewinnvergleichsrechnung indessen immer noch ein:

- **Kurzfristigkeit des Gewinnvergleiches**, der üblicherweise für ein Jahr erfolgt und damit Entwicklungen im Zeitablauf unberücksichtigt läßt. Besonders problematisch ist er, wenn er sich auf das erste Jahr der Nutzung der Produktionsanlage bezieht. Wird er für eine Repräsentativperiode oder eine Durchschnittsperiode durchgeführt, verbessert sich seine Aussagekraft.

- **Auflösbarkeit der Kosten**, die gegebenenfalls mit ihren fixen und variablen Bestandteilen zu ermitteln sind, beispielsweise auch um die Kostenfunktionen zu erstellen, was sich in der betrieblichen Praxis vielfach als recht schwierig erweist.

- **Zurechenbarkeit der Erträge**, die hinsichtlich einer einzelnen Produktionsanlage problematisch sein kann, beispielsweise wenn das zu erstellende Produkt auf mehreren Maschinen gefertigt wird. Ein Ertragsanteil ist dann häufig nur mit Hilfe von Hilfskonstruktionen zurechenbar.

• **Nichtberücksichtigung des Kapitaleinsatzes**, dessen Einbeziehung erst offenlegt, inwieweit eine Investition wirklich rentabel ist. Mit dem Gewinnvergleich wird lediglich die gewinnmaximale Investition ermittelt, ohne daß deren Rentabilität ausreichend hoch sein muß.

1.2.5 Optimale Produktionsprogramme

Die meisten Unternehmen sind Mehr-Produkt-Unternehmen. Damit stehen sie vor der Frage, wie sie ihre Leistungsprogramme gestalten sollen, und zwar im Hinblick auf die Arten und die Mengen der anzubietenden Leistungen. Das Leistungsprogramm eines Unternehmens wird

• im Handel als **Sortiment** bezeichnet,
• bei produzierenden Unternehmen **Programm** bzw. Produktionsprogramm genannt.

Ein optimales Produktionsprogramm - wie auch Sortiment - zeichnet sich dadurch aus, daß es einen möglichst hohen Deckungsbeitrag oder Gewinn erzielt. Es darf aber nicht verkannt werden, daß neben dieser ausschließlich kostenrechnerischen Zielsetzung auch **andere Ziele** des Unternehmens von Bedeutung sein können, die nicht dazu beitragen, dieses kostenrechnerische Optimum zu erreichen, zumindest bei kurzfristiger Betrachtung.

Beispiele: Steigerung der Marktmacht, Erhöhung des Marktanteils, Sicherung des Unternehmensbestandes.

Daß ein optimales Produktionsprogramm nicht nur nach dem maximal erreichbaren Deckungsbeitrag oder Gewinn beurteilt werden kann, zeigt sich beispielsweise an folgenden **Situationen**:

• Neu eingeführte Produkte erbringen in der Einführungsphase des Produktlebenszyklus Verluste.

• Schwache Produkte, die in einem Nachfrageverbund stehen, können nicht ohne weiteres aus dem Angebot genommen werden.

• Einzelne durch Kuppelproduktion erstellte Produkte werden angeboten, obwohl sie negative Deckungsbeiträge erwirtschaften.

Insgesamt ist es wichtig, daß die Optimierung des Produktionsprogrammes sich nicht nur an den **Produktionsgegebenheiten** orientiert, beispielsweise indem Kapazitätsengpässe beseitigt werden, um alle möglichen Produktarten in hoher Stückzahl fertigen zu können. Vielmehr muß unbedingt auch eine Ausrichtung an den **Absatzmöglichkeiten** erfolgen, indem durch die Marktforschung festgestellt wird, welche Produktarten in welchen Mengen und Ausführungen von den Kunden gewünscht werden.

Die kostenrechnerische Bestimmung des optimalen Produktionsprogrammes kann erfolgen als:

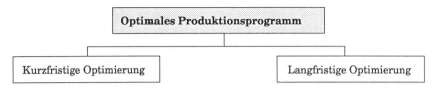

1.2.5.1 Kurzfristige Optimierung

Bei der kurzfristigen Optimierung des Produktionsprogrammes geht es um die Frage, welche Produktarten des langfristigen Produktionsprogrammes besonders zu fördern sind und für welche dies nicht gilt. Dazu können drei **Ausgangssituationen** unterschieden werden:

• Im Unternehmen gibt es **keinen Engpaß**, so daß alle Produktarten gefertigt bzw. gefördert werden sollten, die einen positiven Deckungsbeitrag pro Stück aufweisen, und Produktarten nicht gefertigt bzw. in geringst möglicher Menge gefertigt werden sollten, die einen negativen Deckungsbeitrag pro Stück aufweisen.

Beispiel:

Produktart	Absatz Stück/Mon.	Erlöse DM/Stück	Variable Kosten DM/Stück
A	6.500	145	150
B	6.000	270	130
C	7.000	295	145

Damit ergeben sich als Deckungsbeiträge:

A: 145 - 150 = -   5 DM/Stück
B: 270 - 130 = 140 DM/Stück
C: 295 - 145 = 150 DM/Stück

Das optimale Produktionsprogramm ohne Engpaßsituation setzt sich damit grundsätzlich zusammen:

- keine Produktion von A
- höchstmögliche Menge von B
- höchstmögliche Menge von C.

Es kann sein, daß auch von Produkten mit negativen Deckungsbeiträgen bestimmte Mindestmengen aus produktionstechnischen oder marktbezogenen Gründen gefertigt werden müssen. Ebenso können die maximal herzustellenden Mengen von Produkten mit positiven Deckungsbeiträgen aus produktionstechnischen oder marktbezogenen Gründen begrenzt sein.

Insgesamt muß darauf geachtet werden, daß Veränderungen in den Produktionsmengen nach oben oder unten auch Veränderungen in der Kosten- und/oder Erlössituation für jede einzelne Produktart bewirken können. Diese Veränderungen sind
bei der Planung des optimalen Produktionsprogrammes zu berücksichtigen.

62

• Weist das Unternehmen **einen Engpaß** auf, kann der absolute Deckungsbeitrag als
Entscheidungskriterium nicht herangezogen werden.

Zur Optimierung müssen die **Fertigungszeiten**, mit denen die einzelnen Produktarten die Maschine auslasten, zusätzlich berücksichtigt werden. Dies geschieht im
relativen Deckungsbeitrag, dem auf eine Fertigungsstunde umgerechnet absoluten Deckungsbeitrag. Er kann ermittelt werden:

$$\text{Relativer Deckungsbeitrag} = \frac{\text{Stückpreis} - \text{variable Stückkosten}}{\text{Engpaß-Fertigungszeit pro Stück}}$$

oder

$$\text{Relativer Deckungsbeitrag} = \left(\text{Stückpreis} - \text{variable Stückkosten}\right) \cdot \text{Produktionskoeffizient}$$

wobei

$$\text{Produktionskoeffizient} = \frac{1 \text{ Stunde Engpaßkapazität}}{\text{Fertigungszeit pro Stück}}$$

Beispiel:

Produktart	Fertigungszeit pro Stück Std./Stück	Erwarteter Absatz Stück/Monat	Stückpreis DM/Stück	Variable Stückkosten DM/Stück
A	0,50	6.000	100	60
B	0,30	5.000	80	40
C	0,10	10.000	50	30

$$\text{Relativer Deckungsbeitrag A} = \frac{100 - 60}{0,5} = \underline{80 \text{ DM}} \quad \text{bzw.} = (100 - 60) \cdot \frac{1}{0,5} = \underline{80 \text{ DM}}$$

$$\text{Relativer Deckungsbeitrag B} = \frac{80 - 40}{0,3} = \underline{133,33 \text{ DM}} \quad \text{bzw.} = (80 - 40) \cdot \frac{1}{0,3} = \underline{133,33 \text{ DM}}$$

$$\text{Relativer Deckungsbeitrag C} = \frac{50 - 30}{0,1} = \underline{200 \text{ DM}} \quad \text{bzw.} = (50 - 30) \cdot \frac{1}{0,1} = \underline{200 \text{ DM}}$$

Bei Vorliegen eines Engpasses und der Ermittlung des optimalen Produktionsprogrammes ist darauf zu achten, daß die **übrige Produktionsausstattung** ausreichend bemessen ist, damit bei Änderungen in der Zusammensetzung des Produktionsprogrammes keine weiteren Engpässe entstehen.

Die Ermittlung des neuen optimalen Produktionsprogrammes erfolgt in drei
Schritten:

- Ermittlung der **relativen Deckungsbeiträge.**

Beispiel: Wie oben errechnet, betragen die relativen Deckungsbeiträge für A 80 DM, B
133,33 DM und C 200 DM.

- Erstellung einer **Rangordnung** der Vorteilhaftigkeit der Produktarten anhand
der relativen Deckungsbeiträge.

Beispiel:

Rang 1: Produktart C   200,00 DM
Rang 2: Produktart B   133,33 DM
Rang 3: Produktart A   80,00 DM

- Sukzessive **Aufnahme** der Produktarten in das optimale Produktionsprogramm.

Beispiel: Als maximale Kapazität werden 4.000 Fertigungsstunden angenommen.

C als beste Produktart benötigt   10.000 : (1 : 0,1) = 1.000 Std.
B als nächstbeste Produktart benötigt   5.000 : (1 : 0,3) = 1.502 Std.
A als schwächste Produktart benötigt   6.000 : (1 : 0,5) = 3.000 Std.

Damit können C und B in vollem Umfang und A etwa zur Hälfte gefertigt werden.

🖙

• Bei Vorliegen von **mehreren Engpässen** kann das optimale Produktionsprogramm
nicht auf vergleichbar einfache Weise errechnet werden. Dies ist nur mit Hilfe der
linearen Planungsrechnung möglich.

1.2.5.2 Langfristige Optimierung

Die langfristige Optimierung des Produktionsprogrammes schließt die Möglichkeit
ein, die Produktionsausstattung zu verändern, zu erhöhen oder zu vermindern. Damit
verändert sich die Entscheidungssituation im Vergleich zur kurzfristigen Optimierung.

Bei der langfristigen Optimierung des Produktionsprogrammes sind als **Entscheidungskriterium** deshalb nicht nur die **variablen Kosten** zu betrachten, sondern
auch die **fixen Kosten.**

Kostenrechnerisch können die **Kostenvergleichsrechnung** und **Gewinnvergleichsrechnung** eingesetzt werden, die allerdings von erheblichen Mängeln behaftet

sind. Dennoch werden sie in der betrieblichen Praxis gerne eingesetzt, insbesondere weil sie relativ leicht zu handhaben sind - siehe Seiten 307 ff., 312 ff.

Besser geeignet sind dynamische Verfahren der **Investitionsrechnung**, wie beispielsweise die

* Kapitalwertmethode
* Annuitätenmethode.

Diese sowie weitere statische und dynamische Verfahren der Investitionsrechnung finden sich umfassend bei *Olfert*, Investition dargestellt.

1.2.6 Eigenfertigung/Fremdbezug

Das Problem der Eigenfertigung oder des Fremdbezuges bezieht sich zunächst auf den Produktionsbereich eines Unternehmens. Hier ergibt sich vielfach die Frage, ob es günstiger ist, Produkte - beispielsweise Zulieferteile oder Fertigerzeugnisse - selbst herzustellen oder von anderen Unternehmen zu beziehen.

Günstiger bedeutet dabei nicht nur - wie hier darzustellen ist - **kosten**günstiger, sondern umfaßt qualitative **Entscheidungskriterien**, beispielsweise:

* die sich grundsätzlich ergebende Abhängigkeit von möglichen Lieferanten, die unterschiedlichen Umfanges sein kann,

* die unterschiedliche Zuverlässigkeit möglicher Lieferanten in Bezug auf Qualität und Termintreue,

* die sich aus der Eigenfertigung ergebende möglicherweise beträchtliche Kapitalbindung, die zu finanzieren ist,

* die sich aus der Eigenfertigung möglicherweise ergebende Schaffung einer beträchtlichen, schwer abbaubaren Personalausstattung.

Auch wenn auf die qualitativen Entscheidungskriterien im Rahmen der kostenrechnerischen Darstellung nicht näher eingegangen werden kann, darf die Bedeutung dieser Kriterien keinesfalls unterschätzt werden.

Zu diesen Entscheidungskriterien bei der Beschaffung von Materialien siehe ausführlich *Oeldorf/Olfert*.

Die Frage nach Eigenfertigung oder Fremdbezug betrifft aber nicht nur den Produktionsbereich eines Unternehmens, sondern **alle Unternehmensbereiche**, in denen sich die Frage stellt, ob bestimmte Leistungen selbst erbracht oder anderen Unternehmen übertragen werden sollen.

Beispiel nach *Meyer*:

Bereich	Beispiele
Beschaffung	Einstellungen über eigenes Personalbüro oder Personalberatungsgesellschaft? Eigenherstellung oder Kauf (Miete, Leasing) von Anlagegegenständen, Werkzeugen und Teilen?
Fertigung	Eigene Forschungs- und Entwicklungsabteilung oder Kauf von Patenten und Lizenzen? Eigenfertigung von Einzelteilen und Baugruppen oder reine Montagefertigung? Eigener Wartungs- und Reparaturdienst oder Vergabe von Lohnaufträgen?
Vertrieb	Eigene Werbeabteilung oder Inanspruchnahme einer Agentur? Eigener Kundendienst oder Kundendienst über Fachhandel? Eigene Verkaufsorganisation oder Verkauf über Groß- und/oder Einzelhandel?
Finanzen	Eigenes Mahn- und Inkassowesen oder Einschaltung einer Factoringgesellschaft?
Verwaltung	Eigene EDV-Anlage oder Vergabe an externes Rechenzentrum? Eigene Kantine oder Bezug von Großküchenessen? Eigene Organisationsabteilung oder Einschaltung externer Organisationsberater?

Auf all diese Problemstellungen können in der Kostenrechnung quantitative Antworten gegeben werden, wie dies für den Produktionsbereich dargestellt wird. Insofern sollte grundsätzlich eher von »**Eigenleistung oder Fremdleistung**« gesprochen werden als von der produktionsorientierten »Eigenfertigung oder Fremdbezug«.

Bei der Feststellung, ob Eigenfertigung oder Fremdbezug kostengünstiger ist, wird grundsätzlich in vergleichbarer Weise vorgegangen wie bei der Wahl des optimalen Produktionsverfahrens, d.h. der Fremdbezug wird - wie die Eigenfertigung - als Produktionsverfahren angesehen, bei dem allerdings nur variable Kosten anfallen.

Wie bei der Wahl des optimalen Produktionsverfahrens stellt sich auch hier die Frage des **Betrachtungszeitraumes**, der sein kann:

1.2.6.1 Kurzfristige Optimierung

Die Frage, ob Eigenfertigung oder Fremdbezug kostengünstiger ist, kann kurzfristig meist nur unter Einbeziehung der vorhandenen Produktionsausstattung beantwortet werden. Das heißt, das **Auswahlproblem** stellt sich, wenn

• das oder die Erzeugnisse gleichermaßen selbst gefertigt oder von einem Unternehmen bezogen werden können,

• kurzfristig keine neue, gegebenenfalls kostengünstiger arbeitende Produktionsausstattung beschafft werden soll oder kann.

Wie bei der Wahl des optimalen Produktionsverfahrens ist festzustellen, ob das Auswahlproblem ohne **Berücksichtigung von Engpässen** gelöst werden kann oder ob Engpässe zu beachten sind:

• Sind **keine Engpässe** vorhanden, sollte eigengefertigt werden, wenn der Lieferantenpreis pro Stück über den variablen Kosten pro Stück liegt bzw. fremdbezogen werden, wenn der Lieferantenpreis pro Stück geringer ist als die variablen Kosten pro Stück.

Die fixen Kosten werden nicht berücksichtigt, da sie kurzfristig unabhängig davon anfallen, ob eigengefertigt oder fremdbezogen wird.

Beispiel: Ein Unternehmen kann eine Erzeugnisart auf Maschine A fertigen oder von einem Lieferanten beziehen.

		Maschine A	Lieferant
Kapazität	Stück/Monat	12.000	
Fertigungs-/Absatzmenge	Stück/Monat		10.000
Variable Kosten	DM/Stück	14,50	-
Fixe Kosten	DM/Stück	7,20	-
Beschaffungspreis	DM/Stück	-	12,30
Verkaufspreis	DM/Stück		32,50

Unter kostenrechnerischen Gesichtspunkten ist zu empfehlen, die Erzeugnisart fremd zu beschaffen, da der Beschaffungspreis um 2,20 DM/Stück unter den variablen Kosten liegt.

64

• Liegt **ein Engpaß vor,** wird grundsätzlich - wie bei der Wahl des optimalen Produktionsverfahrens beschrieben - vorgegangen:

  - **Ermittlung** der **variablen Kosten** pro Stück bei Eigenfertigung und der **Beschaffungskosten** pro Stück bei Fremdbezug.

- **Zuordnung aller Produktionsmengen** auf jenes bzw. jene Produktionsverfahren, welches bzw. welche die geringsten variablen Kosten pro Stück verursachen.

- **Schrittweise Entlastung** des Produktionsverfahrens bzw. der Produktionsverfahren, bei dem bzw. denen sich ein Engpaß ergibt, wobei mit den Produktarten begonnen wird, deren spezifische Mehrkosten am geringsten sind.

- **Schrittweise Zuordnung** der vom Engpaß betroffenen Produktart(en) auf die nächstgünstigste Fremdbezugs-Möglichkeit, bis der Engpaß abgebaut ist.

• Bei Vorliegen **mehrerer Engpässe** ist die Entscheidung, ob selbstgefertigt oder fremdbezogen wird, mathematisch aufwendiger. Sie erfolgt mit Hilfe der linearen Programmierung.

1.2.6.2 Langfristige Optimierung

Um die Frage, eigenzufertigen oder fremd zu beziehen, langfristig zu beantworten, kann davon ausgegangen werden, daß die Produktionsausstattung veränderbar ist. Beispielsweise kann in Betracht gezogen werden, eine neue, möglicherweise kostengünstiger arbeitende und/oder mit größerer Kapazität ausgestattete Produktionsanlage einzusetzen und damit die Ausgangssituation für eine Entscheidung, ob fremdbezogen werden soll, zu verändern.

Der kostenrechnerische Vergleich von Eigenfertigung und Fremdbezug muß jetzt nicht nur die **variablen Kosten** der Eigenfertigung berücksichtigen, sondern auch die **fixen Kosten**, die mit der neuen Investition entstehen, einbeziehen und den **Beschaffungskosten** des Fremdbezuges gegenüberstellen.

Wie bei der Wahl des optimalen Produktionsverfahrens bereits erläutert, bieten sich zur Beurteilung der Vorteilhaftigkeit einer neuen Produktionsausstattung kostenrechnerisch die **Kostenvergleichsrechnung** und die **Gewinnvergleichsrechnung** an, die allerdings von erheblichen Mängeln behaftet sind - siehe Seiten 307 ff., 312 ff.. Dennoch werden sie in der betrieblichen Praxis vielfach gerne eingesetzt, insbesondere weil sie leicht zu handhaben sind.

Besser geeignet sind dynamische Verfahren der **Investitionsrechnung**, wie beispielsweise die

• Kapitalwertmethode
• Annuitätenmethode.

Diese sowie weitere statische und dynamische Verfahren der Investitionsrechnung finden sich umfassend bei *Olfert*, Investition dargestellt.

1.3 Weiterentwicklung

Die dargestellte Grundform der einstufigen Deckungsbeitragsrechnung kann nach *Mellerowicz* verbessert werden durch:

* **Soll- und Ist-Deckungsbeiträge**

Durch Einführung eines Soll-Deckungsbeitrages, der festlegt, wieviel jede Erzeugnisart und Erzeugnisgruppe zur Deckung der fixen Kosten beitragen soll, damit ein positives Gesamtergebnis erzielt wird, kann die Aussagefähigkeit der Deckungsbeitragsrechnung erhöht werden.

Im Rahmen eines Soll-Ist-Vergleiches können dann **Abweichungen artikelweise** erkannt werden, wodurch die Unternehmensführung wertvolle Informationen hinsichtlich der Beziehungen zwischen Kosten, Beschäftigungsumfang und Gewinn erhält.

* **Beziehung des Deckungsbeitrages auf eine innerbetriebliche Einheit**

Die Deckungsbeiträge des Unternehmens werden vergleichbar, wenn sie auf eine gemeinsame betriebliche Einheit - beispielsweise die Fertigungsstunde - bezogen werden und zeigen die **Rangfolge** der einzelnen **Erzeugnisse** hinsichtlich deren Ertragskraft.

* **Festlegung eines Mindest-Deckungsbeitrags**

Falls ein vorgegebener Mindest-Deckungsbeitrag überschritten wird, veranlaßt das die Unternehmensführung zu besonderen Aktivitäten, welche die Sicherung der Überschreitung dieses Mindest-Deckungsbeitrages zum Ziel haben. Ist dieses Ziel nicht erreichbar, muß der Artikel unter Umständen aus dem Programm genommen werden.

* **Vergleich mit der Vollkostenrechnung**

Die einstufige Deckungsbeitragsrechnung sollte regelmäßig hinsichtlich der Kalkulationsergebnisse mit der Vollkostenrechnung verglichen werden, da bei der Teilkostenrechnung die vollen Erzeugniskosten nicht ersichtlich sind.

* **Mehrstufige Deckungsbeitragsrechnung**

Um den globalen Charakter des Deckungsbeitrages der einstufigen Deckungsbeitragsrechnung aussagefähiger zu machen, bieten sich Kostenrechnungssysteme an, die den **Deckungsbeitrag in mehrere Schichten** zerlegen, und zwar nach dem Zurechnungsgrad der Fixkosten auf die Erzeugnisse und Erzeugnisgruppen.

Ausführlich wird als ein erweitertes Verfahren der einstufigen Deckungsbeitragsrechnung die **mehrstufige Deckungsbeitragsrechnung** behandelt.

1.4 Kritik

Bevor die Vor- und Nachteile der einstufigen Deckungsbeitragsrechnung im einzelnen erörtert werden, ist auf die **Voraussetzungen** für die Anwendung dieses Kostenrechnungssystems hinzuweisen:

• Vorhandensein von Marktpreisen für die eigenen Produkte.

• Linearer Verlauf der Gesamtkostenkurve.
  (Diese Voraussetzung wird in der Literatur teilweise kritisiert.)

• Verschiedene Schwerpunktkapazitäten sind nicht statthaft.

Vorteile der einstufigen Deckungsbeitragsrechnung sind:

• Die **Fehler der Vollkostenrechnung** bezüglich der Fixkostenzurechnung auf die Kostenträger werden **vermieden**, da eine solche Zurechnung hier überhaupt nicht erfolgt.

• Eine **leichte Durchführung** ist möglich, weil die

  - Aufschlüsselung der Gemeinkosten auf die Kostenstellen entfällt,
  - Umlagen der allgemeinen Kostenstellen und der Hilfskostenstellen entfallen,
  - Zurechnung der Gemeinkosten über Material-, Fertigungs-, Verwaltungs- und Vertriebsstellen auf Kostenträger nicht vorgenommen wird.

• Die **kurzfristige Preisbildung** wird erleichtert, da der Deckungsbeitrag die Kostentragfähigkeit eines Produktes aufzeigt.

• Die **kostenwirtschaftliche Preisuntergrenze** kann auf einfachem Wege **ermittelt** werden, was besonders wichtig für Entscheidungen über die Annahme von Teilaufträgen oder Zusatzaufträgen sowie für die Festsetzung von Kampfpreisen ist.

• Die genaue **Preis- und Kostenkontrolle** durch Beobachtung von Veränderungen der Deckungsbeiträge einzelner Erzeugnisse oder Erzeugnisgruppen ist **möglich.**

• Die **Programm- und Sortimentgestaltung** sind auf einfache Weise **durchführbar**, indem die Deckungsbeiträge als Beurteilungskriterium der Förderwürdigkeit von Produkten eingesetzt werden.

Nachteile der einstufigen Deckungsbeitragsrechnung sind:

• Die **Bewertung der Bestände** von unfertigen und fertigen Erzeugnissen im Rahmen der kurzfristigen Erfolgsrechnung ist **nur mit** Hilfe von **Sonderrechnungen möglich**, da hier die Grenzherstellkosten angesetzt würden, was zwar handelsrechtlich nach § 255 Abs. 2 HGB zulässig, steuerlich jedoch verboten ist (Abschn. 33 EStR). Die Folge wäre danach eine doppelte Bewertung.

• Die **langfristige Preisbildung ist schwer möglich**, denn die genauen Produktionskosten sind nicht bekannt, weil der Deckungsbeitrag als globale Größe sich nicht in Gewinn und Fixkosten aufteilen läßt.

• Die **Ermittlung des Erzeugnisgewinnes ist schwer möglich**, weil sich der Deckungsbeitrag als globale Größe nicht in Gewinn und Fixkosten aufteilen läßt.

Die Eignung der **einstufigen** Deckungsbeitragsrechnung im Hinblick auf die kostenrechnerischen Einzelaufgaben beurteilt *Wilkens* :

Aufgaben der Kostenrechnung	Eignung der einstufigen Deckungsbeitragsrechnung
PLANUNG	
• **Erfolgsplanung**	
- Kalkulatorischer Gesamterfolg	nein
- Kurzfristige Produktionsplanung	nein
- Planung von Zusatzaufträgen	nein
- Kurzfristige Absatzplanung	nein
• **Zukunftsbezogene Wirtschaftlich-keitsrechnungen bezogen auf**	
- Gesamtunternehmen	nein
- Kostenstellen	nein
- Fertigungsverfahren	nein
- Fertigungsbreite und -tiefe	nein
- Maschinenbelegung	nein
- Arbeitsverteilung/-einsatz	nein
- Losgrößen	nein
- Lagerhaltung/Bestellmengen	nein
- Formen der Kapazitätsanpassung	nein
- Bereitstellungsverfahren	nein
- Entscheidung zwischen Eigenfertigung und Fremdbezug	nein
- Beschaffungs- und Absatzmethoden	nein
• **Preisfindung**	
- Preisobergrenzen für Beschaffungsgüter	nein
- Kostenorientierte Preisfindung für Absatzgüter	nein
- Bestimmung von Preisuntergrenzen	nein
- Verrechnungspreise für interne Leistungen	teilweise
- Preis-/Kostenvergleiche	teilweise
KONTROLLE	
• **Erfolgskontrolle**	
- Kurzfristige Erfolgsrechnung	ja
- Bereichs- und Produkterfolgskontrolle	ja
• **Wirtschaftlichkeitskontrolle**	
- Umfang und Art der entstandenen Kosten (Kostenartenrechnung)	ja
- Orte der Entstehung von Kosten (Kostenstellenrechnung)	ja

- Verwendungszweck der Kosten (Kostenträgerrechnung)	ja
- Innerbetrieblicher Zeitvergleich	ja
- Innerbetrieblicher Soll-Ist-Vergleich	teilweise
- Zwischenbetrieblicher Vergleich	ja
• **Preiskontrolle**	
- Nachkalkulation mit Vollkosten	nein
- Nachkalkulation mit Teilkosten	ja
- Preis-/Kostenvergleiche	ja
RECHENSCHAFTSLEGUNG	
• **Nachweis der Selbstkosten bei öffentlichen Aufträgen**	teilweise
• **Ermittlung von Bilanzansätzen für fertige und unfertige Erzeugnisse sowie selbsterstellte Anlagen**	teilweise
• **Unterlagen für Kreditverhandlungen**	teilweise
• **Begründung von Ansprüchen gegenüber Versicherungen bei Schadensfällen**	teilweise

2. Mehrstufige Deckungsbeitragsrechnung

Die mehrstufige Deckungsbeitragsrechnung, die auch **Fixkostendeckungsrechnung** genannt wird, ist ein erweitertes Verfahren der einstufigen Deckungsbeitragsrechnung, die deren Vorteile sichern, jedoch deren Nachteile vermeiden will.

Vergleicht man die traditionelle Vollkostenrechnung mit der einstufigen Deckungsbeitragsrechnung, dann wird deutlich, daß einmal eine vollständige Kostenüberwälzung und zum anderen der vollständige Verzicht auf eine nach Verursachungs- und Zurechnungsgesichtspunkten differenzierende Deckung von Fixkosten erfolgt.

Die mehrstufige Deckungsbeitragsrechnung, die ausführlich von *Agthe* und *Mellerowicz* beschrieben wird, versucht einen Mittelweg zu beschreiten, indem nur die direkten Erzeugniskosten auf die Leistungseinheiten verrechnet werden. Unter **direkten Erzeugniskosten** sind jene Kosten zu verstehen, die direkt durch die Herstellung einer Erzeugniseinheit verursacht werden, d.h. die variablen Fertigungskosten. Dazu erfolgt eine Differenzierung der Fixkosten.

Man arbeitet also nicht mehr mit einem einzigen Fixkostenblock, sondern ordnet die Fixkosten den Erzeugnissen, Gruppen von Erzeugnissen, Kostenstellen und Kostenbereichen zu, soweit dies direkt, d.h. ohne Schlüsselung möglich ist.

Der Teil der fixen Kosten, der sich nicht zuordnen läßt, heißt **Fixkostenrest**. Dieser Rest besteht aus den **unternehmensbezogenen Fixkosten**. Er ist deshalb von sämtlichen Erzeugnisgruppen zu tragen.

Um die mehrstufige Deckungsbeitragsrechnung einsetzen zu können, müssen drei **Voraussetzungen** erfüllt sein:

- Eine **geeignete Erzeugnisgruppenbildung**, dies gilt besonders für Unternehmen mit hohem Fixkostenanteil und mit wenigen stark unterschiedlichen Erzeugnissen. Die Fixkosten können damit direkt einzelnen Erzeugnisarten oder wenigstens einzelnen Gruppen von Erzeugnissen zugerechnet werden.

  Die Erzeugniserstellung soll möglichst völlig getrennt auf unterschiedlichen Maschinen und in verschiedenen Arbeitsbereichen erfolgen. Ebenso sollte der Vertriebsbereich entsprechend differenziert werden.

  Eine unerläßliche Voraussetzung für die Durchführung der Fixkostendeckungsrechnung ist die gleichartige Gruppenbildung im Fertigungs- und Vertriebsbereich.

- Eine **geeignete Kostenstellenbildung**, denn die Bildung von Produktgruppen sowie die Zusammenfassung mehrerer Produktgruppen auf einzelnen Kostenstellen soll nicht verändert werden, damit die Deckungsbeiträge vergleichbar bleiben. Sonst wäre die mehrstufige Deckungsbeitragsrechnung ohne Schlüsselung der Fixkosten kaum anwendbar.

- Eine **Abstimmung der Absatz- und Produktionsplanung**, denn die Zurechnung der Fixkosten auf das einzelne Erzeugnis erfolgt in der mehrstufigen Deckungsbeitragsrechnung aufgrund der geplanten Fixkostenmenge und der ebenfalls festgelegten Erzeugnismenge.

  Diese Planung erfordert eine fundierte Absatz- und Produktionsplanung und - damit verbunden - eine entsprechende Lager-, Personal- und Finanzplanung.

Die mehrstufige Deckungsbeitragsrechnung soll unter folgenden Gesichtspunkten betrachtet werden:

2.1 Inhalt

Der Inhalt der mehrstufigen Deckungsbeitragsrechnung umfaßt:

- **Kostenartenrechnung**
- **Kostenstellenrechnung**
- **Kostenträgerrechnung.**

2.1.1 Kostenartenrechnung

Bei der mehrstufigen Deckungsbeitragsrechnung erfolgt die Durchführung der Kostenartenrechnung in folgender Weise:

• Bestimmung der Kostenarten
• Gliederung der Kosten(arten) nach ihrem Verhalten bei Beschäftigungsänderungen
• Gliederung der Kosten(arten) nach ihrer Zurechenbarkeit.

Weiterhin kann eine

• Unterteilung der Kosten(arten) nach Liquiditätsgesichtspunkten

erfolgen.

Bezüglich der ersten beiden Punkte erscheint keine weitere Erläuterung notwendig. Auf die letzten beiden Punkte soll näher eingegangen werden:

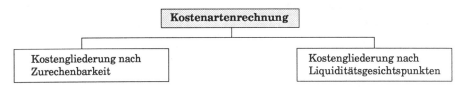

2.1.1.1 Kostengliederung nach Zurechenbarkeit

Die Fixkostengliederung nach der Zurechenbarkeit der Kosten hat zunächst zwei **Aufgaben** zu lösen:

• Eine **qualitative Aufgabe**, die in der Ermittlung ursächlicher Zusammenhänge zwischen Fixkosten und Erzeugnissen bzw. Erzeugnisgruppen besteht.

• Eine **quantitative Aufgabe**, welcher die Bestimmung der Fixkostenhöhe zukommt, die auf den einzelnen Stufen zu verrechnen sind. Dabei gilt, daß Fixkosten, die ursächlich mit mehreren Stufen zusammenhängen, der jeweils höheren Stufe zugerechnet werden, es sei denn, die Fixkosten lassen sich für jede Stufe genau bestimmen.

Agthe will mit der Fixkostengliederung keine Fixkostenverrechnung im Sinne der Zuschlagskalkulation, sondern durch die Aufgliederung und Anordnung des Zahlenmaterials lediglich den Grad der Fixkostendeckung durch die einzelnen Erzeugnisarten bzw. Erzeugnisgruppen aufzeigen.

Die **Fixkostengliederung** führt bei umfassender Differenzierung zu folgender Unterscheidung:

• **Erzeugnisfixkosten**, die durch Entwicklung, Fertigung und Vertrieb einer bestimmten Erzeugnisart verursacht werden. Sie lassen sich jedoch nicht einer Einheit eines Erzeugnisses zurechnen, sondern nur der Gesamtzahl der Produkte einer Erzeugnisart innerhalb einer Periode.

Beispiele: Kosten für die Entwicklung eines bestimmten Produktes. Kosten für Spezialwerkzeuge (Vorrichtungen), die nur für eine bestimmte Erzeugnisart anfallen.

- **Erzeugnisgruppenfixkosten,** die nur einer Gruppe von Erzeugnissen zuzuordnen sind.

Beispiele: Forschungs- und Entwicklungskosten für mehrere zusammenhängende Produkte. Kosten für Spezialmaschinen, die nur für eine bestimmte Erzeugnisgruppe anfallen.

- **Kostenstellenfixkosten,** die bei einer bestimmten Kostenstelle entstehen. Sie sind also nicht erzeugnis- oder erzeugnisgruppenorientiert.

Beispiele: Gehalt des Meisters, Raumkosten der Kostenstelle.

Die Deckung der Kostenstellenfixkosten erfolgt aus den zusammengefaßten Deckungsbeiträgen der Erzeugnisse und Erzeugnisgruppen, welche die Kostenstelle beansprucht haben.

- **Bereichsfixkosten,** die einem Kostenbereich als einer Gruppe von Kostenstellen zuzuordnen sind.

Beispiele: Fixe Kosten des Verwaltungsbereichs, fixe Kosten der Produktionsabteilung.

Die Deckung der Bereichsfixkosten erfolgt aus den noch nicht verteilten Deckungsbeiträgen all jener Erzeugnisse, die den Bereich beansprucht haben.

- **Unternehmensfixkosten,** die anderen Stufen nicht zugerechnet werden können.

Beispiele: Kosten der Unternehmensleitung, Kosten der Betriebsüberwachung.

2.1.1.2 Kostenunterteilung nach Liquiditätsgesichtspunkten

Bei der Unterteilung der Kosten nach Liquiditätsgesichtspunkten unterscheidet man:

- ausgabenwirksame Fixkosten
- nicht ausgabenwirksame Fixkosten.

Die ausgabenwirksamen Fixkosten sollten wiederum nach Fristigkeit innerhalb der Rechnungsperiode unterschieden werden.

Untersuchungen zur Ausgabenwirksamkeit und Ausgabenfristigkeit dienen insbesondere preis- und finanzpolitischen Aufgaben, beispielsweise der Ermittlung der liquiditätsorientierten Preisuntergrenze.

Durch die Kostenunterteilung nach Liquiditätsgesichtspunkten wird die Handhabung dieses Kostenrechnungssystems erschwert. Deshalb sollte im Einzelfall darüber befunden werden, ob eine solche Differenzierung erforderlich bzw. zweckmäßig erscheint.

2.1.2 Kostenstellenrechnung

Der Kostenstellenrechnung kommt im Rahmen der mehrstufigen Deckungsbeitragsrechnung aus zwei **Aufgaben** heraus eine wesentliche Bedeutung zu:

- Die Kostenstellen sollen der **Kontrolle der Wirtschaftlichkeit** dienen.
- Die Kostenstellen sollen die **Verrechnung der Gemeinkosten** auf die Kostenträger vorbereiten.

Die Kostenstellenbildung erfolgt nach dem **Prinzip der Erzeugnisbezogenheit**, also so, daß möglichst viele Stellen nur durch eine Erzeugnisart oder Erzeugnisgruppe in Anspruch genommen werden.

Damit ist auch das **Prinzip der direkten Kostenzurechenbarkeit** eingehalten, weil den Kostenstellen möglichst viele Kostenarten direkt zugerechnet werden müssen. Nach diesem Prinzip sind auch die Kostenbereiche zu bilden.

Wie bei der einstufigen Deckungsbeitragsrechnung kann auch hier die Kostenaufspaltung bereits in der Kostenartenrechnung erfolgt sein, oder sie wird - wie in der betrieblichen Praxis häufig - im BAB durchgeführt.

Beispiel für einen BAB:

Kosten- stellen Kosten- arten	Kostenstellenbereich 1															Kosten- stellen- bereiche 2 - n	Unter- nehmens- kosten		
	Kosten- stelle 1 Erzeugnis- kosten Produkt A			Kosten- stelle 2 Erzeugnis- kosten Produkt B			Kosten- stelle 3 Erzeugnis- kosten Produkt C			Erzeugnis- gruppen- kosten (A + B)			Bereichs- kosten (A + B + C)						
	g	v	f	g	v	f	g	v	f	g	v	f	g	v	f		g	v	f
Variable und fixe Gemein-kostenarten																			
Summe																			

g = gesamte Kosten
v = variable Kosten
f = fixe Kosten

Anders als bei diesem Beispiel eines BAB können die Einzelkosten zusätzlich in Ausgliederungsstellen aufgeführt werden, wie dies *Mellerowicz* vorschlägt.

2.1.3 Kostenträgerrechnung

Als Kostenträgerrechnung sollen betrachtet werden:

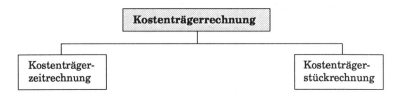

2.1.3.1 Kostenträgerzeitrechnung

Die Kostenträgerzeitrechnung ist der **wichtigste Teil** der mehrstufigen Deckungs-beitragsrechnung, da aus ihr ersichtlich wird, in welchem Maße durch die Erzeugnis-arten und Erzeugnisgruppen die Fixkostenschichten gedeckt und Gewinne erzielt werden.

Das Betriebsergebnis kann nach *Mellerowicz* auf zwei Wegen ermittelt werden, und zwar als:

- **Retrograde Rechnung**
- **Progressive Rechnung.**

Agthe geht nur von der retrograden Ermittlung des Betriebsergebnisses aus. Er vermeidet den von *Mellerowicz* angestrebten Vollkostencharakter dieses Kostenrech-nungssystems.

2.1.3.1.1 Retrograde Rechnung

Mellerowicz, welcher den Fixkostenblock - wie oben dargestellt - in fünf Schichten aufteilt, weist mit Recht darauf hin, daß dieser Grad der Differenzierung in der Praxis nicht immer möglich bzw. zweckmäßig ist.

Agthe schlägt die Verwendung von lediglich vier Schichten vor:

- Erzeugnisfixkosten
- Erzeugnisgruppenfixkosten
- Bereichsfixkosten
- Unternehmensfixkosten.

Heine beschränkt sich auf drei Schichten:

- Produktfixkosten
- Produktgruppenfixkosten
- Gesamtbetriebsfixkosten (= unverteilbarer Rest).

Schwarz schließlich unterscheidet nur zwei Schichten:

- Spezielle Fixkosten (Erzeugnis- und Erzeugnisgruppenfixkosten)
- Allgemeine Fixkosten (Restlicher - nur schwer verrechenbarer - Fixkostenblock).

Die Informationen werden in der Regel um so schwächer, je geringer die Unterteilung der Fixkosten ist.

Allerdings ist es jedoch nicht unbedingt sinnvoll, eine der betrieblichen Praxis wenig gerechte starke Differenzierung um jeden Preis anzustreben, da aus den damit verbundenen Schwierigkeiten in der Fixkostenaufteilung das Ergebnis qualitativ eher verschlechtert als verbessert werden kann.

Mit der retrograden Rechnung wird das Betriebsergebnis grundsätzlich in der Weise ermittelt, wie auf Seite 332 dargestellt. Soll zusätzlich Liquiditätsgesichtspunkten Rechnung getragen werden, erfolgt eine entsprechende Erweiterung des Schemas.

Mellerowicz setzt die variablen Kosten den ausgabewirksamen Kosten gleich. Eine erweiterte Gliederung erscheint deshalb nur für die Fixkostenschichten erforderlich:

Bruttoerlös
- Erlösschmälerungen

Nettoerlös
- variable Fertigungskosten

Zwischenergebnis
- variable Vertriebskosten

Bruttoergebnis = **Deckungsbeitrag I**
- Erzeugnisfixkosten:
  ausgabewirksame - nicht ausgabewirksame

Deckungsbeitrag II
- Erzeugnisgruppenfixkosten:
  ausgabewirksame - nicht ausgabewirksame

Deckungsbeitrag III
- Kostenstellenfixkosten
  ausgabewirksame - nicht ausgabewirksame

Deckungsbeitrag IV
- Bereichsfixkosten:
  ausgabewirksame - nicht ausgabewirksame

Deckungsbeitrag V
- Unternehmensfixkosten:
  ausgabewirksame - nicht ausgabewirksame

= Netto-Ergebnis

Ermittlung des Betriebsergebnisses mit Hilfe der retrograden Rechnung - siehe Text Seite 331:

	Kostenträgerbereich I			Kostenträgerbereich II	
	Kostenträgergruppe			Kostenträgergruppe	
	Kostenträger A	Kostenträger B	Kostenträger C	Kostenträger D	Kostenträger E
1. Bruttoerlös					
2. Erlösschmälerungen oder Zusatzerlös					
3. Nettoerlös					
4. - Variable Fertigungs- und Vertriebskosten					
5. **Deckungsbeitrag I a**					
6. Bestandsveränderungen (zu variablen Kosten)					
7. **Deckungsbeitrag I b**					
8. - Erzeugnisfixkosten	▼	▼	▼	▼	▼
9. **Deckungsbeitrag II**	*	*	*	*	*
10. - Erzeugnisgruppenfixkosten					
11. **Deckungsbeitrag III**	*		*		
12. - Bereichsfixkosten					
13. **Deckungsbeitrag IV**	*			*	
14. - Unternehmensfixkosten					
15. **Umsatzergebnis (Erfolg)**			*		

Auch sind wirtschaftliche Gesichtspunkte zu betrachten, denn die Kosten für zusätzliche Informationsbeschaffung müssen in einem angemessenen Verhältnis zum zusätzlichen Nutzen stehen.

2.1.3.1.2 Progressive Rechnung

Die mehrstufige Deckungsbeitragsrechnung gestattet auch einen progressiven Kostenaufbau für die Betriebsergebnisrechnung, bei der sämtliche anfallende Kosten - auf Erzeugnisarten und Erzeugnisgruppen verrechnet - ausgewiesen werden.

Dabei werden die **Fixkostenschichten in Prozent der einzelnen Deckungsbeiträge** ausgedrückt und dann in den Deckungsbeiträgen der einzelnen Schichten verrechnet:

	Variable Kosten
+	Erzeugnisfixkosten
+	Gruppenfixkosten in % der Einzelkosten
+	Stellenfixkosten in % der Einzelkosten
+	Bereichsfixkosten in % der Einzelkosten
+	Unternehmensfixkosten in % der Einzelkosten
	Summe der Kosten
+	Gewinn
	Umsatzerlöse

2.1.3.2 Kostenträgerstückrechnung

Wie bei der Kostenträgerzeitrechnung gibt es nach *Mellerowicz* auch bei der Kostenträgerstückrechnung zwei rechnerische Möglichkeiten:

- **Retrograde Kalkulation**
- **Progressive Kalkulation.**

Agthe dagegen beschränkt sich auf die retrograde Kalkulation, den reinen Teilkostenrechnungsaspekt.

2.1.3.2.1 Retrograde Kalkulation

Das Schema der retrograden Kalkulation bei Verwendung von fünf Fixkostenschichten hat folgendes Aussehen:

```
  Preis/Stück
- Variable Kosten

  Deckungsbeitrag I
- Erzeugnisfixkosten (in % von DB I)

  Deckungsbeitrag II
- Erzeugnisgruppenfixkosten (in % von DB II)

  Deckungsbeitrag III
- Stellenfixkosten (in % von DB III)

  Deckungsbeitrag IV
- Bereichsfixkosten (in % von DB IV)

  Deckungsbeitrag V
- Unternehmensfixkosten (in % von DB V)

  Nettoergebnis
```

Ist für ein Produkt ein **Marktpreis** gegeben, an den sich das Unternehmen halten kann, genügt die retrograde Kalkulation, um die Kostentragfähigkeit des Produktes zu ermitteln.

Wie aus dem fünfstufigen Kalkulationsschema zu erkennen ist, wird der Fixkostenblock des Deckungsbeitrages I in Schichten zerlegt. Die Fixkosten sind auf diese Weise den speziellen Schichten direkt zurechenbar, so daß man über die Ermittlung des Stückerfolges Informationen über die Vollkosten erhält.

Die Zahl der Stufen - beispielsweise 3, 4 oder 5 Stufen - hängt von den besonderen Gegebenheiten der betrieblichen Praxis ab.

2.1.3.2.2 Progressive Kalkulation

Beim progressiven Kalkulationsschema kann nicht von einem bekannten Stückpreis ausgegangen werden, sondern von den Grenzkosten.

Da die Grenzkosten den variablen Kosten je Einheit gleichgesetzt werden können, ist die Kalkulation beispielsweise folgendermaßen durchzuführen:

```
    Variable Kosten
  + Erzeugnisfixkosten

  + Gruppenfixkosten in % der Einzelkosten

  + Stellenfixkosten in % der Einzelkosten

  + Bereichsfixkosten  in % der Einzelkosten

  + Unternehmensfixkosten in % der Einzelkosten

    Summe der Kosten
  + Gewinn

  = Preis

  = Angebotspreis
```

Bei neuen Produkten **ohne** bekannten **Marktpreis** muß das progressive Kalkulationsschema verwendet werden.

66   67

2.2 Anwendung

Wie mit der einstufigen Deckungsbeitragsrechnung läßt sich mit der mehrstufigen Deckungsbeitragsrechnung in gleicher, teils sogar in besserer Weise eine Reihe von betrieblichen Entscheidungssituationen bewältigen.

Sie ist ebenso einsetzbar auf folgenden **Gebieten**:

- Gewinnschwellen-Analyse
- Preisuntergrenzen
- Zusatzaufträge
- Produktionsverfahren
- Eigenfertigung/Fremdbezug.

Es wird auf die Darstellung bei der einstufigen Deckungsbeitragsrechnung verwiesen.

2.3 Kritik

Die mehrstufige Deckungsbeitragsrechnung hat folgende **Vorteile**, die sich aus der Aufspaltung des Fixkostenblockes in mehrere Schichten ergeben:

- Die mehrstufige Deckungsbeitragsrechnung kann als **Entscheidungsgrundlage zur langfristigen Preisbildung** dienen, da eine weitgehend verursachungsgemäße Kostenzurechnung erfolgt, ohne daß im wesentlichen eine Schlüsselung notwendig wird.

- Für die **kurzfristige Preispolitik** bietet die mehrstufige Deckungsbeitragsrechnung ebenfalls alle hierzu notwendigen Zahlen. Die absolute Preisuntergrenze je Erzeugnis ist leicht feststellbar, da die Grenzkosten (häufig werden vereinfachend die variablen Kosten angesetzt) in Form der variablen Einzel- und Gemeinkosten aus dem Kalkulationsschema ersichtlich sind.

- Auch die **relative Preisuntergrenze** kann auf einfache Weise aufgezeigt werden, indem eine Unterteilung in ausgabenwirksame und nicht ausgabenwirksame Kosten erfolgt. Sie wird ermittelt aus den Grenzkosten bzw. variablen Kosten zuzüglich der ausgabenwirksamen Fixkosten.

- Als **Entscheidungsgrundlage für Investitionen** werden in der Regel primär die Erzeugnis-, Erzeugnisgruppen- und vielleicht noch Kostenstellenfixkosten verändert. Kostenvergleiche bedürfen nur der Berücksichtigung der hinzukommenden und/oder wegfallenden Fixkosten in diesen Schichten.

- Als **Entscheidungsgrundlage für Produktionsprogramme**, wie bei der Anwendung der Deckungsbeitragsrechnung ausführlich dargestellt wurde.

- Als **Entscheidungsgrundlage für Produktionsverfahren**, wie bei der Anwendung der Deckungsbeitragsrechnung ausführlich dargestellt wurde.

- Die **Kontrolle der variablen Kosten**, die von den Kostenstellenleitern zu verantworten sind, ist aufgrund der weitgehend verursachungsgerechten Kostenzurechnung möglich.

Auch die **fixen Kosten**, insbesondere die kurzfristig abbaubaren fixen Kosten, können sinnvoll überwacht werden.

- Die **Erfolgsplanung** und **Erfolgskontrolle** sind erfolgreich durchführbar, denn durch die Kostenaufspaltung in fixe und variable Teile kann die Nutzenschwelle für das Unternehmen errechnet werden.

Von größerer Bedeutung ist aber die Nutzenschwelle für die einzelne Erzeugnisart, bei der variable und fixe Kosten - nach Schichten getrennt - gegenübergestellt werden. Hieraus ist ersichtlich, wie und in welcher Höhe jede einzelne Erzeugnisart zur Deckung der Gesamtperiodenkosten beiträgt.

- Die mehrstufige Deckungsbeitragsrechnung muß, wie auch die einstufige Deckungsbeitragsrechnung, eine Umbewertung der Bestände von Teil- auf Vollkosten vornehmen. Allerdings wird diese **Umbewertung erleichtert** durch die Auflösung des Fixkostenblocks und seiner stufenweisen Verrechnung auf die Kostenträger und Kostenträgergruppen.

Weil dadurch Vollkosten bereits in der Kostenstellen- und Kostenträgerrechnung auftreten, können die zu aktivierenden Material- und Fertigungsgemeinkosten ohne großen zusätzlichen Aufwand einer solchen Umbewertung unterzogen werden.

Die fixen Kosten des Vertriebsbereichs und die allgemeinen Verwaltungskosten sind kostenstellenweise auszuweisen, je nachdem, ob Verwaltungsgemeinkosten mit in die Bewertung aufgenommen werden oder nicht. Die Umrechnung auf den tatsächlichen Kostengüterverbrauch erfolgt kostenstellenweise.

Die mehrstufige Deckungsbeitragsrechnung ist also in der Lage, aufgrund von Sonderrechnungen die Bestandsbewertung der Halb- und Fertigfabrikate für die Handels- und Steuerbilanz durchzuführen, sei es zu Grenzkosten oder Herstellungskosten.

Die mehrstufige Deckungsbeitragsrechnung hat folgende **Nachteile**:

- Im Gegensatz zu *Agthe* gehen die Zielsetzungen von *Mellerowicz* weiter. Er will in diesem Verfahren ein System sehen, das **Vollkostencharakter** hat.

Er geht beim Aufbau seines Schemas vom globalen Deckungsbeitrag I aus, der die gesamten Fixkosten und den Gewinn enthält. Von diesem globalen Deckungsbeitrag aus subtrahiert er die Erzeugnisfixkosten, Erzeugnisgruppenfixkosten usw., die er für den Kostenträger, Kostengruppenträger usw. direkt zurechenbar hält. Er erweitert damit also das Verursachungsprinzip auf die fixen Kosten.

Hier ist einzuwenden, daß die fixen Kosten nicht durch die Produktion von Erzeugnissen entstehen, sondern durch die Bereitstellung der Kapazität für die Produktion von Erzeugnissen, so daß die fixen Kosten wenigstens teilweise auch dann entstehen, wenn nicht produziert wird.

Außerdem ist die direkte Zurechenbarkeit der fixen Kosten ohne Schlüsselung auf die Kostenträger, Kostenträgergruppen usw. anzuzweifeln. Es kann sich hier nur um Durchschnittsätze handeln.

Durch eine Division der jeweils in den einzelnen Schichten entstandenen fixen Kosten durch die Leistungseinheiten ermittelt *Mellerowicz* die fixen Kosten für die Leistungseinheit. Um den Stückgewinn zu erhalten, werden die fixen Kosten für die Leistungseinheit vom Deckungsbeitrag I abgezogen.

Die Verwendung der durchschnittlichen Fixkosten für eine Stückkalkulation kann zu Erzeugnisselbstkosten führen, die deutlich von den mit Hilfe einer traditionellen Vollkostenkalkulation errechneten abweichen. Daher muß die retrograde Kalkulation mit Hilfe von durchschnittlichen absoluten oder prozentualen Fixkostenzuschlagsätzen nicht immer zu einer ganz genauen Stückkalkulation führen.

Dies gilt analog auch für die progressive Preiskalkulation, die - ausgehend von den Grenzkosten bzw. variablen Kosten - den Angebotspreis des Erzeugnisses ermitteln will.

• Die **Voraussetzung der gleichartigen Gruppenbildung** ist eigentlich nur für Unternehmen mit räumlich getrennten Produktionsstätten denkbar.

In Unternehmen, in denen die Produktion in einem Gebäude stattfindet - auch wenn die Erzeugnisse wiederum getrennt auf mehreren Fertigungsstraßen hergestellt werden - wird doch für alle Erzeugnisse zusammen nur eine Vertriebsabteilung eingerichtet sein. Die Gruppenbildung kann in diesen Unternehmen nicht, wie vorausgesetzt, hergestellt werden.

• *Agthe* nimmt eine **Unterteilung der Fixkosten** nicht in kurz-, mittel- oder langfristig liquidierbare vor, sondern in ausgabenwirksame und nicht ausgabenwirksame. Diese Spaltung der Kosten bringt zwei ganz verschiedene Aspekte in die mehrstufige Deckungsbeitragsrechnung, nämlich die der Kostenrechnung und jene des Finanzplans.

Als Ergebnis erhält man dann weder einen tauglichen Finanzplan noch eine den gestellten Anforderungen genügende Kostenrechnung. Einen tauglichen Finanzplan deshalb nicht, weil auch Fixkosten durchaus kurzfristig ausgabenwirksam und variable Kosten u.U. auch längerfristig nicht ausgabenwirksam sein können.

Die Eignung der **mehrstufigen** Deckungsbeitragsrechnung im Hinblick auf die kostenrechnerischen Einzelaufgaben beurteilt *Wilkens*:

Aufgaben der Kostenrechnung	Eignung der mehrstufigen Deckungsbeitragsrechnung
PLANUNG	
• Erfolgsplanung	
- Kalkulatorischer Gesamterfolg	ja
- Kurzfristige Produktionsplanung	teilweise
- Planung von Zusatzaufträgen	teilweise
- Kurzfristige Absatzplanung	ja
• Zukunftsbezogene Wirtschaftlich-keitsrechnungen bezogen auf	
- Gesamtunternehmen	ja
- Kostenstellen	teilweise
- Fertigungsverfahren	teilweise
- Maschinenbelegung	teilweise
- Arbeitsverteilung/-einsatz	teilweise
- Losgrößen	teilweise
- Lagerhaltung/Bestellmengen	teilweise
- Formen der Kapazitätsanpassung	teilweise
- Bereitstellungsverfahren	teilweise
- Entscheidung zwischen Eigenfertigung und Fremdbezug	ja
- Beschaffungs- und Absatzmethoden	teilweise
• Preisfindung	
- Preisobergrenzen für Beschaffungsgüter	ja
- Kostenorientierte Preisfindung für Absatzgüter	teilweise
- Bestimmung von Preisuntergrenzen	ja
- Verrechnungspreise für interne Leistungen	teilweise
- Preis-/Kostenvergleiche	ja
KONTROLLE	
• Erfolgskontrolle	
- Kurzfristige Erfolgsrechnung	ja
- Bereichs- und Produkterfolgskontrolle	ja
• Wirtschaftlichkeitskontrolle	
- Umfang und Art der entstandenen Kosten (Kostenartenrechnung)	ja
- Orte der Entstehung von Kosten (Kostenstellenrechnung)	ja
- Verwendungszweck der Kosten (Kostenträgerrechnung)	ja
- Innerbetrieblicher Soll-Ist-Vergleich	ja
- Zwischenbetrieblicher Vergleich	ja
• Preiskontrolle	
- Nachkalkulation mit Vollkosten	teilweise
- Nachkalkulation mit Teilkosten	teilweise
- Preis-/Kostenvergleiche	ja

RECHENSCHAFTSLEGUNG

• **Nachweis der Selbstkosten bei öffentlichen Aufträgen**	teilweise
• **Ermittlung von Bilanzansätzen für fertige und unfertige Erzeugnisse sowie selbsterstellte Anlagen**	teilweise
• **Unterlagen für Kreditverhandlungen**	ja
• **Begründung von Ansprüchen gegenüber Versicherungen bei Schadensfällen**	ja

3. Deckungsbeitragsrechnung mit relativen Einzelkosten

Die von *Riebel* entwickelte und auch von *Mellerowicz* ausführlich dargestellte Deckungsbeitragsrechnung mit relativen Einzelkosten will eine Produktionsverbundenheit gewährleisten, indem sie echte Gemeinkosten nicht aufschlüsselt und die fragwürdige Proportionalisierung der fixen Kosten, wie bei anderen Verfahren, vermeidet.

Grundlage dieser Deckungsbeitragsrechnung ist eine **Bezugsgrößenhierarchie** für die Leistungserstellungs- und Leistungsverwertungsseite. Auf der Basis dieser Bezugsgrößenhierarchie ist es möglich, alle Kosten als Einzelkosten zu erfassen, wodurch eine Vielzahl von Aussagemöglichkeiten erreicht werden soll.

3.1 Grundlagen

Bei der Deckungsbeitragsrechnung mit relativen Einzelkosten werden folgende **Unterscheidungen** vorgenommen:

• **Einzelkosten und Gemeinkosten**
• **Beschäftigungsfixe und beschäftigungsvariable Kosten**
• **Ausgabenwirksame und nicht ausgabenwirksame Kosten**
• **Kosteneinflußgrößen.**

3.1.1 Einzelkosten und Gemeinkosten

Beide Begriffe werden **relativ für jede Bezugsgröße** verwendet:

- **Einzelkosten** sind diejenigen Kosten, die für eine bestimmte Bezugsgröße entstehen und unmittelbar bei ihr erfaßt werden. Es wird hier der übliche Begriff der Einzelkosten, welcher die Zurechenbarkeit der Kosten auf die Kostenträger umfaßt, erweitert.

Beispiel: Die Wartungskosten einer Fräsmaschine können nur dann Einzelkosten sein, wenn allein diese Maschine Bezugsgröße in Form einer Kostenstelle ist. Wäre die Werkstatt Bezugsgröße, müßten die Wartungskosten als Gemeinkosten angesehen werden.

Als Bezugsgrößen sind bei diesem Kostenrechnungssystem nicht nur Kostenträger oder Kostenträgergruppen, sondern auch Kostenstellen oder Kostenstellengruppen bis hin zum Teil-oder gar Gesamtunternehmen anzusehen.

Die verschiedenen Bezugsgrößen, für welche die anfallenden Kosten als Einzelkosten angesetzt werden können, sind in einer **Bezugsgrößenhierarchie** darzustellen, die nach verschiedenen Gesichtspunkten zu untergliedern ist. Die Verwendung mehrerer Hierarchien wäre problematisch, weil im Rahmen der Kostenerfassung möglicherweise die gleichen Kosten mehrfach erfaßt würden.

»Oberster Gliederungsgesichtspunkt ist ... die Gliederung nach Kostenträgern entsprechend ihrer Verbundenheit bei Leistungserstellung und -verwertung in (von unten nach oben) Leistungseinheiten, Leistungsarten, Leistungsgruppen, Leistungssparten und die Gesamtheit der Leistung. Eine weitere Untergliederung ist für die Erfassung der Leistung durchführbar nach den Verkaufsgebieten, den Absatzwegen oder nach Kundengruppen« *(Layer)*.

Es erscheint sinnvoll, die Bezugsgrößenhierarchie in eine

- Hierarchie der Leistungserstellung
- Hierarchie der Leistungsverwertung

zu unterteilen. Eine solche Differenzierung kann wie auf Seite 341 dargestellt aussehen *(Heinen)*.

Neben der zuvor angeführten objektbezogenen Bezugsgrößenhierarchie findet man in der Literatur auch **zeitraumbezogene Bezugsgrößenhierarchien.**

- Die **Gemeinkosten** unterteilt *Riebel* in zwei Gruppen:

  - In **echte Gemeinkosten**, die für eine Mehrzahl von Bezugsgrößen entstehen, weshalb sie bei der übergeordneten Bezugsgröße als Einzelkosten erfaßbar sind.

  Beispiel: Kosten der Arbeitsvorbereitung oder des Betriebsbüros sind Einzelkosten bezüglich einer Kostenstellengruppe oder eines Teilbetriebes, nicht aber hinsichtlich einer bestimmten Kostenstelle.

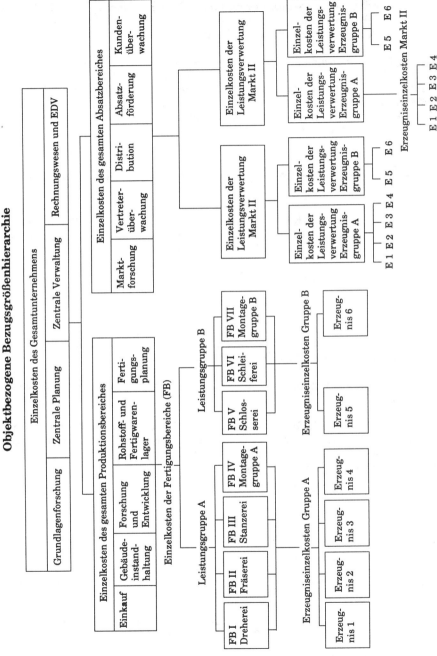

Objektbezogene Bezugsgrößenhierarchie

- In **unechte Gemeinkosten**, die zwar für eine Bezugsgröße eindeutig erfaßbar und verrechenbar sind. Das ist jedoch wirtschaftlich nicht sinnvoll, so daß sie geschlüsselt für die nächsthöhere Bezugsgröße erfaßt werden.

Abschließend soll nochmals darauf hingewiesen werden, daß mit der breiten Auslegung des Begriffes der Bezugsgröße auch eine **weitere begriffliche Fassung der Einzel- und Gemeinkosten** erfolgt. In den bisherigen Systemen wurden die Einzel- und Gemeinkosten entsprechend ihrer Zurechnung auf die Kostenträger unterschieden. Hier kommt - wie gezeigt wurde - die Differenzierung beider Begriffe im Hinblick auf die Kostenstellen hinzu.

3.1.2 Beschäftigungsfixe und beschäftigungsproportionale Kosten

Beschäftigungsfixe Kosten bleiben bei der Veränderung der pro Zeiteinheit hergestellten Produktmenge konstant, solange sich die Variation dieser Produktmenge innerhalb der Grenzen der betrieblichen Kapazität bewegt.

Gründe für das Vorliegen beschäftigungsfixer Kosten können sein:

- **Mangelnde Teilbarkeit** des technischen und dispositiven Apparates des Unternehmens.

- **Unternehmenspolitische Entscheidungen** aufgrund bestimmter Erwartungen über die spätere Ausnutzung der Produktionsapparatur.

- **Geringe Anpassungsgeschwindigkeit** wegen juristischer oder institutioneller Bindungen.

Riebel unterteilt die beschäftigungsfixen Kosten entsprechend der **Mindestdauer ihrer Unveränderlichkeit**. Darunter ist der Zeitraum zu verstehen, der vergeht, bis sich eine Unternehmensentscheidung in einer Veränderung der beschäftigungsfixen Kosten niederschlägt. Im einzelnen sind dies:

- Den jeweiligen Abrechnungszeiträumen **eindeutig zurechenbare fixe Kosten**.

  Beispiele: Gehälter, Mieten.

- **Unregelmäßig anfallende zeitabhängige fixe Kosten**, die nur mehreren Abrechnungsperioden direkt zurechenbar sind.

  Beispiele: Urlaubslöhne, Kosten für Reparaturen. Gerade die Menge der **kleineren Reparaturen** führt zu einer gleichmäßigen Belastung der Perioden.

- Von **einmaligen oder unregelmäßigen Ausgaben** abgeleitete Kosten, die über längere, noch nicht übersehbare Zeiträume leistungswirksam sind.

  Beispiele: Anlageninvestitionen, Großreparaturen, Konstruktionskosten.

Den beschäftigungsfixen Kosten stehen die **beschäftigungsproportionalen Kosten** gegenüber, die sich im gleichen Maßstab wie die Beschäftigung ändern.

Oft handelt es sich jedoch - wie gezeigt wurde - in der betrieblichen Praxis weder um reine fixe noch um reine variable Kosten, sondern um Mischkosten, die im Wege der Kostenauflösung erst in ihre fixen und proportionalen Bestandteile aufgeschlüsselt werden.

3.1.3 Ausgabenwirksame und nicht ausgabenwirksame Kosten

Ausgabenwirksame Kosten sind jene Kosten, denen Ausgaben für den Verzehr an Gütern und Dienstleistungen zugrunde liegen.

Beispiele: Bezahlung geleisteter Dienste durch Löhne und Gehälter. Wiederbeschaffung von Rohstoffen, sofern diese nicht als Lagerzugang aktiviert werden.

Nicht ausgabenwirksame Kosten verursachen keine Ausgaben.

Beispiel: Zusatzkosten.

3.1.4 Kosteneinflußgrößen

Neben dem Beschäftigungsgrad können folgende Kosteneinflußgrößen berücksichtigt werden:

• Verkaufspreise der Unternehmensleistungen
• Transportentfernungen
• Auftragsgröße
• Faktorpreise
• Betriebsgröße.

Die Berücksichtigung von Kosteneinflußgrößen über die Beschäftigung hinaus erfordert die folgende **Unterteilung** in:

• von der jeweiligen Einflußgröße **unabhängige** Kosten,
• von der jeweiligen Einflußgröße **abhängige** Kosten.

»Werden mehrere Kosteneinflußfaktoren berücksichtigt, so ist jede Kostenkategorie nochmals zu unterteilen, wodurch die Kostengliederung sehr umfangreich und unübersichtlich wird, da neben den Kosteneinflußfaktoren auch noch Gliederungsgesichtspunkte (Zugehörigkeit zu Bezugsgrößen, Verantwortlichkeit, Mindestdauer der Unverändertheit, Kostenart, Ausgabenwirksamkeit) berücksichtigt werden müssen.

Außer der Beschäftigung können weitere Kosteneinflußgrößen daher nur berücksichtigt werden, wenn ihr Einfluß auf die Kosten in einem der gezeigten weiteren Gliederungsgesichtspunkte zum Ausdruck gebracht werden kann oder wenn auf einen dieser weiteren Gliederungsgesichtspunkte verzichtet werden kann« *(Layer)*.

3.2 Inhalt

Eine getrennte Kostenarten-, Kostenstellen- und Kostenträgerzeitrechnung, wie bei den anderen Kostenrechnungssystemen, gibt es bei diesem Verfahren nicht.

Vielmehr steht hier die **Grundrechnung** im Mittelpunkt, die als kombinierte Kostenarten-, Kostenstellen- und Kostenträgerrechnung bezeichnet werden kann, wobei die Kostenstellen und Kostenträger nur Einzelkosten enthalten.

Aus der Grundrechnung sollten alle notwendigen Daten ohne Sonderrechnungen ermittelt werden können. Sie ist sehr differenziert, da sie die Kosten entsprechend der Bezugsgrößenhierarchie, die sich an den spezifischen Eigenarten des Unternehmens sowie an der Zwecksetzung der Kostenrechnung orientiert, ermitteln muß. Es werden dargestellt:

- **Grundrechnung**
- **Betriebsergebnisrechnung.**

3.2.1 Grundrechnung

Die Grundrechnung (der Leistungserstellung) hat also die Aufgabe, die Kosten in differenzierter Weise zu erfassen. Sie unterscheidet sich in dieser Funktion nur wenig von anderen Kostenrechnungssystemen.

Riebel schlägt folgendes Schema der Grundrechnung vor:

I. Variable Kosten	
a) Umsatzabhängige Kosten:	
1. wertabhängige Kosten	...
2. mengenabhängige Kosten	... ...
b) Erzeugnisabhängige Kosten:	
1. Stoffkosten	...
2. Energiekosten	...
3. ... usw.	... ...
c) Beschäftigungsdauerabhängige Kosten:	
1. Energiekosten	...
2. Personalkosten	...
3. ... usw.	... ...
Summe der variablen Kosten	
II. Bereitschaftskosten	
a) mit kurzperiodischen Ausgaben verbundene Kosten	...
Zwischensumme	...
b) nicht mit kurzperiodischen Ausgaben verbundene Kosten	
Summe der Einzelkosten	...

Die **Kostenerfassung** erfolgt in zwei Schritten:

• Bei der **primären Kostenerfassung** werden die Kosten in einer dem BAB entsprechenden Tabelle so zusammengefaßt, daß die den Uraufschreibungen zugrundeliegenden Bezugsgrößen erhalten bleiben. In den Kostenstellen und Kostenträgern erscheinen nur Einzelkosten, die jedoch nicht nach ihrer Herkunft, sondern nach Kostenkategorien gegliedert sind, wie sie oben als Grundlagen besprochen wurden.

Eine Verrechnung von innerbetrieblichen Leistungen erfolgt in dieser **Grundrechnung I** nicht.

• Bei der **sekundären Kostenerfassung** handelt es sich um die Verrechnung der innerbetrieblichen Leistungen, die auf den empfangenden Kostenstellen direkt erfaßt werden können.

Diese Kostenerfassung erfolgt in der **Grundrechnung II**.

3.2.2 Betriebsergebnisrechnung

Die Betriebsergebnisrechnung bei der Deckungsbeitragsrechnung mit relativen Einzelkosten geht von einem **anderen Begriff des Deckungsbeitrages** aus als es bei der einstufigen Deckungsbeitragsrechnung dargestellt wurde.

Während dort der Deckungsbeitrag die Differenz zwischen Erlösen und variablen Kosten war, dehnt *Riebel* den Begriff aus, indem er die **Differenz zwischen Erlösen und bestimmten Kosten** als Deckungsbeitrag ansieht.

Entsprechend der Zielsetzung der Rechnung können diese **bestimmten Kosten** beispielsweise sein:

• Proportionale Kosten
• Durchschnittskosten
• Mit Ausgaben verbundene Kosten
• Gesamte Erzeugnis-Einzelkosten.

Der grundsätzliche Aufbau der Betriebsergebnisrechnung sieht folgendermaßen aus:

	Produkt A	Produkt B	Produkt C	Gesamt
Umsatzbeträge der Periode	...	...	...	...
- variable Einzelkosten	...	...	...	...
- fixe Einzelkosten der Periode	...	...	...	...
Deckungsbeitrag der verkauften Erzeugnissse	...	...	...	...
- variable Einzelkosten der Erzeugnisgruppen bzw. Kostenstellen pro Periode	...			...
- fixe Einzelkosten der Erzeugnisgruppen bzw. Kostenstellen pro Periode	...			...
Perioden-Ergebnis				...

Entsprechend der speziell gewünschten Aussagen der Betriebsergebnisse weden drei Formen unterschieden, die *Mellerowicz* ausführlich erläutert:

- **Betriebsergebnis mit Deckungsbeiträgen über die gesamten Erzeugnis-Einzelkosten**

  Die Deckungsbeiträge über die gesamten Erzeugnis-Einzelkosten geben Auskunft über die von den einzelnen Kostenstellen und Kostenträgern insgesamt verbrauchten Kosten, bzw. sie zeigen, wie hoch diese Deckungsbeiträge nach Abzug jener Kosten noch sind.

	Erzeugnisse			
	A	B	C	D
Bruttoerlöse der Periode				
- Vertriebs-Einzelkosten der Erzeugnisse	...	...	...	...
Nettoerlöse	...	...	...	...
- Fertigungs-Einzelkosten der Erzeugnisse	...	...	...	...
Deckungsbeiträge der Erzeugnisse über die Einzelkosten	...	...	...	...
- Fertigungs-Einzelkosten der Erzeugnisgruppen (B und C)		...		
Deckungsbeiträge der Erzeugnisse und Erzeugnisgruppen über die Fertigungs- und Vertriebs-Einzelkosten	...	...		...
- Einzelkosten der Fertigungsstellen bzw. -bereiche				
Fertigungsstelle 1	...			
Fertigungsstelle 2	...			
Fertigungsstelle 3	...			
- Einzelkosten der Hilfsbetriebe	...			
- Einzelkosten der Verwaltungs- und Vertriebsbereiche	...			
Periodenergebnis	...			

• Betriebsergebnis mit Deckungsbeiträgen über die variablen Kosten

Das Betriebsergebnis mit Deckungsbeiträgen über die variablen Kosten hinaus dient der Lösung wirtschaftlicher Dispositionsprobleme, die nur auf der Basis der Deckungsbeiträge als Differenz zwischen Erlösen und Einzelkosten vorgenommen werden können.

Die Errechnung der Deckungsbeiträge über die variablen Kosten gestattet es, für jede beliebige Stufe des Leistungsprozesses die Grenzerträge zu ermitteln.

	Erzeugnisse			
	A	B	C	D
Bruttoerlöse der Periode - Vertriebs-Einzelkosten der Erzeugnisse	... ...	... ...	... ...	... ...
Nettoerlös - variable Fertigungs-Einzelkosten der Erzeugnisse	... ...	... ...	... ...	... ...
Deckungsbeiträge der Erzeugnisse über die variablen Einzelkosten der Erzeugnisse - variable Fertigungs-Einzelkosten der Erzeugnisgruppen B und C	... ...	...	...	...
Deckungsbeitrag der Erzeugnisse und Erzeugnisgruppen über die variablen Einzelkosten der Fertigung und des Vertriebes - variable Fertigungs-Einzelkosten der Fertigungsstellen Fertigungsstelle 1 Fertigungsstelle 2 Fertigungsstelle 3 - variable Kosten der Hilfsbetriebe - variable Kosten der Verwaltungs- und Vertriebsbereiche	... ...	...	...	
Deckungsbeitrag über sämtliche variable Kosten - mit kurzperiodischen Ausgaben verbundene Fixkosten	... ...			
Deckungsbeitrag über sämtliche mit kurzperiodischen Ausgaben verbundenen Kosten = liquiditätswirksamer Deckungsbeitrag - nicht mit kurzperiodischen Ausgaben verbundene Fixkosten	... ...			
Periodenergebnis	...			

• Betriebsergebnis mit Deckungsbeiträgen über die mit kurzfristigen Ausgaben verbundenen Kosten

Der Sinn der Rechnung mit Deckungsbeiträgen über die mit kurzfristigen Ausgaben verbundenen Kosten ist es, die Verkleinerung des Deckungsbeitrages von Stufe zu Stufe zu zeigen.

Es werden alle mit kurz-periodischen Ausgaben verbundenen Kosten (die variablen Einzelkosten) und die mit kurzfristigen Ausgaben verbundenen fixen Kosten abgezogen.

3.2.3 Kalkulation

Bei der Deckungsbeitragsrechnung mit relativen Einzelkosten sind zwei Kalkulationsverfahren möglich:

3.2.3.1 Retrograde Kalkulation

Das Kalkulationsschema, das der Ermittlung der Deckungsbeiträge der Erzeugnisse einer Produktionsabteilung dienen soll, hat allgemein folgendes Aussehen *(Dorn)* :

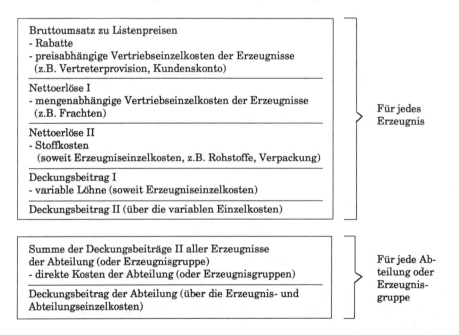

3.2.3.2 Progressive Kalkulation

Riebel erfaßt im Rahmen der progressiven Kalkulation die Kostenträger-Einzelkosten pro Erzeugniseinheit in:

• Fertigungsbereich
• Stoffbereich
• Vertriebsbereich.

Alle weiteren Kosten werden mittels **Soll-Deckungsbeiträgen** verrechnet, die pro Planungsperiode für jede Erzeugnisart oder Erzeugnisgruppe vorgegeben werden. Die Soll-Deckungsbeiträge umfassen im einzelnen:

• Soll-Deckungsbeiträge für die den Erzeugnisgruppen zurechenbaren Kosten.
• Soll-Deckungsbeiträge für die den Erzeugnisgruppen nicht zurechenbaren Kosten.
• Soll-Deckungsbeiträge für den geplanten Gewinn.

68

3.3 Kritik

Die Deckungsbeitragsrechnung mit relativen Einzelkosten hat folgende **Vorteile**:

• Es erfolgt **keine Schlüsselung echter Gemeinkosten,** wodurch wesentliche Fehlerquellen der Kostenverrechnung ausgeschlossen werden.

• Die **Erfassung aller Kosten als Einzelkosten,** die zu einer Reihe von Aussagemöglichkeiten führt, auf die nachfolgend eingegangen wird.

• Sie dient als **Entscheidungsgrundlage bei Unterbeschäftigung,** wenn festgelegt werden soll, ob ein Unternehmen in einer oder mehreren Produktionsabteilungen zusätzliche Aufträge annehmen soll, um die Kapazitäten auszulasten oder nicht. Dies ist aber nicht diskutabel, wenn es sich um zeitliche und nicht strukturelle Unterbeschäftigung handelt.

Sinnvoll erscheint die Hereinnahme von Aufträgen, wenn der Wert der zusätzlichen Erlöse die zusätzlichen Kosten, die durch den Auftrag verursacht werden, übersteigen. Zusätzliche Kosten sind hierbei jene Kosten, die bei Hereinnahme des Auftrages entstehen würden, also die beschäftigungsproportionalen Kosten sowie die abbaufähigen beschäftigungsfixen Kosten wie Löhne und Gehälter.

• Sie dient als **Entscheidungsgrundlage bei Engpaßkalkulation,** wenn bei einem Unternehmen in mehreren Erzeugnissen ein gemeinsamer Produktionsfaktor nur in begrenzter Menge vorhanden ist, beispielsweise die Beschaffung des gemeinsamen Rohstoffes beschränkt oder die Kapazität der Fertigungsanlagen, auf der verschiedene Erzeugnisse nur alternativ hergestellt werden können, erschöpft ist.

Hier muß sich das Unternehmen entscheiden, welche Erzeugnisse in welcher Menge hergestellt und abgesetzt werden sollen. Die wirtschaftlichen, knappen Kapazitäten müssen unter die alternativen Verwendungsmöglichkeiten so aufgeteilt werden, daß der Perioden-Gesamt-Deckungsbeitrag maximal wird.

Für den Fall, daß mehrere (sich eventuell noch wandelnde) Engpässe vorhanden sind, kann die Deckungsbeitragsrechnung hilfreich sein. Eine Ergänzung durch die lineare Programmierung ist zweckmäßig.

* Sie dient als **Entscheidungsgrundlage zur Sortimentgestaltung**, die durch die Aufnahme oder Streichung von Erzeugnissen aus dem Absatzprogramm für ein optimales Sortiment im Hinblick auf Gewinn und Marktlage zu sorgen hat.

Dies ist mit der Deckungsbeitragsrechnung, insbesondere unter Zuhilfenahme der oben besprochenen Engpaßkalkulation oder der linearen Programmierung gut möglich.

* Sie ermöglicht eine **Kostenstellenkontrolle** als Dispositionskontrolle, die ermittelt, ob im Hinblick auf die jeweiligen Preise der Kosten und Ertragsgüter die optimale Kombination der Produktionsfaktoren und das günstigste Produktionsprogramm gewählt wurden, oder als Durchführungskontrolle, mit der geprüft wird, ob der mengenmäßige Verbrauch der einzelnen Kostengüter, die Menge und die Qualität des Ausstoßes, den Planungen und Anordnungen der Betriebsleitung entsprechen.

Die Deckungsbeitragsrechnung mit relativen Einzelkosten weist aber auch mehrere **Nachteile** auf:

* Die **uneinheitliche Terminologie**, mit der *Riebel* in seinem Modell einige sonst allgemein einheitlich verwendete Begriffe mit anderen Inhalten versieht, führt leicht zu Mißverständnissen.

* Die **Durchführung der Bestandsbewertung** ist nur mit Hilfe von Sonderrechnungen möglich, da eine genaue Erfassung der gesamten Herstellkosten eines Erzeugnisses nicht gegeben ist.

* Der **Ansatz von Einzelkosten** im Hinblick auf eine bestimmte Bezugsgröße ist nicht immer möglich, d.h. eine Zuordnung bestimmter Kosten - beispielsweise der Vertriebs-Gehälter - zu einer bestimmten Bezugsgröße als Einzelkosten ist in vielen Fällen objektiv nicht durchführbar, da die Verbundenheit der Leistungen bei der Leistungserstellung und Leistungsverwertung von Unternehmen zu Unternehmen unterschiedlich sein kann.

Durch das Erfassen und Verrechnen sämtlicher Kosten erst an jenen Stellen, an denen sie als Einzelkosten anfallen, wird zwar der scheinbare Vorteil erzielt, ohne die fragwürdige Aufschlüsselung von Gemeinkosten auszukommen. Es darf dabei jedoch nicht übersehen werden, daß eine Erfassung der variablen Kosten bzw. Grenzkosten je Kostenträger oder Kostenstelle unmöglich wird, da alle variablen Gemeinkosten, die aufgrund von Verbrauchsanalysen verursachungsgerecht schlüsselbar wären, in einer übergeordneten Stelle (oder Bereich) als Einzelkosten in ihrer Gesamtheit erfaßt und ungeschlüsselt verrechnet werden.

• Die **Durchführung der Deckungsbeitragsrechnung** ist recht komplex, so daß sie nur in wenigen Unternehmen eingesetzt wird.

Die Eignung der Deckungsbeitragsrechnung mit relativen Einzelkosten im Hinblick auf die kostenrechnerische Einzelaufgabe beurteilt *Wilkens:*

Aufgaben der Kostenrechnung	Eignung der Deckungsbeitragsrechnung mit relativen Einzelkosten
PLANUNG	
• Erfolgsplanung	
- Kalkulatorischer Gesamterfolg	ja
- Kurzfristige Produktionsplanung	ja
- Planung von Zusatzaufträgen	ja
- Kurzfristige Absatzplanung	ja
• Zukunftsbezogene Wirtschaftlichkeits- rechnungen bezogen auf	
- Gesamtunternehmen	ja
- Kostenstellen	ja
- Fertigungsverfahren	ja
- Fertigungsbreite und -tiefe	ja
- Maschinenbelegung	ja
- Arbeitsverteilung/-einsatz	ja
- Losgrößen	ja
- Lagerhaltung/Bestellmengen	ja
- Formen der Kapazitätsanpassung	ja
- Bereitstellungsverfahren	ja
- Entscheidung zwischen Eigenfertigung und Fremdbezug	ja
- Beschaffungs- und Absatzmethoden	ja
• Preisfindung	
- Preisobergrenzen für Beschaffungsgüter	ja
- Kostenorientierte Preisfindung für Absatzgüter	teilweise
- Bestimmung von Preisuntergrenzen	ja
- Verrechnungspreise für interne Leistungen	teilweise
- Preis-/Kostenvergleiche	ja
KONTROLLE	
• Erfolgskontrolle	
- Kurzfristige Erfolgsrechnung	ja
- Bereichs- und Produkterfolgskontrolle	ja
• Wirtschaftlichkeitskontrolle	
- Umfang und Art der entstandenen Kosten (Kostenrechnung)	ja
- Orte der Entstehung der Kosten (Kostenstellenrechnung)	ja
- Verwendungszweck der Kosten (Kostenträgerrechnung)	ja
- Innerbetrieblicher Zeitvergleich	ja

- Innerbetrieblicher Soll-Ist-Vergleich	ja
- Zwischenbetrieblicher Vergleich	ja
• **Preiskontrolle**	
- Nachkalkulation mit Vollkosten	teilweise
- Nachkalkulation mit Teilkosten	ja
- Preis-/Kostenvergleiche	ja
RECHENSCHAFTSLEGUNG	
• **Nachweis der Selbstkosten bei öffentlichen Aufträgen**	teilweise
• **Ermittlung von Bilanzansätzen für fertige und unfertige Erzeugnisse sowie selbsterstellte Anlagen**	teilweise
• **Unterlagen für Kreditverhandlungen**	ja
• **Begründung von Ansprüchen gegenüber Versicherungen bei Schadensfällen**	ja

4. Grenzplankostenrechnung

Die Grenzplankostenrechnung, die von *Plaut* entwickelt wurde, stellt eine systematische Fortführung der Plankostenrechnung auf der Basis des Gedankengutes der Deckungsbeitragsrechnung dar. Sie unterscheidet sich im wesentlichen dadurch von der Deckungsbeitragsrechnung, daß hier ausschließlich Planwerte angesetzt werden, während bei der Deckungsbeitragsrechnung hauptsächlich Istwerte verwendet werden.

Der wesentliche Unterschied zur flexiblen Plankostenrechnung mit Vollkosten besteht in der **Eliminierung der fixen Kosten aus dem Soll-Ist-Vergleich**. Es gibt damit keine Beschäftigungsabweichungen mehr, und es entfällt das Problem der Bestimmung einer Planbeschäftigung.

Die Grenzplankostenrechnung ist nach *Kilger* eine Planungsrechnung, die Fehler der Vollkostenrechnung vermeiden will, »indem sie aus dem Fixkostenproblem für den Aufbau der Kostenrechnung richtige Folgerungen zieht. Insbesondere sollen für alle Entscheidungsprobleme, die auf der Basis gegebener Kapazitäten zu lösen sind, die richtigen Kostendaten zur Verfügung gestellt werden«.

Medicke nennt als **Ziel** der Grenzplankostenrechnung die Kostenkontrolle, Erfolgsplanung, Erfolgsmittlung und Erfolgskontrolle sowie Bereitstellung von Zahlen für die Anwendung mathematischer Entscheidungsmodelle.

Bei der Grenzplankostenrechnung sollen dargestellt werden:

4.1 Inhalt

Ihrem Inhalt nach umfaßt die Grenzplankostenrechnung:

* **Kostenartenrechnung**
* **Kostenstellenrechnung**
* **Kostenträgerrechnung.**

4.1.1 Kostenartenrechnung

In der Kostenartenrechnung erfolgt die Planung der verschiedenen Kosten, wie sie für die flexible Plankostenrechnung ausführlich dargestellt wurde. Hierauf sei verwiesen. Wichtig ist, daß eine **Kostenauflösung** in fixe und proportionale Teile durchgeführt werden muß, die in der Kostenartenrechnung erfolgen kann oder aber erst in der Kostenstellenrechnung.

4.1.2 Kostenstellenrechnung

Die Planung der Gemeinkosten pro Kostenstelle erfolgt bereits in der Kostenartenrechnung. Sie muß sich bei der Grenzplankostenrechnung **nicht** auf einen **bestimmten Beschäftigungsgrad** beziehen, weil (spätestens) in der Kostenstellenrechnung eine Aufschlüsselung in fixe und proportionale Kosten erfolgt. Die fixen Kosten weden jedoch nicht in den Soll-Ist-Vergleich einbezogen.

»Für den Kostenstellenleiter ist es gleichgültig, auf welcher Ausbringungsmenge die Vorgabemengen basieren, denn sie sind, auf die Einheit der Kostenstellenleistung bezogen, für jeden Beschäftigungsumfang gleich hoch« *(Kosiol).*

Der BAB innerhalb der Kostenstellenrechnung unterscheidet sich von dem BAB in Teilkostenrechnungssystemen zu Istkosten derart, daß die Spalten pro Kostenstelle zu bilden sind:

* Fixkosten
* Proportionale Sollkosten
* Proportionale Istkosten.

Die beiden wesentlichen Elemente der Kostenstellenrechnung sind:

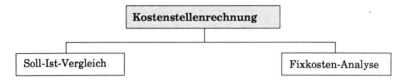

4.1.2.1 Soll-Ist-Vergleich

Der Soll-Ist-Vergleich innerhalb der Grenzplankostenrechnung wird - ähnlich wie bei der flexiblen Plankostenrechnung zu Vollkosten - durchgeführt. Da hier aber zusätzlich der Gedanke der Deckungsbeitragsrechnung einbezogen wird, liegt es auf der Hand, die Fixkosten von der Betrachtung auszuschließen.

Danach kann der Soll-Ist-Vergleich in folgenden **Schritten** erfolgen:

- **Errechnung** der für jede Kostenstelle anfallenden **Plankosten**
- **Aufspaltung** der Plankosten in einen **fixen** und **proportionalen Teil**
- **Ermittlung** des **Plankostenverrechnungssatzes** bei **Planbeschäftigung**:

$$\text{Plankostenverrechnungssatz bei Planbeschäftigung} = \frac{\text{Proportionale Kosten}}{\text{Bezugsgröße}}$$

- **Ermittlung** der **verrechneten Plankosten**:

$$\text{Verrechnete Plankosten} = \text{Plankostenverrechnungssatz} \cdot \text{Istbeschäftigung}$$

- **Ermittlung** der **Sollkosten**:

$$\text{Sollkosten} = \text{Plankostenverrechnungssatz} \cdot \text{Istbeschäftigung}$$

- **Ermittlung** der **Verbrauchsabweichung**:

$$\text{Verbrauchsabweichung} = \text{Istkosten} - \text{Sollkosten}$$

Die Beschäftigungsabweichung würde sich ergeben aus:

$$\text{Beschäftigungsabweichung} = \text{Sollkosten} - \textbf{Verrechnete Plankosten}$$

Wie aus den Gleichungen

• Verrechnete Plankosten
• Sollkosten

zu ersehen ist, haben beide den gleichen Inhalt, so daß ihre Subtraktion immer zum
Ergebnis »Null« führen muß, also **keine Beschäftigungsabweichung** gegeben sein
kann.

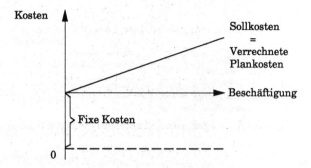

Der Soll-Ist-Vergleich wird, da nur proportionale Kosten einbezogen werden, wesentlich verständlicher - insbesondere auch für den Kostenstellenleiter - und auch praktikabler.

4.1.2.2 Fixkosten-Analyse

Zusätzlich zu dem Soll-Ist-Vergleich wird oft eine Unterteilung der fixen Kosten der
einzelnen Kostenstellen in Nutzkosten und Leerkosten durchgeführt:

• **Nutzkosten** oder **Arbeitskosten** sind jene Fixkosten, die im Rahmen der aktiven
Betriebstätigkeit anfallen.

• **Leerkosten** sind Fixkosten, die entstehen, obgleich keine Produktion erfolgt.

Graphisch läßt sich dieser Tatbestand darstellen:

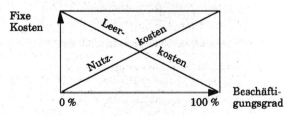

Rechnerisch werden die Leerkosten und Nutzkosten in der Grenzplankostenrechnung
folgendermaßen ermittelt:

• Leerkosten

$$K_L = (b_{plan} - b_{eff}) \cdot \frac{K_f}{b_{plan}}$$

• Nutzkosten

$$K_N = b_{eff} \cdot \frac{K_f}{b_{plan}}$$

K_L = Leerkosten (DM/Periode)
K_N = Nutzkosten (DM/Periode)
b_{plan} = Geplanter Beschäftigungsgrad (Std./Periode)
b_{eff} = Effektiver Beschäftigungsgrad (Std./Periode)
K_f = Geplante Fixkosten (DM/Periode)

Die Leerkosten und Nutzkosten können aber auch wie folgt errechnet werden:

$$\text{Ist-Beschäftigungsgrad} = \frac{\text{Ist-Beschäftigung}}{\text{Plan-Beschäftigung}}$$

• Die **Nutzkosten** ergeben sich:

$$\text{Nutzkosten} = \text{Fixkosten} \cdot \text{Ist-Beschäftigungsgrad}$$

• Entsprechend sind die **Leerkosten**:

$$\text{Leerkosten} = \text{Fixkosten} - \text{Nutzkosten}$$

Beispiel für einen BAB:

Kostenstelle X	Plan-Beschäftigung 4.000 Std.		Ist-Beschäftigung 3.000 Std.		Beschäftigungs-grad = 75 %
Fixkostendeckung	Planfixkosten 700		**Nutzfixkosten 525**		Leerkosten 175
Kostenart	Istkosten	Fixkosten	**proport. Istkosten**	proport. Sollkosten	Verbrauchs-abweichung
Fertigungslöhne	5.250	0	5.250	5.500	+ 250
Hilfslöhne	1.500	300	1.200	1.050	- 200
Gehälter	1.200	200	1.000	1.000	0
Werkzeuge	600	200	400	500	+ 100
Hilfsstoffe	800	0	800	600	- 200
Summe	9.350	700	8.650	8.600	- 50

Zu diesem BAB der Grenzplankostenrechnung sollen einige Erläuterungen gegeben werden:

• Die geplante Beschäftigung wurde mit 4.000 Stunden angesetzt.

• Die Istbeschäftigung betrug jedoch nur 3.000 Stunden.

• Hieraus ergab sich:

$$\text{Ist-Beschäftigungsgrad} = \frac{\text{Istbeschäftigung}}{\text{Planbeschäftigung}}$$

$$\text{Ist-Beschäftigungsgrad} = \frac{3.000}{4.000} = \underline{\underline{0,75}}$$

• Dieser Beschäftigungsgrad hat, hierauf sei nochmals hingewiesen, für den Soll-Ist-Vergleich keine Bedeutung. Er ist nur für die Aufteilung der fixen Kosten in Nutz- und Leerkosten von Bedeutung.

• Die Fixkosten bestanden bei dem Ist-Beschäftigungsgrad von 0,75 aus 75 % Nutzkosten und 25 % Leerkosten.

• Die Ermittlung des Plankostenverrechnungssatzes erfolgte auf der Grundlage der Plankosten.

• Danach erfolgte die Ermittlung der Sollkosten.

• Letztlich wurde die Ermittlung der Verbrauchsabweichung durchgeführt.

Beispiel: Gegeben sind für die Kostenstelle 422:

	Gesamtbeträge	Fixe Kosten	Proportionale Kosten
Planbeschäftigung	10.000 Std.	0	0
Plankosten	60.000 DM	20.000	40.000
Istbeschäftigung	8.000 Std.	0	0
Istkosten	40.000 DM	20.000	20.000

Es ergeben sich:

• Plankostenverrechnungssatz

$$= \frac{40.000}{10.000} = 4 \text{ DM}$$

• Sollkosten

$$= 4 \cdot 8.000 = 32.000 \text{ DM}$$

• Verbrauchsabweichung

$$= 20.000 - 32.000 = -12.000 \text{ DM}$$

• Nutzkosten

$$= \frac{8.000}{10.000} \cdot 20.000 = 16.000 \text{ DM}$$

• Leerkosten

$$= 20.000 - 16.000 = 4.000 \text{ DM}$$

4.1.3 Kostenträgerrechnung

Die Kostenträgerrechnung umfaßt:

4.1.3.1 Kostenträgerzeitrechnung

Die Kostenträgerzeitrechnung zeichnet sich dadurch aus, daß die fixen Kosten - wie auch die kostenstellenbedingten Abweichungen - nicht den einzelnen Kostenträgern zugerechnet werden, sondern das Betriebsergebniskonto als Block belasten.

In diesem Falle werden nur die variablen Kosten den einzelnen Kostenträgern zugerechnet.

4.1.3.2 Kostenträgerstückrechnung

Die Kostenträgerstückrechnung im Sinne der Plankalkulation erfolgt auf der Grundlage der Grenzkosten. Die Kalkulationssätze werden danach nur bezüglich der proportionalen Plankosten ermittelt.

Die fixen Kosten werden in der Kalkulation bei der reinen Grenzplankostenrechnung nicht berücksichtigt. Sie kommen bei diesem Verfahren direkt auf das Betriebsergebniskonto.

Die Kostenträgerstückrechnung kann jedoch auch auf andere Weise durchgeführt werden. **Möglichkeiten** sind:

• Als **kombinierte Voll- und Grenzplankostenrechnung**, bei der beide Verfahren nebeneinander durchgeführt werden.

• Als **Grenzplankostenrechnung**, die durch die stufenweise Fixkostenrechnung ergänzt wird.

69

4.2 Kritik

Die Grenzplankostenrechnung weist in ihrer Grundform im wesentlichen die Vor- und Nachteile der einstufigen Deckungsbeitragsrechnung auf. Sie hat gegenüber der einstufigen Deckungsbeitragsrechnung jedoch den großen Vorzug, die **Kostenkontrolle** zu **verbessern**.

Vorteilhaft gegenüber der flexiblen Plankostenrechnung mit Vollkosten ist, daß bei der Grenzplankostenrechnung der **Beschäftigungsgrad** einschließlich dessen Umrechnungsverfahren - beispielsweise der Variator - **keine Bedeutung** hat.

Ein weiterer Vorteil besteht darin, daß dieses Kostenrechnungssystem auch für den Kostenstellenleiter **überschaubar** und **verständlich** ist.

Die Eignung der Grenzplankostenrechnung im Hinblick auf die kostenrechnerischen Einzelaufgaben beurteilt *Wilkens:*

Aufgaben der Kostenrechnung	Eignung der Grenzplankostenrechnung
PLANUNG	
• **Erfolgsplanung**	
- Kalkulatorischer Gesamterfolg	ja
- Kurzfristige Produktionsplanung	ja
- Planung von Zusatzaufträgen	teilweise
- Kurzfristige Absatzplanung	ja
• **Zukunftsbezogene Wirtschaftlichkeitsrechnungen bezogen auf**	
- Gesamtunternehmen	ja
- Kostenstellen	ja
- Fertigungsverfahren	teilweise
- Fertigungsbreite und -tiefe	teilweise
- Maschinenbelegung	teilweise
- Arbeitsverteilung/-einsatz	teilweise
- Losgrößen	teilweise

Aufgaben der Kostenrechnung	Eignung der Grenzplankostenrechnung
- Lagerhaltung/Bestellmenge	teilweise
- Formen der Kapazitätsanpassung	teilweise
- Bereitstellungsverfahren	teilweise
- Entscheidung zwischen Eigen- fertigung und Fremdbezug	ja
- Beschaffungs- und Absatzmethoden	teilweise
• **Preisfindung**	
- Preisobergrenzen für Beschaffungsgüter	teilweise
- Kostenorientierte Preisfindung für Absatzgüter	teilweise
- Bestimmung von Preisuntergrenzen	ja
- Verrechnungspreise für interne Leistungen	teilweise
- Preis-/Kostenvergleiche	ja
KONTROLLE	
• **Erfolgskontrolle**	
- Kurzfristige Erfolgsrechnung	ja
- Bereichs- und Produkterfolgskontrolle	ja
• **Wirtschaftlichkeitskontrolle**	
- Umfang und Art der entstandenen Kosten (Kostenartenrechnung)	ja
- Orte der Entstehung von Kosten (Kostenstellenrechnung)	ja
- Verwendungszweck der Kosten (Kostenträgerrechnung)	ja
- Innerbetrieblicher Zeitvergleich	ja
- Innerbetrieblicher Soll-Ist-Vergleich	ja
- Zwischenbetrieblicher Vergleich	ja
• **Preiskontrolle**	
- Nachkalkulation mit Vollkosten	nein
- Nachkalkulation mit Teilkosten	teilweise
- Preis-/Kostenvergleiche	teilweise
RECHENSCHAFTSLEGUNG	
• **Nachweis der Selbstkosten bei öffentlichen Aufträgen**	teilweise
• **Ermittlung von Bilanzansätzen für fertige und unfertige Erzeugnisse sowie selbsterstellte Anlagen**	teilweise
• **Unterlagen für Kreditverhandlungen**	ja
• **Begründung von Ansprüchen gegenüber Versicherungen bei Schadensfällen**	teilweise

Kontrollfragen	bear-beitet	Lösungs-hinweis	Lösung +	-
01	Was versteht man unter Kostenrechnungssystemen auf Teilkostenbasis?		277		
02	Welches ist das zentrale Problem der Teilkostenrechnungssysteme?		277		
03	Welche Mängel haben Kostenrechnungssysteme auf Vollkostenbasis?		277		
04	Welche Aufgaben haben die Teilkostenrechnungssysteme im einzelnen?		277		
05	Unterscheiden Sie die Teilkostenrechnungssysteme auf Istkostenbasis anhand der Grundformel der DBR!		278		
06	Beschreiben Sie wesentliche Merkmale der einstufigen DBR!		279		
07	Wie wird die Kostenartenrechnung bei der einstufigen DBR durchgeführt?		280		
08	Wie wird bei der Kostenstellenrechnung vorgegangen?		280 f.		
09	Was ist bei Erstellung des Kostenstellenplanes zu beachten?		281		
10	Nennen Sie das zentrale Problem, das innerhalb der Kostenstellenrechnung zu lösen ist!		281		
11	Stellen Sie zwei Möglichkeiten schematisch dar, wie ein BAB bei der einstufigen DBR aussehen kann!		281 f.		
12	Nach welchem Prinzip erfolgt die Zurechnung der Gemeinkosten bei der Kostenträgerzeitrechnung?		282		
13	Welche Kosten werden nach diesem Prinzip den Erzeugnissen zugerechnet, welche nicht und warum?		282		
14	Welche Aussagen lassen sich in der Praxis mit Hilfe der Grundgleichung für die einstufige DBR machen?		283		
15	Stellen Sie das Schema der Betriebsergebnisrechnung bei der einstufigen DBR dar!		283		
16	Wie läßt sich der kurzfristige Erfolg eines Einproduktunternehmens ermitteln?		284		
17	Welche Lösungsmöglichkeiten sind entwickelt worden, um die Kalkulation von Stückgewinnen zu gewährleisten?		284		
18	Zählen Sie die Faktoren auf, welche die Höhe des Zuschlages auf die variablen Kosten beeinflussen!		284		
19	Mit Hilfe welcher Verfahren kann die Kalkulation bei der einstufigen DBR durchgeführt werden?		285		
20	Beschreiben Sie die Kalkulation mit absoluten und prozentualen Brutto-Deckungszuschlägen!		285 f.		

Kontrollfragen	bear-beitet	Lösungs-hinweis	Lösung + | -
21	Für welche Entscheidungssituationen kann die einstufige DBR eingesetzt werden?		287	
22	Wozu dient die Gewinnschwellen-Analyse?		287	
23	Welche Werte werden bei der Gewinnschwellen-Analyse zueinander in Beziehung gesetzt?		287	
24	Inwieweit sind die für die Gewinnschwellen-Analyse genannten Voraussetzungen in der betrieblichen Praxis erfüllt?		288	
25	Was versteht man unter der Gewinnschwelle?		288	
26	Wie kann die Gewinnschwelle beim Ein-Produkt-Unternehmen rechnerisch ermittelt werden?		289	
27	Wie ermittelt man die kritische Menge beim Ein-Produkt-Unternehmen rechnerisch?		290	
28	Worin liegt das Problem bei der Ermittlung der Gewinnschwelle beim Zwei-Produkt-Unternehmen?		291	
29	Worin unterscheiden sich die kritische Menge beim Ein- und beim Zwei-Produkt-Unternehmen?		291 f.	
30	Welche Vorgehensweise ist empfehlenswert, wenn die Gewinnschwelle für ein Drei-Produkt-Unternehmen ermittelt werden soll?		293	
31	Wie erfolgt die Gewinnplanung bei der einstufigen DBR rechnerisch?		293 f.	
32	Was versteht man unter der Preisuntergrenze?		295	
33	Welche Arten von Preisuntergrenzen lassen sich unterscheiden?		295	
34	Auf welche Unternehmen bezieht sich die kostenorientierte Preisuntergrenze?		295	
35	Welche Grundsätze sind zu beachten, damit die DBR zur Ermittlung der kostenorientierten Preisuntergrenze geeignet ist?		295 f.	
36	Wo liegt die kurzfristige kostenorientierte Preisuntergrenze für ein Produkt?		296	
37	Wo ist die langfristige kostenorientierte Preisuntergrenze zu sehen?		297	
38	Auf welche Unternehmen findet die erfolgsorientierte Preisuntergrenze Anwendung?		298	
39	Wo liegt die kurzfristige erfolgsorientierte Preisuntergrenze?		298	
40	Wozu können Opportunitätskosten angesetzt werden?		298	
41	Wie wird die langfristige erfolgsorientierte Preisuntergrenze festgestellt?		298	
42	Beschreiben Sie die liquiditätsorientierte Preisuntergrenze!		299	

	Kontrollfragen	bear-beitet	Lösungs-hinweis	Lösung +	-
43	Was versteht man unter Zusatzaufträgen?		299		
44	Worin sind die Ziele eines Unternehmens zu sehen, das Zusatz-aufträge annimmt?		300		
45	Welche Voraussetzungen müssen erfüllt sein, damit eine Preis-differenzierung erfolgreich durchgeführt werden kann?		300		
46	Wann ist es für ein Unternehmen vorteilhaft, Zusatzaufträge anzunehmen?		300		
47	Wozu dienen optimale Produktionsverfahren?		301		
48	Was geschieht bei kurzfristiger Optimierung der Produktions-verfahren?		302		
49	Beschreiben Sie, wie bei der kurzfristigen Optimierung ohne Engpaß vorgegangen wird!		302 f.		
50	Wie wird bei Vorliegen eines Engpasses vorgegangen?		304 f.		
51	Welche Situation liegt der langfristigen Optimierung der Pro-duktionsverfahren zugrunde?		306.		
52	Mit Hilfe welcher Verfahren kann das langfristige Optimie-rungsproblem gelöst werden?		306		
53	Inwieweit sind kostenrechnerische Ansätze dazu geeignet?		306		
54	Beschreiben Sie, wie bei der Kostenvergleichsrechnung vorge-gangen werden kann!		307		
55	Zeigen Sie schematisch, wie beim Kostenvergleich pro Periode bzw. pro Leistungseinheit vorgegangen wird!		308		
56	An welche Voraussetzungen ist die Eignung eines Kostenver-gleichs pro Leistungseinheit geknüpft?		309		
57	Welche Bedeutung hat die kritische Auslastung beim Kostenver-gleich?		311		
58	Beurteilen Sie die Eignung der Kostenvergleichsrechnung!		312		
59	Welche Gründe kann es geben, die Gewinnvergleichsrechnung der Kostenvergleichsrechnung vorzuziehen?		312		
60	Zeigen Sie das Schema der Gewinnvergleichsrechnung!		313		
61	Inwieweit kann gesagt werden, der höchstmögliche Deckungs-beitrag ist das Entscheidungskriterium für die Optimierung des Produktionsprogrammes?		314		
62	Inwieweit ist der Absatz des Unternehmens für die Optimierung des Produktionsprogrammes von Bedeutung?		314		
63	Worum geht es bei der kurzfristigen Optimierung des Produk-tionsprogramms?		315		

Kontrollfragen	bear-beitet	Lösungs-hinweis	Lösung +	-
64	Wie kann die kurzfristige Optimierung des Produktionsprogrammes erfolgen?		315	
65	Was versteht man unter dem relativen Deckungsbeitrag?		316	
66	Wie wird bei der langfristigen Optimierung des Produktionsprogrammes vorgegangen?		317	
67	Worin besteht das Problem der Eigenfertigung und des Fremdbezuges?		318	
68	Nach welchen Gesichtspunkten kann die Vorteilhaftigkeit von Eigenfertigung oder Fremdbezug beurteilt werden?		319	
69	Wie stellt sich das Problem der Eigenfertigung und des Fremdbezuges bei kurzfristiger Optimierung?		320 f.	
70	Wie kann die Entscheidungssituation für eine langfristige Optimierung beschrieben werden?		321	
71	Welche Möglichkeiten gibt es, die Grundform der einstufigen DBR zu verbessern?		322	
72	Welche Voraussetzungen bestehen für den Einsatz der einstufigen DBR!		323	
73	Wie ist die DBR zu beurteilen?		323 f.	
74	Worin liegt der Unterschied zwischen der einstufigen und der mehrstufigen Deckungsbeitragsrechnung?		325	
75	Wie wird die mehrstufige Deckungsbeitragsrechnung vielfach auch genannt?		325	
76	Beschreiben Sie die Voraussetzungen für die Anwendung der mehrstufigen Deckungsbeitragsrechnung!		326	
77	Wie erfolgt die Kostenartenrechnung bei der mehrstufigen DBR?		327	
78	Beschreiben Sie die Kostengliederung nach Zurechenbarkeit!		327	
79	Welche Fixkosten(schichten) können unterschieden werden?		327 f.	
80	Wie erfolgt die Kostenunterteilung nach Liquiditätsgesichtspunkten?		328	
81	Nach welchen Prinzipien erfolgt die Kostenstellenbildung?		329	
82	Zeigen Sie, wie ein Betriebsabrechnungsbogen bei der mehrstufigen DBR aussehen kann!		329	
83	Was kann aus der Kostenträgerzeitrechnung ersehen werden?		330	
84	Welche Möglichkeiten gibt es, das Betriebsergebnis zu ermitteln?		330	
85	Zeigen Sie schematisch die retrograde Betriebsergebnisermittlung ohne/mit Beachtung von Liquiditätsgesichtspunkten!		330 f.	
86	Welche unterschiedlichen Ansätze im Hinblick auf die Anzahl der Fixkostenschichten gibt es?		331	

	Kontrollfragen	bear-beitet	Lösungs-hinweis	Lösung +	-
87	Stellen Sie die progressive Betriebsergebnisrechnung dar!		333		
88	Welche Verfahren der Kostenträgerstückrechnung gibt es bei der mehrstufigen DBR?		333		
89	Stellen Sie das Schema der retrograden Kalkulation dar!		334		
90	Wie erfolgt die progressive Kalkulation und wo wird sie eingesetzt?		334		
91	Wie ist die mehrstufige DBR zu beurteilen?		335 ff.		
92	Was ist der Grundgedanke der DBR mit relativen Einzelkosten?		339		
93	Was wird in diesem System unter Einzel- und Gemeinkosten verstanden?		340 f.		
94	Welcher Gliederungsgesichtspunkt ist bei Erstellen der Bezugsgrößenhierarchie zu beachten?		340		
95	Welche grundlegende Unterteilung ist bei der Bezugsgrößenhierarchie möglich?		340		
96	Worin unterscheiden sich echte und unechte Gemeinkosten bei der Deckungsbeitragsrechnung mit relativen Einzelkosten?		340 f.		
97	Was sind beschäftigungsfixe Kosten und weshalb entstehen sie?		342		
98	Geben Sie Beispiele für ausgabenwirksame und nicht ausgabenwirksame Kosten!		343		
99	Welche Kosteneinflußgrößen können neben dem Beschäftigungsgrad berücksichtigt werden?		343		
100	Welches Problem entsteht, wenn mehrere Kosteneinflußgrößen berücksichtigt werden?		343		
101	Beschreiben Sie die Vorgehensweise bei der Grundrechnung!		344		
102	Stellen Sie das Grundschema der Betriebsergebnisrechnung dar!		344		
103	Erläutern Sie, wie die Kalkulation bei der DBR mit relativen Einzelkosten erfolgen kann!		348 f.		
104	Wie ist die DBR mit relativen Einzelkosten zu beurteilen?		349		
105	Inwieweit wird dieses Verfahren in der Praxis erfolgreich eingesetzt?		350		
106	In welcher Beziehung steht die Grenzplankostenrechnung zu der einstufigen DBR und der flexiblen Plankostenrechnung mit Vollkosten?		352		
107	Welche Zielsetzung verfolgt die Grenzplankostenrechnung?		352		
108	Wie erfolgt die Kostenartenrechnung?		353		

Kontrollfragen	bear-beitet	Lösungs-hinweis	Lösung + | -
109 Was ist innerhalb der Kostenstellenrechnung der wesentliche Unterschied zur Plankostenrechnung mit Vollkosten?		353	
110 Welche Kosten werden bei diesem Verfahren in den Soll-Ist-Vergleich einbezogen?		353 f.	
111 Welche Unterschiede weist der BAB dieses Systems zu den Teilkostenrechnungsverfahren auf Istkostenbasis auf?		356 f.	
112 Wie errechnet sich der Beschäftigungsgrad?		357	
113 Wie können die fixen Kosten weiter unterteilt werden? Zeigen Sie dies verbal und graphisch!		356	
114 Gibt es bei der Grenzplankostenrechnung Beschäftigungsabweichungen?		354 f.	
115 Wie werden Verbrauchsabweichungen ermittelt?		354	
116 Wie wird der Plankostenverrechnungssatz ermittelt?		354	
117 Welches gemeinsame Merkmal weisen kalkulierte Grenzplankosten und proportionale Sollkosten auf?		355	
118 Wie erfolgt die Behandlung der fixen Kosten und kostenstellenbedingten Abweichungen einerseits und der variablen (proportionalen) Kosten andererseits in der Kostenträgerzeitrechnung?		358	
119 Auf welche Weise kann die Kostenträgerstückrechnung durchgeführt werden?		359	
120 Wie ist die Grenzplankostenrechnung zu beurteilen?		359 f.	

Anhang

Gemeinschaftskontenrahmen (GKR)

0 Anlagevermögen und langfristiges Kapital	**1** Finanz – Umlaufvermögen u. kurzfr. Verbindlichkeiten

0 Anlagevermögen und langfristiges Kapital

00 Grundstücke und Gebäude
000 Unbebaute Grundstücke
001 Bebaute Grundstücke
003 Gebäude
008 In Bau befindliche Gebäude

01/02 Maschinen und maschinelle Anlagen
010 der Hauptbetriebe
020 der Neben- u. Hilfsbetriebe
024 Transportanlagen
028 In Bau befindl. Maschinen und Anlagen
029 Anzahlungen auf Anlagen

03 Fahrzeuge, Werkzeuge, Betriebs- und Geschäftsausstattung
030 Fahrzeuge
034 Werkzeuge
037 Betriebs- und Geschäftsausstattung
038 Geringwertige Wirtschaftsgüter

04 Sachanlagen – Sammelkonto

05 Sonstiges Anlagevermögen
054 Beteiligungen
055 Wertpapiere des Anlagevermögens
056 Andere langfristige Forderungen

06 Langfristiges Fremdkapital (z. B. Anleihen, Hypotheken- und Darlehensschulden und andere langfristige Schulden)

07 Eigenkapital
070 Gezeichnetes Kapital
072 Gesetzliche Rücklagen
073 Andere Gewinnrücklagen
075 Bilanzgewinn/-verlust
079 Gewinn- und Verlustvortrag

08 Wertberichtigungen, Rückstellungen und dgl.
080/083 Wertberichtigung auf Anlagevermögen
084 Wertberichtigung auf Außenstände
0840 Pauschalwertberichtigung
0841 Einzelwertberichtigung
085 Rückstellungen

09 Rechnungsabgrenzung
098 Aktive Rechnungsabgrenzungsposten der Jahresbilanz
099 Passive Rechnungsabgrenzungsposten der Jahresbilanz

1 Finanz – Umlaufvermögen u. kurzfr. Verbindlichkeiten

10 Kasse
100 Hauptkasse
105/9 Nebenkassen

11 Geldanstalten
110 Postgiro
112 Landeszentralbank
113 Banken

12 Schecks, Besitzwechsel
120 Schecks
125 Besitzwechsel
129 Protestwechsel

13 Wertpapiere des Umlaufvermögens

14 Forderungen aufgrund von Warenlieferungen u. Leistungen
140 Kundenforderungen
149 Zweifelhafte Forderungen

15 Andere Forderungen
150 Sonstige Forderungen
151 Eigene Anzahlungen
155 Vorsteuer

16 Verbindlichkeiten aufgrund von Warenlieferungen u. Leistungen

17 Andere Verbindlichkeiten
170 Sonstige Verbindlichkeiten
171 Anzahlungen von Kunden
174 Noch abzuführende Abgaben
175 Umsatzsteuer
176 Dividenden
177 Tantiemen
178 Abzuführende Sparleistungen

18 Schuldwechsel, Bankschulden
180 Schuldwechsel
182 Bankschulden

19 Durchgangs-, Übergangs- und Privatkonten
190 Durchgangskonten für Rechnungen
192 Durchgangskonten für Zahlungsverkehr
195 Übergangskonten
197 Privatkonten
198 Geheimkonten

1 Gemäß § 255 Abs. 1 Satz 3 HGB sind vom Lieferer gewährte Nachlässe als Minderung des Anschaffungspreises der bezogenen Stoffe zu behandeln. Entsprechend werden Kundenskonti als Erlösschmälerungen erfaßt

Kontenklassen

2 Neutrale Aufwendungen und Erträge	**4** Kostenarten

20 Betriebsfremde Aufwendungen und Erträge
200 Betriebsfremde Aufwendg.
205 Betriebsfremde Erträge

21 Aufwendungen und Erträge für Grundstücke und Gebäude
210 Haus- und Grundstücksaufwendungen
215 Haus- und Grundstückserträge

22 frei

23 Bilanzmäßige Abschreibungen

24 Zinsaufwendungen und -erträge
240 Zins- und Diskontaufwendungen
244 Skonto-Aufwendungen[1]
245 Zins- und Diskonterträge
248 Skonto-Erträge[1]
249 Aufwendungen für Kursveränderungen

25 Betriebliche außerordentliche Aufwendungen und Erträge
250 Betriebliche a.o. Aufwendg.
255 Betriebliche a.o. Erträge
256 Erlöse aus Anlageabgängen

26 Betriebliche periodenfremde Aufwendungen und Erträge
(mehrere oder andere Zeitabschnitte betreffend), z.B.
260 Großreparaturen – im Bau befindliche Sachanlagen usw.
269 Periodenfremde Erträge

27 Verrechnete Anteile betrieblicher periodenfremder Aufwendungen

28 Verrechnete kalkulatorische Kosten

29 Das Gesamtergebnis betreffende Aufwendungen und Erträge
290 Körperschaftsteuer

3 Stoffe – Bestände

30 Rohstoffe
300 Nettobeträge
301 Bezugskosten

33 Hilfsstoffe
330 Nettobeträge
331 Bezugskosten

34 Betriebsstoffe
340 Nettobeträge
341 Bezugskosten

38 Bezogene Bestand- und Fertigteile, Auswärtige Bearbeitung

39 Handelswaren und auswärts bezogene Fertigerzeugnisse

40 Fertigungsmaterial
(Einzelstoffkosten)

41 Gemeinkostenmaterial
(Hilfsstoffkosten)

42 Brennstoffe, Energie und dgl.
420 Brenn- und Treibstoffe
425 Strom, Gas, Wasser

43 Löhne und Gehälter
431 Fertigungslöhne
432 Hilfslöhne
439 Gehälter

44 Sozialkosten
440 Gesetzliche Sozialkosten
447 Freiwillige Sozialkosten

45 Instandhaltung, verschiedene Leistungen und dgl.
450 Instandhaltung *(Maschinen usw.)*
456 Entwicklungs-, Versuchs- und Konstruktionskosten

46 Steuern, Gebühren, Beiträge, Versicherungsprämien und dgl.
460 Steuern
464 Abgaben und Gebühren, Rechts- und Beratungskosten
468 Beiträge
469 Versicherungsprämien

47 Mieten, Verkehrs-, Büro-, Werbekosten (Verschied. Kosten) usw.
470 Miete (Raumkosten)
472 Verkehrskosten (Transport, Versand, Reise, Post)
476 Bürokosten
477 Werbe- und Vertreterkosten
479 Finanzkosten (= Kosten des Geldverkehrs)

48 Abschreibungen (Kalk. Kosten)
480 Abschreibungen auf Anlagen
481 Abschreibungen auf Forderungen

49 Sondereinzelkosten
494 Sondereinzelkosten der Fertigung
495 Sondereinzelkosten des Vertriebs, z.B. *Vertreterprovision, Transportversicherung, Ausgangsfrachten usw.*

5/6 Kostenstellen

Frei für Kostenstellen-Kontierungen der Betriebsabrechnung

Bei Anwendung des **Gesamtkostenverfahrens** entfallen im allgemeinen die Klassen 5 und 6, da die Betriebsabrechnung *statistisch* durchgeführt wird. Bei Anwendung des **Umsatzkostenverfahrens** werden in der Klasse 6 „Herstellkonten" eingerichtet. Wird die Betriebsabrechnung *buchhalterisch* verankert, so ist die Klasse 5 hierbei den „Verrechnungskonten" für die Kostenstellenbereiche vorbehalten.

KOSTENTRÄGER

7 Bestände an unfertigen und fertigen Erzeugnissen

78 Bestände an unfertigen Erzeugnissen
   (Unfertige Erzeugnisse)
79 Bestände an fertigen Erzeugnissen
   (Fertige Erzeugnisse)

8 Erträge

83 Erlöse für Erzeugnisse und andere Leistungen
   (Verkaufskonto)
84 Eigenverbrauch
85 Erlöse für Handelswaren
86 Erlöse aus Nebengeschäften
87 Eigenleistungen
88 Erlösberichtigungen
   883 Erlösschmälerungen
89 Bestandsveränderungen an unfertigen und fertigen Erzeugnissen

9 Abschluß

98 Ergebniskonten
   980 Betriebsergebnis
   985 Verrechnungsergebnis
   986 Ergebnisverwendung
   987 Neutrales Ergebnis
   988 Das Gesamtergebnis betr. Aufwendungen und Erträge (z.B. *Körperschaftsteuer*)
   989 Gewinn- und Verlustkonto *(Gesamtergebnis)*
99 Bilanzkonten
   998 Eröffnungsbilanzkonto
   999 Schlußbilanzkonto

Industriekontenrahmen (IKR)
- Aus- und Weiterbildung -

AKTIVA

Anlagevermögen		Umlaufvermögen

0 Immaterielle Vermögensgegenstände und Sachanlagen | **1** Finanzanlagen | **2** Umlaufvermögen und aktive Rechnungsabgrenzung

00 Ausstehende Einlagen
000 Ausstehende Einlagen
01 Frei
Immaterielle Vermögensgegenstände
02 Konzessionen, gewerbliche Schutzrechte und ähnliche Rechte und Werte sowie Lizenzen an solchen Rechten und Werten
020 Konzessionen
03 Geschäfts- oder Firmenwert
030 Geschäfts- oder Firmenwert
04 Frei
Sachanlagen
05 Grundstücke, grundstücksgleiche Rechte und Bauten einschließlich der Bauten auf fremden Grundstücken
050 Unbebaute Grundstücke
051 Bebaute Grundstücke
053 Betriebsgebäude
054 Verwaltungsgebäude
055 Andere Bauten
056 Grundstückseinrichtungen
057 Gebäudeeinrichtungen
059 Wohngebäude
06 Frei
07 Technische Anlagen und Maschinen
070 Anlagen und Maschinen der Energieversorgung
071 Anlagen der Materiallagerung und -bereitstellung
072 Anlagen und Maschinen der mechanischen Materialbearbeitung, -verarbeitung und -umwandlung
073 Anlagen für Wärme-, Kälte- und chemische Prozesse sowie ähnliche Anlagen
074 Anlagen für Arbeitssicherheit und Umweltschutz
075 Transportanlagen und ähnliche Betriebsvorrichtungen
076 Verpackungsanlagen und -maschinen
077 Sonstige Anlagen und Maschinen

10 bis 12 Frei
13 Beteiligungen
130 Beteiligungen
14 Frei
15 Wertpapiere des Anlagevermögens
150 Wertpapiere des Anlagevermögens
16 Sonstige Finanzanlagen
160 Sonstige Finanzanlagen
17 bis 19 Frei

Fortsetzung Kontenklasse 0

078 Reservemaschinen und -anlageteile
079 Geringwertige Anlagen und Maschinen
08 Andere Anlagen, Betriebs- und Geschäftsausstattung
080 Andere Anlagen
081 Werkstätteneinrichtung
082 Werkzeuge, Werksgeräte und Modelle, Prüf- und Meßmittel
083 Lager- und Transporteinrichtungen
084 Fuhrpark
085 Sonstige Betriebsausstattung
086 Büromaschinen, Organisationsmittel und Kommunikationsanlagen
087 Büromöbel und sonstige Geschäftsausstattung
088 Reserveteile für Betriebs- und Geschäftsausstattung
089 Geringwertige Vermögensgegenstände der Betriebs- und Geschäftsausstattung
09 Geleistete Anzahlungen und Anlagen im Bau
090 Geleistete Anzahlungen auf Sachanlagen
095 Anlagen im Bau

Vorräte
20 Roh-, Hilfs- und Betriebsstoffe
200 Rohstoffe/Fertigungsmaterial
  2001 Bezugskosten
  2002 Nachlässe
201 Vorprodukte/Fremdbauteile
  2011 Bezugskosten
  2012 Nachlässe
202 Hilfsstoffe
  2021 Bezugskosten
  2022 Nachlässe
203 Betriebsstoffe
  2031 Bezugskosten
  2032 Nachlässe
207 Sonstiges Material
  2071 Bezugskosten
  2072 Nachlässe
21 Unfertige Erzeugnisse, unfertige Leistungen
210 Unfertige Erzeugnisse
219 Unfertige Leistungen
22 Fertige Erzeugnisse und Waren
220 Fertige Erzeugnisse
228 Waren (Handelswaren)
  2281 Bezugskosten
  2282 Nachlässe
23 Geleistete Anzahlungen auf Vorräte
230 Geleistete Anzahlungen auf Vorräte

Forderungen und sonstige Vermögensgegenstände (24–26)
24 Forderungen aus Lieferungen und Leistungen
240 Forderungen aus Lieferungen und Leistungen
245 Wechselforderungen aus Lieferungen und Leistungen (Besitzwechsel)
247 Zweifelhafte Forderungen
248 Protestwechsel
25 Frei
26 Sonstige Vermögensgegenstände
260 Vorsteuer
263 Sonstige Forderungen an Finanzbehörden
265 Forderungen an Mitarbeiter
269 Übrige sonstige Forderungen
27 Wertpapiere des Umlaufvermögens
270 Wertpapiere des Umlaufvermögens
28 Flüssige Mittel
280 Guthaben bei Kreditinstituten (Bank)
284
285 Postgiro
286 Schecks
287 Bundesbank
288 Kasse
289 Nebenkassen

Kontenklassen

PASSIVA		ERTRÄGE

3 Eigenkapital und Rückstellungen

4 Verbindlichkeiten und passive Rechnungsabgrenzung

5 Erträge

Eigenkapital
30 Eigenkapital/
Gezeichnetes Kapital
Bei Einzelkaufleuten:
300 Eigenkapital
3001 Privatkonto
Bei Personengesellschaften:
300 Kapital Gesellschafter A
3001 Privatkonto A
301 Kapital Gesellschafter B
3011 Privatkonto B
307 Kommanditkapital
Gesellschafter C
308 Kommanditkapital
Gesellschafter D
Bei Kapitalgesellschaften:
300 Gezeichnetes Kapital
(Grundkapital/Stammkapital)
31 Kapitalrücklage
310 Kapitalrücklage
32 Gewinnrücklagen
321 Gesetzliche Rücklagen
323 Satzungsmäßige Rücklagen
324 Andere Gewinnrücklagen
33 Ergebnisverwendung
331 Jahresergebnis des Vorjahres
332 Ergebnisvortrag aus früheren
Perioden
334 Veränderung der Gewinnrücklagen vor Bilanz-
ergebnis
335 Bilanzgewinn/Bilanzverlust
336 Ergebnisausschüttung
339 Ergebnisvortrag auf neue
Rechnung
34 Jahresüberschuß/Jahresfehlbetrag
340 Jahresüberschuß/
Jahresfehlbetrag
35 Sonderposten mit Rücklageanteil
350 Sonderposten mit Rücklageanteil
36 Wertberichtigungen
(Bei Kapitalgesellschaften als
Passivposten der Bilanz nicht
mehr zulässig)
361 – zu Sachanlagen
365 – zu Finanzanlagen
367 Einzelwertberichtigung zu
Forderungen
368 Pauschalwertberichtigung zu
Forderungen

Fortsetzung Kontenklasse 2

29 Aktive Rechnungsabgrenzung
(und Bilanzfehlbetrag)
290 Aktive Jahresabgrenzung
292 Umsatzsteuer auf erhaltene
Anzahlungen
299 (nicht durch Eigenkapital
gedeckter Fehlbetrag)

40 Frei
41 Anleihen
410 Anleihen
42 Verbindlichkeiten gegenüber
Kreditinstituten
420 Kurzfristige
Bankverbindlichkeiten
425 Langfristige
Bankverbindlichkeiten
43 Erhaltene Anzahlungen auf
Bestellungen
430 Erhaltene Anzahlungen
44 Verbindlichkeiten aus
Lieferungen und Leistungen
440 Verbindlichkeiten aus
Lieferungen und Leistungen
45 Wechselverbindlichkeiten
450 Schuldwechsel
46 und 47 Frei
48 Sonstige Verbindlichkeiten
480 Umsatzsteuer
483 Sonstige Verbindlichkeiten
gegenüber Finanzbehörden
484 Verbindlichkeiten gegenüber
Sozialversicherungsträgern
485 Verbindlichkeiten gegenüber
Mitarbeitern
486 Verbindlichkeiten aus
vermögenswirksamen
Leistungen
487 Verbindlichkeiten gegenüber
Gesellschaftern (Dividende)
489 Übrige sonstige
Verbindlichkeiten
49 Passive Rechnungsabgrenzung
490 Passive Jahresabgrenzung

Fortsetzung Kontenklasse 3

Rückstellungen
37 Rückstellungen für Pensionen
und ähnliche Verpflichtungen
370 Rückstellungen für Pensionen
und ähnliche Verpflichtungen
38 Steuerrückstellungen
380 Steuerrückstellungen
39 Sonstige Rückstellungen
391 – für Gewährleistung
393 – für andere gewisse
Verbindlichkeiten
397 – für drohende Verluste aus
schwebenden Geschäften
399 – für Aufwendungen

50 Umsatzerlöse für eigene Erzeugnisse u. andere eigene Leistungen
500 Umsatzerlöse für eigene
Erzeugnisse
5001 Erlösberichtigungen
505 Umsatzerlöse für andere
eigene Leistungen
5051 Erlösberichtigungen
51 Umsatzerlöse für Waren und
sonstige Umsatzerlöse
510 Umsatzerlöse für Waren
5101 Erlösberichtigungen
519 Sonstige Umsatzerlöse
5191 Erlösberichtigungen
52 Erhöhung oder Verminderung
des Bestandes an unfertigen und
fertigen Erzeugnissen
520 Bestandsveränderungen
5201 Bestandsverände-
rungen an unfertigen
Erzeugnissen und
nicht abgerechneten
Leistungen
5202 Bestandsverände-
rungen an fertigen
Erzeugnissen
53 Andere aktivierte Eigenleistungen
530 Aktivierte Eigenleistungen
54 Sonstige betriebliche Erträge
540 Mieterträge
541 Sonstige Erlöse (z. B. aus
Provisionen oder Anlagen-
abgängen)
542 Eigenverbrauch
543 Andere sonstige betriebliche
Erträge
544 Erträge aus Werterhöhungen
von Gegenständen des
Anlagevermögens
(Zuschreibungen)
545 Erträge aus der Auflösung
oder Herabsetzung von
Wertberichtigungen auf
Forderungen
546 Erträge aus dem Abgang von
Vermögensgegenständen
548 Erträge aus der Herabsetzung
von Rückstellungen
549 Periodenfremde Erträge
55 Erträge aus Beteiligungen
550 Erträge aus Beteiligungen
56 Erträge aus anderen Wertpapieren
und Ausleihungen des Finanzanlagevermögens
560 Erträge aus anderen
Finanzanlagen
57 Sonstige Zinsen und ähnliche
Erträge
571 Zinserträge
573 Diskonterträge
578 Erträge aus Wertpapieren des
Umlaufvermögens
579 Sonstige zinsähnliche Erträge
58 Außerordentliche Erträge
580 Außerordentliche Erträge
59 Frei

AUFWENDUNGEN

6 Betriebliche Aufwendungen

Materialaufwand

**60 Aufwendungen für Roh-, Hilfs-
und Betriebsstoffe und für
bezogene Waren**
600 Aufwendungen für Rohstoffe/
Fertigungsmaterial
601 Aufwendungen für
Vorprodukte/Fremdbauteile
602 Aufwendungen für Hilfsstoffe
603 Aufwendungen für
Betriebsstoffe/Verbrauchs-
werkzeuge
604 Verpackungsmaterial
605 Energie
606 Reparaturmaterial
607 Aufwendungen für sonstiges
Material
608 Aufwendungen für Waren

**61 Aufwendungen für bezogene
Leistungen**
610 Fremdleistungen für Erzeugnisse und andere Umsatz-
leistungen
614 Frachten u. Nebenkosten
615 Vertriebsprovisionen
616 Fremdinstandhaltung
617 Sonstige Aufwendungen für
bezogene Leistungen

Personalaufwand

62 Löhne
620 Löhne einschl. tariflicher,
vertraglicher oder
arbeitsbedingter Zulagen
621 Urlaubs- und Weihnachtsgeld
622 Sonstige tarifliche oder
vertragliche Aufwendungen
für Lohnempfänger
623 Freiwillige Zuwendungen
625 Sachbezüge
626 Vergütungen an gewerbliche
Auszubildende

63 Gehälter
630 Gehälter und Zulagen
631 Urlaubs- und Weihnachtsgeld
632 Sonstige tarifliche oder
vertragliche Aufwendungen
633 Freiwillige Zuwendungen
635 Sachbezüge
636 Vergütungen an
Auszubildende

**64 Soziale Abgaben und
Aufwendungen für Alters-
versorgung und für Unterstützung**
640 Arbeitgeberanteil zur Sozial-
versicherung (Lohnbereich)
641 Arbeitgeberanteil zur Sozial-
versicherung (Gehalts-
bereich)
642 Beiträge zur Berufsgenossen-
schaft
644 Aufwendungen für Altersversorgung
649 Aufwendungen für Unterstützung

65 Abschreibungen
*Abschreibungen auf Anlage-
vermögen*
651 Abschreibungen auf
immaterielle Vermögens-
gegenstände des Anlage-
vermögens
652 Abschreibungen auf Sachanlagen
654 Abschreibungen auf geringwertige Wirtschaftsgüter
655 Außerplanmäßige Ab-
schreibungen auf Sach-
anlagen
657 Unüblich hohe Ab-
schreibungen auf Umlauf-
vermögen

*Sonstige betriebliche Aufwendungen
(66–70)*

66 Sonstige Personalaufwendungen
660 Aufwendungen für Personal-
einstellung
661 Aufwendungen für über-
nommene Fahrtkosten
662 Aufwendungen für Werkarzt
und Arbeitssicherheit
663 Personenbezogene Ver-
sicherungen
664 Aufwendungen für Fort- und
Weiterbildung
665 Aufwendungen für Dienst-
jubiläen
666 Aufwendungen für Beleg-
schaftsveranstaltungen
667 Aufwendungen für Werks-
küche und Sozial-
einrichtungen
668 Ausgleichsabgabe nach dem
Schwerbehindertengesetz
669 Übrige sonstige Personalaufwendungen

**67 Aufwendungen für die
Inanspruchnahme von Rechten
und Diensten**
670 Mieten, Pachten
671 Leasing
672 Lizenzen und Konzessionen
673 Gebühren
675 Kosten des Geldverkehrs
676 Provisionsaufwendungen
(außer Vertriebsprovisionen)
677 Rechts- und Beratungskosten

**68 Aufwendungen für Kommu-
nikation (Dokumentation,
Information, Reisen, Werbung)**
680 Büromaterial
681 Zeitungen und Fachliteratur
682 Postgebühren
685 Reisekosten
686 Dewirtung und Präsentation
687 Werbung
688 Spenden

ERGEBNISRECHNUNGEN

7 Weitere Aufwendungen

8 Ergebnisrechnungen

70 Betriebliche Steuern
  700 Gewerbekapitalsteuer
  701 Vermögensteuer
  702 Grundsteuer
  703 Kraftfahrzeugsteuer
  705 Wechselsteuer
  707 Ausfuhrzölle
  708 Verbrauchsteuern
  709 Sonstige betriebliche Steuern
71 bis 73 Frei
74 Abschreibungen auf Finanzanlagen und auf Wertpapiere des Umlaufvermögens und Verluste aus entsprechenden Abgängen
  740 Abschreibungen auf Finanzanlagen
  742 Abschreibungen auf Wertpapiere des Umlaufvermögens
  745 Verluste aus dem Abgang von Finanzanlagen
  746 Verluste aus dem Abgang von Wertpapieren des Umlaufvermögens
75 Zinsen und ähnliche Aufwendungen
  751 Zinsaufwendungen
  753 Diskontaufwendungen
  759 Sonstige zinsähnliche Aufwendungen
76 Außerordentliche Aufwendungen
  760 Außerordentliche Aufwendungen
77 Steuern vom Einkommen und Ertrag
  770 Gewerbeertragsteuer
  771 Körperschaftsteuer
  772 Kapitalertragsteuer
78 und 79 Frei

80 Eröffnung/Abschluß
  800 Eröffnungsbilanzkonto
  801 Schlußbilanzkonto
  802 GuV-Konto Gesamtkostenverfahren
  803 GuV-Konto Umsatzkostenverfahren

Konten der Kostenbereiche für die GuV im Umsatzkostenverfahren
81 Herstellungskosten
82 Vertriebskosten
83 Allgemeine Verwaltungskosten
84 Sonstige betriebliche Aufwendungen

Konten der kurzfristigen Erfolgsrechnung (KER) für innerjährige Rechnungsperioden (Monat, Quartal oder Halbjahr)
85 Korrekturkonten zu den Erträgen der Kontenklasse 5
86 Korrekturkonten zu den Aufwendungen der Kontenklasse 6
87 Korrekturkonten zu den Aufwendungen der Kontenklasse 7
88 Kurzfristige Erfolgsrechnung (KER)
  880 Gesamtkostenverfahren
  881 Umsatzkostenverfahren
89 Innerjährige Rechnungsabgrenzung
  890 aktive Rechnungsabgrenzung
  895 passive Rechnungsabgrenzung

Fortsetzung Kontenklasse 6

69 Aufwendungen für Beiträge und Sonstiges sowie Wertkorrekturen und periodenfremde Aufwendungen
  690 Versicherungsbeiträge
  692 Beiträge zu Wirtschaftsverbänden und Berufsvertretungen
  693 Verluste aus Schadensfällen
  694 Sonstige Aufwendungen
  695 Abschreibungen auf Forderungen
  696 Verluste aus dem Abgang von Vermögensgegenständen
  698 Zuführungen zu Rückstellungen für Gewährleistung
  699 Periodenfremde Aufwendungen

KOSTEN- UND LEISTUNGSRECHNUNG

9 Kosten- und Leistungsrechnung (KLR)

90 Unternehmensbezogene Abgrenzungen (neutrale Aufwendungen u. Erträge)
91 Kostenrechnerische Korrekturen
92 Kostenarten und Leistungsarten
93 Kostenstellen
94 Kostenträger
95 Fertige Erzeugnisse
96 Interne Lieferungen und Leistungen sowie deren Kosten
97 Umsatzkosten
98 Umsatzleistungen
99 Ergebnisausweise
In der Praxis wird die KLR gewöhnlich tabellarisch durchgeführt.

Gliederung der Bilanz (§ 266 HGB)

Aktivseite

A. Anlagevermögen:
I. Immaterielle Vermögensgegenstände:
1. Konzessionen, gewerbliche Schutzrechte und ähnliche Rechte und Werte sowie Lizenzen an solchen Rechten und Werten;
2. Geschäfts- oder Firmenwert;
3. geleistete Anzahlungen;
II. Sachanlagen:
1. Grundstücke, grundstücksgleiche Rechte und Bauten einschließlich der Bauten auf fremden Grundstücken;
2. technische Anlagen und Maschinen;
3. andere Anlagen, Betriebs- und Geschäftsausstattung;
4. geleistete Anzahlungen und Anlagen im Bau;
III. Finanzanlagen:
1. Anteile an verbundenen Unternehmen;
2. Ausleihungen an verbundene Unternehmen;
3. Beteiligungen;
4. Ausleihungen an Unternehmen, mit denen ein Beteiligungsverhältnis besteht;
5. Wertpapiere des Anlagevermögens;
6. sonstige Ausleihungen.

B. Umlaufvermögen:
I. Vorräte:
1. Roh-, Hilfs- und Betriebsstoffe;
2. unfertige Erzeugnisse, unfertige Leistungen;
3. fertige Erzeugnisse und Waren;
4. geleistete Anzahlungen;
II. Forderungen und sonstige Vermögensgegenstände:
1. Forderungen aus Lieferungen und Leistungen;
2. Forderungen gegen verbundene Unternehmen;
3. Forderungen gegen Unternehmen, mit denen ein Beteiligungsverhältnis besteht;
4. sonstige Vermögensgegenstände

III. Wertpapiere:
1. Anteile an verbundenen Unternehmen;
2. eigene Anteile;
3. sonstige Wertpapiere;
IV. Schecks, Kassenbestand, Bundesbank- und Postgiroguthaben, Guthaben bei Kreditinstituten.

C. Rechnungsabgrenzungsposten.

Passivseite

A. Eigenkapital:
I. Gezeichnetes Kapital;
II. Kapitalrücklage;
III. Gewinnrücklagen:
1. gesetzliche Rücklage;
2. Rücklage für eigene Anteile;
3. satzungsmäßige Rücklagen;
4. andere Gewinnrücklagen;
IV. Gewinnvortrag/Verlustvortrag;
V. Jahresüberschuß/Jahresfehlbetrag.

B. Rückstellungen:
1. Rückstellungen für Pensionen und ähnliche Verpflichtungen;
2. Steuerrückstellungen;
3. sonstige Rückstellungen.

C. Verbindlichkeiten:
1. Anleihen, davon konvertibel;
2. Verbindlichkeiten gegenüber Kreditinstituten;
3. erhaltene Anzahlungen auf Bestellungen;
4. Verbindlichkeiten aus Lieferungen und Leistungen;
5. Verbindlichkeiten aus der Annahme gezogener Wechsel und der Ausstellung eigener Wechsel;
6. Verbindlichkeiten gegenüber verbundenen Unternehmen;
7. Verbindlichkeiten gegenüber Unternehmen, mit denen ein Beteiligungsverhältnis besteht;
8. sonstige Verbindlichkeiten, davon aus Steuern, davon im Rahmen der sozialen Sicherheit.

D. Rechnungsabgrenzungsposten.

Gliederung der Gewinn- und Verlustrechnung (§ 275 HGB)

1. Gliederungsschema nach dem Gesamtkostenverfahren (GKV)

Bei Anwendung des Gesamtkostenverfahrens sind nach § 275 Abs. 2 HGB auszuweisen:

1. Umsatzerlöse
2. Erhöhung oder Verminderung des Bestands an fertigen und unfertigen Erzeugnissen
3. andere aktivierte Eigenleistungen
4. sonstige betriebliche Erträge
5. Materialaufwand: a) Aufwendungen für Roh-, Hilfs- und Betriebsstoffe und für bezogene Waren; b) Aufwendungen für bezogene Leistungen
6. Personalaufwand: a) Löhne und Gehälter; b) soziale Abgaben und Aufwendungen für Altersversorgung und für Unterstützung, davon für Altersversorgung
7. Abschreibungen: a) auf immaterielle Vermögensgegenstände des Anlagevermögens und Sachanlagen sowie auf aktivierte Aufwendungen für die Ingangsetzung und Erweiterung des Geschäftsbetriebs b) auf Vermögensgegenstände des Umlaufvermögens, soweit diese die in der Kapitalgesellschaft üblichen Abschreibungen überschreiten
8. sonstige betriebliche Aufwendungen
9. Erträge aus Beteiligungen, davon aus verbundenen Unternehmen
10. Erträge aus anderen Wertpapieren und Ausleihungen des Finanzanlagevermögens, davon aus verbundenen Unternehmen
11. sonstige Zinsen und ähnliche Erträge, davon aus verbundenen Unternehmen
12. Abschreibungen auf Finanzanlagen und auf Wertpapiere des Umlaufvermögens
13. Zinsen und ähnliche Aufwendungen, davon an verbundene Unternehmen
14. Ergebnis der gewöhnlichen Geschäftstätigkeit
15. außerordentliche Erträge
16. außerordentliche Aufwendungen
17. außerordentliches Ergebnis
18. Steuern vom Einkommen und vom Ertrag
19. sonstige Steuern
20. Jahresüberschuß/Jahresfehlbetrag.

2. Gliederungsschema nach dem Umsatzkostenverfahren (UKV)

Bei Anwendung des Umsatzkostenverfahrens sind gem. § 275 Abs. 3 HGB auszuweisen:

1. Umsatzerlöse
2. Herstellungskosten der zur Erzielung der Umsatzerlöse erbrachten Leistungen
3. Bruttoergebnis vom Umsatz
4. Vertriebskosten
5. allgemeine Verwaltungskosten
6. sonstige betriebliche Erträge
7. sonstige betriebliche Aufwendungen
8. Erträge aus Beteiligungen, davon aus verbundenen Unternehmen
9. Erträge aus anderen Wertpapieren und Ausleihungen des Finanzanlagevermögens, davon aus verbundenen Unternehmen
10. sonstige Zinsen und ähnliche Erträge, davon aus verbundenen Unternehmen
11. Abschreibungen auf Finanzanlagen und auf Wertpapiere des Umlaufvermögens
12. Zinsen und ähnliche Aufwendungen, davon an verbundene Unternehmen
13. Ergebnis der gewöhnlichen Geschäftstätigkeit
14. außerordentliche Erträge
15. außerordentliche Aufwendungen
16. außerordentliches Ergebnis
17. Steuern vom Einkommen und vom Ertrag
18. sonstige Steuern
19. Jahresüberschuß/Jahresfehlbetrag.

Gesamtliteraturverzeichnis

Literatur zum Teil A

Ahlert/Franz, Industrielle Kostenrechnung, 4. Auflage, Düsseldorf 1988
BDI (Hrsg.), Empfehlungen zur Kosten- und Leistungsrechnung, Band 1, 2. Auflage, Bergisch Gladbach 1988
BDI (Hrsg.), Industriekontenrahmen, 2. Auflage, Bergisch Gladbach 1986
Bussiek/Ehrmann, Buchführung, 3. Auflage, Ludwigshafen/Rhein 1989
Däumler/Grabe, Kostenrechnung 1, Grundlagen, 4. Auflage, Herne/Berlin 1990
Ebert, G., Kosten- und Leistungsrechnung, 5. Auflage, Wiesbaden 1989
Eisele, Technik des betrieblichen Rechnungswesens, München 1980
Fässler/Rehkugler/Wegenast, Lexikon Kostenrechnung und Controlling, 4. Auflage, München 1980
Freidank, C.-C., Kostenrechnung, 2. Auflage, München/Wien 1988
Götzinger/Michael, Kosten- und Leistungsrechnung, 3. Auflage, Heidelberg 1985
Haberstock, L., Kostenrechnung I, 8. Auflage, Wiesbaden 1987
Haberstock, L., Grundzüge der Kosten- und Leistungsrechnung, 4. Auflage, München 1988
Hantke, H., Traditionelle Verfahren der Kostenrechnung, Bonn 1977
Hartmann/Hertel, Grundlagen des betrieblichen Rechnungswesens, Band 1, 5. Auflage, Rinteln 1980
Holland/Reimers, Kosten- und Leistungsrechnung, Heidelberg 1978
Huch, B., Einführung in die Kostenrechnung, 7. Auflage, Würzburg 1984
Hummel/Männel, Kostenrechnung 1, 4. Auflage, Wiesbaden 1986
Jost, H., Kosten- und Leistungsrechnung, 5. Auflage, Wiesbaden 1988
Kilger, W., Einführung in die Kostenrechnung, 3. Auflage, Wiesbaden 1987
Kloock/Sieben/Schildbach, Kosten- und Leistungsrechnung, 5. Auflage, Tübingen/Düsseldorf 1990
Klümper, P., Grundlagen der Kostenrechnung, 3. Auflage, Herne/Berlin 1979
Kosiol, E., Kosten- und Leistungsrechnung, Berlin/New York 1979
Kosiol, E., Kostenrechnung der Unternehmen, 2. Auflage, Wiesbaden 1979
Kosiol/Chmielewicz/Schweitzer (Hrsg.), Handwörterbuch des Rechnungswesens, 2. Auflage, Stuttgart 1981
Marek, K., Übungsbuch zur Kostenrechnung, 1990
Michel/Torspecken, Kostenrechnung 1, 3. Auflage, München 1989
Moews, D., Kosten- und Leistungsrechnung, 3. Auflage, München/Wien 1989
Moews, D., Die Betriebsbuchhaltung im Industrie-Kontenrahmen (IKR), Berlin 1973
Moser, U., Grundlagen der Kosten- und Leistungsrechnung, München 1977
Olfert, K., Finanzierung, 7. Auflage, Ludwigshafen (Rhein) 1991
Olfert/Körner/Langenbeck, Bilanzen, 5. Auflage, Ludwigshafen/Rhein 1989
Preisler/Dörrie, Grundlagen der Kosten- und Leistungsrechnung, 2. Auflage, Landsberg 1987
Reschke, H., Kostenrechnung, 5. Auflage, Stuttgart 1988
Scherrer, G., Kostenrechnung, Stuttgart 1983
Schönfeld, H.-M., Kostenrechnung I, 7. Auflage Stuttgart 1979
Schweitzer/Hettich/Küpper, Systeme der Kostenrechnung, 4. Auflage, Landsberg 1986
Seicht, G., Moderne Kosten- und Leistungsrechnung, 6. Auflage, Stuttgart 1990
Stehle/Sanwald, Grundriß der industriellen Kosten- und Leistungsrechnung, 23. Auflage, 1990
Taube, H., So lernt man Kostenrechnung und Kalkulation, 10. Auflage, Stuttgart 1990
Weber, K., Kosten- und Leistungsrechnung, 3. Auflage, München/Wien 1980
Weber, H. K., Kosten- und Leistungsrechnung, 3. Auflage, München 1989
Wilkens, K., Kosten- und Leistungsrechnung, 7. Auflage, München/Wien 1990
Zimmermann, G., Grundzüge der Kostenrechnung, 3. Auflage, Stuttgart 1985

Literatur zum Teil B

Ahlert/Franz, Industrielle Kostenrechnung, 4. Auflage, Düsseldorf 1988
BDI (Hrsg.), Empfehlungen zur Kosten- und Leistungsrechnung, Band, 2. Auflage, Bergisch Gladbach 1988

Bussiek/Ehrmann, Buchführung, 3. Auflage, Ludwigshafen/Rhein 1989
Däumler/Grabe, Kostenrechnung 1, Grundlagen, 4. Auflage, Herne/Berlin 1990
Dörrie/Preißler, Grundlagen der Kosten- und Leistungsrechnung, 2. Auflage, Landsberg 1987
Ebert, G., Kosten- und Leistungsrechnung, 5. Auflage, Wiesbaden 1989
Fässler/Rehkugler/Wegenast, Lexikon Kostenrechnung und Controlling, 4. Auflage, München 1980
Freidank C. C., Kostenrechnung, 2. Auflage, München/Wien 1988
Götzinger/Michael, Kosten- und Leistungsrechnung, 3. Auflage, Heidelberg 1985
Haberstock, L., Kostenrechnung I, 8. Auflage, Wiesbaden 1987
Haberstock, L., Grundzüge der Kosten- und Leistungsrechnung, 4. Auflage, München 1988
Hantke, H., Traditionelle Verfahren der Kostenrechnung, Bonn 1977
Hartmann/Hertel, Grundlagen des betrieblichen Rechnungswesens, Band 1, 5. Auflage, Rinteln 1980
Hummel/Männel, Kostenrechnung 1, Grundlagen, 4. Auflage, Wiesbaden 1986
Jost, H., Kosten- und Leistungsrechnung, 5. Auflage, Wiesbaden 1988
Kilger, W., Einführung in die Kostenrechnung, 3. Auflage, Wiesbaden 1987
Kloock/Sieben/Schildbach, Kosten- und Leistungsrechnung, 5. Auflage, Tübingen/Düsseldorf 1990
Klümper, P., Grundlagen der Kostenrechnung, 3. Auflage, Herne/Berlin 1979
Kosiol, E., Kostenrechnung der Unternehmung, 2. Auflage, Wiesbaden 1979
Kosiol/Chmielewicz/Schweitzer (Hrsg.), Handwörterbuch des Rechnungswesens, 2. Auflage, Stuttgart 1981
Marek, K., Übungsbuch zur Kostenrechnung, 1990
Michel/Torspecken, Kostenrechnung 1, 3. Auflage, München 1989
Moews, D., Kosten- und Leistungsrechnung, 3. Auflage, München/Wien 1989
Moser, U., Grundlagen der Kosten- und Leistungsrechnung, München 1977
Olfert, K., Finanzierung (Rhein) 1991
Olfert/Steinbuch, Personalwirtschaft, 4. Auflage, Ludwigshafen/Rhein 1990
Olfert/Körner/Langenbeck, Bilanzen, 5. Auflage, Ludwigshafen/Rhein 1989
REFA, Methodenlehre der Planung und Steuerung, Teil 3, München 1974
Reschke, H., Kostenrechnung, 5. Auflage, Stuttgart 1988
Scherrer, G., Kostenrechnung, Stuttgart 1983
Schönfeld, H.-M., Kostenrechnung I, 7. Auflage, Stuttgart 1979
Schweitzer/Hettich/Küpper, Systeme der Kostenrechnung, 4. Auflage, Landsberg 1986
Seicht, G., Moderne Kosten- und Leistungsrechnung, 6. Auflage, Stuttgart 1990
Stehle/Sanwald, Grundriß der industriellen Kosten- und Leistungsrechnung, 23. Auflage, 1990
Taube, H., So lernt man Kostenrechnung und Kalkulation, 10. Auflage, Stuttgart 1990
Weber, H. K., Kosten- und Leistungsrechnung, 3. Auflage, München 1989
Wilkens, K., Kosten- und Leistungsrechnung, 7. Auflage, München/Wien 1990
Zimmermann, G., Grundzüge der Kostenrechnung, 3. Auflage, Stuttgart 1985

Literatur zum Teil C

Ahlert/Franz, Indstrielle Kostenrechnung, 4. Auflage, Düsseldorf 1988
BDI (Hrsg.), Empfehlungen zur Kosten- und Leistungsrechnung, Band 1, 2. Auflage, Bergisch Gladbach 1988
Däumler/Grabe, Kostenrechnung 1, Grundlagen, 4. Auflage, Herne/Berlin 1990
Dörrie/Preißler, Grundlagen der Kosten- und Leistungsrechnung, 2. Auflage, Landsberg 1987
Ebert, G., Kosten- und Leistungsrechnung, 5. Auflage, Wiesbaden 1989
Fässler/Rehkugler/Wegenast, Lexikon Kostenrechnung und Controlling, 4. Auflage, München 1980
Freidank, C. C., Kostenrechnung, 2. Auflage, München/Wien 1988
Götzinger/Michael, Kosten- und Leistungsrechnung, 3. Auflage, Heidelberg 1985
Haberstock, L., Grundzüge der Kosten- und Erfolgsrechnung, 4. Auflage, München 1988
Haberstock, L., Kostenrechnung I, 8. Auflage, Wiesbaden 1987
Hantke, H., Traditionelle Verfahren der Kostenrechnung, Bonn 1977
Hartmann/Hertel, Grundlagen des betrieblichen Rechnungswesens, Band 1, 5. Auflage, Rinteln 1980
Hummel/Männel, Kostenrechnung 1, Grundlagen, 4. Auflage, Wiesbaden 1986
Jost, H., Kosten- und Leistungsrechnung, 5. Auflage, Wiesbaden 1987
Kilger, W., Einführung in die Kostenrechnung, 3. Auflage, Wiesbaden 1987
Kloock/Sieben/Schildbach, Kosten- und Leistungsrechnung, 5. Auflage, Tübingen/Düsseldorf 1990
Klümper, P., Grundlagen der Kostenrechnung, 3. Auflage, Herne/Berlin 1979

Kosiol, E., Kostenrechnung der Unternehmung, 2. Auflage, Wiesbaden 1979

Kosiol/Chmielewicz/Schweitzer (Hrsg.), Handwörterbuch des Rechnungswesens, 2. Auflage, Stuttgart 1981

Loos, G., Betriebsabrechnung und Kalkulation, Herne/Berlin 1976

Marek, K., Übungsbuch zur Kostenrechnung, 1990

Michel/Torspecken, Kostenrechnung 1, 3. Auflage, München 1989

Moews, D., Kosten- und Leistungsrechnung, 3. Auflage, München/Wien 1989

Moser, U., Grundlagen der Kosten- und Leistungsrechnung, München 1977

Reschke, H., Kostenrechnung, 5. Auflage, Stuttgart 1988

Scherrer, G., Kostenrechnung, Stuttgart 1983

Schöning/Lembcke, Handbuch der Bilanzierung, Buchführung und Kostenrechnung, Wiesbaden 1979

Schweitzer/Hettich/Küpper, Systeme der Kostenrechnung, 4. Auflage, Landsberg 1986

Seicht, G., Moderne Kosten- und Leistungsrechnung, 6. Auflage, Stuttgart 1990

Stehle/Sanwald, Grundriß der industriellen Kosten- und Leistungsrechnung, 23. Auflage, 1990

Taube, H., So lernt man Kostenrechnung und Kalkulation, 10. Auflage, Stuttgart 1990

Weber, H. K., Kosten- und Leistungsrechnung, 3. Auflage, München 1989

Wilkens, K., Kosten- und Leistungsrechnung, 7. Auflage, München/Wien 1990

Zimmermann, G., Grundzüge der Kostenrechnung, 3. Auflage, Stuttgart 1985

Literatur zum Teil D

Ahlert/Franz, Industrielle Kostenrechnung, 4. Auflage, Düsseldorf 1988

BDI (Hrsg.), Empfehlungen zur Kosten- und Leistungsrechnung, Band 1, 2. Auflage, Bergisch Gladbach 1988

Bussiek/Ehrmann, Buchführung, 3. Auflage, Ludwigshafen/Rhein 1989

Däumler/Grabe, Kostenrechnung 1, Grundlagen, 4. Auflage, Herne/Berlin 1990

Dörrie/Preißler, Grundlagen der Kosten- und Leistungsrechnung, 2. Auflage, Landsberg 1987

Ebert, G., Kosten- und Leistungsrechnung, 5. Auflage, Wiesbaden 1989

Fässler/Rehkugler/Wegenast, Lexikon Kostenrechnung und Controlling, 4. Auflage, München 1980

Freidank, C. C., Kostenrechnung, 2. Auflage, München/Wien 1988

Götzinger/Michael, Kosten- und Leistungsrechnung, 3. Auflage, Heidelberg 1985

Haberstock, L., Kostenrechnung I, 8. Auflage, Hamburg 1987

Haberstock, L., Grundzüge der Kosten- und Erfolgsrechnung, 4. Auflage, München 1988

Hahn/Lenz/Tunnissen/Werner, Buchführung und Kostenrechnung der Industriebetriebe, 3. Auflage, Bad Homburg 1981

Hantke, H., Traditionelle Verfahren der Kostenrechnung, Bonn 1977

Hartmann/Hertel, Grundlagen des betrieblichen Rechnungswesens, Band 1, 5. Auflage, Rinteln 1980

Huch, B., Einführung in die Kostenrechnung, 7. Auflage, Würzburg 1984

Hummel/Männel, Kostenrechnung 1, 4. Auflage, Wiesbaden 1986

Jost, H., Kosten- und Leistungsrechnung, 5. Auflage, Wiesbaden 1988

Kilger, W., Einführung in die Kostenrechnung, 3. Auflage, Wiesbaden 1987

Kloock/Sieben/Schildbach, Kosten- und Leistungsrechnung, 5. Auflage, Tübingen/Düsseldorf 1990

Kosiol, E., Kostenrechnung der Unternehmung, 2. Auflage, Wiesbaden 1979

Kosiol/Chmielewicz/Schweitzer (Hrsg.), Handwörterbuch des Rechnungswesens, 2. Auflage, Stuttgart 1981

Loos, G., Betriebsabrechnung und Kalkulation, Herne/Berlin 1976

Marek, K., Übungsbuch zur Kostenrechnung, 1990

Mellerowicz, K., Neuzeitliche Kalkulationsverfahren, 5. Auflage, Freiburg 1972

Michel/Torspecken, Kostenrechnung 1, 3. Auflage, München 1989

Moews, D., Kosten- und Leistungsrechnung, 3. Auflage, München/Wien 1989

Moser, U., Grundlagen der Kosten- und Leistungsrechnung, München 1977

Oeldorf/Olfert, Materialwirtschaft, 6. Auflage, Ludwigshafen (Rhein) 1992

Olfert/Körner/Langenbeck, Bilanzen, 5. Auflage, Ludwigshafen/Rhein 1989

Reschke, H., Kostenrechnung, 5. Auflage, Stuttgart 1988

Schwarz, H., Kostenträgerrechnung und Unternehmensführung, 2. Auflage, Herne/Berlin 1973

Schweitzer/Hettich/Küpper, Systeme der Kostenrechnung, 4. Auflage, Landsberg 1986

Seicht, G., Moderne Kosten- und Leistungsrechnung, 6. Auflage, Stuttgart 1990

Stehle/Sanwald, Grundriß der industriellen Kosten- und Leistungsrechnung, 23. Auflage, 1990

Steinbuch/Olfert, Fertigungswirtschaft, 4.Auflage, Ludwigshafen/Rhein 1989
Taube, H., So lernt man Kostenrechnung und Kalkulation, 10. Auflage, Stuttgart 1990
Vormbaum, H., Kalkulationsarten und Kalkulationsverfahren, 4. Auflage, Stuttgart 1977
Weber, H. K., Kosten- und Leistungsrechnung, 3. Auflage, München 1989
Wilkens, K., Kosten- und Leistungsrechnung, 7. Auflage, München/Wien 1990
Wolfstetter, G., Moderne Verfahren der Kostenrechnung I, Bonn 1973
Zimmermann, G., Grundzüge der Kostenrechnung, 3. Auflage, Stuttgart 1985

Literatur zum Teil E

Ahlert/Franz, Industrielle Kostenrechnung, 4. Auflage, Düsseldorf 1988
BDI (Hrsg.), Kosten- und Leistungsrechnung als Entscheidungshilfe für die Unternehmensleitung, Bergisch Gladbach 1981
BDI (Hrsg.), Kosten- und Leistungsrechnung als Planungsrechnung, 2. Auflage, Bergisch Gladbach 1986
BDI (Hrsg.), Empfehlungen zur Kosten- und Leistungsrechnung, Band 1, 2. Auflage, Bergisch Gladbach 1988
Däumler/Grabe, Kostenrechnung 1, Grundlagen, 4. Auflage, Herne/Berlin 1990
Däumler/Grabe, Kostenrechnung 3, Plankostenrechnung, 2. Auflage, Herne/Berlin 1988
Freidank, C. C., Kostenrechnung, 2. Auflage, München/Wien 1988
Haberstock, L., Kostenrechnung 2, (Grenz-)Plankostenrechnung, 7. Auflage, Wiesbaden 1986
Haberstock, L., Grundzüge der Kosten- und Erfolgsrechnung, 4. Auflage, München 1988
Hantke, A., Moderne Verfahren der Kostenrechnung II, Bonn 1974
Hummel/Männel, Kostenrechnung 2, Moderne Verfahren und Systeme, 3. Auflage, Wiesbaden 1983
Kilger, W., Flexible Plankostenrechnung und Deckungsbeitragsrechnung, 9. Auflage, Wiesbaden 1988
Kilger, W., Einführung in die Kostenrechnung, 3. Auflage, Wiesbaden 1987
Kilger/Scheer (Hrsg.), Plankosten- und Deckungsbeitragsrechnung in der Paxis, Würzburg/Wien 1980
Kosiol, E. (Hrsg.), Plankostenrechnung als Instrument moderner Unternehmensführung, 3. Auflage, Berlin 1975
Kosiol E., Kostenrechnung der Unternehmung, 2. Auflage, Wiesbaden 1979
Kosiol/Chmielewicz/Schweitzer (Hrsg.), Handwörterbuch des Rechnungswesens, 2. Auflage, Stuttgart 1981
Marek, K., Übungsbuch zur Kostenrechnung, 1990
Matz, A., Planung und Kontrolle von Kosten und Gewinn, Wiesbaden 1964
Mellerowicz, K., Planung- und Plankostenrechnung, Band I, 3. Auflage, II, Freiburg 1973 und 1977
Michel/Torspecken, Kostenrechnung 2, Neuere Formen der Kostenrechnung, 2. Auflage, München 1986
Moews, D., Kosten- und Leistungsrechnung, 3. Auflage, München/Wien 1989
Reschke, H., Kostenrechnung, 5. Auflage, Stuttgart 1988
Scherrer, G., Kostenrechnung, Stuttgart 1983
Schönfeld, H.-M., Kostenrechnung II, 7. Auflage, Stuttgart 1975
Schwarz, H., Kostenrechnung als Instrument der Unternehmensführung, 3. Auflage, Herne/Berlin 1986
Schweitzer/Hettich/Küpper, Systeme der Kostenrechnung, 4. Auflage, Landsberg 1986
Seicht, G., Moderne Kosten- und Leistungsrechnung, 6. Auflage, Stuttgart 1990
Serfling, K., Fälle und Lösungen zur Kostenrechnung, 3. Auflage, Herne/Berlin 1985
Stehle/Sanwald, Grundriß der industriellen Kosten- und Leistungsrechnung, 23. Auflage, 1990
Weber, H. K., Kosten- und Leistungsrechnung, 3. Auflage, München 1989
Wilkens, K., Kosten- und Leistungsrechnung, 7. Auflage, München/Wien 1990
Wolfstetter, G., Moderne Verfahren der Kostenrechnung II, 2. Auflage, Herne/Berlin 1984
Zimmermann, G., Grundzüge der Kostenrechnung, 3. Auflage, Stuttgart 1985

Literatur zum Teil F

Adamowsky, S., Deckungsbeiträge als Entscheidungsgrundlage, Baden-Baden 1973
Adamowsky, S., Prinzip und Anwendung der Deckungsbeitragsrechnung, München 1976
Agthe, K., Stufenweise Fixkostendeckung im System des Direct-Costing, in: ZfB, 29.Jg., 1959
Agthe, K., Kostenplanung und Kostenkontrolle im Industriebetrieb, Baden-Baden 1963

Ahlert/Franz, Industrielle Kostenrechnung, 4. Auflage, Düsseldorf 1988

BDI, Kosten- und Leistungsrechnung als Planungsrechnung, 2. Auflage, Bergisch Gladbach 1986

BDI, Kosten- und Leistungsrechnung als Entscheidungshilfe für die Unternehmensleitung, Bergisch Gladbach 1981

Böhm/Wille, Deckungsbeitragsrechnung, Grenzpreisrechnung und Optimierung, 6. Auflage, München 1977

Däumler, K.-D., Grundlagen der Investitions- und Wirtschaftlichkeitsrechnung, 6. Auflage, Herne/Berlin 1989

Däumler/Grabe, Kostenrechnung 2, Deckungsbeitragsrechnung, 3. Auflage, Herne/Berlin 1989

Däumler/Grabe, Kostenrechnung 3, Plankostenrechnung, 2. Auflage, Herne/Berlin 1988

Däumler/Lohse, Grenzplankostenrechnung, Darmstadt 1975

Freidank, C. C., Kostenrechnung, 2. Auflage, München/Wien 1988

Gaydoul/Horvath/Schäfer, Deckungsbeitragsrechnung, Wiesbaden 1977

Haberstock, L., Kostenrechnung 2, (Grenz-)Plankostenrechnung, 7. Auflage, Wiesbaden 1986

Haberstock, L., Grundzüge der Kosten- und Erfolgsrechnung, 4. Auflage, München 1988

Heinen, E., Industriebetriebslehre, 8.Auflage, Wiesbaden 1985

Huch, B., Einführung in die Kostenrechnung, 7. Auflage, Würzburg/Wien 1984

Hummel/Männel, Kostenrechnung 2, Moderne Verfahren und Systeme, 3. Auflage, Wiesbaden 1984

Kilger/Scheer (Hrsg.), Plankosten- und Deckungsbeitragsrechnung in der Praxis, Würzburg/Wien 1980

Kilger, W., Flexible Plankostenrechnung und Deckungsbeitragsrechnung, 9. Auflage, Wiesbaden 1988

Kosiol, E. (Hrsg.), Plankostenrechnung als Instrument moderner Unternehmensführung, 3. Auflage, Berlin 1975

Kosiol/Chmielewicz/Schweitzer (Hrsg.), Handwörterbuch des Rechnungswesens, 2. Auflage, Stuttgart 1981

Layer, M., Möglichkeiten und Grenzen der Anwendbarkeit der Deckungsbeitragsrechnung im Rechnungswesen der Unternehmung, Berlin 1967

Männel, W., Die Wahl zwischen Eigenfertigung und Fremdbezug, 2. Auflage, Stuttgart 1981

Matz, A., Plankosten, Deckungsbeiträge und Budgets, Band 1, 3. Auflage, Wiesbaden 1975, Band 2, 3. Auflage, Wiesbaden 1976

Mellerowicz, K., Neuzeitliche Kalkulationsverfahren, 6. Auflage, Freiburg 1977

Mellerowicz, K., Planung und Plankostenrechnung, Band II, Freiburg 1972

Meyer, P., Entscheidungsfindung für Eigenfertigung oder Fremdbezug für die kurze Periode in: BBK, 1981

Michel/Torspecken, Kostenrechnung 2, Neuere Formen der Kostenrechnung, 2. Auflage, München 1986

Moews, D., Kosten- und Leistungsrechnung, 3. Auflage, München/Wien 1989

Moews, D., Zur Aussagefähigkeit neuerer Kostenrechnungsverfahren, Berlin 1969

Olfert, K., Investition, 5. Auflage, Ludwigshafen/Rhein 1992

Plaut/Müller/Medicke, Grenzplankostenrechnung und Datenverarbeitung, 3. Auflage, München 1973

Riebel, P., Einzelkosten- und Deckungsbeitragsrechnung, 3. Auflage, Wiesbaden 1979

Riedel, G., Deckungsbeitragsrechnung - wie aufbauen, wie nutzen? Stuttgart 1975

Schönfeld, H.-M., Kostenrechnung II, 7. Auflage, Stuttgart 1975

Schwarz, H., Kostenrechnung als Instrument der Unternehmensführung, 3. Auflage, Herne/Berlin 1986

Schweitzer, M., Break-Even-Analyse, Stuttgart 1985

Schweitzer/Hettich/Küpper, Systeme der Kostenrechnung, 4. Auflage, Landsberg 1986

Seicht, G., Moderne Kosten- und Leistungsrechnung, 6. Auflage, Stuttgart 1990

Serfling, K., Fälle und Lösungen zur Kostenrechnung, 3. Auflage, Herne/Berlin 1985

Stehle/Sanwald, Grundriß der industriellen Kosten- und Leistungsrechnung, 23. Auflage, 199

Weber, K., Kosten- und Leistungsrechnung, 3. Auflage, München 1989

Wels, H. C., Marketing, 7. Auflage, Ludwigshafen/Rhein 1990

Wilkens, K., Kosten- und Leistungsrechnung, 7. Auflage, München/Wien 1990

Wolfstetter, G., Moderne Verfahren der Kostenrechnung, 2. Auflage, Herne/Berlin 1985

Stichwortverzeichnis

Übungsteil

Aufgaben/Fälle

1 : Ordnungsmäßigkeit der Buchführung

(1) Sie werden mit der Überprüfung des Kassenbuches beauftragt, das ein Auszubildender mehr oder weniger lustlos aufgezeichnet hat, und stellen u.a. Radierungen, Leerräume und fehlende Belege fest

Um welche Art von Verstößen gegen die Grundsätze ordnungsmäßiger Buchführung handelt es sich?

(2) Zum Jahreswechsel 1991/92 quillt die Aktenablage förmlich über. Sie wollen für die Belegeordner des abgelaufenen Geschäftsjahres Platz schaffen.

Welche Unterlagen dürfen Sie bedenkenlos in den Papierwolf stecken?

(3) Sie stellen fest, daß ein Geschäftsvorfall nicht aufgezeichnet wurde. Welcher Tatbestand liegt vor?

2 : Auszahlungen/Ausgaben/Einzahlungen/Einnahmen

(1) Die Maschinenbau GmbH hat am 01.05.1991 drei gebrauchte Lastwagen zum Stückpreis von 20.000 DM von der Firma Auto-Müller gekauft. Die Lastwagen werden am gleichen Tag geliefert, jedoch erst am 01.06.1991 von der Maschinenbau GmbH bezahlt.

In welcher Höhe sind zum 01.05.1991 und zum 01.06.1991 Auszahlungen und Ausgaben entstanden?

(2) In welcher Höhe sind bei der Firma Auto-Müller zum 01.05.1991 und zum 01.06.1991 Einzahlungen und Einnahmen feststellbar?

3 : Aufwendungen/Kosten

Stellen Sie für die folgenden Geschäftsvorfälle fest, ob und in welcher Höhe neutrale Aufwendungen, Zweckaufwendungen, Grundkosten oder Zusatzkosten angefallen sind:

(1) Spende an politische Partei in Höhe von 900 DM.

(2) Verkauf einer Maschine für 600 DM, deren Buchwert 800 DM betrug.

(3) Überweisung von 3.000 DM im April 1991 an das Finanzamt. Darin sind 1.200 DM Gewerbesteuer für das laufende Jahr enthalten, der restliche Betrag stellt eine Steuernachzahlung für 1989 dar.

(4) Einkauf von Rohstoffen, die sofort in die Produktion gegeben werden, für 1.650 DM.

(5) Die bilanzmäßigen Abschreibungen betragen 70.000 DM. Kalkulatorisch werden 80.000 DM angesetzt.

(6) Spende an das Rote Kreuz in Höhe von 5.000 DM.

(7) Die tatsächlich gezahlten Zinsen betragen 13.000 DM. Kalkulatorisch sind ebenfalls 13.000 DM angesetzt.

(8) Der kalkulatorische Ansatz der Wagnisse ist 1.500 DM, tatsächlich eingetreten sind Wagnisverluste von 3.000 DM.

---

4 : Gewinn

(1) Die Firma Baustoffe GmbH wurde Anfang 1988 gegründet und wies folgende Entwicklung auf:

Jahr	Erträge	Aufwendungen
1988	70.000 DM	55.000 DM
1989	90.000 DM	65.000 DM
1990	140.000 DM	110.000 DM
1991	60.000 DM	70.000 DM

Im Oktober 1991 wurde das Unternehmen aufgelöst.

Ermitteln Sie die Periodengewinne und den Totalgewinn des Unternehmens!

(2) Der Kapitalgewinn eines Unternehmens beträgt 100.000 DM, die Fremdkapitalzinsen 12.000 DM und die Eigenkapitalzinsen 6.000 DM.

Ermitteln Sie den pagatorischen und kalkulatorischen Gewinn!

(3) Worin unterscheiden sich der absolute und relative Gewinn?

Welche der beiden Gewinn-Kennzahlen ist die aussagekräftigere?

---

5 : Wirtschaftlichkeit

(1) Bei der Kosmetik GmbH soll eine Analyse der Kosten-Wirtschaftlichkeit durchgeführt werden. Es liegen folgende Informationen vor:

Produkt	Kosten 1991	Leistungen 1991
A	500.000 DM	600.000 DM
B	80.000 DM	83.000 DM
C	110.000 DM	105.000 DM
D	420.000 DM	525.000 DM

Ermitteln Sie jeweils das Produkt, welches die höchste bzw. geringste Kostenwirtschaftlichkeit aufweist und nehmen Sie Stellung, welche Aussagekraft eine solchermaßen errechnete Kennzahl besitzt!

(2) Sie schlagen der Kosmetik GmbH vor, die Wirtschaftlichkeit entsprechend dem Gedanken des ökomomischen Prinzips zu ermitteln!

Für ihre Berechnung werden Ihnen folgende Daten überlassen:

Produkt	Istkosten 1991	Sollkosten 1991
A	500.000 DM	450.000 DM
B	80.000 DM	100.000 DM
C	110.000 DM	100.000 DM
D	420.000 DM	360.000 DM

Die tatsächlich gefertigten und die geplanten Mengen bei den einzelnen Produkten stimmen überein.

Welche beiden Produkte weisen die höchste bzw. geringste Wirtschaftlichkeit auf und wie ist die Aussagekraft dieses Ergebnisses zu beurteilen?

---

6 : Produktivität

Bei der Metallbau GmbH liegen folgende Daten vor:

	1990	1991
Erzeugte Menge in Stück	10.000	15.000
Materialeinsatz in kg	24.000	25.000
Arbeitsstunden	5.000	5.400

(1) Welche Teilproduktivitäten lassen sich aus diesen Angaben ermitteln?

(2) Interpretieren Sie die Ergebnisse!

(3) Welche Größen müssen gegeben sein, um die Betriebsmittelproduktivität ermitteln zu können?

---

7 : Rentabilität/Wirtschaftlichkeit/Produktivität

(1) Die Elektronik AG weist folgende vereinfachte Bilanz und Erfolgsrechnung auf:

Aktiva	Bilanz zum 31.12.1991		Passiva
Aktiva	10.400.000 DM	Gezeichnetes Kapital	2.000.000 DM
		Rücklagen	3.000.000 DM
		Fremdkapital	5.000.000 DM
		Gewinn	400.000 DM
	10.400.000 DM		10.400.000 DM

Aufwendungen	Erfolgsrechnung		Erträge
Div. Aufwendungen	29.300.000 DM	Erträge	30.000.000 DM
Zinsaufwendungen	300.000 DM		
Gewinn	400.000 DM		
	30.000.000 DM		30.000.000 DM

Ermitteln Sie:

(a) Zinssatz für das Fremdkapital
(b) Umsatzrentabilität
(c) Eigenkapitalrentabilität
(d) Gesamtkapitalrentabilität

(2) Die Werkzeug AG fertigt ein Produkt. Folgende Daten liegen vor:

	1990	1991
Erzeugte Menge	50.000 Stück	50.000 Stück
Maschinenstunden	8.500 Std.	8.000 Std.
Sollkosten	15.000.000 DM	15.000.000 DM
Istkosten	15.800.000 DM	14.900.000 DM
Umsatz	17.000.000 DM	16.200.000 DM
Erfolg	980.000 DM	220.000 DM
Eigenkapital	9.000.000 DM	9.000.000 DM

(a) Ermitteln Sie die aus den Daten feststellbaren Kennzahlen!

(b) Beurteilen Sie anhand der Kennzahlen die Entwicklung des Unternehmens!

---

8 : Beschäftigungsgrad/Gesamtkosten/Stückkosten

(1) Die Werkzeugbau GmbH hat eine jährliche Fertigungskapazität von 200.000 Maschinenstunden. 1990 wurden 150.000, 1991 wurden 188.000 Maschinenstunden in Anspruch genommen.

Wie hoch war in beiden Jahren der Beschäftigungsgrad?

(2) Bei einem Einprodukt-Unternehmen betrugen im Jahr 1991:

Fixe Kosten	300.000 DM
Variable Kosten	700.000 DM
Leistungsmenge	10.000 Stück

Ermitteln Sie die Gesamtkosten und Stückkosten!

---

9 : Leer-/Nutz-/Durchschnitts-/Grenz-/Gesamtkosten

(1) Eine Drehbank bei der Werkzeugbau GmbH verursacht jährlich fixe Kosten von 15.000 DM. Sie hat eine Jahreskapazität von 6.000 Stunden. Im letzten Jahr wurde sie 4.950 Stunden beansprucht.

Ermitteln Sie die Nutz- und Leerkosten für das vergangene Jahr!

(2) Ermitteln Sie aus folgenden Daten die Durchschnitts- und Grenzkosten:

(a)

Ausbringungsmenge	Gesamte fixe Kosten
100	6.000 DM
200	6.000 DM
300	6.000 DM
400	6.000 DM
500	6.000 DM
600	6.000 DM

(b)

Ausbringungsmenge	Gesamte fixe Kosten
100	2.000 DM
200	2.000 DM
300	3.300 DM
400	3.300 DM
500	4.600 DM
600	4.600 DM

(c) Stellen Sie die Entwicklung der

- Gesamtkosten
- Durchschnittskosten

graphisch dar!

10 : Variable Kosten

(1) Ermitteln Sie die Durchschnitts- und Grenzkosten aus folgenden Daten:

(a)

Ausbringungsmenge	Gesamtkosten
1	100
2	190
3	270
4	340

(b)

Ausbringungsmenge	Gesamtkosten
1	80
2	160
3	240
4	320

(c)

Ausbringungsmenge	Gesamtkosten
1	70
2	150
3	240
4	340

(2) Um welche Kostenverläufe handelt es sich?

(3) Zeichnen Sie die Kostenverläufe!

11 : Kosten-/Umsatzfunktion

(1) Gegeben ist die Kostenfunktion:

$$K = 2.500 + 2\,x$$

Stellen Sie die Gesamtkosten graphisch dar, die bei einer Beschäftigung bis 1.000 Einheiten als Kapazitätsgrenze anfallen!

(2) Gegeben ist die Umsatzfunktion:

$$U = 6\,x$$

Stellen Sie die Umsatzfunktion graphisch dar!

(3) Ermitteln Sie unter Verwendung der Funktionen aus (1) und (2)

   (a) die Nutzenschwelle und das Gewinnmaximum graphisch und rechnerisch!

   (b) den Gewinn, der in der Nutzenschwelle und im Gewinnmaximum erzielt wird!

(4) Die Metall GmbH benötigt Drehteile. Sie werden von einer befreundeten Firma für 28 DM pro Stück angeboten. Würde die Metall GmbH die Drehteile selbst fertigen, würden ihr einmalige fixe Kosten in Höhe von 880 DM entstehen, jedes Drehteil würde 20 DM variable Kosten verursachen.

   (a) Stellen Sie die Handlungsalternativen graphisch dar und zeigen Sie, welche Alternative die günstigere ist, wenn 100 Drehteile benötigt werden.

   (b) Ermitteln Sie die günstigere Alternative rechnerisch!

   (c) Errechnen Sie die Nutzenschwelle!

12 : Ermittlung der Verbrauchsmengen

(1) In der Chemie AG erfolgt der Verbrauch von Stoffen durch belegmäßige Erfassung.

   Am 01.03.1991 beträgt der Bestand an Benzin 30.000 Liter. Am 10., 20. und 30.03. werden je 7.500 Liter entnommen, am 25.03. kommt eine Lieferung von 6.000 Litern.

   Zum Quartalsende - dem 31.03.1991 - soll der Bestand an Benzin festgestellt werden. Welcher Methode kann man sich bedienen, und wie groß ist der ermittelte Bestand zum 31.03.1991?

(2) In der Firma Petersen & Sohn wird der Stoffverbrauch nicht belegmäßig erfaßt. Der Verbrauch von Schrauben M 8 soll für das erste Quartal 1991 festgestellt werden.

   Der Bestand am 31.12.1990 betrug 70 Packungen à 250 Schrauben. Bestellt worden sind am 10.01.1991 und am 20.02.1991 je 100 Packungen à 400 Schrauben, die 3 Tage danach geliefert wurden. Die Inventur am 31.03.1991 ergibt, daß noch 20 Packungen à 250 Schrauben und 65 Packungen à 400 Schrauben vorhanden sind.

   Welche Methode wird zur Verbrauchsermittlung angewendet und wieviel Schrauben wurden im ersten Quartal 1991 verbraucht?

(3) Bei der Schreibgut GmbH werden Kugelschreiber aus vorgefertigt bezogenen Einzelteilen zusammengebaut. Eine vereinfachte Stückliste hat folgendes Aussehen:

Kugelschreiber Nr. 1234			
Anzahl	Bezeichnung	Abmessungen	Bemerkungen
1	Oberteil	...	Kunststoff
1	Unterteil	...	Kunststoff
1	Zwischenring	...	poliert
1	Mine	...	DIN 16554
1	Feder	...	ZX 107

Im Monat März wurden 12.500 Kugelschreiber des Typs 1234 fertiggestellt. Auf welche Weise kann die Verbrauchsmenge der einzelnen Materialien ermittelt werden?

Führen Sie die Ermittlung durch!

13 : Bewertung der Verbrauchsmengen

(1) Der Angebotspreis eines Materials beträgt 5 DM/Stück. Für Verpackung werden per 100 Stück 3 DM berechnet. Bei Abnahme von 1.000 Stück wird ein Mengenrabatt von 20 % gewährt. Erfolgt die Zahlung innerhalb von 10 Tagen nach Rechnungstellung, können 3 % Skonto abgesetzt werden. Das Material wird frei Haus geliefert.

Welcher Anschaffungswert ergibt sich bei Abnahme von 1.200 Stück und Rechnungsbegleichung innerhalb von einer Woche nach Rechnungsstellung für das Unternehmen?

(2) Die Maschinenbau GmbH benötigt Zulieferteile für ihre Fertigung von Fräsmaschinen. Sie holt drei Angebote ein:

- Die Kleinschmidt OHG bietet die Zulieferteile zum Stückpreis von 25 DM an. Bei Bezug von weniger als 400 Teilen erhebt sie einen Mindermengenzuschlag von 5 %. Bei Bezug von mindestens 1.000 Teilen gewährt sie einen Mengenrabatt von 10 %. Die Teile würden frei Haus geliefert. Bei Zahlung innerhalb von 14 Tagen nach Rechnungstellung ist ein Skontoabzug von 2 % möglich.

- Die Petersen GmbH bietet die Zulieferteile zu einem Stückpreis von 23 DM an. Zahlbar ist netto Kasse binnen 30 Tagen. Für Verpackung werden pro 100 Stück 6 DM berechnet. Die Lieferung erfolgt frei Haus.

- Die Adolf Schmidt KG bietet die Teile zum Preis von 30 DM an. Bei Abnahme von mindestens 1.000 Stück wird ein Rabatt von 25 % gewährt. Bei Zahlung innerhalb von 10 Tagen nach Rechnungstellung ist ein Skontoabzug von 4 % zulässig. Bei Bestellung über 500 Stück werden Verpackungskosten nicht berechnet, ansonsten erfolgt eine Kostenbeteiligung von 3 DM pro 100 Stück. Die Lieferung erfolgt frei Haus.

(a) Ermitteln Sie - unter Ausnutzung möglicher Skonti - die Anschaffungswerte pro Stück, wenn die Metallbau GmbH folgende alternativen Beschaffungsmengen betrachtet:

300 Stück
800 Stück
1.300 Stück

(b) Zeigen Sie, wo die alternativen Mengen am günstigsten bezogen werden können!

(3) Folgende Bestandsveränderungen sind gegeben:

Bestand	01.06.	500 Stück	à 24,00 DM
Zugang	12.06.	1.200 Stück	à 21,60 DM
Zugang	15.06.	800 Stück	à 21,20 DM
Zugang	20.06.	600 Stück	à 28,40 DM
Abgang	18.06	1.400 Stück	
Abgang	30.06	1.000 Stück	

(a) Ermitteln Sie die durchschnittlichen Anschaffungspreise nach jedem Zugang von Materialien!

(b) Ermitteln Sie den durchschnittlichen Anschaffungspreis nach Ende der Abrechnungsperiode!

14 : Preisdifferenzen

Im Jahr 1990 wurde ein Rohstoff in der chemischen Industrie für durchschnittlich 20 DM/kg bezogen. Der Wert wurde deshalb 1991 als Verrechnungspreis in der Kostenrechnung der Chemie GmbH angesetzt.

Wegen veränderter Marktverhältnisse mußten aber bereits im ersten Quartal 1991 für den Rohstoff 35 DM/kg bezahlt werden.

Im ersten Quartal 1991 wurden viermal je 200 kg des Rohstoffes bezogen und insgesamt 550 kg des Rohstoffes verbraucht.

(1) Zeigen Sie, wie man diese Vorgänge im ersten Quartal buchhalterisch nach dem GKR behandelt!

(2) Wie schlagen sich diese Vorgänge in der Ergebnistabelle des IKR nieder?

(3) Welchen Einfluß haben diese Verbuchungen auf das GuV-Konto?

15 : Zeitlohn/Akkordlohn

(1) Bei der Werkzeugbau GmbH ist ein Arbeiter im Zeitlohn beschäftigt. Er erhält als Lohn 15,— DM/Std. Unter Anlegung der Erkenntnisse des Arbeitsstudiums (REFA) müßte er bei Normalleistung in der Lage sein, stündlich 4 Teile fertigzustellen, was er bisher auch im Durchschnitt erreichte.

In der vergangenen Woche kam er nur auf eine durchschnittliche Arbeitsleistung von 2,7 Teilen pro Stunde.

Wie hoch ist der Lohn des Arbeiters für die letzte Woche, wenn er 38 Std. arbeitete?

(2) Bei welchen Arbeitskräften sollten eher der Zeitlohn bzw. Akkordlohn verwendet werden?

Arbeitskräfte	Zeitlohn	Akkordlohn
Nachtwächter Pförtner Maurer Fernfahrer Schleifer Werkzeugmacher Dreher		

16 : Akkordlohn/Prämienlohn

(1) Für Montagearbeiten an Handmixgeräten wird ein Satz von 2,50 DM pro fertig montiertem Gerät bezahlt.

(a) Wie nennt man dieses Entlohnungsverfahren?

(b) Wie hoch ist der durchschnittliche Stundenlohn eines Arbeiters, wenn er - für den Abrechnungszeitraum einer Woche - in 38 Stunden 181 Handmixgeräte montiert hat?

(2) Die Bearbeitung eines Werkstückes erfordert 20 Minuten, der tarifliche Grundlohn wird mit 8,20 DM angesetzt und ein Akkordzuschlag von 20 % gewährt.

Ermitteln Sie:

(a) den Grundlohn
(b) den Minutenfaktor
(c) den Stundenlohn bei 4 in einer Stunde bearbeiteten Werkstücken

(3) In der Metallbau GmbH wird 8 Stunden pro Tag gearbeitet. Die Vorgabezeit pro Werkstück beträgt 1 Stunde. Der Stundenlohn - als Grundlohn - liegt bei 12,00 DM. Es wird eine Prämie gewährt, die 50 % des ersparten Zeitlohnes umfaßt.

(a) Wie hoch ist der tägliche Bruttolohn des Arbeiters, wenn er fertigt:

Tag	Leistung
1	8 Stück
2	10 Stück
3	11 Stück
4	13 Stück
5	10 Stück

(b) Wie hoch sind die Lohnkosten pro Stück an jedem der Tage?

(c) Wie hoch ist der Stundenlohn des Arbeiters an jedem der Tage?

17 : Urlaubslöhne

Die Firma Peter Müller hatte 1990 eine Belastung durch Urlaubslöhne in Höhe von 15.000 DM. Herr Müller setzt unter Berücksichtigung möglicher Lohnerhöhungen für 1991 die Urlaubslöhne mit 18.000 DM an. Er bucht diese Löhne monatlich kalkulatorisch mit 1/12 des Betrages ab.

Tatsächlich fallen jedoch folgende Urlaubslohn-Zahlungen an:

Monat	Urlaubslohn
Mai	2.000 DM
Juni	4.000 DM
Juli	6.000 DM
August	4.000 DM
September	500 DM

(1) Verbuchen Sie die Urlaubslöhne unter Verwendung des GKR!

(2) Stellen Sie die Verrechnung der Urlaubslöhne in der Ergebnistabelle des IKR dar!

(3) Zeigen Sie, wie sich die unterschiedlichen Ansätze von Soll- und Istwerten auf das GuV-Konto auswirken!

18 : Lineare Abschreibung

(1) Eine Büromaschine wird für 60.000 DM beschafft. Sie ist 10 Jahre nutzbar.

(a) Ermitteln Sie den Abschreibungsprozentsatz bei linearer Abschreibung!

(b) Wie hoch ist der jährliche Abschreibungsbetrag?

(c) Wie hoch ist der jährliche Abschreibungsbetrag, wenn vom geschätzten Wiederbeschaffungswert abgeschrieben wird, der 20 % über dem Anschaffungswert liegen soll?

(2) Eine Maschine, deren Anschaffungskosten 12.000 DM betragen und deren Schrottwert nach der Nutzungszeit von 8 Jahren auf 2.000 DM geschätzt wird, soll linear abgeschrieben werden.

(a) Wie hoch ist der Buchwert der Maschine zu Ende des 2. Jahres der Nutzung?

(b) Wie hoch ist der Buchwert der Maschine zu Ende des 6. Jahres der Nutzung?

(c) Stellen Sie die Lösungen aus (a) und (b) graphisch dar!

(3) Von welchen Faktoren hängt die Höhe der Abschreibungen ab?

19 : Degressive Abschreibung

(1) Eine Maschine hat einen Anschaffungswert von 200.000 DM. Die Nutzungsdauer wird auf 10 Jahre, ein Liquidationserlös auf 21.475 DM geschätzt.

(a) Ermitteln Sie die jährlichen Abschreibungsbeträge bei geometisch-degressiver Abschreibung!

(b) Wie hoch sind die jährlichen Abschreibungsbeträge bei arithmetisch-degressiver Abschreibung?

(c) Stellen Sie die Lösungen aus (a) und (b) graphisch dar!

(2) An welche Voraussetzungen ist die steuerliche Zulässigkeit der geometrisch-degressiven Abschreibung gebunden - vgl. § 7 Abs. 2 EStG - und inwieweit gelten diese Voraussetzungen auch für die kalkulatorische Abschreibung?

(3) Inwieweit ist die arithmetisch-degressive Abschreibung steuerlich zulässig?

---

20 : Leistungsbezogene Abschreibung

(1) Eine Maschine, die 12.000 DM kostete, wird leistungsbezogen abgeschrieben. Die Gesamtkapazität wird auf 1.000.000 Stück geschätzt. In den ersten drei Jahren der Nutzung werden jährlich 150.000 Stück gefertigt. Wegen eines Absatzrückganges sinkt die jährliche Fertigung für die Restnutzungsdauer von fünf Jahren auf je 50.000 Stück/Jahr.

(a) Welchen Buchwert hat die Maschine zum Ende des 2. Jahres?

(b) Wie hoch ist der Buchwert zum Ende des 6. Jahres?

(c) Stellen Sie die Lösungen (a) und (b) graphisch dar!

(2) Ermitteln Sie die jährlichen Abschreibungsbeträge für die obige Maschine, wenn für sie ein Restwert von 2.000 DM angesetzt wird!

---

21 : Verbuchung kalkulatorischer Abschreibungen

(1) Eine Maschine im Werte von 18.000 DM wird in der Bilanz linear abgeschrieben. Die geschätzte Nutzungsdauer beträgt 12 Jahre.

Kalkulatorisch erfolgt die Abschreibung linear von den Wiederbeschaffungskosten, die mit 24.000 DM angesetzt werden.

(a) Stellen Sie die bilanzielle und kalkulatorische Abschreibung buchhalterisch im GKR für das Ende des ersten Nutzungsjahres dar!

(b) Zeigen Sie, wie die bilanzielle und kalkulatorische Abschreibung am Ende des ersten Nutzungsjahres in der Ergebnistabelle des IKR erfaßt wird!

(c) Erläutern Sie die Auswirkungen der unterschiedlichen Wertansätze auf das GuV-Konto!

(2) Inwieweit stellen die kalkulatorischen Abschreibungen dar:

• Zusatzkosten
• Grundkosten
• Zweckaufwand.

22 : Kalkulatorische Zinsen

(1) Folgende Daten liegen vor:

Wiederbeschaffungswert des Anlagevermögens	800.000 DM
Bisherige kalkulatorische Abschreibungen	200.000 DM
Stillgelegte Fabrikanlage	50.000 DM
Durchschnittliches Umlaufvermögen	300.000 DM

   (a) Ermitteln Sie das betriebsnotwendige Kapital!
   (b) Wie hoch sind die kalkulatorischen Zinsen, wenn der Zinssatz 8 % beträgt?

(2) Ein Unternehmen weist folgende Durchschnittswertebilanz auf:

Durchschnittswertebilanz für 1991

Gebäude	200.000	Eigenkapital	350.000
Maschinen	250.000	Rückstellungen	50.000
Betriebs-/Geschäftsausstattung	40.000	Hypotheken	75.000
Roh-, Hilfs-, Betriebsstoffe	60.000	Verbindlichkeiten aus Lieferungen	25.000
Forderungen	20.000	Sonstige Verbindlichkeiten	35.000
Bank	30.000	Gewinn	65.000
	600.000		600.000

Der kalkulatorische Zinssatz beträgt 8 %. Für die auf der Bank als flüssige Mittel vorhandenen 30.000 DM wird 1 % Zins gewährt.

Ermitteln Sie die kalkulatorischen Zinsen!

(3) In einem Unternehmen werden bilanziell 3.000 DM, kalkulatorisch 4.000 DM Zinsen angesetzt.

   (a) Stellen Sie die bilanzielle und kalkulatorische Verzinsung buchhalterisch im GKR dar!

   (b) Wie wird die bilanzielle und kalkulatorische Verzinsung in der Ergebnistabelle des IKR behandelt?

   (c) Welche Auswirkungen hat der unterschiedliche Wertansatz der bilanziellen und kalkulatorischen Zinsen auf das GuV-Konto?

23 : Kalkulatorische Wagnisse

(1) Der Umsatz der Werkzeugbau GmbH betrug innerhalb der letzten vier Jahre 30.000.000 DM. Dabei entstanden Forderungsverluste von 318.000 DM.

In welcher Höhe sind kalkulatorische Wagniskosten bei einem Umsatz von 7.000.000 DM anzusetzen?

(2) Ein Unternehmen berücksichtigt folgende Wagnisse in seiner Kostenrechnung:

Wagnis	Erläuterung
Anlagewagnis	Die durchschnittliche Ausfallzeit der Maschinen beträgt arbeitstäglich 15 Minuten. Es wird an 250 Tagen im Jahr gearbeitet. Die Reparaturkosten betragen 18 DM/Std.
Beständewagnis	Verlust, Schwund, Diebstahl lagen in den letzten 4 Jahren bei 5 % der Durchschnittsbestände der Fertigerzeugnisse. Anfangsbestand der Fertigerzeugnisse 60.000 DM, Endbestand 80.000 DM.
Gewährleistungs-wagnis	In den letzten 4 Jahren fielen 2 % des Jahresumsatzes an Gewährleistungskosten an. Es wird ein Umsatz von 8.500.000 DM erwartet.

Ermitteln Sie die kalkulatorischen Wagniskosten!

(3) Im Jahre 1991 wird in einem Unternehmen für 20.000 DM Fertigungsmaterial verbraucht.

   (a) In welcher Höhe sind kalkulatorische Wagniskosten anzusetzen, wenn während der letzten vier Jahre bei einem Verbrauch von Fertigungsmaterial von 100.000 DM Wagnisverluste von 2.000 DM auftraten?

   (b) Die tatsächlich eingetretenen Wagnisverluste betragen 1991 schließlich 350 DM. Stellen Sie die buchhalterische Behandlung im GKR dar!

   (c) Zeigen Sie die Erfassung der Wagnisverluste in der Ergebnistabelle des IKR!

   (d) Stellen Sie die Auswirkungen der unterschiedlichen Wertansätze auf das GuV-Konto dar!

24 : Kalkulatorischer Unternehmerlohn (1)

(1) Ein Gesellschafter einer OHG erhält ein kalkulatorisches Gehalt von 3.500 DM im Monat. Seine Frau macht halbtags die Büroarbeiten ohne Bezahlung. Das Bruttogehalt einer vergleichbaren kaufmännischen Angestellten würde - bei ganztätiger Beschäftigung - 1.800 DM pro Monat betragen.

Wie hoch ist der kalkulatorische Unternehmerlohn im Jahr?

(2) Peter Müller hat ein kleines Einzelhandelsgeschäft, in dem er - mit stundenweiser Unterstützung seiner Ehefrau - allein arbeitet. Er beabsichtigt, kalkulatorischen Unternehmerlohn anzusetzen. Zu diesem Zweck befragt er einen Bekannten nach seinem Gehalt, das er als Geschäftsführer von drei Supermarkt-Filialen bezieht. Dieses Gehalt setzt er als kalkulatorischen Unternehmerlohn an.

Wie ist diese Vorgehensweise zu beurteilen?

25 : Kalkulatorischer Unternehmerlohn (2)

(1) Inwieweit stellt der kalkulatorische Unternehmerlohn dar:

- Zusatzkosten
- Grundkosten
- Zweckaufwand.

(2) Die Walter Schmidtke OHG setzt für 1991 kalkulatorischen Unternehmerlohn in Höhe von 38.000 DM an.

(a) Verbuchen Sie den kalkulatorischen Unternehmerlohn im GKR!

(b) Stellen Sie die Behandlung des kalkulatorischen Unternehmerlohnes in der Ergebnistabelle des IKR dar!

(c) Welchen Einfluß hat der Ansatz eines kalkulatorischen Unternehmerlohnes auf den Erfolg des Unternehmens?

26 : Kalkulatorische Miete

(1) Erläutern Sie, woran sich die Höhe der kalkulatorischen Miete orientieren kann!

(2) Die durchschnittlichen Kosten der letzten drei Jahre betragen für ein von der Walter Schmidtke OHG genutztes Gebäude:

Kosten	1989	1990	1991
Abschreibungen	14.500	14.500	14.500
Hypothekenzinsen	9.450	11.100	10.630
Instandhaltung	3.300	3.450	3.520
Sonstige Kosten	2.630	2.710	2.720

In welcher Höhe sollte 1992 kalkulatorische Miete angesetzt werden?

(3) Die Walter Schmidtke OHG setzt kalkulatorische Miete in Höhe von 1.400 DM pro Monat an.

(a) Verbuchen Sie die jährliche kalulatorische Miete im GKR!

(b) Wie wird die kalkulatorische Miete in der Ergebnistabelle des IKR behandelt?

(c) Welchen Einfluß hat der Ansatz kalkulatorischer Miete auf den Erfolg des Unternehmens?

27 : Verteilung der Gemeinkosten

(1) Ein Unternehmen verfügt über vier Kostenstellen.

Folgende Gemeinkosten sind angefallen:

- **Gemeinkostenmaterial** 8.000 DM

Nach Materialentnahmescheinen gilt folgende Verteilung:
I: 1.000 DM   II: 3.000 DM   III: 2.000 DM   IV: 2.000 DM

- **Hilfslöhne** 16.500 DM

  Nach den Lohnscheinen ergibt sich folgende Verteilung:
  I: 3.000 DM   II: 4.000 DM   III: 7.500 DM   IV: 2.000 DM

- **Gehälter** 18.000 DM

  Nach der Gehaltsliste gilt folgende Verteilung:
  I: 3.500 DM   II: 5.000 DM   III: 8.000 DM   IV: 1.500 DM

- **Raumkosten** 2.500 DM

  Nach dem Bauplan ergibt sich folgende Verteilung:
  I: 900 qm   II: 600 qm   III: 1.200 qm   IV: 300 qm

- **Stromkosten** 720 DM

  Nach den Stromzählern gilt folgende Verteilung:
  I: 30 kW   II: 60kW   III: 120 kW   IV: 30 kW

- **Kalkulatorische Abschreibungen** 39.000 DM

  Nach der Inventarliste verteilen sich die Anlagenwerte:
  I: 60.000 DM   II. 120.000 DM   III: 150.000 DM   IV: 60.000 DM

- **Kalkulatorische Zinsen** 26.000 DM

  Nach der Inventarliste verteilen sich die Anlagenwerte:
  I: 60.000 DM   II: 120.000 DM   III: 150.000 DM   IV: 60.000 DM

Verteilen Sie die primären Gemeinkosten!

(2) Die Gemeinkosten der Kostenstelle I sollen im Verhältnis

II	III	IV
2	5	3

auf die übrigen Kostenstellen verteilt werden.

(3) In einem Unternehmen gibt es acht Kostenstellen. Sie sollen mit den Buchstaben A bis H benannt werden. Die Buchstaben geben keinen Aufschluß über die Reihenfolge der Anordnung der Kostenstellen.

A erbringt Leistungen für B, D, H.
B erbringt Leistungen für D, H.
C erbringt Leistungen für A, B, H.
D erbringt keine Leistungen für andere Kostenstellen.
E erbringt Leistungen für A, B, G.
F erbringt Leistungen für B, H.
G erbringt Leistungen für A, F.
H erbringt Leistungen für D.

Die Leistungen werden mit Hilfe des Treppenverfahrens verrechnet.

Erstellen Sie das Schema eines Betriebsabrechnungsbogens, ordnen Sie die Kostenstellen in der geeigneten Reihenfolge und zeigen Sie, worauf Verrechnungen erfolgen!

28 : Betriebsabrechnungsbogen

(1) Erstellen Sie einen Betriebsabrechnungsbogen und errechnen Sie die Ist-Zuschlagsätze sowie Über- bzw. Unterdeckung in den verschiedenen Kostenbereichen!

Gegeben sind:

Kostenstellen Kostenarten	Summe	Material-bereich	Fertigungs-bereich	Verwaltungs-bereich	Vertriebs-bereich
Hilfs-/Betriebsstoffe	6.000	200	3.600	1.000	Rest
Energie	20.000	800	Rest	-	-
Hilfslöhne	32.000	3 :	10 :	1 :	2
Steuern	24.000	2.000	2.500	4.000	Rest
Raumkosten	16.000	2 :	4 :	1 :	1
Bürokosten	14.000	-	-	10.000	Rest
Abschreibungen	28.000	2.000	18.000	6.000	2.000
Normal-Gemeinkosten-zuschläge		15,0 %	86,0 %	10,0 %	9,5 %

Fertigungsstoffe   100.000 DM
Fertigungslöhne   80.000 DM

Keine Bestandsveränderungen.

(2) Erstellen Sie einen Betriebsabrechnungsbogen und errechnen Sie die Ist-Zuschlagsätze sowie Über- bzw. Unterdeckungen in den verschiedenen Kostenbereichen!

Gegeben sind:

Kostenstellen Kostenarten	Summe	Allgemeine Kosten-stellen	Material-bereich	Ferti-gungs-bereich	Verwal-tungs-bereich	Vertriebs-bereich
Hilfs-/Betriebs-stoffe	6.000	600	800	4.000	500	100
Energie	20.000	11.000	2.000	Rest	-	-
Hilfslöhne	32.000	4 :	5 :	10 :	2 :	4
Steuern	24.000	2 :	6 :	8 :	2 :	2
Raumkosten	16.000	3.000	4.000	7.000	2.000	-
Bürokosten	14.000	-	-	-	9.000	Rest
Abschreibungen	28.000	5.000	4.000	12.000	3.000	4.000
Normal-Gemein-kostenzuschläge			28,0 %	76,0 %	12,0 %	7,0 %

Fertigungsstoffe   100.000 DM
Fertigungslöhne   80.000 DM

Verteilung der Allgemeinen Kostenstelle: 4 : 6 : 8 : 3

Keine Bestandsveränderungen.

29 : Betriebsabrechnungsbogen

Erstellen Sie einen Betriebsabrechnungsbogen und errechnen Sie die Ist-Zuschlagsätze sowie Über- und Unterdeckungen in den einzelnen Kostenbereichen!

Gegeben sind:

Kosten-stellen / Kosten-arten	Zahlen der Buch-haltung	Allgemeine Kosten-stellen 1	Allgemeine Kosten-stellen 2	Mate-rial-be-reich	Fertigungsbereich Hilfs-stelle 1	Hilfs-stelle 2	Haupt-stelle A	Haupt-stelle B	Sum-me A + B	Ver-wal-tungs-be-reich	Ver-triebs-be-reich
Hilfs-, Betriebs-stoffe	10.000	600	600	2.800	400	600	2.500	1.500	4.000	500	500
Energie	25.000	600	1.400	3.000	2.500	2.500	7.000	6.000	13.000	1.000	1.000
Hilfslöhne	32.000	1.500	1.500	5.000	4.000	3.000	7.000	6.000	13.000	3.000	1.000
Steuern	25.000	1	: 2	: 6	: 2	: 1	: 4	: 5	:	: 1	: 3
Raum-kosten	16.000	1	: 1	: 5	: 1	: 2	: 4	: 3	:	: 2	: 1
Büro-kosten	14.000	1.000	1.000	1.000	1.000	1.000	1.000	1.000	2.000	5.000	2.000
Abschrei-bungen	25.000	500	1.500	5.000	2.500	1.500	7.000	5.000	12.000	1.000	1.000
Normal-Gemein-kosten-Zuschläge				29 %			110 %	126 %		5 %	3 %

Fertigungsstoffe	100.000 DM
Fertigungslöhne in A	45.000 DM
Fertigungslöhne in B	35.000 DM

Verteilung der Allgemeinen Kostenstelle 1:

     1 : 2 : 1 : 3 : 3 :1 : 1

Verteilung der Allgemeinen Kostenstelle 2:

     2 : 3 : 1 : 4 : 3 : 2 : 1

Verteilung der Fertigungshilfstelle 1:

     3 : 2

Verteilung der Fertigungshilfsstelle 2:

     2 : 3

Keine Bestandsveränderungen.

30 : Kostenartenverfahren

(1) Ein Betriebsabrechnungsbogen hat folgendes Aussehen:

Kostenstellen / Kostenarten	Zahlen der Buchhaltung	Allgemeine Kostenstellen	Materialbereich	Fertigungsbereich	Verwaltungsbereich	Vertriebsbereich
Fertigungsmaterial	18.000		18.000			
Fertigungslöhne	28.000			28.000		
Gemeinkosten	. . . .	. . . .	. . . .	. . . .	. . . .	. . . .
Summe	60.000	10.000	20.000	15.000	10.000	5.000
Umlage der Allg.Kostenstelle			2.000	5.000	1.000	2.000

Bestandsveränderungen liegen nicht vor.

Die Verwaltungsstelle empfing innerbetriebliche Leistungen von der Materialstelle in Höhe von 500 DM und von der Fertigungsstelle in Höhe von 4.000 DM.

Verrechnen Sie die innerbetrieblichen Leistungen, und ermitteln Sie die Ist-Zuschlagsätze für die einzelnen Kostenstellen!

(2) Wie würden sich die Ist-Zuschlagsätze verändern, wenn ein Minderbestand an Fertigerzeugnissen in Höhe von 2.800 DM festgestellt würde?

31 : Kostenstellenausgleichverfahren

(1) Folgender Betriebsabrechnungsbogen ist gegeben:

Kostenstellen / Kostenarten	Zahlen der Buch- haltung	Allgem. Kosten- stelle	Material- bereich	Ferti- gungs- bereich	Verwal- tungs- bereich	Ver- triebs- bereich
Einzelkosten			48.000	66.000		
Gemeinkosten	. . . . .	. . . . .	. . . . .	. . . . .	. . . . .	. . . . .
Summe Umlage der Allg. Kostenstelle	80.300	4.800	20.500 1.400	31.000 1.800	9.800 900	14.200 700

Die Materialstelle erbrachte für die Verwaltungsstelle innerbetriebliche Leistungen in Höhe von 2.600 DM.

Bestandsveränderungen liegen nicht vor.

Verrechnen Sie die innerbetrieblichen Leistungen, und ermitteln Sie die Ist-Zuschlagsätze für die einzelnen Kostenstellen!

(2) Wie würden sich die Ist-Zuschlagsätze verändern, wenn ein Mehrbestand an Fertigerzeugnissen in Höhe von 800 DM festgestellt würde?

32 : Kostenträgerverfahren

(1) Stellen Sie das Grundschema eines Betriebsabrechnungsbogens dar!

(2) Auf welche Weise kann die Verteilung der in der Ausgliederungsstelle ermittelten Kosten erfolgen?

(3) Bei welchen Leistungen ist die Anwendung des Kostenträgerverfahrens insbesondere erforderlich?

33 : Mathematisches Verfahren

(1) Die primären Gemeinkosten zweier Kostenstellen betragen:

Kostenstelle A   10.000 DM
Kostenstelle B   20.000 DM

Kostenstelle A erbrachte 1991 50.000 Leistungseinheiten, wovon 8.000 Leistungseinheiten an Kostenstelle B gegeben wurden.

Kostenstelle B erstellte 1991 12.000 Leistungseinheiten, von denen 3.000 Leistungseinheiten an Kostenstelle A geliefert wurden.

(a) Ermitteln Sie die Verrechnungssätze der von den Kostenstellen erbrachten Leistungen!

(b) Wie hoch sind die sekundären Gemeinkosten in beiden Kostenstellen?

(c) Ermitteln Sie die Höhe der in beiden Kostenstellen nach der Verrechnung der innerbetrieblichen Leistungen angefallenen Kosten!

(2) Den Unterlagen der Kostenrechnung sind folgende Daten zu entnehmen:

Kostenstellen / Kostenarten	Summe	Allgemeine Kostenstellen Wasserwerk	Elektrizitätswerk	Fertigungsbereich A	Fertigungsbereich B	Fertigungsbereich C	Materialbereich	Verwalt./ Vertriebsbereich
Fertigungsmaterial	100.000						100.000	
Fertigungslöhne	600.000			200.000	200.000	200.000		
Hilfslöhne	200.000	60.000	20.000	40.000	20.000	30.000	6.000	24.000
Instandhaltung	80.000	10.000	24.000	6.000	20.000	20.000	0	0
Kalkulatorische Abschreibung	60.000	10.000	16.000	8.000	14.000	12.000	0	0
Summe	340.000	80.000	60.000	54.000	54.000	62.000	6.000	24.000

Wasserverbrauch:

E-Werk	20.000 Einheiten
Fertigungsstelle A	100.000 Einheiten
Fertigungsstelle B	40.000 Einheiten
Fertigungsstelle C	30.000 Einheiten
Materialstelle	0 Einheiten
Verw.-/Vertriebsstelle	10.000 Einheiten

Stromverbrauch:

Wasserwerk	400.000 Einheiten
Fertigungsstelle A	100.000 Einheiten
Fertigungsstelle B	740.000 Einheiten
Fertigungsstelle C	500.000 Einheiten
Materialstelle	100.000 Einheiten
Verw.-/Vertriebsstelle	200.000 Einheiten

(a) Ermitteln Sie die Verrechnungssätze der von den Kostenstellen erbrachten Leistungen!

(b) Nehmen Sie die Umlage auf die empfangenden Kostenstellen vor und weisen Sie die Gemeinkosten der Kostenstellen aus!

34 : Einstufige Divisionskalkulation

(1) Die Firma Plastic GmbH stellt eine Produktart her, für die Gesamtkosten für 1991 in Höhe von 450.000 DM angefallen sind. Die Ausbringungsmenge in dieser Periode beträgt 90.000 Stück. Lagerbestandsveränderungen sind nicht gegeben.

Errechnen Sie die Selbstkosten pro Stück!

(2) Ein industrielles Unternehmen fertigt 5.000 Einheiten eines Produktes. Dabei fallen als Kosten an:

Kostenarten	Summe	Herstellung	Verwaltung/Vertrieb
Löhne	110.000	88.000	22.000
Gehälter	15.000	6.000	9.000
Roh-,Hilfs-,Betriebsstoffe	78.000	78.000	0
Sonstige Kosten	32.000	20.000	12.000

(a) Ermitteln Sie die Herstellkosten pro Einheit!

(b) Wie hoch sind die Selbstkosten pro Einheit?

(c) Errechnen Sie den Gewinn, der pro Einheit erzielt wird, wenn der Netto-Verkaufspreis 63,50 DM beträgt!

(d) Wie hoch ist der Gewinn-Zuschlagsatz?

(3) Für die Herstellung von Mehl gelten folgende Daten:

Menge	310.000 kg
Herstellkosten	118.000 DM
Verwaltungskosten	37.000 DM
Vertriebskosten	16.000 DM

Bei der Herstellung des Mehles fällt Kleie als Abfallprodukt an, die für 8.600 DM verkauft werden kann.

(a) Wie hoch sind die gesamten Selbstkosten und die Selbstkosten pro kg?

(b) Ermitteln Sie bei einem Gewinnzuschlag von 25 % den Gewinn pro kg!

35 : Zweistufige Divisionskalkulation

(1) Ein Unternehmen stellt im Mai 1991 30.000 Einheiten eines Produktes her. Die Kosten betragen:

Herstellkosten	450.000 DM
Verwaltungskosten	47.800 DM
Vertriebskosten	28.400 DM

(a) Wie hoch sind die Herstellkosten und Selbstkosten pro Einheit, wenn alle Produkte verkauft wurden?

(b) In welcher Höhe fallen Herstellkosten und Selbstkosten pro Einheit an, wenn nur 25.000 Produkte verkauft werden konnten?

(2) Die Plastik GmbH stellt ein Produkt her. 1991 wurden 100.000 Einheiten produziert, jedoch ging der Verkauf im 4. Quartal stark zurück, so daß insgesamt nur 75.000 Einheiten abgesetzt werden konnten.

Die Gesamtkosten betrugen 1991 5.000.000 DM. Darin waren 12 % Verwaltungsgemeinkosten und 8 % Vertriebsgemeinkosten enthalten.

(a) Ermitteln Sie die Selbstkosten pro Stück!
(b) Der Gewinn-Zuschlagsatz beträgt 22 %, wieviel DM pro Stück macht das aus?
(c) Wie hoch ist der Netto-Verkaufspreis?

36 : Mehrstufige Divisionskalkulation

(1) Die Firma Stahlbau GmbH fertigt Schraubstöcke. Die Produktion erfolgt in zwei Stufen.

In der ersten Stufe wurden im 4. Quartal 1991 2.000 Halbfabrikate bearbeitet, deren Herstellkosten 112.000 DM betrugen. In der zweiten Stufe wurden 1.600 der unfertigen Erzeugnisse mit Herstellkosten in Höhe von 48.000 DM fertiggestellt.

Die Verwaltungsgemeinkosten betrugen 9.200 DM, die Vertriebsgemeinkosten 4.600 DM.

Es wurden 1.400 Schraubstöcke verkauft.

(a) Ermitteln Sie die Selbstkosten für die abgesetzte Menge pro Einheit!
(b) Wie hoch sind die Herstellkosten, die für ein unfertiges Erzeugnis anfallen?
(c) Bewerten Sie die nicht abgesetzten Fertigerzeugnisse kostenmäßig pro Einheit!

(2) Ermitteln Sie die sich aus den Lagerveränderungen aus (1) ergebenden Lagerbestände an

(a) unfertigen Erzeugnissen
(b) Fertigerzeugnissen!

37 : Einstufige Äquivalenzziffernkalkulation

(1) In einem Walzwerk wurden im November 1991 drei Arten von Blechen hergestellt:

A: 500 Tonnen mit $\overset{1,0}{\cancel{1,2}}$ mm Stärke
B: 700 Tonnen mit 2,0 mm Stärke
C: 400 Tonnen mit 2,5 mm Stärke

Die Gesamtkosten betrugen 783.000 DM.

(a) Ermitteln Sie die Selbstkosten pro Tonne jeder Blechart!

(b) Wie hoch ist der Netto-Verkaufspreis pro Tonne jeder Blechart, wenn der Gewinnzuschlagsatz 20 % beträgt?

(2) Die Chemie AG stellte im Juli 1991 vier Arten von Chemikalien her, deren Rezepturen sich im Hinblick auf die Mischungsverhältnisse unterschieden:

A	6.000 Tonnen	Einzelkosten 30.000 DM
B	9.000 Tonnen	Einzelkosten 63.000 DM
C	8.000 Tonnen	Einzelkosten 48.000 DM
D	3.000 Tonnen	Einzelkosten 22.500 DM

Gemeinkosten fielen in Höhe von 50.685 DM an.

(a) Verteilen Sie die Gemeinkosten auf der Grundlage der Einzelkosten, die für die jeweiligen Chemikalien pro Tonne anfallen, und ermitteln Sie die Selbstkosten pro Tonne jeder Chemikalie!

(b) Die Chemie AG gab die Chemikalien zu folgenden Netto-Verkaufspreisen ab:

A: 8,19 DM/t
B: 11,19 DM/t
C: 9,83 DM/t
D: 10,77 DM/t

Ermitteln Sie die Gewinn-Zuschlagsätze!

38 : Mehrstufige Äquivalenzziffernkalkulation

(1) Ein Unternehmen stellt drei Produkte her. Im April 1991 betrug die Produktion:

Produkt A: 5.000 Einheiten
Produkt B: 4.000 Einheiten
Produkt C: 6.000 Einheiten

Die Materialkosten standen im Verhältnis 1,0 : 1,3 : 1,5 zueinander und umfaßten insgesamt 138.240 DM.

Lohnkosten fielen in Höhe von 105.210 DM an, und ihre Verteilung erfolgte im Verhältnis 1,1 : 1,3 : 1,0.

Die sonstigen Kosten verteilten sich im Verhältnis 1,2 : 1,0 : 1,1 und fielen in Höhe von 34.860 DM an.

(a) Ermitteln Sie die Selbstkosten, die für jede Einheit der Produkte angefallen sind!

(b) Mit Hilfe welcher Äquivalenzziffern lassen sich die Selbstkosten pro Produkteinheit und Sorte unmittelbar feststellen und worin liegt die Grenze ihrer Verwendbarkeit?

(c) Wie hoch lagen die Netto-Verkaufspreise pro Einheit jedes Produktes, wenn der Gewinn-Zuschlagsatz 25 % betrug?

(2) Die zuvor in (b) ermittelten unmittelbaren Äquivalenzziffern sollen überprüft werden.

(a) Stellen Sie mit Hilfe der in (b) ermittelten Äquivalenzziffern die Selbstkosten pro Einheit fest:

A: 5.000 Einheiten
B: 4.000 Einheiten
C: 6.000 Einheiten

Gesamte Materialkosten: 138.240 DM
Gesamte Lohnkosten: 105.210 DM
Gesamte sonstige Kosten   34.860 DM

(b) Vergleichen Sie die Ergebnisse mit den Ergebnissen aus (1)!

39 : Zuschlagskalkulation

(1) Die Firma »Peter Müller Spezialmaschinen« fertigt zwei Arten von Kleinmaschinen. 1991 wurden 40 Maschinen Typ A und 50 Maschinen Typ B hergestellt. Dabei fielen folgende Kosten an:

	Maschinen Typ A	Maschinen Typ B
Fertigungsmaterial	160.000 DM	200.000 DM
Fertigungslöhne	100.000 DM	120.000 DM
Fertigungsgemeinkosten	25.000 DM	40.000 DM
Materialgemeinkosten	32.000 DM	50.000 DM
Sondereinzelkosten der Fertigung	10.000 DM	12.000 DM
Sondereinzelkosten des Vertriebs	12.000 DM	16.000 DM
Verwaltungsgemeinkosten	30.000 DM	30.000 DM
Vertriebsgemeinkosten	25.000 DM	25.000 DM

Errechnen Sie die Selbstkosten pro Einheit jedes Erzeugnisses!

(2) Im Rahmen der Vorkalkulation wurden folgende Werte ermittelt:

Fertigungsmaterial	30.000 DM
Fertigungslöhne	18.000 DM
Sondereinzelkosten der Fertigung	2.500 DM
Sondereinzelkosten des Vertriebs	1.800 DM
Normal-Materialgemeinkosten	45,0 %
Normal-Fertigungsgemeinkosten	25,0 %
Normal-Verwaltungsgemeinkosten	12,0 %
Normal-Vertriebsgemeinkosten	10,0 %

Nach Herstellung des Erzeugnisses werden im Rahmen der Nachkalkulation folgende Werte festgestellt:

Fertigungsmaterial	29.750 DM
Fertigungslöhne	18.400 DM
Sondereinzelkosten der Fertigung	2.500 DM
Sondereinzelkosten des Vertriebs	1.800 DM
Ist-Materialgemeinkosten	44,5 %
Ist-Fertigungsgemeinkosten	24,8 %
Ist-Verwaltungsgemeinkosten	12,2 %
Ist-Vertriebsgemeinkosten	10,0 %

Ermitteln Sie die Selbstkosten im Rahmen der Vor- und Nachkalkulation und stellen Sie die Unter- oder Überdeckung fest!

(3) Folgende Werte sind gegeben:

Materialkosten	980 DM
Fertigungskosten	430 DM
Verwaltungsgemeinkosten	8 %
Vertriebsgemeinkosten	6 %
Gewinnaufschlag	25 %
Kundenskonto	2 %
Kundenrabatt	3 %
Mehrwertsteuer	14 %

Ermitteln Sie den Brutto-Verkaufspreis!

40 : Zuschlagskalkulation

Der Angebotspreis des Lieferanten einer Ware beträgt 5 DM/Stück. Für Verpackung werden per 100 Stück 3 DM berechnet. Bei Abnahme von 1.000 Stück wird ein Mengenrabatt von 20 % gewährt. Erfolgt die Zahlung innerhalb von 10 Tagen nach Rechnungstellung, können 3 % Skonto abgesetzt werden. Die Ware wird frei Haus geliefert.

Die Handlungskosten beim abnehmenden Unternehmen betragen 0,78 DM/Einheit.

(1) Ermitteln Sie die Selbstkosten des Handelsunternehmens pro Einheit der Ware bei Abnahme von 1.200 Stück und Zahlung des Rechnungsbetrages innerhalb einer Woche nach Rechnungstellung durch den Lieferanten!

(2) Wie hoch ist der Gewinn pro Stück, wenn der Netto-Verkaufspreis pro Einheit 6,19 DM beträgt?

(3) Worin besteht der Unterschied zwischen den Handlungskosten und der Handlungsspanne?

41 : Maschinenstundensatzrechnung

Die Werkzeugbau GmbH stellt 500 Einheiten eines Produktes her. Die gesamten Kosten betragen:

• Fertigungsmaterial 9.630 DM

  Materialgemeinkosten 7 %

• Fertigungskosten

  A: 20 Stunden Fertigungslöhne à 8 DM
     zuzüglich 40 % Rest-Fertigungsgemeinkosten

B: 35 Stunden Fertigungslöhne à 10 DM
   zuzüglich 65 % Rest-Fertigungsgemeinkosten

A: 19 Maschinenstunden à 8,95 DM

B: 30 Maschinenstunden à 7,10 DM

• Verwaltungsgemeinkosten 8 %

• Vertriebsgemeinkosten 5 %

Ermitteln Sie die Selbstkosten pro Erzeugniseinheit!

---

42 : Restwertrechnung

(1) Die Firma Chemie AG produziert in Kuppelfertigung ein Hauptprodukt und zwei Nebenprodukte, die jeweils unterschiedlich weiterveredelt werden.

Vom Hauptprodukt (A) wurden 1991 5.000 kg zum Preis von 500.000 DM verkauft, vom
Nebenprodukt (B) wurden 2.000 kg zum Preis von 250.000 DM und vom Nebenprodukt (C)
1.000 kg zum Preis von 150.000 DM verkauft.

Die Gesamtkosten des Kuppelprozesses betrugen 1991 750.000 DM. Bei Produkt B mußten
für die Weiterverarbeitung 50.000 DM und bei C 100.000 DM aufgewendet werden.

Wie hoch waren die Herstellkosten pro Einheit für das Hauptprodukt?

(2) Es werden ein Hauptprodukt und drei Nebenprodukte im Rahmen eines Kuppelprozesses
hergestellt:

4.000 t des Hauptproduktes
500 t des Nebenproduktes A
300 t des Nebenproduktes B
400 t des Nebenproduktes C

Die gesamten Herstellkosten betragen 890.610 DM, die Verwaltungsgemeinkosten beim
Hauptprodukt 8 %, die Vertriebsgemeinkosten beim Hauptprodukt 6 %.

Die Nebenprodukte weisen auf:

Nebenprodukt A:	Weiterverarbeitungskosten	3,50 DM/t
	Marktpreis	22,50 DM/t
Nebenprodukt B:	Weiterverarbeitungskosten	3,20 DM/t
	Marktpreis	19,30 DM/t
Nebenprodukt C:	Weiterverarbeitungskosten	3,90 DM/t
	Marktpreis	24,60 DM/t

Ermitteln Sie die Selbstkosten des Hauptproduktes pro t!

43 : Verteilungsrechnung

(1) Bei der Produktion von drei Kuppelprodukten wurden 1991 insgesamt 4.000.000 DM an Kosten verursacht. Vom Produkt A wurden 20.000 Einheiten, von B 40.000 Einheiten und von C 20.000 Einheiten hergestellt.

Der Marktpreis für die Produkte lag innerhalb der letzten 5 Jahre durchschnittlich bei 100 DM (A) : 80 DM (B) : 60 DM (C).

Errechnen Sie, mit welchen Selbstkosten eine Einheit jedes Produktes angesetzt werden kann!

(2) Wie ist die Zweckmäßigkeit der Verteilungsrechnung zu beurteilen?

44 : Gesamtkostenverfahren

(1) Die Werkzeugbau GmbH fertigt zwei Erzeugnisse A und B. 1991 hatte sie ein Umsatzvolumen von 2.600.000 DM.

Gefertigt wurden von A 300 Einheiten und von B 450 Einheiten. Verkauft wurden von A 250 Einheiten und von B 450 Einheiten.

Die Herstellkosten betrugen pro Einheit von A 2.500 DM und pro Einheit von B 2.700 DM.

Die 1991 entstandenen Gesamtkosten betrugen 2.200.000 DM.

(a) Ermitteln Sie den Betriebserfolg auf mathematische Weise!

(b) Zeigen Sie, wie die Ermittlung des Betriebserfolges tabellarisch erfolgen kann!

(2) Gegeben sind:

Fertigungsmaterial	20.000 DM
Fertigungslöhne	26.000 DM
Materialgemeinkosten	40 %
Fertigungsgemeinkosten	50 %
Verwaltungsgemeinkosten	12 %
Vertriebsgemeinkosten	10 %
Sondereinzelkosten der Fertigung	2.000 DM
Sondereinzelkosten des Vertriebs	1.000 DM
Netto-Verkaufserlöse	108.500 DM
Mehrbestand an Fertigerzeugnissen	800 DM
Minderbestand an unfertigen Erzeugnissen	1.200 DM

Ermitteln Sie das Betriebsergebnis!

(3) Ermitteln Sie unter Verwendung des Kostenträgerblattes das Betriebsergebnis einschließlich der Kostenunter- oder -überdeckungen für die Firma Stahlbau GmbH!

Folgende Werte sind gegeben:

Fertigungsstoffe	300.000 DM
Fertigungslöhne	200.000 DM
Sondereinzelkosten der Fertigung (SoKo)	20.000 DM
Sondereinzelkosten des Vertriebs (SoKo)	10.000 DM
Material-Gemeinkosten	30.000 DM
Fertigungs-Gemeinkosten	40.000 DM
Verwaltungs-Gemeinkosten	35.000 DM
Vertriebs-Gemeinkosten	20.000 DM
Verkaufserlöse	900.000 DM
Mehrbestand an unfertigen Erzeugnissen (UE)	34.100 DM
Minderbestand an fertigen Erzeugnissen (FE)	30.000 DM

Die Normalzuschläge betragen:

Fertigungsgemeinkosten	19 %
Materialgemeinkosten	11 %
Verwaltungsgemeinkosten	6 % der fertiggestellten Menge
Vertriebsgemeinkosten	5 % der fertiggestellten Menge

Bei der Produktion entfallen bei den Fertigungsstoffen 20.000 DM, bei den Fertigungslöhnen 10.000 DM auf unfertige Erzeugnisse. Die Sondereinzelkosten der Fertigung betreffen sämtlich die fertigen Erzeugnisse.

---

45 : Umsatzkostenverfahren

(1) Ermitteln Sie den betrieblichen Erfolg der Werkzeug GmbH für den Monat Juni 1991 anhand folgender Daten:

Erzeugnisse	Absatz-menge	Selbstkosten DM/Einheit	Preis DM/Einheit
Erzeugnis A	3.000	48,00	59,00
Erzeugnis B	2.000	41,00	54,00
Erzeugnis C	2.800	64,00	69,00

(2) Gegeben ist folgendes Kostenträgerblatt:

Erzeugnis/Erzeugnisgruppe		1	2	3	Gesamt
Verkaufspreis	DM/Stück	10,00	11,00	17,00	-
Selbstkosten	DM/Stück	7,00	9,00	11,50	-
Gewinn (netto)	DM/Stück				
Absatzmenge	Stück/Periode	8.000	7.000	4.000	19.000
Umsatzerlöse	DM/Periode				
Selbstkosten	DM/Periode				
Betriebsergebnis	DM/Periode				
Rangfolge					

Ermitteln Sie das Betriebsergebnis und die Rangfolge der Produkterfolge!

46 : Starre Normalkostenrechnung

(1) In den letzten 4 Jahren betrugen die Gemeinkosten bei der Kostenstelle 1312 im Jahresdurchschnitt 40.000 DM bei durchschnittlich 5.000 jährlichen Fertigungsstunden.

Ermitteln Sie den Normalgemeinkostensatz!

(2) Im vergangenen Jahr wurden für die Kostenstelle 1717 folgende Werte festgestellt:

Monat	Ist-Gemeinkosten	Ist-Fertigungsstunden
1	12.000	1.150
2	11.000	1.100
3	13.000	1.320
4	13.000	1.310
5	12.000	1.250
6	14.000	1.350
7	10.000	900
8	9.000	920
9	10.000	970
10	12.000	1.150
11	14.000	1.400
12	10.000	1.030

Welcher Normalgemeinkostensatz ist für dieses Jahr anzusetzen?

(3) Vervollständigen Sie die Tabelle einer starren Normalkostenrechnung für die Kostenstelle 1718:

Monat	Ist-Gemeinkosten	Verrechnete Normalgemeinkosten	Abweichungen	Ist-Fertigungsstunden	Ist-Gemeinkostensatz
1	5.400	5.500	- 100	750	7,20
2	5.300	5.300		740	
3	5.600	5.500		760	
4	5.000	5.200		700	
5	5.200	5.300		720	
6	5.400	5.400		740	
7	4.200	5.000		600	
8	4.100	4.900		600	
9	5.200	4.900		730	
10	5.400	5.200		760	
11	5.400	5.300		750	
12	5.500	5.300		760	
Summe					
Durchschnitt					

47 : Verfahren der Kostenauflösung

(1) Bei einer Erhöhung der Ausbringungsmenge von 1.000 auf 1.250 Einheiten steigen die Kosten von 3.000 DM auf 3.300 DM an.

(a) Ermitteln Sie den Reagibilitätsgrad!

(b) Wie hoch sind die fixen Kosten und variablen Kostenanteile?

(2) Gegeben sind folgende Werte:

Ausbringungsmenge	Kosten
1.000	80.000
1.200	92.000
1.400	110.000

Ermitteln Sie die fixen und variablen Kostenanteile für die Ausbringungsmengen 1.000 und 1.200 mit Hilfe der mathematischen Methode!

(3) Gegeben sind folgende Werte:

Monat	Ist-Beschäftigung Std./Monat	Ist-Kosten DM/Monat
1	495	894
2	510	912
3	495	894
4	600	1.020
5	540	948
6	480	876
7	480	876
8	450	840
9	480	876
10	510	912
11	540	948
12	570	984

Ermitteln Sie die fixen und variablen Kosten mit Hilfe der Methode der kleinsten Quadrate!

48 : Flexible Normalkostenrechnung

Die Normalgemeinkosten einer Kostenstelle wurden für Dezember 1991 mit 20.000 DM angesetzt. Laut Kostenanalyse sind darin fixe Kosten in Höhe von 4.000 DM enthalten. Die erwartete Beschäftigung betrug 4.000 Stunden.

Tatsächlich sind im Dezember 1991 Kosten in Höhe von 18.000 DM bei einer Ist-Beschäftigung von 3.800 Stunden angefallen.

Ermitteln Sie:

(1) den proportionalen Normalgemeinkostensatz
(2) den fixen Normalgemeinkostensatz
(3) den Normalgemeinkostensatz für Normalbeschäftigung
(4) die verrechneten Normalgemeinkosten
(5) die Gesamtabweichung
(6) die Normgemeinkosten
(7) die Beschäftigungsabweichung
(8) die Verbrauchsabweichung.

49 : Starre Plankostenrechnung

Die Planbeschäftigung in einer Kostenstelle wurde 1991 mit 20.000 Stunden, die Plankosten wurden mit 198.000 DM angesetzt.

Die Istbeschäftigung lag bei 16.000 Stunden, die Istkosten bei 163.200 DM.

Ermitteln Sie:

(1) den Plankostensatz
(2) die verrechneten Plankosten
(3) die Abweichung.

50 : Flexible Plankostenrechnung

(1) Für die Kostenstelle 1720 werden folgende Werte geplant:

	Kapazitätsplanung	Engpaßplanung
Planbeschäftigungsgrad	100 %	70 %
Planbezugsgröße	10.000 Std.	7.000 Std.
Gesamte Plankosten	50.000 DM	38.600 DM
Fixe Plankosten	12.000 DM	12.000 DM
Variable Plankosten	38.000 DM	26.600 DM

Istbeschäftigungsgrad	80 %
Istbeschäftigung	8.000 Std.
Istkosten	40.000 DM

Errechnen Sie im Rahmen der Kapazitätsplanung und Engpaßplanung

(a) die proportionalen Plankostenverrechnungssätze
(b) die fixen Plankostenverrechnungssätze
(c) die Plankostenverrechnungssätze für Planbeschäftigung
(d) die verrechneten Plangemeinkosten
(e) die Gesamtabweichungen
(f) die Sollkosten
(g) die Beschäftigungsabweichungen
(h) die Verbrauchsabweichungen.

(2) Die proportionalen Kosten einer Kostenstelle werden mit 7.200 DM angesetzt. Die Plankosten der Kostenstelle betragen 24.000 DM.

Ermitteln Sie den Variator!

---

51 : Einstufige Deckungsbeitragsrechnung

(1) Die variablen Kosten für die Herstellung von Transistorradios Typ "Astrosound" betragen 1991 115.000 DM. Der Brutto-Deckungsbeitrag für 1991 beträgt 18.000 DM.

Gefertigt und abgesetzt werden 972 Geräte.

Ermitteln Sie den Angebotspreis für dieses Produkt!

(2) Ein Unternehmen produzierte und verkaufte 1991 folgende Produkte:

Produkt	Einheiten	Preis pro Einheit
A	20.000	30 DM
B	15.000	40 DM
C	18.000	10 DM
D	40.000	5 DM

Die variablen Kosten betrugen:

Produkt A	500.000 DM
Produkt B	580.000 DM
Produkt C	100.000 DM
Produkt D	90.000 DM

Die fixen Kosten des Unternehmens beliefen sich auf 210.000 DM.

Ermitteln Sie den Erfolg des Unternehmens für 1991!

---

52 : Gewinnschwelle

(1) Gegeben sind folgende Werte:

Fixe Kosten	1.000 DM/Quartal
Variable Kosten	10 DM/Stück
Erlös	16 DM/Stück

Stellen Sie zeichnerisch dar, wo 1991 die Gewinnschwelle liegt!

(2) Wie verändert sich die Gewinnschwelle, wenn die Erlössituation sich verschlechtert und nur noch 15 DM/Stück erzielt werden können?

Zeigen Sie diese Veränderung in der Zeichnung!

(3) Wo würde die Gewinnschwelle liegen, wenn durch Einsatz einer neuen, automatisierten Maschine die fixen Kosten um jährlich 2.000 DM ansteigen, die variablen Kosten aber nur 2 DM pro Stück fallen würden?

Ermitteln Sie die Gewinnschwelle für die in (1) und (2) genannten Erlöse zeichnerisch!

53 : Beschäftigungsgrad/Deckungsbeitrag/Gewinn- schwelle

Ein Unternehmen kann jährlich 8.000 Stück eines Erzeugnisses produzieren, lastet seine Kapazität aber nur zu 60 % aus. Die Erzeugnisse werden zum Preis von 35 DM/Stück verkauft. Die fixen Kosten liegen bei 50.000 DM/Jahr, die variablen Kosten betragen 15 DM/Stück.

Die Geschäftsleitung ist an einer verbesserten Auslastung der Kapazität interessiert und beauftragt ein Marktforschungsinstitut mit der Erstellung einer Marktanalyse. Darin zeigt sich, daß voraussichtlich 1.200 Stück pro Jahr mehr abgesetzt werden könnten, wenn der Preis der Erzeugnisse um 3 DM/Stück gesenkt würde.

(1) Wie hoch ist der Beschäftigungsgrad bei Erhöhung der Produktion?

(2) Wie verändert sich der Deckungsbeitrag pro Stück bei Erhöhung der Produktion!

(3) Wie verändert sich die Gewinnschwelle bei Erhöhung der Produktion?

(4) Welche Auswirkungen hat die Erhöhung der Produktion auf Umsatz, Deckungsbeitrag und Gewinn!

54 : Gewinnschwelle

Ein Unternehmen stellt zwei Arten von Erzeugnissen her. Erzeugnis I wird zum Preis von 25 DM/Stück verkauft, es verursacht variable Kosten in Höhe von 12 DM/Stück. Erzeugnis II läßt sich für 44 DM/Stück verkaufen, seine variablen Kosten betragen 18 DM/Stück. Es fallen 39.000 DM/Monat als fixe Kosten an.

(1) Wie kann die Gewinnschwelle rechnerisch ermittelt werden?

(2) Stellen Sie die Gewinnschwelle zeichnerisch dar!

(3) Wie erfolgt die Ermittlung der Gewinnschwelle rechnerisch, wenn feststeht, daß die Absatzmenge des Erzeugnisses I 1.000 Stück/Monat beträgt?

55 : Gewinnplanung

Die Kapazität eines Unternehmens, das ein Erzeugnis herstellt, liegt bei 15.000 Stück/Jahr. Die fixen Kosten betragen 120.000 DM/Jahr, die variablen Kosten 20 DM/Stück. Im Verkauf lassen sich 40 DM/Stück erzielen.

(1) Wieviel Stück pro Jahr muß das Unternehmen mindestens herstellen, um einen Gewinn von 100.000 DM/Jahr zu erzielen?

(2) Um wieviel DM/Stück kann das Unternehmen den Preis senken, wenn es mit voller Kapazität produziert und der Gewinn unverändert 100.000 DM/Jahr betragen soll?

56 : Kostenorientierte Preisuntergrenze

Folgende Daten gelten für die Herstellung eines Erzeugnisses:

Produktionsmenge	20.000 Stück/Jahr
Variable Kosten	30.000 DM/Jahr
Fixe Kosten	50.000 DM/Jahr

In den letzten drei Jahren wurde das Erzeugnis zu 9,50 DM/Stück verkauft. Gegenwärtig zeigt sich, da die Mitbewerber ihre Preise gesenkt haben, daß dieser Preis nicht zu halten ist. Der Assistent der Geschäftsleitung erhält den Auftrag festzustellen, wo die kostenorientierte Preisuntergrenze liegt.

(1) Welche grundsätzliche Vorgehensweise würden Sie ihm vorschlagen?

(2) Es wird festgestellt, daß die fixen Kosten mittelfristig um 10.000 DM/Jahr vermindert werden können. Wie hoch liegt damit die kostenorientierte Preisuntergrenze

   (a) bei kurzfristiger Betrachtung,
   (b) unter mittelfristiger Sicht,
   (c) als langfristige Untergrenze?

(3) Welche Bedeutung sind den in (2) ermittelten Preisuntergrenzen für die Entscheidung der Geschäftsleitung zuzumessen?

57 : Annahme eines Zusatzauftrages

Ein Einprodukt-Unternehmen, das über eine Kapazität von 40.000 Stück/Monat verfügt, arbeitet mit einem Beschäftigungsgrad von 50 %. Die fixen Kosten betragen 100.000 DM/Monat, die variablen Kosten 60.000 DM/Monat. Der Verkaufspreis liegt bei 10,00 DM/Stück.

Es besteht nun die Möglichkeit, im Rahmen eines Exportauftrages einmalig weitere 10.000 Stück des Erzeugnisses zum Preis von 5,00 DM/Stück abzusetzen.

(1) Würden Sie die Annahme dieses Zusatzauftrages befürworten? Zeigen sie dies anhand einer Voll- und Teilkostenrechnung!

(2) Weshalb ist die Teilkostenrechnung die geeignete Beurteilungsgrundlage?

(3) Inwieweit reicht es aus, die Entscheidung über die Annahme des Zusatzauftrages lediglich auf der Grundlage dieser Berechnung zu treffen?

58 : Kurzfristige Optimierung von Produktionsverfahren

Es stehen 3 Maschinen zur Fertigung eines Produktes zur Verfügung. Folgende Werte sind gegeben:

		Maschine 1	Maschine 2	Maschine 3
Kapazität	Stück/Monat	4.000	3.500	3.000
Fixe Kosten	DM/Monat	12.000	10.000	15.000
Variable Kosten	DM/Stück	12	14	17

(1) Wie hoch sind die Gesamtkosten, die von jeder Maschine bei einer Produktion von 3.000 Stück/Monat verursacht werden?

(2) Wie hoch sind die Deckungsbeiträge, die sich für jede einzelne Maschine bei einem Verkaufspreis von 25 DM/Stück ergeben?

(3) Welche der 3 Maschinen sollte für die Herstellung der 3.000 Stück/Monat genutzt werden und warum?

59 : Kurzfristige Optimierung von Produktionsverfahren

Ein Unternehmen fertigt zwei Arten von Produkten. Dafür stehen drei Maschinen zur Verfügung. Von Produkt I werden 1.000 Stück/Mon und von Produkt II 2.400 Stück/Mon benötigt.

Weitere Daten sind:

Maschine	Stückzeiten (Min./Stück)		Grenzkosten (DM/Min.)		Kapazität (Min./Monat)
	Produkt I	Produkt II	Produkt I	Produkt II	
A	10	13	4,00	6,00	9.800
B	4	7	3,60	4,20	9.800
C	3	4	2,80	2,00	9.800

(1) Ermitteln Sie die variablen Stückkosten, die für jedes Produkt auf jeder Maschine anfallen!

(2) Welche Maschinen sind zu belegen?

(3) Wie hoch sind die variablen Gesamtkosten bei optimaler Maschinenbelegung?

60 : Langfristige Optimierung von Produktionsverfahren

Ein Unternehmen, das Zulieferteile herstellt, will sein Produktionsverfahren langfristig optimieren. Als Ersatz für eine künftig ausscheidende Maschine stehen drei Alternativen zur Verfügung:

		Investitions-objekt I	Investitions-objekt II	Investitions-objekt III
Anschaffungskosten	DM	80.000	85.000	90.000
Restwert	DM	4.000	5.000	6.000
Nutzungsdauer	Jahre	8	8	8
Kapazität	Stück/Jahr	10.000	10.000	9.000
Abschreibungen	DM/Jahr	?	?	?
Zinsen	DM/Jahr	?	?	?
Gehälter	DM/Jahr	54.000	52.000	58.000
Sonstige fixe Kosten	DM/Jahr	14.000	14.000	15.000
Löhne	DM/Jahr	143.750	136.250	110.250
Materialkosten	DM/Jahr	122.500	122.500	109.125
Sonstige variable Kosten	DM/Jahr	11.250	11.250	10.125

Die Auftragslage des Unternehmens läßt erwarten, daß jährlich 8.000 Stück abgesetzt werden können. Welcher Maschine ist der Vorzug zu geben, wenn der Kalkulationszinssatz im Unternehmen 12 % beträgt?

Nehmen Sie einen Kostenvergleich pro Periode vor!

61 : Langfristige Optimierung von Produktionsverfahren

Es gelten die Daten aus Übung 60.

(1) Wie sieht der Kostenvergleich pro Leistungseinheit aus?

(2) Ermitteln Sie die kritischen Mengen der alternativen Produktionsverfahren mathematisch und graphisch!

62 : Kurzfristige Optimierung des Produktions-programmes

Ein Unternehmen stellt 4 Produktarten her. Es gelten folgende Werte:

		Produkt A	Produkt B	Produkt C	Produkt D
Gegenwärtiger Absatz	Stück/Mon.	2.000	1.600	2.200	1.200
Kapazität	Stück/Mon.	3.000	3.000	4.000	2.000
Erlöse	DM/Stück	48	76	40	46
Variable Kosten	DM/Stück	22	44	42	28
Fixe Kosten	DM/Mon.	100.000			

(1) Wie hoch sind beim gegenwärtigen Absatz die Deckungsbeiträge und der Gewinn?

(2) Eine Marktforschungsstudie zeigt, daß die Absatzzahlen im nächsten Jahr erhöht werden können. Möglich sind:

Produkt A	2.500 Stück/Mon.	Produkt C	3.600 Stück/Mon.
Produkt B	2.800 Stück/Mon.	Produkt D	1.800 Stück/Mon.

Die Kosten- und Erlösstruktur würde sich nicht verändern. Wie verändert sich der Gewinn, wenn die erhöhten Absatzzahlen realisiert werden?

(3) Wie würde das optimale Produktionsprogramm aussehen und welchen Gewinn könnte das Unternehmen damit erzielen?

63 : Kurzfristige Optimierung des Produktions- programmes

Ein Unternehmen stellt 3 Produktarten her. Die relativen Deckungsbeiträge sind:

Produkt A	400 DM/Stück
Produkt B	300 DM/Stück
Produkt C	350 DM/Stück

Die Fertigungszeiten betragen:

Produkt A	0,8 Std./Stück
Produkt B	0,5 Std./Stück
Produkt C	0,2 Std./Stück

Die maximale Fertigungszeit liegt bei 7.500 Std./Mon.

Ermitteln Sie das optimale kurzfristige Produktionsprogramm!

Der erwartete Absatz beträgt:

Produkt A	5.000 Stück/Mon.
Produkt B	7.000 Stück/Mon.
Produkt C	4.000 Stück/Mon.

64 : Kurzfristige Optimierung bei Eigenfertigung/ Fremdbezug

Die Metallbau GmbH steht vor der Frage, Einbauteile selbst zu fertigen oder von einem Zulieferer zu beziehen. Folgende Situation ist gegeben:

Bei Eigenfertigung liegen die variablen Kosten bei 23 DM/Stück, die fixen Kosten betragen 14 DM/Stück. Der Zulieferer bietet die Einbauteile für 21 DM/Stück an.

(1) Welche Entscheidung sollte die Metallbau GmbH unter kostenrechnerischen Gesichts- punkten treffen?

(2) Welche Gründe könnten gegen diese Entscheidung sprechen?

65 : Mehrstufige Deckungsbeitragsrechnung (1)

Es wird von einem Unternehmen ausgegangen, das vier Erzeugnisarten (A, B, C, D) hergestellt hat. In der vergangenen Periode wurden von den einzelnen Erzeugnisarten hergestellt und verkauft:

Erzeugnis	A	B	C	D
Produktion/Verkauf in Stück	20.000	40.000	10.000	25.000

Der Verkaufspreis betrug jeweils:

Preis in DM/Stück	4,50	2,50	8,25	1,20

Es fielen Erlösschmälerungen in folgender Höhe an:

Erlösschmälerungen	2.000	1.000	3.000	800

Die variablen Fertigungskosten betrugen:

Variable Fertigungskosten je Stück	2,50	1,25	3,00	0,40

Die variablen Vertriebskosten betrugen:

Variable Vertriebskosten je Stück	0,75	0,25	1,00	0,20

An Erzeugnisfixkosten (Patenten, Kosten für Spezialwerkzeuge, die nur für die Produktion einer bestimmten Erzeugnisart anfallen) sind angefallen:

Erzeugnisfixkosten	10.000	10.000	5.000	5.000

Die Erzeugnisgruppe I umfaßt die Erzeugnisarten A und B, die Erzeugnisgruppe II die Erzeugnisarten C und D.

An Erzeugnisgruppenfixkosten sind angefallen:

13.000 DM für die Erzeugnisgruppe I und 9.000 DM für die Erzeugnisgruppe II. Aus Vereinfachungsgründen werden hier die Kostenstellenfixkosten (= einer Kostenstelle direkt zurechenbare Fixkosten wie Meisterlöhne) und die Bereichsfixkosten (= einem Kostenbereich direkt zurechenbare Fixkosten wie Gehälter für den Werksdirektor) zusammen verrechnet. An Kostenstellenfixkosten und Bereichsfixkosten fielen an:

Bereich I	13.000 DM

Bereich II	12.000 DM

An fixen Kosten, die sich nicht weiter aufgliedern lassen (= Unternehmungsfixkosten) fielen 20.000 DM an.

Ermitteln Sie den Brutto- und Nettoerlös, die Deckungsbeiträge I, II, II, V (mit IV zusammengefaßt) und die Nettoergebnisse.

66 : Mehrstufige Deckungsbeitragsrechnung (2)

(1) Es wird von einem Unternehmen ausgegangen, das 8 Erzeugnisarten (A - H) herstellt. Die Angaben über die Bruttoerlöse, die Erlösschmälerungen, die variablen Vertriebskosten sind der nachfolgenden Tabelle zu entnehmen:

Erzeugnis- art	Brutto- erlös	Erlös- schmäle- rungen	Variable Fertigungs- kosten	Variable Vertriebs- kosten
A	121.000	6.000	60.000	24.000
B	143.000	7.000	70.000	26.000
C	190.000	8.000	71.000	23.000
D	142.000	7.000	39.000	25.000
E	92.000	4.000	31.000	23.000
F	103.000	5.000	32.000	26.000
G	76.000	3.000	29.000	13.000
H	114.000	5.000	58.000	20.000

An Entwicklungskosten sind für jede Erzeugnisart 7.000 DM angefallen. Die Kosten jeweils für Spezialwerkzeuge betrugen für die Erzeugnisarten:

A = 3.000 DM   E = 4.000 DM
B = 5.000 DM   F = 6.000 DM
C = 21.000 DM   G = 3.000 DM
D = 14.000 DM   H = 5.000 DM

Die fixen Kosten der Spezialmaschinen betrugen für Maschine A (für die Produktion der Erzeugnisarten A und B erforderlich) 16.000 DM, für Maschine B (für Erzeugnisarten C und D erforderlich) 55.000 DM, für Maschine C (für Erzeugnisarten E und F erforderlich) 23.000 DM und für Maschine D (für Erzeugnisarten G und H erforderlich) 18.000 DM.

Die Produktion der Erzeugnisarten A bis D erfolgt in der Kostenstelle I. In dieser Kostenstelle sind 17.000 DM fixe Kosten angefallen.

Die Produktion der Erzeugnisarten E und F erfolgt in der Kostenstelle II. In dieser Kostenstelle sind fixe Kosten in Höhe von 10.000 DM angefallen.

In der Kostenstelle III, in der die Erzeugnisarten G und H hergestellt werden, sind fixe Kosten in Höhe von 5.000 DM angefallen.

Die Kostenstellen I und II gehören zum Kostenbereich I und II. In diesem Bereich sind fixe Kosten in Höhe von 53.000 DM angefallen. Die Kostenstelle III gehört zum Kostenbereich III. In diesem Bereich sind fixe Kosten in Höhe von 2.000 DM angefallen.

An fixen Kosten für Unternehmensleitung und für die Betriebsüberwachung sind 24.000 DM angefallen.

Ermitteln Sie die Nettoerlöse, das Bruttoergebnis, die Deckungsbeiträge I - IV und das Nettoergebnis als Deckungsbeitrag V!

67 : Mehrstufige Deckungsbeitragsrechnung (3)

Die Firma Plastic GmbH fertigt 3 Produkte. Die Erlöse der Erzeugnisse betrugen im Jahr 1991:

Produkt A:	180.000 DM
Produkt B:	250.000 DM
Produkt C:	200.000 DM

Produkt A und B wurden in einem Kostenbereich gefertigt.

Es fielen folgende Kosten an:

Kostenträgereinzelkosten

Produkt A:	30.000 DM
Produkt B:	50.000 DM
Produkt C:	40.000 DM

Kostengruppeneinzelkosten

Kostenbereich I:	130.000 DM
Kostenbereich II:	70.000 DM

Unternehmenseinzelkosten

	50.000 DM

Ermitteln Sie den Periodenerfolg!

68 : Deckungsbeitragsrechnung mit relativen Einzelkosten

Ein Unternehmen fertigt 4 Erzeugnisse A, B, C, D.

Bruttoerlöse der Periode

Produkt A:	80.000 DM
Produkt B:	70.000 DM
Produkt C:	95.000 DM
Produkt D:	75.000 DM

Vertriebseinzelkosten der Erzeugnisse

Produkt A:	12.000 DM
Produkt B:	11.000 DM
Produkt C:	14.000 DM
Produkt D:	11.300 DM

Fertigungseinzelkosten der Erzeugnisse

Produkt A:	30.500 DM
Produkt B:	28.000 DM
Produkt C:	39.000 DM
Produkt D:	23.700 DM

Fertigungseinzelkosten der Erzeugnisgruppen

A + B:	29.000 DM
C + D:	43.000 DM

Einzelkosten der Fertigungsstellen bzw. -bereiche

Fertigungsstelle 1:	10.000 DM
Fertigungsstelle 2:	18.000 DM
Fertigungsstelle 3:	16.000 DM

Einzelkosten der Hilfsbetriebe

18.500 DM

Einzelkosten der Verwaltungs- und Vertriebsbereiche

8.000 DM

Ermitteln Sie das Betriebsergebnis mit Deckungsbeiträgen über die gesamten Erzeugnis-Einzelkosten (einschließlich der fixen)!

---

69 : Grenzplankostenrechnung

(1) Für die Kostenstelle 1731 werden folgende Werte geplant:

	Kapazitätsplanung	Engpaßplanung
Planbeschäftigungsgrad	100 %	70 %
Planbezugsgröße	10.000 Std.	7.000 Std.
Gesamte Plankosten	50.000 DM	38.600 DM
Fixe Plankosten	12.000 DM	12.000 DM
Istbeschäftigungsgrad	60 %	
Istbezugsgröße	6.000 Std.	
Gesamte Istkosten	37.000 DM	
Fixe Istkosten	12.000 DM	

Errechnen Sie sowohl im Rahmen der Kapazitäts- als auch Engpaßplanung mittels Grenzplankostenrechnung:

(a) Plankostenverrechnungssätze
(b) Verrechnete Plankosten
(c) Verbrauchsabweichungen

(2) Ermitteln Sie aufgrund der Werte aus (1) die Nutz- und Leerkosten für die Kapazitäts- und Engpaßplanung!

---

70 : Eignung der Kostenrechnungssysteme

Stellen Sie die Eignung der Kostenrechnungssysteme im Hinblick auf die Aufgaben der Kostenrechnung dar!

Verwenden Sie dabei zweckmäßigerweise die folgenden Symbole:

+ geeignet
o teilweise geeignet
- nicht geeignet

Aufgaben der Kostenrechnung	Eignung der Kostenrechnungssysteme						
	Ist-KoRe	Normal-KoRe	Plan KoRe	Ein-stufige DBR	Mehr-stufige DBR	DBR mit rel. EK	Grenz-plan-KoRe
PLANUNG							
• Erfolgsplanung							
- Kalkulatorischer Gesamterfolg							
- Kurzfristige Produktionsplanung							
- Planung von Zusatzaufträgen							
- Kurzfristige Absatzplanung							
• Zukunftsbezogene Wirtschaftlichkeits-rechnungen bezogen auf							
- Gesamtbetrieb							
- Kostenstellen							
- Fertigungsverfahren							
- Fertigungsbreite und -tiefe							
- Maschinenbelegung							
- Arbeitsverteilung/-einsatz							
- Losgrößen							
- Lagerhaltung/Bestellmengen							
- Formen der Kapazitätsanpassung							
- Bereitstellungsverfahren							
- Entscheidung zwischen Eigenfertigung und Fremdbezug							
- Beschaffungs- und Absatzmethode							
• Preisfindung							
- Preisobergrenzen für Beschaffungsgüter							
- Kostenorientierte Preisfindung für Absatzgüter							
- Bestimmung von Preisuntergrenzen							
- Verrechnungspreise für interne Leistungen							
- Preis-/Kostenvergleiche							
KONTROLLE							
• Erfolgskontrolle							
- Kurzfristige Erfolgsrechnung							
- Bereichs- und Produkterfolgskontrolle							
• Wirtschaftlichkeitskontrolle							
- Umfang und Art der entstandenen Kosten (Kostenartenrechnung)							
- Orte der Entstehung von Kosten (Kostenstellenrechnung)							
- Verwendungszweck der Kosten (Kostenträgerrechnung)							
- Innerbetrieblicher Zeitvergleich							
- Innerbetrieblicher Soll-Ist-Vergleich							
- Zwischenbetrieblicher Vergleich							
• Preiskontrolle							
- Nachkalkulation mit Vollkosten							
- Nachkalkulation mit Teilkosten							
- Preis-/Kostenvergleiche							
RECHENSCHAFTSLEGUNG							
• Nachweis der Selbstkosten bei öffentlichen Aufträgen							
• Ermittlung von Bilanzansätzen für fertige und unfertige Erzeugnisse sowie selbst-erstellte Anlagen							
• Unterlagen für Kreditverhandlungen							
• Begründung von Ansprüchen gegenüber Versicherungen bei Schadensfällen							

Lösungen

1: Ordnungsmäßigkeit der Buchführung

(1) Es liegen **formelle Verstöße** gegen die Ordnungsmäßigkeit der Buchführung vor, da lediglich die Organisation der Buchführung betroffen wird.

(2) Die Verpflichtung zur Aufbewahrung kaufmännischer Schriftstücke beruht auf § 257 HGB und § 147 AO. Aufgrund dieser Regelungen endet am 31.12.1991 die **gesetzliche Aufbewahrungsfrist** im einzelnen für:

- Bücher, Inventare und Bilanzen einschließlich Wareneingangsbuch und Buchungen über den Warenausgang aus dem Jahr 1981 und früher.

  Die Aufbewahrungsfrist beträgt hier also 10 Jahre.

- Aufzeichnungen, empfangene Handelsbriefe, Buchungsbelege und sonstige Unterlagen, die für die Besteuerung von Bedeutung sind, aus dem Jahr 1985 und früher.

  Diese Unterlagen sind also 6 Jahre aufzubewahren.

(3) Es liegen **materielle Verstöße** gegen die Ordnungsmäßigkeit der Buchführung vor, da die Richtigkeit und Vollständigkeit der Aufzeichnungen betroffen sind.

2: Auszahlungen/Ausgaben/Einzahlungen/Einnahmen

(1) **Stand vom 01.05.1991:**

Auszahlungen	0 DM
- Forderungsabgänge	0 DM
+ Schuldenzugänge	60.000 DM
= Ausgaben	60.000 DM

Es bestehen also bereits Ausgaben von 60.000 DM, obwohl noch nichts ausgezahlt wurde.

Stand vom 01.06.1991:

Auszahlungen	60.000 DM
+ Forderungsabgänge	0 DM
+ Schuldenzugänge	0 DM
= Ausgaben	60.000 DM

Wie am 01.05.1990 liegen auch jetzt Ausgaben in Höhe von 60.000 DM vor. Allerdings beinhaltet dieser Betrag keine Schulden mehr, da er beglichen worden ist, also zu Auszahlungen geführt hat.

(2) **Stand vom 01.05.1991:**

Einzahlungon	0 DM
+ Forderungszugänge	60.000 DM
+ Schuldenabgänge	0 DM
= Einnahmen	60.000 DM

Die Einnahmen betragen 60.000 DM, sind aber nicht durch einen Geldzugang entstanden, sondern durch einen Zugang an Forderungen.

Stand vom 01.06.1991:

Einzahlungen	60.000 DM
+ Forderungszugänge	0 DM
+ Schuldenabgänge	0 DM
= Einnahmen	60.000 DM

Wie am 01.05.1991 liegen auch jetzt Einnahmen in Höhe von 60.000 DM vor. Am 01.06.1990 sind die Forderungen allerdings durch einen tatsächlichen Geldzufluß ersetzt worden.

3 : Aufwendungen/Kosten

	Neutrale Aufwendungen	Zweck- aufwendungen	Grund- kosten	Zusatz- kosten
1	900	-	-	-
2	200	-	-	-
3	1.800	1.200	1.200	-
4	-	1.650	1.650	-
5	-	70.000	70.000	10.000
6	5.000	-	-	-
7	-	13.000	13.000	-
8	1.500	1.500	1.500	-

4 : Gewinn

(1)
Perioden-Gewinn 1988	70.000 - 55.000 =	15.000 DM
Perioden-Gewinn 1989	90.000 - 65.000 =	25.000 DM
Perioden-Gewinn 1990	140.000 - 110.000 =	30.000 DM
Perioden-Gewinn 1991	60.000 - 70.000 =	-10.000 DM
Totalgewinn	=	60.000 DM

(2)
Pagatorischer Gewinn = Kapitalgewinn - Fremdkapitalzinsen
Pagatorischer Gewinn = 100.000 - 12.000 = 88.000 DM

Kalkulatorischer Gewinn = Pagatorischer Gewinn - Eigenkapitalzinsen
Kalkulatorischer Gewinn = 88.000 - 6.000 = 82.000 DM

(3) Der absolute Gewinn ist die Differenz von Erträgen und Aufwendungen, der relative Gewinn umfaßt ebenfalls diese Differenz, wird allerdings in Relation zu einer weiteren Größe gesetzt - bei der Rentabilität in Relation zum eingesetzten Kapital.

Der relative Gewinn ist die aussagekräftigere Kennzahl, weil dargestellt wird, wie der Gewinn sich zu einer weiteren Größe - vor allem dem eingesetzten Kapital - verhält.

Beispielsweise ist es wenig informativ, wenn im Wirtschaftsteil der Zeitung steht, die Electronic AG habe 1991 einen (absoluten) Gewinn von 300.000 DM erzielt. Wichtig ist es zu wissen, mit welchem eingesetzten Kapital dies möglich wurde, beispielsweise mit 800.000 DM oder mit 80.000.000 DM eingesetztem Kapital.

---

5 : Wirtschaftlichkeit

(1) Produkt A = $\dfrac{600.000}{500.000}$ = $\underline{\underline{1{,}20}}$

Produkt B = $\dfrac{83.000}{80.000}$ = $\underline{\underline{1{,}04}}$

Produkt C = $\dfrac{105.000}{110.000}$ = $\underline{\underline{0{,}95}}$ **Geringste** Wirtschaftlichkeit

Produkt D = $\dfrac{525.000}{420.000}$ = $\underline{\underline{1{,}25}}$ **Höchste** Wirtschaftlichkeit

Die dargestellte Kennzahl der Kosten-Wirtschaftlichkeit hat zwei Mängel:

• Bei Veränderungen von Beschaffungs- oder/und Absatzpreisen ändert sich die Kosten-Wirtschaftlichkeit.

• In der Formel fehlt eine feste Bezugsbasis, wie es für eine Beurteilung der Wirtschaftlichkeit - vgl. Wirtschaftlichkeitsprinzip - notwendig wäre.

(2) Produkt A = $\dfrac{450.000}{500.000}$ = $\underline{\underline{0{,}90}}$

Produkt B = $\dfrac{100.000}{80.000}$ = $\underline{\underline{1{,}25}}$ **Höchste** Wirtschaftlichkeit

Produkt C = $\dfrac{100.000}{110.000}$ = $\underline{\underline{0{,}91}}$

Produkt D = $\dfrac{360.000}{420.000}$ = $\underline{\underline{0{,}86}}$ **Geringste** Wirtschaftlichkeit

Die hier verwendete Kennzahl hat den Vorteil, daß sie als feste Bezugsgröße die (durch Planung ermittelten) Sollkosten hat, mit denen dann die tatsächliche Kostenentwicklung verglichen werden kann.

6 : Produktivität

(1)

	1990	1991
Material-produktivität	$\frac{10.000}{24.000} = \underline{\underline{0,42}}$	$\frac{15.000}{25.000} = \underline{\underline{0,60}}$
Arbeits-produktivität	$\frac{10.000}{5.000} = \underline{\underline{2,00}}$	$\frac{15.000}{5.400} = \underline{\underline{2,78}}$

(2) Es ist zu erkennen, daß beide Teilproduktivitäten im Jahre 1991 im Vergleich zu 1990 erheblich gesteigert werden konnten.

Im konkreten Fall wäre es notwendig, sich nicht nur auf diese Aussage zu beschränken, sondern eine Ursachenanalyse durchzuführen.

(3) Als Größen müssen gegeben sein:

• Erzeugte Menge.
• Maschinenstunden oder Maschinenzahl oder Nutzfläche.

7 : Rentabilität/Wirtschaftlichkeit/Produktivität

(1) Es ergeben sich:

(a) Zinssatz für das Fremdkapital $= \frac{300.000 \cdot 100}{5.000.000} = \underline{\underline{6,00\,\%}}$

(b) Umsatz-rentabilität $= \frac{400.000 \cdot 100}{30.000.000} = \underline{\underline{1,33\,\%}}$

(c) Eigenkapital-rentabilität $= \frac{400.000 \cdot 100}{2.000.000 + 3.000.000} = \underline{\underline{8,00\,\%}}$

(d) Gesamtkapital-rentabilität $= \frac{(400.000 + 300.000) \cdot 100}{5.000.000 + 5.000.000} = \underline{\underline{7,00\,\%}}$

(2) Aus den Daten der Werkzeug AG ergeben sich:

(a)

	1990	1991
Betriebsmittel-produktivität	$\frac{50.000}{8.500} = \underline{\underline{5,88}}$	$\frac{50.000}{8.000} = \underline{\underline{6,25}}$
Wirtschaft-lichkeit	$\frac{15.000.000}{15.800.000} = \underline{\underline{0,95}}$	$\frac{15.000.000}{14.900.000} = \underline{\underline{1,01}}$
Umsatz-rentabilität	$\frac{980.000 \cdot 100}{17.000.000} = \underline{\underline{5,77\,\%}}$	$\frac{220.000 \cdot 100}{16.200.000} = \underline{\underline{1,36\,\%}}$
Eigenkapital-rentabilität	$\frac{980.000 \cdot 100}{9.000.000} = \underline{\underline{10,89\,\%}}$	$\frac{220.000 \cdot 100}{9.000.000} = \underline{\underline{2,44\,\%}}$

(b) Die Betriebsmittelproduktivität und Wirtschaftlichkeit haben sich von 1990 auf 1991 verbessert, die Umsatzrentabilität und Eigenkapital verschlechtert:

Die Entwicklung bei der Betriebsmittelproduktivität und Wirtschaftlichkeit kann darin begründet sein, daß Verbesserungen in der Produktion erfolgten, beispielsweise durch den Einsatz rationeller arbeitender Maschinen und/oder durch umsichtigere Produktion (weniger Abfall, optimale Maschinenausnutzung, Vermeidung von Überstunden, geringerer Ausschuß usw.).

Die Entwicklung bei der Rentabilität kann durch Umsatz- und damit auch Ertragseinbußen begründet sein. Es zeigt sich, daß die Verbesserungen in der Produktion solange relativ wirkungslos bleiben, als die Produkte nicht auch verkauft werden.

8 : Beschäftigungsgrad/Gesamtkosten/Stückkosten

(1) Beschäftigungsgrad 1990 = $\dfrac{150.000 \cdot 100}{200.000}$ = $\underline{\underline{75\ \%}}$

Beschäftigungsgrad 1991 = $\dfrac{188.000 \cdot 100}{200.000}$ = $\underline{\underline{94\ \%}}$

(2) Gesamtkosten = Fixe Kosten + variable Kosten
Gesamtkosten = 300.000 + 700.000 = $\underline{\underline{1.000.000\ \text{DM}}}$

Stückkosten = Gesamtkosten : Leistungsmenge
Stückkosten = 1.000.000 : 10.000 = $\underline{\underline{100\ \text{DM}}}$

9 : Leer-/Nutz-/Durchschnitts-/Grenz-/Gesamtkosten

(1) Nutzkosten = Fixe Kosten · Beschäftigungsgrad

Nutzkosten = 15.000 · $\dfrac{4.950}{6.000}$ = $\underline{\underline{12.375\ \text{DM}}}$

Leerkosten = Fixe Kosten - Nutzkosten

Leerkosten = 15.000 - 12.375 = $\underline{\underline{2.625\ \text{DM}}}$

(2) Es ergeben sich folgende Durchschnitts- und Grenzkosten:

(a)

Ausbringungs-menge	Gesamt-kosten	Durchschnitts-kosten	Grenz-kosten
100	6.000	60	6.000
200	6.000	30	0
300	6.000	20	0
400	6.000	15	0
500	6.000	12	0
600	6.000	10	0

(b)

Ausbringungs-menge	Gesamt-kosten	Durchschnitts-kosten	Grenz-kosten
100	2.000	20	2.000
200	2.000	10	0
300	3.300	11	1.300
400	3.300	8,25	0
500	4.600	9,20	1.300
600	4.600	7,67	0

(c) **Fixe Kosten**

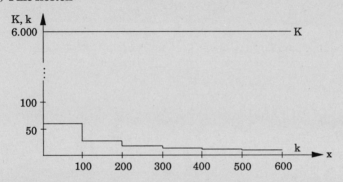

Sprungfixe Kosten

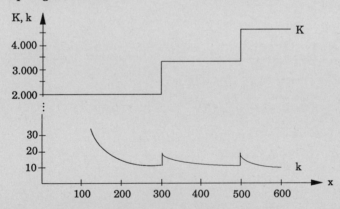

10 : Variable Kosten

(1) Es ergeben sich folgende Durchschnitts- und Grenzkosten:

(a)

Ausbringungs-menge	Gesamt-kosten	Durchschnitts-kosten	Grenz-kosten
1	100	100	100
2	190	95	90
3	270	90	80
4	340	85	70

(b)

Ausbringungs-menge	Gesamt-kosten	Durchschnitts-kosten	Grenz-kosten
1	80	80	80
2	160	80	80
3	240	80	80
4	320	80	80

(c)

Ausbringungs-menge	Gesamt-kosten	Durchschnitts-kosten	Grenz-kosten
1	70	70	70
2	150	75	80
3	240	80	90
4	340	85	100

(2) Es handelt sich um folgende Kostenverläufe:

    (a) Degressiver Verlauf

    (b) Proportionaler Verlauf

    (c) Progressiver Verlauf

(3) Die Kostenverläufe haben folgendes Aussehen:

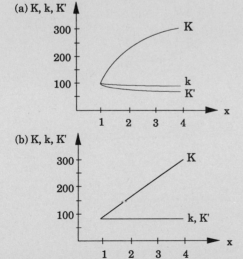

(a) K, k, K'

(b) K, k, K'

(c) K, k, K'

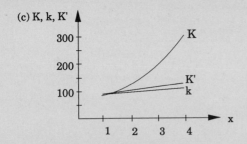

11 : Kosten-/Umsatzfunktion

(1)

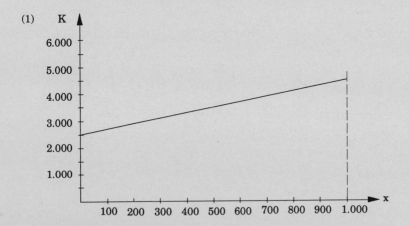

(2)

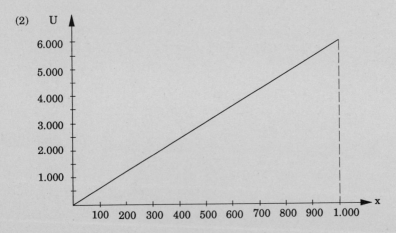

(3) Als Nutzenschwelle und Gewinnmaximum ergeben sich:

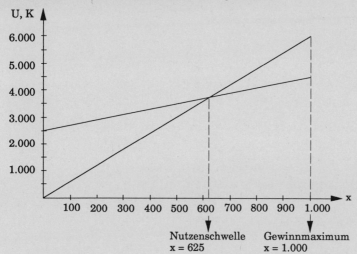

Nutzenschwelle
x = 625

Gewinnmaximum
x = 1.000

Die Nutzenschwelle wird rechnerisch durch das Gleichsetzen der beiden Gleichungen ermittelt, da ihr Schnittpunkt die Nutzenschwelle darstellt:

$6 x = 2.500 + 2 x$
$\underline{x = 625 \text{ Stück}}$

Das Gewinnmaximum wird durch die Kapazitätsgrenze bestimmt und beträgt:

$\underline{x = 1.000 \text{ Stück}}$

(b) In der Nutzenschwelle wird ein Gewinn von Null erzielt, da die Nutzenschwelle den Übergang von der Verlust- in die Gewinnzone darstellt.

Im Gewinnmaximum wird folgender Gewinn erzielt:

$G = U - K$
$G = 6 x - (2.500 + 2 x)$
$G = 6 \cdot 1.000 - (2.500 + 2 \cdot 1.000)$
$\underline{G = 1.500 \text{ DM}}$

(4) Für die Metallbau GmbH ergibt sich folgende Situation:

(a)

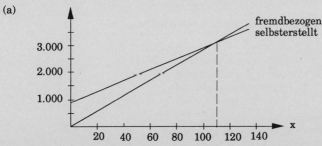

fremdbezogen
selbsterstellt

Es ist bei einem Bedarf von 100 Drehteilen bei Ansatz der Vollkostenrechnung günstiger, wenn die Metallbau GmbH die Drehteile von außen bezieht, da die Gesamtkosten in diesem Falle niedriger sind.

(b) Es gelten die Gleichungen:

$$K_{Fremd} = 28\ x \qquad\qquad K_{Selbst} = 880 + 20\ x$$

Bei 100 Drehteilen ergeben sich:

$$K_{Fremd} = 28 \cdot 100 = \underline{2.800\ DM} \qquad K_{Selbst} = 880 + 20 \cdot 100 = \underline{2.880\ DM}$$

(c) Beide Gleichungen werden gleichgesetzt, um zur Nutzenschwelle zu gelangen:

$$28\ x = 880 + 20 \qquad\qquad x = \underline{110\ Stück}$$

12 : Ermittlung der Verbrauchsmengen

(1) Bei belegmäßiger Erfassung kann die **Skontrationsmethode** angewendet werden:

Endbestand = Anfangsbestand + Zugang - Abgang
Endbestand = 30.000 + 6.000 - 3 ·7.500
Endbestand = 13.500 Liter

(2) Da keine belegmäßige Erfassung erfolgt, können die Inventurmethode oder die retrograde Methode in Betracht kommen. Die retrograde Methode läßt sich jedoch nicht anwenden, da keine Rückrechnung vom Produkt her möglich ist.

Anwendung findet damit die **Inventurmethode**:

Verbrauch = Anfangsbestand + Zugang - Endbestand
Verbrauch = 70 ·250 + 2 ·(100 ·400) - (20 ·250 + 65 ·400)
Verbrauch = 66.500 Stück

(3) Hier kann die **retrograde Methode** der Verbrauchsrechnung verwendet werden, bei der von den fertiggestellten Produkten auf die verbrauchten einzelnen Materialien geschlossen wird.

Sofern nicht in bestimmten Umfange **Ausschuß** zu berücksichtigen ist, kann angenommen werden, daß von jedem Teil aus der Stückliste 12.500 Stück verbraucht wurden:

12.500 · 1 = 12.500 Oberteile   12.500 · 1 = 12.500 Minen
12.500 · 1 = 12.500 Unterteile   12.500 · 1 = 12.500 Federn
12.500 · 1 = 12.500 Zwischenringe

13 : Bewertung der Verbrauchsmengen

(1)

	Angebotspreis	1.200 · 5,00 =	6.000 DM
-	20 % Rabatt	6.000 · 0,20 =	1.200 DM
-	3 % Skonto	4.800 · 0,03 =	144 DM
+	Verpackung	12 · 3,00 =	36 DM
=	Anschaffungswert		4.692 DM

(2) Für die von der Maschinenbau GmbH benötigten Zulieferteile gilt:

(a)

	Kleinschmidt OHG			Petersen GmbH			Adolf Schmidt KG		
	300 Stück	800 Stück	1.300 Stück	300 Stück	800 Stück	1.300 Stück	300 Stück	800 Stück	1.300 Stück
Angebotspreis	25,00	25,00	25,00	23,00	23,00	23,00	30,00	30,00	30,00
- Rabatt	-	-	2,50	-	-	-	-	-	7,50
- Bonus	-	-	-	-	-	-	-	-	-
+ Mindermengen-zuschlag	1,25	-	-	-	-	-	-	-	-
= Zieleinkaufs-preis	26,25	25,00	22,50	23,00	23,00	23,00	30,00	30,00	22,50
- Skonto	0,53	0,50	0,45	-	-	-	1,20	1,20	0,90
= Bareinkaufs-preis	25,72	24,50	22,05	23,00	23,00	23,00	28,80	28,80	21,60
+ Bezugskosten	-	-	-	0,06	0,06	0,06	0,03	-	-
= Anschaffungs-wert	25,72	24,50	22,05	23,06	23,06	23,06	28,83	28,80	21,60

(b) Die Zulieferteile können am kostengünstigsten bezogen werden:

bei   300 Stück von der Firma Petersen GmbH   (23,06 DM)
bei   800 Stück von der Firma Petersen GmbH   (23,06 DM)
bei 1.300 Stück von der Firma Adolf Schmidt KG (21,60 DM)

(3) Als durchschnittliche Anschaffungspreise ergeben sich:

(a) nach dem Abgang von Materialien

		Menge (Stück)	Einzelpreis (DM)	Gesamtpreis (DM)
Bestand	01.06.	500	24,00	12.000,00
Zugang	12.06.	1.200	21,60	25.920,00
Bestand	12.06.	1.700	22,3059	37.920,00
Zugang	15.06.	800	21,20	16.960,00
Bestand	15.06.	2.500	21,9520	54.880,00
Abgang	18.06.	1.400	21,9520	30.732,80
Bestand	18.06.	1.100	21,9520	24.147,20
Zugang	20.06.	600	28,40	17.040,00
Bestand	20.06.	1.700	24,2278	41.187,20
Abgang	30.06.	1.000	24,2278	24.227,80
Bestand	30.06.	700	24,2278	16.959,40

(b) nach der Abrechnungsperiode

$$\frac{\text{Durchschnittlicher}}{\text{Anschaffungspreis}} = \frac{\text{Summe der Zugänge in DM}}{\text{Summe der Zugänge in Stück}}$$

$$\frac{\text{Durchschnittlicher}}{\text{Anschaffungspreis}} = \frac{12.000 + 25.920 + 16.960 + 17.040}{500 + 1.200 + 800 + 600} = \underline{\underline{23,20 \text{ DM}}}$$

14 : Preisdifferenzen

(1) Es geht um das Problem der Preisdifferenzen, das buchhalterisch folgendermaßen behandelt wird:

Klasse 1: Bank	
(1)	28.000
	(4 · 200 · 35)

Klasse 3: Rohstoffe			
(1)	28.000	(2)	19.250
	(4 · 200 · 35)		(550· 35)

Klasse 2: Preisdifferenzen		
(2)	8.250	(3)	8.250
	(550 · 15)	

Klasse 4: Fertigungsmaterial		
(2)	11.000	(5)	11.000
	(550 · 20)	

Klasse 9: Neutrales Ergebniskonto		
(3)	8.250	(4)	8.250

Klasse 9: Betriebsergebniskonto		
(5)	11.000	(6)	11.000

Klasse 9: GuV-Konto	
(4)	8.250
(6)	11.000

(2)

Rechnungskreis I				Rechnungskreis II					
Erfolgsbereich der GB Gesamtergebnis (GuV-Rechnung)				Abgrenzungsbereich Neutrales Ergebnis				KLR-Bereich Betriebsergebnis	
				Unternehmensbezogene Abgrenzungen		Kostenrechnerische Korrekturen			
Kto. Nr.	Kontenbezeichung	Aufwand	Ertrag	Aufwand	Ertrag	Betriebl. Aufwand lt. GB	Verrechn. Kosten lt. KLR	Kosten	Leistungen
600	Fertigungsmaterial	19.250	–	–	–	19.250	11.000	11.000	–

(3) Obgleich in der Betriebsbuchhaltung mit einem niedrigeren Verrechnungswert gearbeitet wird, ist festzustellen, daß die Rohstoffkosten bei der Ermittlung des bilanziellen Gesamterfolges in der tatsächlich gezahlten Höhe ins Gewicht fallen.

15 : Löhne

(1) Der Arbeiter der Werkzeugbau GmbH erhält:

$38 \cdot 15 = \underline{570\ DM}$

Die unter Normalleistung liegende Leistung des Arbeiters ist ohne Belang für die Ermittlung des Lohnes. Der Arbeiter wird ausschließlich für die Zeit seiner Anwesenheit bezahlt.

(2)

Arbeitskraft	Zeitlohn	Akkordlohn
Nachwächter	*	
Pförtner	*	
Maurer		*
Fernfahrer	*	
Schleifer		*
Werkzeugausgeber	*	
Dreher		*

16 : Akkordlohn/Prämienlohn

(1) Für die Montagearbeiten an Handmixgeräten gilt:

(a) Es handelt sich um Geldakkord.

(b) $181 \cdot 2,50 : 38 = \underline{11,91\ DM}$

(2) Es ergeben sich:

(a) Grundlohn = 8,20 + 0,20 · 8,20
Grundlohn = $\underline{9,84\ DM}$

(b) Minutenfaktor = 9,84 : 60
Minutenfaktor = $\underline{0,164\ DM/Min.}$

(c) Stundenlohn = (9,84 : 3) ·4
Stundenlohn = $\underline{13,12\ DM}$

Der Stundenlohn kann auch ermittelt werden:

Stundenlohn = 4·20 · 0,164 = $\underline{13,12\ DM}$

(3) Es ergeben sich folgende Werte:

(a)

Tag	Ist-Leistung (Stück)	Arbeitszeit (Stunden)	Ersparte Zeit (Stunden)	Grundlohn (DM)	Prämie (50 %)	Tageslohn (DM)
1	8	8	0	96,00	0,00	96,00
2	10	8	2	96,00	12,00	108,00
3	11	8	3	96,00	18,00	114,00
4	13	8	5	96,00	30,00	126,00
5	10	8	2	96,00	12,00	108,00

(b)

Tag	Ist-Leistung (Stück)	Tageslohn (DM)	Lohnkosten (DM/Stück)
1	8	96,00	12,00*
2	10	108,00	10,80
3	11	114,00	10,36
4	13	126,00	9,69
5	10	108,00	10,80

* 12,00 = 96 : 8

(c)

Tag	Arbeitszeit (Stunden)	Tageslohn (DM)	Stundenlohn (DM)
1	8	96,00	12,00*
2	8	108,00	13,50
3	8	114,00	14,25
4	8	126,00	15,75
5	8	108,00	13,50

* 12,00 = 96 : 8

17: Urlaubslöhne

(1) Folgende Buchungen erfolgen:

```
         Klasse 1: Kasse                     Klasse 2: Verrechnete Anteile
                 |  (2)    16.500      (2)       16.500  |  (1)       18.000
                                       (2.000 + 4.000 +  |  (12 · 1.500)
                                       + 6.000 + 4.000 + |
                                       + 500)            |
                                       (3)        1.500  |
                                       (Saldo)           |


      Klasse 4: Urlaubslöhne              Klasse 9: Neutrales Ergebniskonto
 (1)      18.000  |  (4)    18.000      (5)        1.500  |  (3)        1.500
 (12 · 1.500)     |


  Klasse 9: Betriebsergebniskonto           Klasse 9: GuV-Konto
 (4)      18.000  |  (6)    18.000      (6)       18.000  |  (5)        1.500
```

(2)

Rechnungskreis I				Rechnungskreis II					
Erfolgsbereich der GB Gesamtergebnis (GuV-Rechnung)				Abgrenzungsbereich Neutrales Ergebnis				KLR-Bereich Betriebsergebnis	
				Unternehmensbezogene Abgrenzungen		Kostenrechnerische Korrekturen			
Kto. Nr.	Kontenbezeichung	Aufwand	Ertrag	Aufwand	Ertrag	Betriebl. Aufwand lt. GB	Verrechn. Kosten lt. KLR	Kosten	Leistungen
	Summen für das Jahr 1991								
621	Urlaubslöhne	16.500	–	–	–	16.500	18.000	18.000	–
	Beispiel: Monat Mai								
621	Urlaubslöhne	2.000	–	–	–	2.500	1.500	1.500	–

(3) In dem GuV-Konto erfolgt ein Ausgleich der Fehlschätzung, so daß dem bilanziellen Erfolg nur die tatsächlich entstandenen Kosten zugrundeliegen.

18 : Lineare Abschreibung

(1) Es ergeben sich folgende Werte:

(a) Abschreibungsprozentsatz = $\frac{100}{10}$ = $\underline{\underline{10\ \%}}$

(b) Jährlicher Abschreibungsbetrag = 60.000 · 0,10 = $\underline{\underline{6.000\ \text{DM}}}$

(c) Jährlicher Abschreibungsbetrag = (60.000 + 60.000 · 0,2) · 0,10 = $\underline{\underline{7.200\ \text{DM}}}$

(2) $a = \dfrac{12.000 - 2.000}{8} = 1.250\ \text{DM}$

(a) Buchwert nach dem 2. Jahr:

(8 - 2) · 1.250 + 2.000 = $\underline{\underline{9.500\ \text{DM}}}$

(b) Buchwert nach dem 6. Jahr:

(8 - 6) · 1.250 + 2.000 = $\underline{\underline{4.500\ \text{DM}}}$

(c)

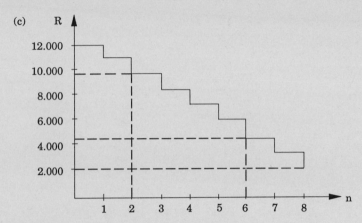

(3) Die Höhe der Abschreibungen hängt von folgenden Faktoren ab:

- Anschaffungs- oder Herstellwert
- Geschätzter Restwert (Schrottwert)
- Geschätzte Nutzungsdauer
- Verfahren der Abschreibung.

Der Anschaffungs- oder Herstellwert ist nur bei der bilanziellen Abschreibung zwingend zugrunde zu legen, bei der kalkulatorischen Abschreibung können es auch andere Werte sein, beispielsweise der Wiederbeschaffungswert.

19: Degressive Abschreibung

(1) Es ergeben sich folgende Werte:

(a) Der Abschreibungsprozentsatz bei geometrisch-degressiver Abschreibung beträgt:

$$p = (1 - \sqrt[10]{\frac{21.475}{200.000}}) \cdot 100$$

$$p = \underline{\underline{20\,\%}}$$

Daraus ergeben sich die jährlichen Abschreibungsbeträge:

Jahr	Abschreibungs- betrag (DM)
1	40.000
2	32.000
3	25.600
4	20.480
5	16.384
6	13.107
7	10.486
8	8.389
9	6.711
10	5.369

(b) Der Degressionssatz bei der arithmetisch-degressiven Abschreibung beträgt:

$$D = \frac{200.000 - 21.475}{1 + 2 + \ldots + 9 + 10} = \underline{\underline{3.245,91 \text{ DM}}}$$

Die jährlichen Abschreibungsbeträge ergeben sich:

Jahr	Abschreibungs-betrag (DM)
1	32.459
2	29.213
3	25.967
4	22.721
5	19.476
6	16.230
7	12.984
8	9.738
9	6.491
10	3.246

(c) Geometrisch-degressive Abschreibung

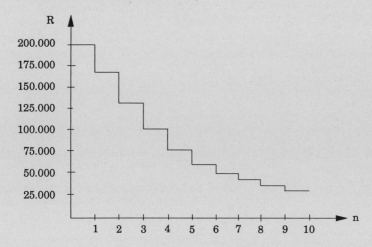

Arithmetisch-degressive Abschreibung

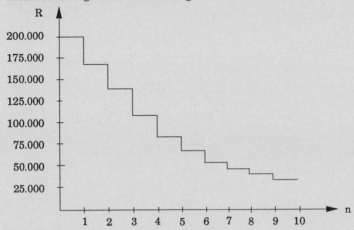

(2) Voraussetzungen für die steuerliche Zulässigkeit der geometrisch-degressiven Abschreibung sind:

- Grundsätzliche Beschränkung der Anwendung auf bewegliche Wirtschaftsgüter des Anlagevermögens (Ausnahme: degressive Gebäude-AfA).

- Verbot der Vornahme von Absetzungen für außergewöhnliche technische oder wirtschaftliche Abnutzung bei Wirtschaftsgütern, die degressiv abgeschrieben werden. (Aber: Der Wechsel zur linearen AfA ist möglich.)

- Möglichkeit des Überganges von der degressiven auf die lineare Abschreibung, nicht aber umgekehrt.

- Kein Wechsel zwischen den verschiedenen degressiven Verfahren der Abschreibung.

- Begrenzung in der Höhe des anzuwendenden Abschreibungssatzes auf maximal das 3fache des linearen Satzes, unabhängig davon auf höchstens 30 %.

Die genannten Voraussetzungen gelten ausschließlich für die bilanziellen Abschreibungen, nicht hingegen für die kalkulatorischen Abschreibungen, bei denen der Unternehmer völlige Gestaltungsfreiheit hat.

(3) Degressive Verfahren der Abschreibung, die nicht geometrisch-degressiv sind, dürfen im Rahmen der bilanziellen Abschreibung nur dann angewendet werden, wenn sich

- für das erste Nutzungsjahr
  und
- für die ersten drei Nutzungsjahre insgesamt

nicht höhere Abschreibungsbeträge ergeben als bei der Buchwertabschreibung gemäß § 7 II EStG.

Auch hier gilt, daß diese Aussage für die kalkulatorische Abschreibung keine Bedeutung hat, sondern nur auf die bilanzielle Abschreibung beschränkt ist.

20 : Leistungsbezogene Abschreibung

(1) Bei der leistungsbezogenen Abschreibung ergeben sich:

(a) Buchwert nach dem 2. Jahr:

$$\text{Buchwert} = 12.000 - (\frac{12.000}{1.000.000} \cdot 300.000) = \underline{\underline{8.400 \text{ DM}}}$$

(b) Buchwert nach dem 6. Jahr:

$$\text{Buchwert} = 12.000 - (\frac{12.000}{1.000.000} \cdot 600.000) = \underline{\underline{4.800 \text{ DM}}}$$

(c)

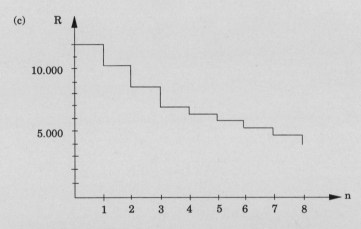

(2)

Jahr	Berechnung	Abschreibungs-betrag (DM)
1	(12.000 - 2.000) : 1.000.000 · 150.000	1.500
2	(12.000 - 2.000) : 1.000.000 · 150.000	1.500
3	(12.000 - 2.000) : 1.000.000 · 150.000	1.500
4	(12.000 - 2.000) : 1.000.000 · 50.000	500
5	(12.000 - 2.000) : 1.000.000 · 50.000	500
6	(12.000 - 2.000) : 1.000.000 · 50.000	500
7	(12.000 - 2.000) : 1.000.000 · 50.000	500
8	(12.000 - 2.000) : 1.000.000 · 50.000	500

21 : Verbuchung kalkulatorischer Abschreibungen

(1) Es ergibt sich folgende Vorgehensweise:

(a) Die Angaben müssen zunächst auf die jährlichen Abschreibungsbeträge umgerechnet werden:

Bilanzielle Abschreibung: 18.000 : 12 = 1.500 DM
Kalkulatorische Abschreibung: 24.000 : 12 = 2.000 DM

Buchhalterisch werden die wertmäßig unterschiedlichen Abschreibungen wie folgt behandelt:

Klasse 0: Maschinen		Klasse 2: Bil. Abschreibung	
	(1) 1.500	(1) 1.500	(2) 1.500

Klasse 4: Kalk. Abschreibung		Klasse 2: Verrechnete kalk. Abschreibungen	
(3) 2.000	(4) 2.000	(5) 2.000	(3) 2.000

Klasse 9: Betriebsergebnis		Klasse 9 Neutrales Ergebn. Konto	
(4) 2.000	(6) 2.000	(2) 1.500	(5) 2.000
		(7) 500	

Klasse 9: GuV-Konto	
(6) 2.000	(7) 500

(b)

Rechnungskreis I				Rechnungskreis II					
Erfolgsbereich der GB Gesamtergebnis (GuV-Rechnung)				Abgrenzungsbereich Neutrales Ergebnis				KLR-Bereich Betriebsergebnis	
				Unternehmensbezogene Abgrenzungen		Kostenrechnerische Korrekturen			
Kto. Nr.	Kontenbezeichung	Aufwand	Ertrag	Aufwand	Ertrag	Betriebl. Aufwand lt. GB	Verrechn. Kosten lt. KLR	Kosten	Leistungen
653	Abschreibungen	1.500	—	—	—	1.500	2.000	2.000	—

(c) Es ist zu sehen, daß die Höhe der kalkulatorischen Abschreibungen keinen Einfluß auf die Höhe des Erfolges hat. Das GuV-Konto wird lediglich verlängert. Nur die (tatsächlichen) bilanziellen Abschreibungen belasten das Ergebnis in der Handels- und Steuerbilanz.

(2)

Neutraler Aufwand	Zweck-aufwand 1.500	
Grund-kosten 1.500	Zusatz-kosten 500	

Kalkulatorische
Abschreibungen

Der Zweckaufwand beläuft sich auf 1.500 DM. In Höhe dieses Betrages sind die Abschreibungen gleichzeitig Grundkosten. Der Betrag der kalkulatorischen Abschreibungen, der über die Grundkosten von 1.500 DM hinausgeht, stellt die Zusatzkosten (500 DM) dar.

22 : Kalkulatorische Zinsen

(1) Es ergeben sich folgende Werte:

(a)
Wiederbeschaffungswert des Anlagevermögens	800.000	
- Bisherige kalkulatorische Abschreibungen	200.000	
- Stillgelegte Fabrikanlage	50.000	550.000
+ Durchschnittliches Umlaufvermögen		300.000
= Betriebsnotwendiges Vermögen		850.000
= Betriebsnotwendiges Kapital		850.000

(b) Kalkulatorische Zinsen = 850.000 · 0,08 = 68.000 DM

(2) **Betriebsnotwendiges Anlagevermögen**

Gebäude	200.000
Maschine	250.000
Betriebs-/Geschäftsausstattung	40.000

+ **Betriebsnotwendiges Umlaufvermögen**

Roh-, Hilfs-, Betriebsstoffe	60.000
Forderungen	20.000
Bank	30.000
= Betriebsnotwendiges Vermögen	600.000
- Abzugskapital	
Rückstellungen	50.000
Verbindlichkeiten aus Lieferungen	25.000
Sonstige Verbindlichkeiten	35.000
= **Betriebsnotwendiges Kapital**	490.000

Kalkulatorische Zinsen = 490.000 · 0,08 = 39.200 DM

In diesem Betrag sind jedoch nicht die Zinsen für das Bankguthaben berücksichtigt, welche die kalkulatorischen Zinsen mindern:

Kalkulatorische Zinsen = 39.200 - (30.000 · 0,01) = 38.900 DM

(3) Es ergeben sich:

(a)

Klasse 1: Bank	
	(1) 3.000

Klasse 2: Zinsaufwendungen	
(1) 3.000	(2) 3.000

Klasse 2: Verr. kalk. Zinsen	
(4) 4.000	(3) 4.000

Klasse 2: Kalk. Zinsen	
(3) 4.000	(5) 4.000

Klasse 9: Betriebsergebnis	
(5) 4.000	(6) 4.000

Klasse 9 Neutrales Ergebn. Konto	
(2) 3.000	(4) 4.000
(7) 1.000	

Klasse 9: GuV-Konto	
(6) 4.000	(7) 1.000

(b)

Rechnungskreis I				Rechnungskreis II					
Erfolgsbereich der GB Gesamtergebnis (GuV-Rechnung)				Abgrenzungsbereich Neutrales Ergebnis				KLR-Bereich Betriebsergebnis	
				Unternehmensbezogene Abgrenzungen		Kostenrechnerische Korrekturen			
Kto. Nr.	Kontenbezeichung	Aufwand	Ertrag	Aufwand	Ertrag	Betriebl. Aufwand lt. GB	Verrechn. Kosten lt. KLR	Kosten	Leistungen
751	Zinsaufwendungen	3.000	–	–	–	3.000	4.000	4.000	–

(c) Die kalkulatorischen Zinsen haben keinen Einfluß auf den Erfolg, verlängern jedoch das GuV-Konto.

23 : Kalkulatorische Wagnisse

(1) Durchschnittlicher Wagnisverlust = $\dfrac{318.000 \cdot 100}{30.000.000}$ = 1,06 %

Kalkulatorische Wagniskosten = 7.000.000 · 0,0106 = 74.200 DM

(2) Anlagewagnis-Kosten: $(15 \cdot 250) : 60 \cdot 18$ =   1.125 DM

Beständewagnis-Kosten: $\dfrac{60.000 + 80.000}{2} \cdot 0{,}05 =$ 3.500 DM

Gewährleistungswagnis-Kosten: $8.500.000 \cdot 0{,}02$ = 170.000 DM

Kalkulatorische Wagniskosten: 174.625 DM

(3) Es ergeben sich:

(a) Der durchschnittliche Wagnisverlust beim Fertigungsmaterial wird errechnet aus:

Durchschnittlicher Wagnisverlust = $2.000 : 100.000 = 2\,\%$

Im Jahre 1991 wurde für 20.000 DM Fertigungsmaterial verbraucht. Die kalkulatorischen Wagniskosten betragen somit 2 % von 20.000 DM, das sind 400 DM.

(b) Die tatsächlich eingetretenen Wertminderungen umfassen 350 DM.

Klasse 2: Eingetretene Wagnisse		Klasse 2: Verrechn. kalk. Wagnisse	
(3) 350	(4) 350	(2) 400	(1) 400

Klasse 3: Rohstoffe		Klasse 2: Kalk. Wagnisse	
	(3) 350	(1) 400	(5) 400

Klasse 9: Betriebsergebniskonto		Klasse 9 Neutrales Ergebn. Konto	
(5) 400	(6) 400	(4) 350	(2) 400
		(7) 50	

Klasse 9: Guv-Konto	
(6) 400	(7) 50

(c)

Rechnungskreis I				Rechnungskreis II					
Erfolgsbereich der GB Gesamtergebnis (GuV-Rechnung)				Abgrenzungsbereich Neutrales Ergebnis				KLR-Bereich Betriebsergebnis	
				Unternehmensbezogene Abgrenzungen		Kostenrechnerische Korrekturen			
Kto. Nr.	Kontenbezeichung	Aufwand	Ertrag	Aufwand	Ertrag	Betriebl. Aufwand lt. GB	Verrechn. Kosten lt. KLR	Kosten	Leistungen
609	Wagnisse bei Rohstoffen	350	–	–	–	350	400	400	–

(d) Die kalkulatorischen Wagniskosten verlängern das GuV-Konto. Sie beeinflussen nicht den in der Handels- und Steuerbilanz ausgewiesenen Erfolg.

24 : Kalkulatorischer Unternehmerlohn (1)

(1) Kalkulatorischer Unternehmerlohn = $3.500 \cdot 12 + \dfrac{1.800}{2} \cdot 12 = \underline{\underline{52.800 \text{ DM}}}$

(2) Der Ansatz des Gehaltes, welches der Geschäftsführer der Supermarkt-Filialen bezieht, ist nicht vertretbar.

Peter Müller muß sich bei der Festsetzung des kalkulatorischen Unternehmerlohnes nicht nur - wie geschehen - am gleichen Geschäftszweig orientieren sondern an:

• einer vergleichbaren Arbeitsleistung
• einem vergleichbaren Geschäftsumfang
• einem vergleichbaren Standort

25 : Kalkulatorischer Unternehmerlohn (2)

(1)

Neutraler Aufwand	Zweck-aufwand	
	Grund-kosten	Zusatz-kosten

Der kalkulatorische Unternehmerlohn stellt ausschließlich Zusatzkosten dar. Er wird aus dem Gewinn gedeckt und kann nicht als Aufwand gebucht werden. Damit enthält er auch keine Elemente der Grundkosten.

(2) Bei der Walter Schmidtke OHG ergeben sich:

(a)   Klasse 2: Verrechneter kalk.   Klasse 4: Kakulatorischer
              Unternehmerlohn   Unternehmerlohn

| (2) | 38.000 | (1) | 38.000 | | (1) | 38.000 | (3) | 38.000 |

      Klasse 9: Betriebsergebniskonto   Klasse 9: Neutrales Ergebnis-Konto

| (3) | 38.000 | (5) | 38.000 | | (4) | 38.000 | (2) | 38.000 |

            Klasse 9: GuV-Konto

| (5) | 38.000 | (4) | 38.000 |

(b)

Rechnungskreis I				Rechnungskreis II					
Erfolgsbereich der GB Gesamtergebnis (GuV-Rechnung)				Abgrenzungsbereich Neutrales Ergebnis				KLR-Bereich Betriebs- ergebnis	
				Unterneh- mensbezo- gene Ab- grenzungen		Kostenrechnerische Korrekturen			
Kto. Nr.	Konten- bezeichung	Auf- wand	Er- trag	Auf- wand	Er- trag	Betriebl. Aufwand lt. GB	Verrechn. Kosten lt. KLR	Kosten	Lei- stun- gen
	Kalk. Un- ternehmer- lohn	–	–	–	–	–	38.000	38.000	–

(c) Der Ansatz eines kalkulatorischen Unternehmerlohnes hat auf den handels- und steuerrechtlichen Erfolg des Unternehmens keinen Einfluß. Er verlängert das GuV-Konto lediglich.

26: Kalkulatorische Miete

(1) Die kalkulatorische Miete kann sich orientieren:

* an der ortsüblichen Miete
* an den mit dem Mietobjekt verbundenen Kosten, beispielsweise:
  - Abschreibungen
  - Hypothekenzinsen
  - Instandhaltung
  - Grundsteuer
  - Versicherung.

(2)

Kosten	1989	1990	1991
Abschreibungen	14.500	14.500	14.500
Hypothekenzinsen	9.450	11.100	10.630
Instandhaltung	3.300	3.450	3.520
Sonstige Kosten	2.630	2.710	2.720
Gesamt	29.880	31.760	31.370

Kalkulatorische Miete sollte 1992 in Höhe von

(29.880 + 31.760 + 31.370) : 3 = 31.003 DM

angesetzt werden, sofern nicht bestimmte Entwicklungen bekannt sind, die ein Abweichen vom Durchschnittswert erwarten lassen, beispielsweise eine wesentliche Veränderung in den Hypothekenzinsen wegen Umschuldung oder besonders hohe Instandhaltungskosten.

(3) (a) Die jährliche kalkulatorische Miete beträgt:

1.400 · 12 = 16.800 DM

Klasse 2: Verrechnete kalkulatorische Miete		Klasse 4: Kakulatorische Miete	
(2) 16.800	(1) 16.800	(1) 16.800	(3) 16.800

Klasse 9: Betriebsergebniskonto		Klasse 9: Neutrales Ergebnis-Konto	
(3) 16.800	(5) 16.800	(4) 16.800	(2) 16.800

Klasse 9: GuV-Konto	
(5) 16.800	(4) 16.800

(b) In der Ergebnistabelle wird die kalkulatorische Miete lediglich in der Spalte »Kosten« dem Betriebsergebnis belastet und mit demselben Betrag dem Neutralen Ergebnis in der Spalte »Verrechnete Kosten lt. KLR« gutgeschrieben.

(c) Der Ansatz der kalkulatorischen Miete hat keinen Einfluß auf den bilanziellen Erfolg des Unternehmens. Das GuV-Konto wird lediglich verlängert.

27 : Verteilung der Gemeinkosten

(1)

Kostenstellen Kostenarten	Summe	I	II	III	IV
Gemeinkostenmaterial	8.000	1.000	3.000	2.000	2.000
Hilfslöhne	16.500	3.000	4.000	7.500	2.000
Gehälter	18.000	3.500	5.000	8.000	1.500
Raumkosten	2.500*	750	500	1.000	250
Stromkosten	720**	90	180	360	90
Kalk. Abschreibungen	39.000***	6.000	12.000	15.000	6.000
Kalulatorische Zinsen	26.000***	4.000	8.000	10.000	4.000
Summe	110.720	18.340	32.680	43.860	15.840

(2)

Kostenstellen / Kostenarten	Summe	I	II	III	IV
.	.	.	.	.	.
.	.	.	.	.	.
.	.	.	.	.	.
Summe	110.720	18.340	32.680	43.860	15.840
Umlage		⌐→	3.668	9.170	5.502
Summe	110.720	0	36.348	53.030	21.342

(3)

Kostenstellen / Kostenarten	Summe	E	C	G	A	F	B	H	D

*   900 :   600 : 1.200 :   300 | :   300
    =   3 :   2 :   4 :   2

            3 +   2 +   4 +   1 = 10
                                    ↓
                    2.500 : 10 = 250 ──→ 250 · 3 =   750
                                        250 · 2 =   500
                                  ──→ 250 · 4 = 1.000
                                        250 · 1 =   250
                                                 2.500

**   30 :   60 :   120 :   30 | :   30
    =   1 :   3 :   4 :   1

***   60.000 : 120.000 : 150.000 : 60.000 | : 30.000
    =   2 :   4 :   5 :   2

28 : Betriebsabrechnungsbogen

(1)

Kostenstellen / Kostenarten	Summe	Material bereich	Fertigungs- bereich	Verwaltungs- bereich	Vertriebs- bereich
Fertigungs- material	*100.000*	*100.000*			
Fertigungslohn	*80.000*		*80.000*		
Hilfs-, Betriebsstoffe	6.000	200	3.600	1.000	1.200
Energie	20.000	800	19.200	0	0
Hilfslöhne	32.000	6.000	20.000	2.000	4.000
Steuern	24.000	2.000	2.500	4.000	15.500
Raumkosten	16.000	4.000	8.000	2.000	2.000
Bürokosten	14.000	0	0	10.000	4.000
Abschreibungen	28.000	2.000	18.000	6.000	2.000
Summe	140.000	15.000	71.300	25.000	28.700
Ist-Zuschläge		15,00 %	89,13 %	9,39 %	10,78 %
Normal- Zuschläge		15,00 %	86,00 %	10,00 %	9,50 %
Normal- Gemeinkosten		15.000	68.800	26.380	25.061
Über-/ Unterdeckung		0	- 2.500	+ 1.380	- 3.639

(2)

Kostenstellen / Kostenarten	Summe	Allgem. Kostenstelle	Material-bereich	Ferti-gungs-bereich	Ver-waltungs-bereich	Ver-triebs-bereich
Fertigungs-material	100.000		100.000			
Fertigungslohn	80.000			80.000		
Hilfs-, Betriebsstoffe	6.000	600	800	4.000	500	100
Energie	20.000	11.000	2.000	7.000	0	0
Hilfslöhne	32.000	5.120	6.400	12.800	2.560	5.120
Steuern	24.000	2.400	7.200	9.600	2.400	2.400
Raumkosten	16.000	3.000	4.000	7.000	2.000	0
Bürokosten	14.000	0	0	0	9.000	5.000
Abschreibungen	28.000	5.000	4.000	12.000	3.000	4.000
Summe	140.000	27.120	24.400	52.400	19.460	16.620
Umlage Allg. Ko.st.		└──▶	5.166	7.749	10.331	3.874
Summe			29.566	60.149	29.791	20.494
Ist-Zuschläge			29,57 %	75,19 %	11,05 %	7,60 %
Normal-Zuschläge			28,00 %	76,00 %	12,00 %	7,00 %
Normal-Gemeinkosten			28.000	60.800	32.256	18.816
Über-/ Unterdeckung			- 1.566	+ 651	+ 2.465	- 1.678

29 : Betriebsabrechnungsbogen

Kostenstellen / Kostenarten	Zahlen der Buchhaltung	Allgem. Kostenstellen 1	Allgem. Kostenstellen 2	Material-bereich	Hilfsstelle 1	Hilfsstelle 2	Hauptstelle A	Hauptstelle B	Summe A + B	Verwaltungsbereich	Vertriebsbereich
Fertigungsmaterial	*100.000*			*100.000*							
Fertigungslöhne	*80.000*						*45.000*	*35.000*	*80.000*		
Hilfs-, Betriebsstoffe	10.000	600	600	2.800	400	600	2.500	1.500	4.000	500	500
Energie	25.000	600	1.400	3.000	2.500	2.500	7.000	6.000	13.000	1.000	1.000
Hilfslöhne	32.000	1.500	1.500	5.000	4.000	3.000	7.000	6.000	13.000	3.000	1.000
Steuern	25.000	1.000	2.000	6.000	2.000	1.000	4.000	5.000	9.000	1.000	3.000
Raumkosten	16.000	800	800	4.000	800	1.600	3.200	2.400	5.600	1.600	800
Bürokosten	14.000	1.000	1.000	1.000	1.000	1.000	1.000	1.000	2.000	5.000	2.000
Abschreibung	25.000	500	1.500	5.000	2.500	1.500	7.000	5.000	12.000	1.000	1.000
Summe	147.000	6.000	8.800	26.800	13.200	11.200	31.700	26.900	58.600	13.100	9.300
Umlage Allg. Kost.1				500	1.000	500	1.500	1.500	3.000	500	500
Umlage Allg. Kost. 2				1.100	1.650	550	2.200	1.650	3.850	1.100	550
Summe				28.400	15.850	12.250	35.400	30.050	65.450	14.700	10.350
Umlage Hi.st. 1							9.510	6.340	15.850		
Umlage Hi.st. 2							4.900	7.350	12.250		
Summe				28.400			49.810	43.740	93.550	14.700	10.350
Ist-Zuschläge				28,40 %			110,69 %	124,97 %	116,94 %	4,87 %	3,43 %
Normal-Zuschläge				29,00 %			110,00 %	126,00 %		5,00 %	3,00 %
Normal-Gemeinkosten				29.000			49.500	44.100	93.600	15.130	9.078
Über-/Unterdeckung				+ 600			- 310	+ 360	+ 50	+ 430	- 1.272

30 : Kostenartenverfahren

(1)

Kostenstellen Kostenarten	Zahlen der Buchhaltung	Allgemeine Kostenstelle	Materialbereich	Fertigungsbereich	Verwaltungsbereich	Vertriebsbereich
Fertigungsmaterial	18.000		18.000			
Fertigungslöhne	28.000			28.000		
Gemeinkosten	. . . .					
Summe	60.000	10.000	20.000	15.000	10.000	5.000
Umlage Allgemeine Kostenstelle			2.000	5.000	1.000	2.000
Summe IBL	60.000		22.000	20.000	11.000	7.000
Entlastung der leistenden Kostenstellen			(18.000) - 500	(28.000) - 4.000		
Einzelkosten nach IBL			17.500	24.000		
Belastung der empfangenden Kostenstelle	+ 500 + 4.000				+ 500 + 4.000	
Gemeinkosten nach IBL	64.500		22.000	20.000	15.500	7.000
Zuschlagsätze*			125,71 %	83,33 %	18,56 %	8,38 %

* Materialbereich: $\dfrac{22.000}{17.500} \cdot 100 = \underline{\underline{125,71\ \%}}$

Fertigungsbereich: $\dfrac{20.000}{24.000} \cdot 100 = \underline{\underline{83,33\ \%}}$

Verwaltungsbereich: $\dfrac{15.500}{17.500 + 22.000 + 24.000 + 20.000} \cdot 100 = \underline{\underline{18,56\ \%}}$

Vertriebsbereich: $\dfrac{7.000}{17.500 + 22.000 + 24.000 + 20.000} \cdot 100 = \underline{\underline{8,38\ \%}}$

(2)

Kostenstellen / Kostenarten	Zahlen der Buch-haltung	Allgemeine Kosten-stelle	Material-bereich	Ferti-gungs-bereich	Verwal-tungs-bereich	Ver-triebs-bereich
Einzelkosten nach IBL			17.500	24.000		
Gemeinkosten nach IBL	64.500		22.000	20.000	15.500	7.000
Zuschlag-sätze*			125,71 %	83,33 %	17,96 %	8,11 %

* Materialbereich: $\dfrac{22.000}{17.500} \cdot 100 = \underline{\underline{125,71\ \%}}$

Fertigungsbereich: $\dfrac{20.000}{24.000} \cdot 100 = \underline{\underline{83,33\ \%}}$

Verwaltungsbereich: $\dfrac{15.500}{17.500 + 22.000 + 24.000 + 20.000 + 2.800} \cdot 100 = \underline{\underline{17,96\ \%}}$

Vertriebsbereich: $\dfrac{7.000}{17.500 + 22.000 + 24.000 + 20.000 + 2.800} \cdot 100 = \underline{\underline{8,11\ \%}}$

Zu Seite 475:

* Materialgemeinkosten: $\dfrac{21.900}{48.000} \cdot 100 = \underline{\underline{45,63\ \%}}$

$2.600 \cdot 45,63\ \% = \underline{\underline{1.186\ \text{DM}}}$

** Materialbereich: $\dfrac{20.714}{45.500} \cdot 100 = \underline{\underline{45,63\ \%}}$

Fertigungsbereich: $\dfrac{32.800}{66.000} \cdot 100 = \underline{\underline{49,70\ \%}}$

Verwaltungsbereich: $\dfrac{14.486}{45.500 + 20.714 + 66.000 + 32.800} \cdot 100 = \underline{\underline{8,78\ \%}}$

Vertriebsstelle: $\dfrac{14.900}{45.400 + 20.714 + 66.000 + 32.800} \cdot 100 = \underline{\underline{9,04\ \%}}$

31: Kostenstellenausgleichsverfahren

(1)

Kosten-stellen / Kosten-arten	Zahlen der Buch-haltung	Allge-meine Kosten-stelle	Mate-rial-bereich	Ferti-gungs-bereich	Verwal-tungs-bereich	Ver-triebs-bereich
Einzelkosten			48.000	66.000		
Gemein-kosten						
Summe	80.300	4.800	20.500	15.000	9.800	14.200
Umlage der Allgemeinen Kostenstelle			1.400	1.800	900	700
Summe	80.300		21.900	32.800	10.700	14.900
IBL						
Entlastung der leisten-den Kosten-stellen			(48.000)			
			- 2.600			
Einzelkosten nach IBL			45.400			
Belastung der empfan-genden Ko-stenstelle	+ 2.600				+ 2.600	
Summe	82.900		21.900	32.800	13.300	14.900
Materialge-meinkosten*			- 1.186		+ 1.186	
Gemein-kosten nach IBL	82.900		20.714	32.800	14.486	14.900
Zuschlag-sätze**			45,63 %	49,70 %	8,78 %	9,04 %

* siehe Seite 474
** siehe Seite 474

(2)

Kostenstellen / Kostenarten	Zahlen der Buchhaltung	Allgemeine Kostenstelle	Material-bereich	Fertigungs-bereich	Verwaltungs-bereich	Vertriebs-bereich
Einzelkosten nach IBL			45.400	66.000		
Gemeinkosten nach IBL	82.900		20.714	32.800	14.486	14.900
Zuschlag-sätze*			45,63 %	49,70 %	8, 83 %	9,08 %

* Materialstelle: $\dfrac{20.714}{17.500} \cdot 100 = \underline{\underline{45,63\ \%}}$

Fertigungsstelle: $\dfrac{32.800}{66.000} \cdot 100 = \underline{\underline{49,70\ \%}}$

Verwaltungsstelle: $\dfrac{14.486}{45.400 + 20.714 + 66.000 + 32.800 - 800} \cdot 100 = \underline{\underline{8,83\ \%}}$

Vertriebsstelle: $\dfrac{14.900}{45.400 + 20.714 + 66.000 + 32.800 - 800} \cdot 100 = \underline{\underline{9,08\ \%}}$

32: Kostenträgerverfahren

(1)

Kostenstellen / Kostenarten	Zahlen der Buch-haltung	Allge-meine Kosten-stelle	Mate-rial-be-reich	Ferti-gungs-be-reich	Ver-wal-tungs-bereich	Ver-triebs-be-reich	Aus-gliede-rungs-bereich
Einzelkosten							
Gemeinkosten IBL							
Gemeinkosten nach IBL							
Zuschlag-sätze							

(2) Die Verteilung der in der Ausgliederungsstelle ermittelten Kosten kann auf unterschiedliche Weise erfolgen:

- Bei **nicht aktivierungsfähigen** Leistungen werden die Kosten den leistungsempfangenden Kostenstellen entsprechend der Leistungsbeanspruchung zugerechnet.

- Bei **aktivierungspflichtigen** Leistungen werden die Kosten als Abschreibungen in den Nutzungsperioden der Leistungen verrechnet.

(3) Die Anwendung des Kostenträgerverfahrens ist insbesondere erforderlich:

• bei aktivierungspflichtigen Leistungen,
• bei Erzeugung innerbetrieblicher Leistungen auf Vorrat,
• für eine zeitliche Abgrenzung der Kosten einer betrieblichen Leistung.

---

33 : Mathematisches Verfahren

---

(1) Es ergeben sich folgende Werte:

(a)
$$50.000q_1 = 10.000 + 3.000q_2 \quad | \cdot 4$$
$$12.000q_2 = 20.000 + 8.000q_1$$

$$200.000q_1 = 40.000 + 12.000q_2$$
$$- \ 8.000q_1 = 20.000 - 12.000q_2$$

$$192.000q_1 = 60.000$$
$$q_1 = 0,3125 \ \text{DM/Einheit}$$

$$12.000q_2 = 20.000 + 8.000 \ q_1$$
$$12.000q_2 = 22.500$$
$$q_2 = 1,875 \ \text{DM/Einheit}$$

(b)
$$q_1 = 0,3125$$
$$8.000q_1 = 2.500 \ \text{DM}$$

$$q_2 = 1,8750$$
$$3.000q_2 = 5.625 \ \text{DM}$$

(c)

Gemeinkosten	Kostenstelle A	Kostenstelle B
Primäre Gemeinkosten	10.000 DM	20.000 DM
+ Belastung der empfangenden Kostenstelle	5.625 DM	2.500 DM
- Entlastung der leistenden Kostenstelle	2.500 DM	5.625 DM
= Gemeinkosten nach Verrechnung	13.125 DM	16.875 DM

(2) Es ergeben sich folgende Werte:

(a) Gesamtleistung des Wasserwerkes: 200.000 Einheiten
Gesamtleistung des Elektrizitätswerkes: 2.040.000 Einheiten

Gemeinkosten des Wasserwerkes: 80.000 DM
Gemeinkosten des Elektrizitätswerkes: 60.000 DM

Leistung des Wasserwerkes: 20.000 Einheiten
Leistung des Elektrizitätswerkes an Wasserwerk: 400.000 Einheiten

Aus diesen Daten ergeben sich die Gleichungen:

$$200.000q_1 = 80.000 + 400.000q_2$$
$$2.040.000q_1 = 60.000 + 20.000q_1$$

$$400.000q_2 = -80.000 + 200.000q_1 \qquad |:(-10)$$
$$2.040.000q_2 = 20.000 + 20.000q_1$$

$$-40.000q_2 = 8.000 - 20.000q_1$$
$$2.040.000q_2 = 60.000 + 20.000q_1$$

$$2.000.000q_2 = 68.000$$
$$q_2 = \underline{\underline{0,034 \text{ DM/Einheit}}}$$

$$400.000q_2 = -80.000 + 200.000q_1$$
$$400.000 \cdot 0,034 = -80.000 + 200.000q_1$$

$$q = \underline{\underline{0,468 \text{ DM/Einheit}}}$$

(b)

Kostenstellen Kostenarten	Summe	Allg. Kostenstellen		Ferti-gungs-bereich A	Ferti-gungs-bereich B	Ferti-gungs-bereich C	Mate-rial-be-reich	Verwalt/Ver-triebs-bereich
		Wasser-werk	Elektrizi-täts-werk					
Fertigungs-material	100.000						100.000	
Fertigungs-löhne	600.000			200.000	200.000	200.000		
Hilfslöhne	200.000	60.000	20.000	40.000	20.000	30.000	6.000	24.000
Instandhaltung	80.000	10.000	24.000	6.000	20.000	20.000	0	0
Kalk.Abschreibung	60.000	10.000	16.000	8.000	14.000	12.000	0	0
Summe	340.000	80.000	60.000	54.000	54.000	62.000	6.000	24.000
Umlage Wasserwerk		- 93.600	9.360	46.800	18.720	14.040	0	4.680
Umlage Elektrizitätswerk		13.600	- 69.360	3.400	25.160	17.000	3.400	6.800
Summe	340.000	0	0	104.200	97.880	93.040	9.400	35.480

34 : Einstufige Divisionskalkulation

(1) $k = \dfrac{K}{x}$

$$k = \frac{450.000}{90.000} = \underline{\underline{5 \text{ DM}}}$$

(2) Es ergeben sich folgende Werte:

(a) $k_H = \dfrac{K_H}{x}$

$k_H = \dfrac{88.000 + 6.000 + 78.000 + 20.000}{5.000} = \underline{\underline{38,40 \text{ DM}}}$

(b) $k = \dfrac{K_H + K_{VV}}{x}$

$k = \dfrac{(88.000 + 6.000 + 78.000 + 20.000) + (22.000 + 9.000 + 12.000)}{5.000} = \underline{\underline{47,00 \text{ DM}}}$

(c) $g = P - k$

$g = 63,50 - 47,00$

$g = \underline{\underline{16,50 \text{ DM/Einheit}}}$

(d) Gewinn-Zuschlagsatz $= \dfrac{g}{k} \cdot 100$

Gewinn-Zuschlagsatz $= \dfrac{16,50}{47,00} \cdot 100$

Gewinn-Zuschlagsatz $= \underline{\underline{35,11 \ \%}}$

(3) Zunächst ist die Überlegung anzustellen, wie die Erlöse aus dem Abfallprodukt Kleie zu behandeln sind. Grundsätzlich sind zwei Lösungsansätze möglich:

- Die Erlöse aus dem Abfallprodukt Kleie werden nicht in die Kalkulation des Mehles einbezogen.

- Die Erlöse aus dem Abfallprodukt Kleie werden in der Kalkulation berücksichtigt. Sie können die Rohstoffkosten entsprechend mindern. Damit steht die Divisionskalkulation der Kuppelkalkulation sehr nahe.

Es erscheint hier zweckmäßig, die Erlöse aus dem Abfallprodukt Kleie bei den Rohstoffkosten abzusetzen.

(a) $K = K_H + K_{Vw} + K_{Vt}$

$K = (118.000 - 8.600) + 37.000 + 16.000 = \underline{\underline{162.400 \text{ DM}}}$

$k = \dfrac{K}{x}$

$k = \dfrac{162.400}{310.000} = \underline{\underline{0,524 \text{ DM/Stück}}}$

(b) $G = K \cdot$ Gewinn-Zuschlagsatz

$G = 162.400 \cdot 0,25 = \underline{\underline{40.600 \text{ DM/Periode}}}$

g = k · Gewinn-Zuschlagsatz

g = 0,524 · 0,25 = 0,131 DM/Stück

35 : Zweistufige Divisionskalkulation

(1) Es ergeben sich folgende Werte:

(a) $k_H = \dfrac{K_H}{x}$

$k_H = \dfrac{450.000}{30.000} = 15,00\ \text{DM}$

$k = \dfrac{K_H + K_{Vw} + K_{Vt}}{x}$

$k = \dfrac{450.000 + 47.800 + 28.400}{30.000} = 17,54\ \text{DM}$

(b) $k_H = 15,00\ \text{DM}$

$k = \dfrac{K_H}{x_p} + \dfrac{K_{Vw} + K_{Vt}}{x_A}$

$k = \dfrac{450.000}{30.000} + \dfrac{47.800 + 28.400}{25.000} = 18,05\ \text{DM}$

(2) Es ergeben sich folgende Werte:

(a) $k = \dfrac{K_H}{x_p} + \dfrac{K_{Vw} + K_{Vt}}{x_A}$

Da die Gesamtkosten gegeben sind, muß für die Herstellkosten eine Rückrechnung erfolgen. Beachten Sie, daß sich die 12 % und 8 % für Verwaltungs- und Vertriebskosten nicht auf die Gesamtkosten, sondern auf die Herstellkosten beziehen. Die Herstellkosten betragen demnach 4.166.666 DM.

$k = \dfrac{4.166.666}{100.000} + \dfrac{833.334}{75.000}$

$k = 41,67 + 11,11 = 52,78\ \text{DM}$

(b) g = k· Gewinn-Zuschlagsatz

g = 52,78 0,22 = 11,61 DM

(c) P = k + g

P = 52,78 + 11,61 = 64,39 DM

36 : Mehrstufige Divisionskalkulation

(1) Es ergeben sich folgende Werte:

(a) $k = \dfrac{K_{H1}}{x_{p1}} + \dfrac{K_{H1}}{x_{p1}} + \dfrac{K_{Vw} + K_{Vt}}{x_A}$

$k = \dfrac{112.000}{2.000} + \dfrac{48.000}{1.600} + \dfrac{9.200 + 4.600}{1.400} = \underline{\underline{95,86\ \text{DM}}}$

(b) $k_H = \dfrac{K_{H1}}{x_{p1}}$

$k_H = \dfrac{112.000}{2.000} = \underline{\underline{56,00\ \text{DM}}}$

(c) $k_H = \dfrac{K_{H1}}{x_{p1}} + \dfrac{K_{H2}}{x_{p2}}$

$k_H = \dfrac{112.000}{2.000} + \dfrac{48.000}{1.600} = \underline{\underline{86,00\ \text{DM}}}$

(2) Die Lagerveränderungen betragen:

(a) $(2.000 - 1.600) \cdot 56 = \underline{\underline{22.400\ \text{DM}}}$

(b) $(1.600 - 1.400) \cdot 86 = \underline{\underline{17.200\ \text{DM}}}$

37 : Einstufige Äquivalenzziffernkalkulation

(1) Es ergeben sich folgende Werte:

(a)

Sorte	Menge	Äquivalenz-ziffer	Rechnungs-einheiten	Gesamt-kosten	Stückkosten (je t)
A	500	1,0	500		270*
B	700	2,0	1.400		540*
C	400	2,5	1.000		675*
			2.900	783.000	

* A: $\dfrac{783.000}{2.900} = 270 \cdot 1,0 = 270$

B: $\dfrac{783.000}{2.900} = 270 \cdot 2,0 = 540$

C: $\dfrac{783.000}{2.900} = 270 \cdot 2,5 = 675$

(b) Die Netto-Verkaufspreise je Tonne betragen:

A : $270 + (270 \cdot 0,2) = \underline{\underline{324 \text{ DM}}}$

B : $540 + (540 \cdot 0,2) = \underline{\underline{648 \text{ DM}}}$

C : $675 + (675 \cdot 0,2) = \underline{\underline{810 \text{ DM}}}$

(2) Es ergeben sich folgende Werte:

(a)

Sorte	Menge	Äqui-valenz-ziffer	Rech-nungs-einheiten	Gemein-kosten (gesamt)	Gemein-kosten (je t)	Einzel-kosten (je t)	Selbst-kosten (je t)
A	6.000	1,0*	6.000		1,55**	5,00	6,55
B	9.000	1,4*	12.600		2,17**	7,00	9,17
C	8.000	1,2*	9.600		1,86**	6,00	7,86
D	3.000	1,5*	4.500		2,33**	7,50	9,83
			32.700	50.685			

* A: $= 1,0$
  B: $7,00 : 5,00 = 1,4$
  C: $6,00 : 5,00 = 1,2$
  D: $7,50 : 5,00 = 1,5$

** A: $\dfrac{50.685}{32.700} = 1,55 \cdot 1,0 = 1,55$

 B: $\dfrac{50.685}{32.700} = 1,55 \cdot 1,4 = 2,17$

 C: $\dfrac{50.685}{32.700} = 1,55 \cdot 1,2 = 1,86$

 D: $\dfrac{50.685}{32.700} = 1,55 \cdot 1,5 = 2,325$

(b) Die Gewinn-Zuschlagsätze betragen:

A: $\dfrac{8,19 - 6,55}{6,55} \cdot 100 = \underline{\underline{25,04 \ \%}}$

B: $\dfrac{11,19 - 9,17}{9,17} \cdot 100 = \underline{\underline{22,03 \ \%}}$

C: $\dfrac{9,83 - 7,86}{7,86} \cdot 100 = \underline{\underline{25,06 \ \%}}$

D: $\dfrac{10,77 - 9,83}{9,83} \cdot 100 = \underline{\underline{9,56 \ \%}}$

---

38 : Mehrstufige Äquivalenzziffernkalkulation

---

(1) Es ergeben sich folgende Werte:

(a)

Materialkosten					
Sorte	Menge	Äquivalenz-ziffer	Rechnungs-einheiten	Gesamt-kosten	Stück-kosten
A	5.000	1,0	5.000		7,20
B	4.000	1,3	5.200		9,36
C	6.000	1,5	9.000		10,80
			19.200	138.240	

Lohnkosten					
Sorte	Menge	Äquivalenz-ziffer	Rechnungs-einheiten	Gesamt-kosten	Stück-kosten
A	5.000	1,1	5.500		6,93
B	4.000	1,3	5.200		8,19
C	6.000	1,0	6.000		6,30
			16.700	105.210	

Sonstige Kosten					
Sorte	Menge	Äquivalenz-ziffer	Rechnungs-einheiten	Gesamt-kosten	Stück-kosten
A	5.000	1,2	6.000		2,52
B	4.000	1,0	4.000		2,10
C	6.000	1,1	6.600		2,31
			16.600	34.860	

Die Selbstkosten pro Einheit ergeben sich aus der Addition der Materialkosten, Lohnkosten und sonstigen Kosten je Einheit und Sorte:

Selbstkosten				
Sorte	Materialkosten	Lohnkosten	Sonstige Kosten	Selbstkosten
A	7,20	6,93	2,52	**16,65**
B	9,36	8,19	2,10	**19,65**
C	10,80	6,30	2,31	**19,41**

(b) Die Äquivalenzziffern, mit denen unmittelbar gerechnet werden kann, betragen:

A: 16,65   1,0

B: 19,65   1,1802

C: 19,41   1,1658

Die Verwendbarkeit der unmittelbar einzusetzenden Äquivalenzziffern ist daran gebunden, daß die Verhältnisse der Kostenarten untereinander keine (wesentlichen)
Abweichungen aufweisen.

(c) Die Netto-Verkaufspreise betragen:

A: $16,65 + (16,65 \cdot 0,25) = 20,81$ DM

B: $19,65 + (19,65 \cdot 0,25) = 24,56$ DM

C: $19,41 + (19,41 \cdot 0,25) = 24,26$ DM

(2) Es ergeben sich folgende Werte:

(a)

Sorte	Menge	Äquivalenz-ziffer	Rechnungs-einheiten	Gesamt-kosten	Stück-kosten
A	5.000	1,0	5.000		16,65
B	4.000	1,1802	4.720,8		19,65
C	6.000	1,1658	6.994,8		19,41
			16.715,6	278.310	

(b) Beim gleichen Datenmaterial ergeben sich bei Anwendung der unmittelbaren Äquivalenzziffern - von Rundungsdifferenzen abgesehen - die gleichen Ergebnisse wie in (1).

39 : Zuschlagskalkulation

(1)

	Maschinen Typ A	Maschinen Typ B
Fertigungsmaterial	160.000	200.000
+ Materialgemeinkosten	32.000	50.000
= Materialkosten	192.000	250.000
+ Fertigungslöhne	100.000	120.000
+ Fertigungsgemeinkosten	25.000	40.000
+ Sondereinzelkosten der Fertigung	10.000	12.000
= Fertigungskosten	135.000	172.000
Herstellkosten	327.000	422.000
+ Verwaltungsgemeinkosten	30.000	30.000
+ Vertriebsgemeinkosten	25.000	25.000
+ Sondereinzelkosten des Vertriebs	12.000	16.000
= Selbstkosten	394.000	493.000

Die Selbstkosten pro Erzeugnis betragen für

Maschinen Typ A $k = 394.000 : 40 = 9.850$ DM

Maschinen Typ B $k = 493.000 : 50 = 9.860$ DM

(2)

	Vorkalkulation		Nachkalkulation		Über-/ Unter- deckung
	%	DM	%	DM	
Fertigungsmaterial		30.000		29.750,00	+ 250,00
+ Materialgemeinkosten	45,0	13.500	44,5	13.238,75	+ 261,25
= Materialkosten		43.500		42.988,75	
+ Fertigungslöhne		18.000		18.400,00	- 400,00
+ Fertigungsgemeinkosten	25,0	4.500	24,8	4.563,20	- 63,20
+ Sondereinzelkosten der Fertigung		2.500		2.500,00	0
= Fertigungskosten		25.000		25.463,20	
Herstellkosten		68.500		68.451,95	+ 48,05
+ Verwaltungsgemeinkosten	12,0	8.220	12,2	8.351,14	- 131,14
+ Vertriebsgemeinkosten	10,0	6.850	10,0	6.845,20	+ 4,80
+ Sondereinzelkosten des Vertriebs		1.800		1.800,00	0
= Selbstkosten		85.370		85.448,29	- 78,29

Die tatsächlich entstandenen, in der Nachkalkulation ermittelten Selbstkosten liegen um 78,29 DM höher als die in der Vorkalkulation angesetzten Selbstkosten.

(3)

	%	DM
Materialkosten		980,00
+ Fertigungskosten		430,00
= Herstellkosten		1.410,00
+ Verwaltungsgemeinkosten	8	112,80
+ Vertriebsgemeinkosten	6	84,60
= Selbstkosten		1.607,40
+ Gewinnaufschlag	25	401,85
= Barverkaufspreis		2.009,25
+ Kundenskonto*	2	41,00
= Zielverkaufspreis		2.050,00
+ Kundenrabatt	3	63,40
= Netto-Verkaufspreis		2.113,40
+ Mehrwertsteuer	14	295,88
= Brutto-Verkaufspreis		2.409,28

* 2 % vom **Ziel**verkaufspreis: 2.050,00 · 0,02 = 41,00 DM

40 : Zuschlagskalkulation

Es ergeben sich folgende Werte:

(1)
Angebotspreis	1.200 · 5,00 =	6.000,00 DM	
- 20 % Rabatt	6.000 · 0,20 =	1.200,00 DM	
- 3 % Skonto	4.800 · 0,03 =	144,00 DM	
+ Verpackung	12 · 3,00 =	36,00 DM	

= Einstandspreis	4.692,00 DM
= Einstandspreis	3,91 DM/Einheit
+ Handlungskosten	0,78 DM/Einheit
= Selbstkosten	4,69 DM/Einheit

(2) $g = P - k$

$g = 6,19 - 4,69 = 1,50$ DM/Einheit

(3) Die Handelsspanne besteht aus den Handlungskosten und dem Gewinn:

$$\text{Handelsspanne} = \text{Handlungskosten} + \text{Gewinn}$$

41 : Maschinenstundensatzrechnung

	%	DM	
Fertigungsmaterial		9.630,00	
+ Materialgemeinkosten	7	674,10	
= Materialkosten			10.304,10
+ Fertigungslöhne A		160,00	
+ Maschinenstundensatz A		170,05	
+ Rest-Fertigungsgemeinkosten	40	64,00	394,05
+ Fertigungslöhne B		350,00	
+ Maschinenstundensatz B		213,00	
+ Rest-Fertigungsgemeinkosten	65	227,50	790,50
= Herstellkosten			11.488,65
+ Verwaltungsgemeinkosten	8		919,09
+ Vertriebsgemeinkosten	5		574,43
= Selbstkosten			12.982,17
= Selbstkosten pro Einheit			25,96

42: Restwertrechnung

(1) $k_H = \dfrac{K_H - [x_{NB}(P_{NB} - k_{ANB}) + x_{NC}(P_{NC} - k_{ANC})]}{x_H}$

$k_H = \dfrac{750.000 - [2.000\,(125 - 25) + 1.000\,(150 - 100)]}{5.000}$

$k_H = \dfrac{750.000 - [200.000 + 50.000]}{5.000} = \underline{\underline{100\ DM}}$

(2) $k_H = \dfrac{890.610 - [500\,(22,50 - 3,50) + 300\,(19,30 - 3,20) + 400\,(24,60 - 3,90)]}{4.000} = \underline{\underline{217\ DM}}$

	%	DM
Herstellkosten		217,00
+ Verwaltungsgemeinkosten	8	17,36
+ Vertriebsgemeinkosten	6	13,02
= Selbstkosten		247,38

43: Verteilungsrechnung

(1)

Menge	Produkt	Äquivalenz-ziffer	Rechnungs-einheiten	Gesamt-kosten	Stück-kosten
A	20.000	1,0	20.000		62,50
B	40.000	0,8	32.000		50,00
C	20.000	0,6	12.000		37,50
			64.000	4.000.000	

(2) Die Verteilungsrechnung kann durchgeführt werden mit Hilfe

• der **Marktpreismethode**.

   Sie hat den Nachteil, daß sich die Kostenrelationen bei Schwankungen der Marktpreise auch verändern. Außerdem entsprechen die Relationen der Marktpreise nicht annähernd den tatsächlich angefallenen fixen und variablen Kosten.

• der **Schlüsselmethode**.

   Die zur Bildung der Kostenrelation hilfsweise herangezogenen technischen Maßstabe sind weder kosten- noch nutzenorientiert.

44: Gesamtkostenverfahren

(1) Es ergeben sich folgende Werte:

(a) $G_B = 2.600.000 + [(300 - 250) \cdot 2.500 + (450 - 450) \cdot 2.700] - 2.200.000$

$G_B = 2.600.000 + 125.000 - 2.200.000 = \underline{525.000}$ DM

(b)

Umsatzerlöse	2.600.000
+ Bestandsveränderung A*	125.000
Bestandsveränderung B**	0
- Gesamtkosten	2.200.000
= **Betriebsergebnis**	**525.000**

* $(300 - 250) \cdot 2.500 = 125.000$
** $(450 - 450) \cdot 2.700 = 0$

(2) Als Betriebsergebnis ergibt sich:

	%	DM
Fertigungsmaterial		20.000
+ Materialgemeinkosten	40	8.000
= Materialkosten		28.000
Fertigungslöhne		26.000
+ Fertigungsgemeinkosten	50	13.000
+ Sondereinzelkosten der Fertigung		2.000
= Fertigungskosten		41.000
= Herstellkosten der Erzeugung		69.000
- Mehrbestand an Fertigerzeugnissen		800
+ Minderbestand an unfertigen Erzeugnissen		1.200
= Herstellkosten des Umsatzes		69.400
+ Verwaltungsgemeinkosten	12	8.328
+ Vertriebsgemeinkosten	10	6.940
+ Sondereinzelkosten des Vertriebs		1.000
= Selbstkosten des Umsatzes		85.668
Netto-Verkaufserlöse		108.500
- Selbstkosten des Umsatzes		85.668
= **Betriebsergebnis**		**22.832**

(3)

| | Ist-Kosten nach BAB | % | Verrechnete Kosten | | | |
			Fertigerzeugnisse	Unfertige Erzeugnisse	Summe	Kosten Über-/ Unterdeckung
Fertigungsstoffe	300.000		280.000	20.000	300.000	
Materialgemeinkosten	30.000	11	30.800	2.200	33.000	+ 3.000
Stoffkosten	330.000		310.800	22.200	33.000	
Fertigungslöhne	200.000		190.000	10.000	200.000	
Fertigungsgemeinkosten	40.000	19	36.100	1.900	38.000	- 2.000
SoKo der Fertigung	20.000		20.000		20.000	
Fertigungskosten	260.000		246.100	11.900	258.000	
Herstellkosten der Rechnungsperiode	590.000		556.900	34.100	591.000	
+ Minderbestand UE						
- Mehrbestand UE	- 34.100			- 34.100	- 34.100	
Herstellkosten der fertiggestellten Menge	555.900		556.900	0	556.900	
+ Minderbestand FE	+ 30.000		+ 30.000		+ 30.000	
- Mehrbestand FE						
Herstellkosten der Gesamtleistung	585.900		586.900		586.900	
Innerbetriebliche Eigenleistung	0		0		0	
Herstellkosten des Außenumsatzes	585.900		586.900		586.900	
Verwaltungsgemeinkosten	35.000	6	35.214		35.214	+ 214
Vertriebsgemeinkosten	20.000	5	29.345		29.345	+ 9.345
Sonderkosten des Vertriebs	10.000		10.000		10.000	
Selbstkosten des Außenumsatzes	650.900		661.459		661.459	
Verkaufserlöse	900.000				900.000	
Umsatzergebnis					238.541	
+ Überdeckung					+ 10.559	+ 10.559
- Unterdeckung						
Betriebsergebnis	**249.100**				**249.100**	

45 : Umsatzkostenverfahren

(1) G_B = (3.000 · 59 + 2.000 · 54 + 2.800 · 69) - (3.000 · 48 + 2.000 · 41 + 2.800 · 64)

G_B = 478.200 - 405.200 = <u>73.000 DM</u>

(2)

Erzeugnis/Erzeugnisgruppe		1	2	3	Gesamt
Verkaufspreis	DM/Stück	10,00	11,00	17,00	–
Selbstkosten	DM/Stück	7,00	9,00	11,50	–
Gewinn (netto)	DM/Stück	3,00	2,00	5,50	–
Absatzmenge	Stück	8.000	7.000	4.000	19.000
Umsatzerlöse	DM/Periode	80.000	77.000	68.000	225.000
Selbstkosten	DM/Periode	56.000	63.000	46.000	165.000
Betriebsergebnis	DM/Periode	24.000	14.000	22.000	60.000
Rangfolge		1	3	2	*

46: Starre Normalkostenrechnung

(1) Normal-Gemeinkostensatz = 40.000 : 5.000 = <u>8,00 DM/Std.</u>

(2)

Monat	Ist-Gemeinkosten	Ist-Fertigungsstunden
1	12.000	1.150
2	11.000	1.100
3	13.000	1.320
4	13.000	1.310
5	12.000	1.250
6	14.000	1.350
7	10.000	900
8	9.000	920
9	10.000	970
10	12.000	1.150
11	14.000	1.400
12	10.000	1.030
Summe	140.000	13.850

Normal-Gemeinkostensatz = $\dfrac{140.000}{13.850}$ = <u>10,11 DM</u>

Monat	Ist-Gemein-kosten	Verrechnete Normal-Gemeinkosten	Abwei-chungen	Ist-Fertigungs-stunden	Ist-Gemein-kostensatz
1	5.400	5.500	- 100	750	7,20
2	5.300	5.300	0	740	7,16
3	5.600	5.500	+ 100	760	7,37
4	5.000	5.200	- 200	700	7,14
5	5.200	5.300	- 100	720	7,22
6	5.400	5.400	0	740	7,30
7	4.200	5.000	- 800	600	7,00
8	4.100	4.900	- 800	600	6,83
9	5.200	4.900	+ 300	730	7,12
10	5.400	5.200	+ 200	760	7,11
11	5.400	5.300	+ 100	750	7,20
12	5.500	5.300	+ 200	760	7,24
Summe	61.700	62.800	- 1.100	8.610	85,89
Durch-schnitt	5.141,67	5.233,33	- 91,67	717,50	7,16

---

47 : Verfahren der Kostenauflösung

(1) Es ergeben sich folgende Werte:

(a) Kostensteigerung: 3.300 : 3.000 = 1,10

Beschäftigungssteigerung: 1.250 : 1.000 = 1,25

$$R = \frac{10\,\%}{25\,\%} = \underline{\underline{0,4}}$$

(b) Variable Kosten: 40 % von 3.300 =   1.320 DM
bei 1.250 Einheiten

                        40 % von 3.000 =   1.200 DM
bei 1.000 Einheiten

Fixe Kosten: 60 % von 3.300 =   1.980 DM
bei 1.250 Einheiten

                        60 % von 3.000 =   1.800 DM
bei 1.000 Einheiten

(2) Für die erste Schicht ergibt sich:

$$\frac{92.000 - 80.000}{1.200 - 1.000} = 60$$

Variable Kosten: 1.000 Stück Ausbringungsmenge
1.000 · 60 =   60.000 DM

                   1.200 Stück Ausbringungsmenge
1.200 · 60 =   72.000 DM

Fixe Kosten   1.000 Stück Ausbringungsmenge
                           80.000 - 60.000 = 20.000 DM

                           1.200 Stück Ausbringungsmenge
                           92.000 - 72.000 = 20.000 DM

(3)

Monat	Ist-Beschäftigung Std./Mon.	ø Beschäftigung Std./Mon.	Abweichungen Std./Mon.	Ist-/Kosten DM/Mon.	ø Kosten DM/Mon.	Abweichung DM/Mon.	u · v	u²
			u			v		
1	495	512,5	- 17,5	894	915	- 21	367,5	306,25
2	510	512,5	- 2,5	912	915	- 3	7,5	6,25
3	495	512,5	- 17,5	894	915	- 21	367,5	306,25
4	600	512,5	+ 87,5	1.020	915	+ 105	9.187,5	7.656,25
5	540	512,5	+ 27,5	948	915	+ 33	907,5	756,25
6	480	512,5	- 32,5	876	915	- 39	1.267,5	1.056,25
7	480	512,5	- 32,5	876	915	- 39	1.267,5	1.056,25
8	450	512,5	- 62,5	840	915	- 75	4.687,5	3.906,25
9	480	512,5	- 32,5	876	915	- 39	1.267,5	1.056,25
10	510	512,5	- 2,5	912	915	- 3	7,5	6,25
11	540	512,5	+ 27,5	948	915	+ 33	907,5	756,25
12	570	512,5	+ 57,5	984	915	+ 69	3.967,5	3.306,25
	6.150			10.980			24.210	20.175

$\dfrac{6.150}{12}$ $\dfrac{10.980}{12}$

Variable Kosten: $b = \dfrac{\sum (u \cdot v)}{\sum u^2}$

$b = \dfrac{24.210}{20.175} = 1,20\ \text{DM/Std.}$

Fixe Kosten: $a = y - b \cdot x$

$a = 915 - 1,20 \cdot 512,5 = 300,00\ \text{DM/Monat}$

48: Flexible Normalkostenrechnung

	Gesamt	Fixe Kosten	Proportionale Kosten
Normalgemeinkosten	20.000 DM	4.000 DM	16.000 DM
Normalbeschäftigung	4.000 Std.	–	–
Istgemeinkosten	18.000 DM	–	–
Istbeschäftigung	3.800 Std.	–	–

(1) Proportionaler
    Normalgemeinkostensatz   = 16.000 : 4.000 = 4 DM

(2) Fixer
    Normalgemeinkostensatz   = 4.000 : 4.000 = 1 DM

(3) Normalgemeinkostensatz
für Normalbeschäftigung $= 4 + 1 = \underline{\underline{5\ DM}}$

(4) Verrechnete
Normalgemeinkosten $= 5 \cdot 3.800 = \underline{\underline{19.000\ DM}}$

(5) Gesamtabweichung $= 18.000 - 19.000 = \underline{\underline{- 1.000\ DM}}$

(6) Normgemeinkosten $= 4.000 + 4 \cdot 3.800 = \underline{\underline{19.200\ DM}}$

(7) Beschäftigungs-
abweichung $= 19.200 - 19.000 = \underline{\underline{+ 200\ DM}}$

(8) Verbrauchsabweichung $= 18.000 - 19.200 = \underline{\underline{- 1.200\ DM}}$

49: Starre Plankostenrechnung

(1) Plankostensatz $= \dfrac{198.000}{20.000} = \underline{\underline{9{,}90\ DM\ Std.}}$

(2) Verrechnete Plankosten $= 16.000 \cdot 9{,}90 = \underline{\underline{158.400\ DM}}$

(3) Abweichung $= 163.200 - 158.400 = \underline{\underline{+ 4.800\ DM}}$

50: Flexible Plankostenrechnung

(1)

	Kapazitätsplanung		Engpaßplanung	
(a) Proportionale Plankostenverrechnungssätze	$\dfrac{38.000}{10.000}$	$= \underline{\underline{3{,}80\ DM}}$	$\dfrac{26.600}{7.000}$	$= \underline{\underline{3{,}80\ DM}}$
(b) Fixe Plankostenverrechnungssätze	$\dfrac{12.000}{10.000}$	$= \underline{\underline{1{,}20\ DM}}$	$\dfrac{12.000}{7.000}$	$= \underline{\underline{1{,}71\ DM}}$
(c) Plankostenverrechnungssätze	$3{,}80 + 1{,}20$	$= \underline{\underline{5{,}00\ DM}}$	$3{,}80 + 1{,}71$	$= \underline{\underline{5{,}51\ DM}}$
(d) Verrechnete Plankosten	$5 \cdot 8.000$	$= \underline{\underline{40.000\ DM}}$	$5{,}51 \cdot 8.000$	$= \underline{\underline{44.080\ DM}}$
(e) Gesamtabweichungen	$40.000 - 40.000$	$= \underline{\underline{0\ DM}}$	$40.000 - 44.080$	$= \underline{\underline{- 4.080\ DM}}$
(f) Sollkosten	$12.000 + 3{,}8 \cdot 8.000$	$= \underline{\underline{42.400\ DM}}$	$12.000 + 3{,}8 \cdot 8.000$	$= \underline{\underline{42.400\ DM}}$
(g) Beschäftigungsabweichungen	$42.400 - 40.000$	$= \underline{\underline{+ 2.400\ DM}}$	$42.400 - 44.080$	$= \underline{\underline{- 1.680\ DM}}$
(h) Verbrauchsabweichungen	$40.000 - 42.400$	$= \underline{\underline{- 2.400\ DM}}$	$40.000 - 42.400$	$= \underline{\underline{- 2.400\ DM}}$

(2) Variator = $\dfrac{7.200}{24.000} \cdot 10 = \underline{\underline{3}}$

51: Einstufige Deckungsbeitragsrechnung

(1) $P = \dfrac{115.000 + 18.000}{972} = \underline{\underline{136{,}83 \text{ DM}}}$

(2)

	A	B	C	D	Gesamt
Erlöse	20.000 · 30 = 600.000	15.000 · 40 = 600.000	18.000 · 10 = 180.000	40.000 · 5 = 200.000	1.580.000
- Variable Kosten	500.000	580.000	100.000	90.000	1.270.000
= Deckungsbeiträge	100.000	20.000	80.000	110.000	310.000
- Fixe Kosten					210.000
= Erfolg					100.000

52: Gewinnschwelle

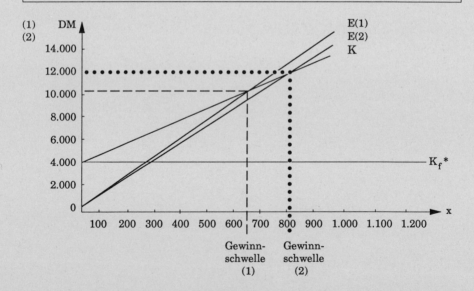

* Die fixen Kosten betragen - auf das Jahr 1991 bezogen - 4 · 1.000 DM, da sie in der Aufgabenstellung nur pro Quartal angegeben waren.

(3)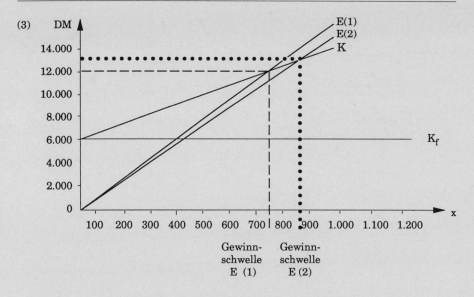

53: Beschäftigungsgrad/Deckungsbeitrag/ Gewinnschwelle

(1) $b = \dfrac{4.800 + 1.200}{8.000} \cdot 100 = \underline{\underline{75\ \%}}$ wobei 4.800 = 60 % von 8.000

(2)

		bei 4.800 Stück/Jahr	bei 6.000 Stück/Jahr
Preis	DM/Stück	35,00	32,00
- Variable Kosten	DM/Stück	15,00	15,00
= Deckungsbeitrag	DM/Stück	20,00	15,00

(3)

		bei 4.800 Stück/Jahr	bei 6.000 Stück/Jahr
Gewinnschwelle $\dfrac{K_f}{db}$		$\dfrac{50.000}{20} = 2.500$	$\dfrac{50.000}{15} = 3.333$

(4)

		bei 4.800 Stück/Jahr	bei 6.000 Stück/Jahr
Erlöse	DM/Jahr	168.000	192.000
- Variable Kosten	DM/Jahr	72.000	90.000
= Deckungsbeitrag	DM/Jahr	96.000	102.000
- Fixe Kosten	DM/Jahr	50.000	50.000
= Gewinn	DM/Jahr	46.000	52.000

54: Gewinnschwelle

(1)

		Erzeugnis I	Erzeugnis II
Preis	DM/Stück	25,00	44,00
- Variable Kosten	DM/Stück	12,00	18,00
= Deckungsbeitrag	DM/Stück	13,00	26,00

Die Gewinnschwelle läßt sich nicht als feste Größe ermitteln, sondern lediglich in folgenden Funktionen darstellen:

$$13\,x_1 + 26\,x_2 = 39.000$$

$$\text{oder} \quad x_1 = -2x_2 + 3.000$$

$$\text{oder} \quad x_2 = -0,5x_1 + 1.500$$

(2)

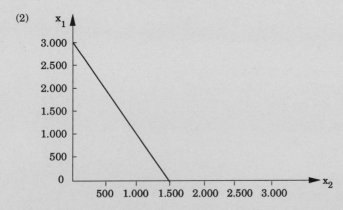

(3) Bei einem festen Absatz des Erzeugnisses I von 1.000 Stück/Monat kann die Gewinnschwelle für das Erzeugnis II bestimmt werden.

$$x_2 = \frac{39.000 - (25 - 12) \cdot 1.000}{46 - 18} = \underline{\underline{1.000 \text{ Stück/Monat}}}$$

55: Gewinnplanung

(1) $x = \dfrac{K_f + G}{db} = \dfrac{120.000 + 100.000}{40 - 20} = \underline{\underline{11.000 \text{ Stück/Jahr}}}$

(2) $p = \dfrac{K_f + G}{x} + k_v = \dfrac{120.000 + 100.000}{15.000} + 20 = \underline{\underline{34,67 \text{ DM/Stück}}}$

56 : Kostenorientierte Preisuntergrenze

(1) Zunächst sollte er untersuchen, inwieweit Kosten vermindert werden können. Das gilt für die variablen Kosten, die beispielsweise durch eine günstigere Materialbeschaffung oder eine verbesserte Fertigungsorganisation vermindert werden können. Aber auch die fixen Kosten sind im Hinblick auf ihre Abbaubarkeit zu untersuchen.

In vielen Fällen, insbesondere bei wirtschaftlicher Gestaltung der betrieblichen Prozesse und quantitativ unveränderten Produktions- und Absatzbedingungen dürften diese kurzfristig nicht abbaubar sein. Inwieweit dies mittelfristig möglich ist, müßte überprüft werden. Dagegen ist von einer langfristigen Beeinflußbarkeit der fixen Kosten auszugehen.

(2) Es ergeben sich folgende kostenorientierte Preisuntergrenzen:

(a) Kurzfristige Preisuntergrenze $= k_v = \dfrac{30.000}{20.000} = \underline{\underline{1,50 \text{ DM/Stück}}}$

(b) Mittelfristige Preisuntergrenze $= k_v + k_{f \text{ mittelfristig}} = \dfrac{30.000}{20.000} + \dfrac{10.000}{20.000} = \underline{\underline{2,00 \text{ DM/Stück}}}$

(c) Langfristige Preisuntergrenze $= k_v + k_f = \dfrac{30.000}{20.000} + \dfrac{40.000}{20.000} = \underline{\underline{3,50 \text{ DM/Stück}}}$

(3) Die unter (2) ermittelten Preisuntergrenzen stellen lediglich eine Information über die grundsätzlich nicht unterschreitbaren Preise dar.

Die Entscheidung über die tatsächlich festzusetzenden Preise erfordert unbedingt die Einbeziehung markt- und liquidationsbezogener Überlegungen.

Insgesamt darf nicht defensiv danach gesucht werden, wo die »Schmerzgrenze« liegt, sondern offensiv der höchstmöglich erzielbare Preis herausgefunden werden.

57 : Annahme eines Zusatzauftrages

(1) Bei Ansatz von **Vollkosten** ergeben sich:

• Erfolg **ohne** Zusatzauftrag

Erlös	20.000 · 10,00	= 200.000 DM/Monat
- Kosten	20.000 · 8,00*	= 160.000 DM/Monat
= Gewinn		40.000 DM/Monat

• Erfolg **mit** Zusatzauftrag

Erlöse	20.000 · 10,00 + 10.000 · 5,00	= 250.000 DM/Monat
- Kosten	30.000 · 8,00*	= 240.000 DM/Monat
= Gewinn		10.000 DM/Monat

* Die Kosten pro Stück sind als Vollkosten:
$k_f + k_v = 100.000 : 20.000 + 60.000 : 20.000 = 8 \text{ DM/Stück}$

Bei Ansatz von Vollkosten wäre es nicht vorteilhaft, den Zusatzauftrag hereinzunehmen, weil der Gewinn um 30.000 DM auf 10.000 DM absinkt.

Bei Ansatz von **Teilkosten** ergeben sich:

• Erfolg **ohne** Zusatzauftrag

	Erlöse	20.000 · 10,00	= 200.000 DM/Monat
-	Variable Kosten	20.000 · (60.000 : 20.000)	= 60.000 DM/Monat
=	Deckungsbeitrag		= 140.000 DM/Monat
-	Fixe Kosten		= 100.000 DM/Monat
=	Gewinn		40.000 DM/Monat

• Erfolg **mit** Zusatzauftrag

	Erlöse	20.000 · 10,00 + 10.000 · 5,00	= 250.000 DM/Monat
-	Variable Kosten	30.000 · 3,00	= 90.000 DM/Monat
=	Deckungsbeitrag		= 160.000 DM/Monat
-	Fixe Kosten		= 100.000 DM/Monat
=	Gewinn		60.000 DM/Monat

Bei Ansatz von Teilkosten erscheint es vorteilhaft, den Zusatzauftrag hereinzunehmen, denn der Gewinn steigt dabei um 20.000 DM auf 60.000 DM an.

(2) Die fixen Kosten sind bereits durch die Erlöse aus der bisher laufenden Produktion, das sind 20.000 Stück/Monat, gedeckt. Der Zusatzauftrag verursacht nur noch variable Kosten, das sind 3,00 DM/Stück.

(3) Die Frage, ob ein Zusatzauftrag hereingenommen wird, ist einmal eine Frage der Vorteilhaftigkeit aus kostenrechnerischer Sicht. Zum anderen ist aber auch zu beachten,

• daß der Absatzmarkt in Teilmärkte teilbar und diese Teilmärkte abgrenzbar sind. Das könnte beispielsweise dann der Fall sein, wenn das Unternehmen den Zusatzauftrag an ein Unternehmen liefert, das außerhalb des bisherigen Marktbereiches liegt.

• daß die bevorzugten Abnehmer andere Marktpartner des Unternehmens über die Vorteilhaftigkeit des Angebotes zu Zusatzauftrags-Preisen informieren, die gleichermaßen günstige Bedingungen fordern könnten.

• daß bevorzugte Abnehmer auch künftig Zusatzauftrags-Preise erwarten.

58 : Kurzfristige Optimierung von Produktionsverfahren

(1) Gesamtkosten $\qquad K = K_f + K_v$

$K_1 = 12.000 + 12 · 3.000 = \underline{48.000\ DM/Monat}$

$K_2 = 10.000 + 14 · 3.000 = \underline{52.000\ DM/Monat}$

$K_3 = 15.000 + 17 · 3.000 = \underline{66.000\ DM/Monat}$

(2) Deckungsbeiträge

$DB = E - K_V$

$DB_1 = 25 \cdot 3.000 - 12 \cdot 3.000 = \underline{\underline{39.000 \text{ DM/Monat}}}$

$DB_2 = 25 \cdot 3.000 - 14 \cdot 3.000 = \underline{\underline{33.000 \text{ DM/Monat}}}$

$DB_3 = 25 \cdot 3.000 - 17 \cdot 3.000 = \underline{\underline{24.000 \text{ DM/Monat}}}$

(3) Die Produkte sollten auf der Maschine gefertigt werden, deren variable Stückkosten am geringsten sind. Das ist die Maschine 1.

Der Fixkostenblock aller 3 Maschinen fällt unabhängig von der Verfahrenswahl kurzfristig in Höhe von 12.000 + 10.000 + 15.000 = 37.000 DM/Monat stets an. Damit hat er für die Auswahl der kostengünstigsten Maschine keinerlei Bedeutung.

59 : Kurzfristige Optimierung von Produktionsverfahren

(1)

Ma-schine	Stückzeiten (Min/Stück)		Grenzkosten (DM/Min)		Variable Stückkosten (DM/Stück)	
	Produkt I	Produkt II	Produkt I	Produkt II	Produkt I	Produkt II
A	10	13	4,00	6,00	$10 \cdot 4,00 = 40,00$	$13 \cdot 6,00 = 78,00$
B	4	7	3,60	4,20	$4 \cdot 3,60 = 14,40$	$7 \cdot 4,20 = 29,40$
C	3	4	2,80	2,00	$3 \cdot 2,80 = 8,40$	$4 \cdot 2,00 = 8,00$

(2) Maschine C weist die geringsten variablen Stückkosten auf. Sie ist zu belegen.

Da sie aber nur über eine Kapazität von

9.800 : 3 Min/Stück = 3.266 Stück/Mon. bei Produkt I

bzw.

9.800 : 4 Min/Stück = 2.450 Stück/Mon. bei Produkt II

verfügt, muß eine weitere Maschine genutzt werden.

Welche Maschine außerdem genutzt werden sollte, ergibt sich aus folgender Berechnung:

	Produkt I	Produkt II
von C auf A	40,00 - 8,40 = 31,60	78,00 - 8,00 = 70,00
von C auf B	14,40 - 8,40 = 6,00	29,40 - 8,00 = 21,40

Außer Maschine C sollte Maschine B genutzt werden, weil deren spezifische Mehrkosten am geringsten sind. Maschine C sollte das Produkt II, Maschine B das Produkt I fertigen. Maschine A sollte nicht genutzt werden.

(3) Die variablen Gesamtkosten bei optimaler Maschinenbelegung betragen:

Produkt I   1.000 · 14,40 = 14.400 DM
Produkt II   2.400 · 8,00 = 19.200 DM

Variable Gesamtkosten   33.600 DM

---

60 : Langfristige Optimierung von Produktionsverfahren

Die variablen Kosten sind von 10.000 Stück/Jahr bzw. 9.000 Stück/Jahr auf die Auslastung von 8.000 Stück/Jahr umzurechnen.

Kostenvergleich pro Periode:

		Investitions-objekt I	Investitions-objekt II	Investitions-objekt III
Anschaffungskosten	DM	80.000	85.000	90.000
Restwert	DM	4.000	5.000	6.000
Nutzungsdauer	Jahre	8	8	8
Auslastung	Stück/Jahr	8.000	8.000	8.000
Zinssatz	%	12	12	12
Abschreibungen	DM/Jahr	9.500	10.000	10.500
Zinsen	DM/Jahr	5.040	5.400	5.760
Gehälter	DM/Jahr	54.000	52.000	58.000
Sonstige fixe Kosten	DM/Jahr	14.000	14.000	15.000
Fixe Kosten	DM/Jahr	82.540	81.400	89.260
Löhne*	DM/Jahr	115.000	109.000	98.000
Materialkosten*	DM/Jahr	98.000	98.000	97.000
Sonstige variable Kosten	DM/Jahr	9.000	9.000	9.000
Variable Kosten		222.000	216.000	204.000
Gesamte Kosten		304.540	297.400	**293.260**
Kostendifferenz		+ 7.140	+ 4.140	

* Löhne: $\dfrac{143.750 \cdot 8.000}{10.000} = 115.000$ $\dfrac{136.250 \cdot 8.000}{10.000} = 109.000$ $\dfrac{110.250 \cdot 8000}{9.000} = 98.000$

Materialkosten: $\dfrac{122.500 \cdot 8.000}{10.000} = 98.000$ $\dfrac{122.500 \cdot 8.000}{10.000} = 98.000$ $\dfrac{109.125 \cdot 8.000}{9.000} = 97.000$

Sonstige variable Kosten: $\dfrac{11.250 \cdot 8.000}{10.000} = 9.000$ $\dfrac{11.250 \cdot 8000}{10.000} = 9.000$ $\dfrac{10.125 \cdot 8.000}{9.000} = 9.000$

Das Investitionsobjekt III ist das vorteilhafteste, da es die geringsten Kosten verursacht.

61 : Langfristige Optimierung von Produktionsverfahren

(1)

		Investitions-objekt II	Investitions-objekt II	Investitions-objekt III
Anschaffungskosten	DM	80.000	85.000	90.000
Restwert	DM	4.000	5.000	6.000
Nutzungsdauer	Jahre	8	8	8
Auslastung	Stück/Jahr	8.000	8.000	8.000
Zinssatz	%	12	12	12
Abschreibungen	DM/Stück			
9.500 : 8000		1,19		
10.000 : 8.000			1,25	
10.500 : 8.000				1,31
Zinsen	DM/Stück			
5.040 : 8.000		0,63		
5.400 : 8.000			0,66	
5.760 : 8.000				0,72
Gehälter	DM/Stück			
54.000 : 8.000		6,75		
52.000 : 8.000			6,50	
58.000 : 8.000				7,25
Sonstige fixe Kosten	DM/Stück			
14.000 : 8.000		1,75		
14.000 : 8.000			1,75	
15.000 : 8.000				1,88
Fixe Kosten	DM/Stück	10,32	10,16	11,16
Löhne	DM/Stück			
115.000 : 8.000		14,38		
109.000 : 8.000			13,63	
98.000 : 8.000				12,25
Materialkosten	DM/Stück			
98.000 : 8.000		12,25		
98.000 : 8.000			12,25	
97.000 : 8.000				12,13
Sonstige variable Kosten	DM/Stück			
9.000 : 8.000		1,13		
9.000 : 8.000			1,13	
9.000 : 8.000				1,13
Variable Kosten	DM/Stück	27,76	27,01	25,51
Gesamte Kosten	DM/Stück	38,08	37,17	**36,67**
Kostendifferenz	DM/Stück	+ 0,91	+ 0,50	

Das Investitionsobjekt III ist auch beim Kostenvergleich pro Leistungseinheit das vorteil-hafteste, da es die geringsten Kosten verursacht.

(2) Ermittlung der kritischen Ausbringungsmenge:

		Investitions-objekt I	Investitions-objekt II	Investitions-objekt III
Fixe Kosten	DM/Jahr	82.540	81.400	89.260
Variable Kosten	DM/Jahr	222.000	216.000	204.000
Gesamte Kosten	DM/Jahr	304.540	297.400	293.260

$$K_{fI} + k_{vI}\, x = K_{fII} + k_{vII}\, x$$

$$82.540 + \frac{222.000}{8.000}\, x = 81.400 + \frac{216.000}{8.000}\, x$$

$$82.540 + 27{,}75\, x = 81.400 + 27{,}00\, x$$

$$\underline{\underline{x = -\ 1.520}}$$

$$K_{fII} + k_{vII}\, x = K_{fIII} + k_{vIII}\, x$$

$$81.400 + \frac{216.000}{8.000}\, x = 89.260 + \frac{204.000}{8.000}\, x$$

$$81.400 + 27{,}00\, x = 89.260 + 25{,}50\, x$$

$$\underline{\underline{x =\ \ 5.240}}$$

$$K_{fI} + k_{vI}\, x = K_{fIII} + k_{vIII}\, x$$

$$82.540 + 27{,}75\, x = 89.260 + 25{,}50\, x$$

$$\underline{\underline{x =\ \ 2.987}}$$

Das Investitionsobjekt I ist für die Investitionsentscheidung völlig uninteressant. Es liegt in seiner Kostenentwicklung bei jeder Produktionsmenge über den Kosten des Investitionsobjektes II. Eine kritische Menge ergibt sich zum Investitionsobjekt II erst im Minusbereich. Zum Investitionsobjekt II gibt es eine kritische Menge, die aber ebenfalls nicht von Bedeutung ist, weil sie auf einem höheren Kostenniveau liegt als das Investitionsobjekt II.

Für die Investitionsobjekte II und III gibt es eine kritische Menge, die beachtet werden muß. Liegt die Produktionsmenge unter 5.240 Stück/Jahr, ist das Investitionsobjekt III das vorteilhaftere; bei einer Auslastung über 5.240 Stück/Jahr empfiehlt es sich, das Investitionsobjekt II anzuschaffen.

Graphisch läßt sich dies zeigen:

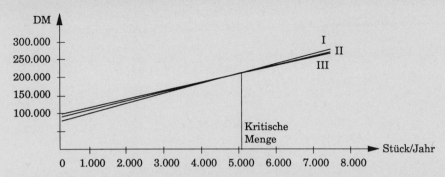

62 : Kurzfristige Optimierung des Produktions-programmes

(1)

		Produkt A	Produkt B	Produkt C	Produkt D
Erlöse	DM/Stück	48	76	40	46
- Variable Kosten	DM/Stück	22	44	42	28
= Deckungsbeitrag	DM/Stück	26	32	- 2	18
Deckungsbeitrag	DM/Mon.	26 · 2.000 = 52.000	32 · 1.600 = 51.200	-2 · 2.200 = - 4.400	18 · 1.200 = 21.600
- Fixe Kosten	DM/Mon.	120.400 100.000			
= Gewinn	DM/Mon.	20.400			

(2)

		Produkt A	Produkt B	Produkt C	Produkt D
Deckungsbeitrag	DM/Mon.	26 · 2.500 = 65.000	32 · 2.800 = 89.600	-2 · 3.600 = - 7.200	18 · 1.800 = 32.400
- Fixe Kosten	DM/Mon.	179.800 100.000			
= Gewinn	DM/Mon.	79.800			

(3)

		Produkt A	Produkt B	Produkt C	Produkt D
Deckungsbeitrag	DM/Mon.	26 · 2.500 = 65.000	32 · 2.800 = 89.600	—	18 · 1.800 = 32.400
- Fixe Kosten	DM/Mon.	187.000 100.000			
= Gewinn	DM/Mon.	87.000			

---

63 : Kurzfristige Optimierung des Produktions- programmes

Die produzierbaren Stück/ Std. sind:

Produkt A: $\frac{1}{0,8}$ = 1,25 Stück/Std.

Produkt B: $\frac{1}{0,5}$ = 2,0 Stück/Std.

Produkt C: $\frac{1}{0,2}$ = 5,0 Stück/Std.

A als das beste Produkt benötigt: 5.000 : 1,25 = 4.000 Std./Mon.
B als zweitbestes Produkt benötigt: 7.000 : 2,0 = 3.500 Std./Mon.
C als schwächstes Produkt benötigt: 4.000 : 5,0 = 800 Std./Mon.

Bei einer gegebenen Kapazität von 7.500 Std/Mon können A und B gefertigt werden, und zwar in vollem Umfang. C wird nicht in das Produktionsprogramm aufgenommen, da keine Kapazität mehr zur Verfügung steht.

---

64 : Kurzfristige Optimierung bei Eigenfertigung/ Fremdbezug

(1) Die Metallbau GmbH sollte unter kostenrechnerischen Gesichtspunkten die Zulieferteile fremdbeziehen, da die Beschaffungskosten um 2 DM/Stück niedriger liegen als die variablen Kosten pro Stück.

(2) Als Gründe könnten - außerhalb der kostenrechnerischen Betrachtung - gegen diese Entscheidung sprechen:

• die sich grundsätzlich ergebende Abhängigkeit vom Lieferanten,
• mangelnde Zuverlässigkeit des Lieferanten bezüglich Qualität und Termintreue,
• freie Kapazitäten im eigenen Unternehmen, die kurzfristig nicht abbaubar sind.

65 : Mehrstufige Deckungsbeitragsrechnung (1)

	A	B	C	D
Produktion und Verkauf (in Stück)	20.000	40.000	10.000	25.000
Preis in DM/Stück	4,50	2,50	8,25	1,20
Bruttoerlös: - Erlösschmälerungen	90.000 2.000	100.000 1.000	82.500 3.000	30.000 800
Nettoerlös: Variable Fertigungskosten/Stück - Variable Fertigungskosten	88.000 (2,50) 50.000	99.000 (1,25) 50.000	79.500 (3,00) 30.000	29.200 (0,40) 10.000
Zwischenergebnis	38.000	49.000	49.500	19.200
Variable Vertriebskosten/Stück - Variable Vertriebskosten	(0,75) 15.000	(0,25) 10.000	(1,00) 10.000	(0,20) 5.000
Bruttoergebnis = Deckungsbeitrag I - Erzeugnisfixkosten	23.000 10.000	39.000 10.000	39.500 5.000	14.200 5.000
Deckungsbeitrag II	13.000	29.000	34.500	9.200
	_____∨_____ 42.000		_____∨_____ 43.700	
- Erzeugnisgruppenfixkosten	13.000		9.000	
Deckungsbeitrag III	29.000		34.700	
- Kostenstellen- und Bereichsfixkosten	13.000		12.000	
Deckungsbeitrag IV + V	16.000		22.700	
		_____∨_____ 38.700		
- Unternehmensfixkosten		20.000		
= Nettoergebnis		18.700		

66 : Mehrstufige Deckungsbeitragsrechnung (2)

Zahlenangaben in Tausend DM

	A	B	C	D	E	F	G	H
Bruttoerlöse:	121	143	190	142	92	103	76	114
- Erlösschmälerungen	6	7	8	7	4	5	3	5
Nettoerlöse:	115	136	182	135	88	98	73	109
- Variable Fertigungskosten	60	70	71	39	31	32	29	58
Zwischenergebnis	55	66	111	96	57	66	44	51
- Variable Vertriebskosten	24	26	23	25	23	26	13	20
Bruttoergebnis	31	40	88	71	34	40	31	31
- Erzeugnisfixkosten								
a) Entwicklungskosten	7	7	7	7	7	7	7	7
b) Spezialwerkzeuge	3	5	21	14	4	6	3	5
DB I	21	28	60	50	23	27	21	19
	49		110		50		40	
- Erzeugnisgruppenfixkosten	16		55		23		18	
DB II	33		55		27		22	
	88							
- Kostenstellenfixkosten	17				10		5	
DB III	71				17		17	
	88							
- Bereichsfixkosten	53						2	
DB IV	35						15	
	50							
- Unternehmensfixkosten	24							
DB V = Nettoergebnis	26							

67 : Mehrstufige Deckungsbeitragsrechnung (3)

	Produkt A	Produkt B	Produkt C	Bezugsebene
Erlöse	180.000	250.000	200.000	I
- Kostenträgereinzelkosten	30.000	50.000	40.000	
Deckungsbeitrag I	150.000	200.000	160.000	
- Kostenträgergruppen-	⌣ 130.000		70.000	II
einzelkosten				
Deckungsbeitrag II	220.000		90.000	
- Unternehmens-	⌣ 50.000			III
einzelkosten				
Erfolg	260.000			

68 : Deckungsbeitragsrechnung mit relativen Einzelkosten

Das Betriebsergebnis mit Deckungsbeiträgen über die gesamten Erzeugnis-Einzelkosten (einschließlich der fixen) ergibt sich:

	Erzeugnisarten			
	A	B	C	D
Bruttoerlös der Periode	80.000	70.000	95.000	75.000
- Vertriebseinzelkosten der Erzeugnisse	12.000	11.000	14.000	11.300
Nettoerlös I	68.000	59.000	81.000	63.700
- Fertigungseinzelkosten der Erzeugnisse	30.500	28.000	39.000	23.700
Deckungsbeiträge der Erzeugnisse über die Einzelkosten	37.500	31.000	42.000	40.000
- Fertigungseinzelkosten der Erzeugnisgruppen (A + B; C + D)	29.000		43.000	
Deckungsbeiträge der Erzeugnisse und Erzeugnisgruppen über die Fertigungs- und Vertriebseinzelkosten	39.500		39.000	
	78.500			
- Einzelk. der Fertigungsstellen bzw. -bereiche				
Fertigungsstelle 1	10.000			
Fertigungsstelle 2	18.000			
Fertigungsstelle 3	16.000			
- Einzelkosten der Hilfsbetriebe	18.500			
- Einzelkosten der Verwaltungs- und Vertriebsbereiche	8.000			
Periodenergebnis	8.000			

69 : Grenzplankostenrechnung

(1)

	Kapazitätsplanung	Engpaßplanung
(a) Plankostenver- rechnungssätze	38.000 : 10.000 = $\quad$ 3,80 DM	26.600 : 7.000 = $\quad$ 3,80 DM
(b) Verrechnete Plankosten	3,80 · 6.000 = $\quad$ 22.800 DM	3,80 · 6.000 = $\quad$ 22.800 DM
(c) Verbrauchs- abweichungen	25.000 - 22.800 = + 2.200 DM	25.000 - 22.800 = + 2.200 DM

(2)

	Kapazitätsplanung	Engpaßplanung
Nutzkosten	12.000 · 0,6 $\quad$ = $\quad$ 7.200 DM	12.000 · 0,6 $\quad$ = $\quad$ 7.200 DM
Leerkosten	12.000 - 7.200 = $\quad$ 4.800 DM	12.000 - 7.200 = $\quad$ 4.800 DM

70 : Eignung der Kostenrechnungssysteme

+ geeignet
o teilweise geeignet
- nicht geeignet

Aufgaben der Kostenrechnung	Eignung der Kostenrechnungssysteme						
	Ist-KoRe	Normal-KoRe	Plan KoRe	Einstufige DBR	Mehrstufige DBR	DBR mit rel. EK	Grenz-plan-KoRe
PLANUNG							
• Erfolgsplanung							
- Kalkulatorischer Gesamterfolg	-	-	o	-	+	+	+
- Kurzfristige Produktionsplanung	-	-	-	-	o	+	+
- Planung von Zusatzaufträgen	-	-	-	-	o	+	o
- Kurzfristige Absatzplanung	-	-	-	-	+	+	+
• Zukunftsbezogene Wirtschaftlichkeits- rechnungen bezogen auf							
- Gesamtbetrieb	-	o	o	-	+	+	+
- Kostenstellen	-	o	o	-	o	+	+
- Fertigungsverfahren	-	-	o	-	o	+	o
- Fertigungsbreite und -tiefe	-	-	o	-	o	+	o
- Maschinenbelegung	-	-	o	-	o	+	o
- Arbeitsverteilung/-einsatz	-	-	o	-	o	+	o
- Losgrößen	-	-	o	-	o	+	o
- Lagerhaltung/Bestellmengen	-	-	o	-	o	+	o
- Formen der Kapazitätsanpassung	-	-	o	-	+	+	o
- Bereitstellungsverfahren	-	-	o	-	o	+	o
- Entscheidung zwischen Eigenfertigung und Fremdbezug	-	-	o	-	+	+	+
- Beschaffungs- und Absatzmethode	-	-	o	-	o	+	o
• Preisfindung							
- Preisobergrenzen für Beschaffungsgüter	-	o	o	-	+	+	o
- Kostenorientierte Preisfindung für Absatzgüter	-	o	o	-	o	o	o
- Bestimmung von Preisuntergrenzen	-	-	-	-	+	+	+
- Verrechnungspreise für interne Leistungen	-	o	o	o	o	o	o
- Preis-/Kostenvergleiche	-	o	o	o	+	+	+
KONTROLLE							
• Erfolgskontrolle							
- Kurzfristige Erfolgsrechnung	o	o	o	+	+	+	+
- Bereichs- und Produkterfolgskontrolle	o	o	o	+	+	+	+
• Wirtschaftlichkeitskontrolle							
- Umfang und Art der entstandenen Kosten (Kostenartenrechnung)	+	o	+	+	+	+	+
- Orte der Entstehung von Kosten (Kostenstellenrechnung)	+	o	+	+	+	+	+
- Verwendungszweck der Kosten (Kostenträgerrechnung)	+	o	o	+	+	+	+
- Innerbetrieblicher Zeitvergleich	+	+	+	+	o	o	+
- Innerbetrieblicher Soll-Ist-Vergleich	o	o	+	o	o	+	+
- Zwischenbetrieblicher Vergleich	+	+	+	+	+	+	+
• Preiskontrolle							
- Nachkalkulation mit Vollkosten	-	o	o	-	-	-	-
- Nachkalkulation mit Teilkosten	o	-	-	o	o	o	o
- Preis-/Kostenvergleiche	o	o	o	o	o	o	o
RECHENSCHAFTSLEGUNG							
• Nachweis der Selbstkosten bei öffentlichen Aufträgen	+	+	+	o	o	o	o
• Ermittlung von Bilanzansätzen für fertige und unfertige Erzeugnisse sowie selbsterstellte Anlagen	+	-	-	o	o	o	o
• Unterlagen für Kreditverhandlungen	+	o	o	o	+	+	+
• Begründung von Ansprüchen gegenüber Versicherungen bei Schadensfällen	+	o	o	o	+	+	o